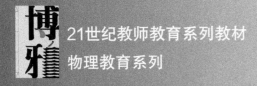

21世纪教师教育系列教材
物理教育系列

物理教学论

Physics Pedagogy

邢红军 著

图书在版编目(CIP)数据

物理教学论/邢红军著.—北京：北京大学出版社，2015.6
（21 世纪教师教育系列教材·物理教育系列）
ISBN 978-7-301-25885-9

Ⅰ.①物⋯　Ⅱ.①邢⋯　Ⅲ.①中学物理课—教学研究—师范大学—教材　Ⅳ.①G633.72

中国版本图书馆 CIP 数据核字（2015）第 107080 号

书　　名	物理教学论 WULI JIAOXUELUN
著作责任者	邢红军　著
责任编辑	陈　静
标准书号	ISBN 978-7-301-25885-9
出版发行	北京大学出版社
地　　址	北京市海淀区成府路 205 号　100871
网　　址	http://www.pup.cn　新浪微博:@北京大学出版社
微信公众号	通识书苑（微信号：sartspku）　科学元典（微信号：kexueyuandian）
电子邮箱	编辑部 jyzx@pup.cn　总编室 zpup@pup.cn
电　　话	邮购部 010-62752015　发行部 010-62750672　编辑部 010-62707542
印刷者	北京虎彩文化传播有限公司
经销者	新华书店
	787 毫米×1092 毫米　16 开本　19.75 印张　500 千字 2015 年 6 月第 1 版　2025 年 5 月第 4 次印刷
定　　价	59.00 元

未经许可，不得以任何方式复制或抄袭本书之部分或全部内容。
版权所有，侵权必究
举报电话：010-62752024　电子邮箱：fd@pup.cn
图书如有印装质量问题，请与出版部联系，电话：010-62756370

主编简介

邢红军,首都师范大学物理系教授,博士,物理教学论博士生导师。现任中国教育学会物理教学专业委员会常务理事,教育部"国培计划"高中物理首批专家库入选专家。1986年以来,先后在《教育研究》《课程·教材·教法》等刊物上发表论文200余篇,出版著作7部。目前承担课题为全国教育科学"十二五"规划教育部重点课题:促进中学生思维品质发展研究。

1996年被河南省教育委员会授予河南省优秀教学标兵,1997年被河南省社会主义劳动竞赛委员会、河南省经贸厅、河南省总工会、河南省劳动厅联合授予河南省教学标兵,1997年获河南省优质课教学"特等奖"。2013年获第四届北京市基础教育教学成果二等奖。

内 容 简 介

本书以奥苏贝尔、布鲁纳和皮亚杰的教学理论为基础，在长期教学研究和教学实践的基础上，系统地阐述了物理教学论的基本知识、基本方法和基本思想，从而构建了物理教学论新的理论体系。

全书从理论基础准备、物理教育思想、物理课程改革、物理教学设计、科学方法教育、物理实验教学、物理问题解决、情感态度个性、教师专业发展、物理教育研究等方面，系统地揭示了物理教学论的基本内涵。既重视知识的阐述，又注重方法的解读，同时关注思想的展现，从而较好地诠释了物理教学论的真谛与精髓。

本书可供高等师范院校物理教学论专业博士研究生、硕士研究生作为教材使用，也可作为中学物理教师专业发展的教材使用。

序

《物理教学论》一书,是根据我多年来为物理教学论专业研究生讲授该课程的讲义修改而成。我非常赞赏物理学家费恩曼时常引用狄拉克文章中的一句名言:"看来这里需要全新的物理思想。"《物理教学论》一书,正是按照这种思想所做的一种全新的尝试。

投身物理教学论领域三十余年,我有幸于20世纪80年代在江西师范大学师从周中权先生攻读物理教学论研究生,从而得以接受启蒙教育,获益良多。20世纪90年代,我又幸运地跟随乔际平先生研习物理教学论,领略到乔际平先生物理教学论思想的真谛,受益匪浅。进入新世纪,我更荣幸在北京师范大学跟随林崇德先生攻读发展与教育心理学博士研究生,实现了学术飞跃。以上教育经历,奠定我撰写本书之背景与基础。

物理教学论以研究物理教学过程为对象,要对物理教学过程中的各种问题作出"为什么"的回答,揭示物理教学过程的基本规律、基本特点。因而它着重从理论上研究问题,需要有一个比较完整的理论体系,要站在高于实践的角度,发挥对物理教学实践的指导和预见作用,但其研究的范畴仍然是物理教学本身。以这个要求来看,目前国内出版的物理教学论教材大多存在着"论"不足而"学"有余的问题,甚至存在着把物理教学论教材等同于物理教学法教材的现象。由于物理教学论着重从理论上研究问题,如此,它就不能局限于就现象谈现象的处理方式,而需要涉及物理方法、物理思想等理论方面的课题,我认为这是非常值得重视的问题。在编写体例上,许多物理教学论教材采用物理教学法教材的编写方式,往往沿用从概念到概念、从理论到理论的方式,缺乏物理教学论核心思想的诠释,导致学生学习完物理教学论课程后收获不大。许多物理教学论毕业的硕士研究生视在《课程·教材·教法》上发表文章为畏途,物理教学论毕业的博士研究生视在《教育研究》上发表文章为天堑,便是这一现象的明证。清人龚自珍曾有"不拘一格降人才"的隽语,我觉得物理教学论教材的编写也应该采取这种宽容的态度,不能一律奉目前的物理教学论教材编写体例为圭臬,那种原创的、深入的、能够反映我国物理教学论领域最新发展的理论成果,都应该在书中取得恰当的地位。

作为供研究生使用的物理教学论教材,应当是精雕细琢的作品,应当体现物理教学论特有的观点、内涵、品味与前瞻,应当使研究生在学习完之后有所得、有所思、有所悟、有所察。因此,高层次的学术是对物理教学论教材编写的要求。投身物理教学论领域30余年,我先后在《教育研究》《课程·教材·教法》上发表论文近30篇,本书的大部分内容系我发表在上述期刊的论文改写而成,这在我能力所及的范围内保证了本书的学术性。

绪论"物理教学论的理论基础"可谓本书之基石,反映了物理教学论理论特色的要求。因为物理教学论不是空中楼阁,应当是建立在理论基础之上的,并在理论的基础上生成、发展出新的理论。奥苏贝尔、布鲁纳和皮亚杰的教学理论可堪大任。

第一章"物理教育思想研究"可称为本书的特色,通过重访一些物理学重大突破的精要之所在,尝试让读者体察费恩曼、朗道等物理学大师独具慧眼的直觉,至精至简的思想。我以为,倘若在物理教学论学习中不浸淫这些物理学大师的思想,那简直就如入宝山而空返一般。

第二章"物理课程改革研究",则结合我国当前基础教育课程改革的现状,从物理课程的角度,论证了物理课程内在的逻辑与应有之要义。这部分内容,可视为从物理教学的角度对课程理论的应用解读。

第三章"物理教学过程研究",提出了一个新的教学过程理论——自组织转变理论。这一理论既关注教学过程的被组织阶段,又关注教学过程的自组织阶段,同时关注教学过程的临界区域。如此,就展现出了一个全新的理论视角。

第四章"物理教学设计研究",则完全超脱了一般物理教学论的观点,以物理高端备课为指引而展开,向读者展现一个全新的物理教学设计境界。其颠覆性的教学设计理念与洞见,使得物理教学设计有如水落石出,水中石在何处,自见分晓。

第五章"物理科学方法教育"是我数十年物理科学方法教育研究的结晶,包括对科学方法分类的解决,科学方法教育内容的确定等等,尤以科学方法中心论的提出,可视为我的科学方法教育研究后见之明。

第六章"物理实验教学研究"没有采取面面俱到的编写方法,通过探索性物理实验的设计思想、设计原则以及教育目标的诠释,特别是通过探索性物理实验设计范例的介绍,向读者展现了怎样把教育学、心理学与物理实验教学理论融为一体并具体实施的奥妙。

第七章"物理问题教学研究",浓缩了我几十年来物理教学论研究的精华。回顾我的物理教学论研究生涯,最重要的心得莫过于发展出原始物理问题教学理论这一研究领域,包括原始物理问题的定义、理论基础、认知流程、表征理论、影响因素、测量工具等等。在本章中,将择要介绍原始物理问题的相关理论,其余部分则留待《物理教育心理学》中介绍。

第八章"情感态度与价值观教育"阐述了物理教学中的爱国主义教育、美育、科学与艺术相关联以及创造教育的理论观点,其中,指出我国创造教育存在的"只好胜、不好奇;有习题、无问题;只学答、不学问"的见解,是对我国创造教育举步维艰的一家之言。

第九章介绍了"物理教师专业发展"的相关研究,特别是我提出的教师教育金字塔模型,从理论上提出了中学学科知识、学科教学知识和教学技能是教学学术的观点,是近年来教师教育理论的一个发展;而教师专业发展演化模型的建立,可视为我多年来物理教师专业发展观点的升华。

最后,本书第十章"物理教育研究展望"进行了解读,在回顾改革开放30年来我国物理教育研究的基础上,分别展示了"就事论事""就事论理"以及"就理论理"研究的特色,从而完成了本书的收官之作。

物理教学论是一门博大精深的学问。高者探骊得珠,与其意会神合;低者仅得皮毛,如过屠门而大嚼,虽不得肉,尚且快意。我自认为对物理教学论的理解属于后者,因此,书中难免存有贻笑大方之处,恳请物理教学论学界同仁不吝指正。

本书可作为高等师范院校物理教学论专业博士研究生与硕士研究生的教材,高等师范院校物理师范专业本、专科学生的教材,亦可作为中等学校物理教师和有志于从事中等学校物理教学的综合性大学物理学专业及相关专业毕业生接受继续教育的参考教材。

本书出版承蒙北京大学出版社陈静编辑鼎力支持,谨致谢忱。

邢红军
2014年10月

目　　录

绪论　物理教学论的理论基础 ……………………………………………………（1）
　　第一节　奥苏贝尔的教学论思想 ……………………………………………（1）
　　第二节　皮亚杰的建构主义理论 ……………………………………………（6）
　　附　录　布鲁纳的教学论定理 ………………………………………………（11）

第一章　物理教育思想研究 …………………………………………………（21）
　　第一节　费恩曼的物理思想 …………………………………………………（21）
　　第二节　朗道的物理思想 ……………………………………………………（28）
　　第三节　杨振宁的物理教育思想 ……………………………………………（33）
　　第四节　钱伟长的物理教育思想 ……………………………………………（37）
　　第五节　西南联大的教育思想 ………………………………………………（41）

第二章　物理课程改革研究 …………………………………………………（45）
　　第一节　基础教育课程改革研究 ……………………………………………（45）
　　第二节　基础教育课程改革评价 ……………………………………………（65）
　　第三节　基础教育课程改革展望 ……………………………………………（86）

第三章　物理教学过程研究 …………………………………………………（111）
　　第一节　教学过程的自组织转变理论 ………………………………………（111）
　　第二节　物理认知状态转变理论 ……………………………………………（118）
　　第三节　教学主客体关系研究 ………………………………………………（124）

第四章　物理教学设计研究 …………………………………………………（131）
　　第一节　物理高端备课研究 …………………………………………………（131）
　　第二节　高中物理高端备课 …………………………………………………（137）
　　第三节　初中物理高端备课 …………………………………………………（144）

第五章　物理科学方法教育 …………………………………………………（153）
　　第一节　科学方法中心理论 …………………………………………………（153）
　　第二节　课程改革背景下的物理科学方法教育 ……………………………（161）
　　第三节　高中《物理课程标准》中的科学方法显化研究 …………………（166）

第四节　科学方法纳入《课程标准》研究……………………………………(171)
　　第五节　物理科学方法显化教育……………………………………………(179)

第六章　物理实验教学研究……………………………………………………(184)
　　第一节　物理实验的作用与意义……………………………………………(184)
　　第二节　物理演示实验的教育功能…………………………………………(189)
　　第三节　高中物理实验科学方法教育内容研究……………………………(192)
　　第四节　高中物理探索性实验的设计思想与原则…………………………(196)
　　第五节　高中物理探索性实验的教育目标…………………………………(201)
　　第六节　高中物理探索性实验的设计范例…………………………………(205)

第七章　物理问题教学研究……………………………………………………(209)
　　第一节　原始物理问题的教育价值…………………………………………(209)
　　第二节　从习题到原始问题：物理教育方式的重要变革…………………(216)
　　第三节　原始问题教学：物理教育改革的新视域…………………………(220)
　　第四节　原始物理问题测量工具编制与研究………………………………(228)

第八章　情感态度与价值观教育………………………………………………(235)
　　第一节　物理教学中的爱国主义教育………………………………………(235)
　　第二节　物理教学中的审美教育……………………………………………(240)
　　第三节　科学与艺术相关联…………………………………………………(244)
　　第四节　创造教育的文化与传统反思………………………………………(252)

第九章　物理教师专业发展……………………………………………………(259)
　　第一节　教学学术的视野：我国教师教育的发展路向……………………(259)
　　第二节　教师专业发展演化模式……………………………………………(265)
　　第三节　中学物理教师教学研究能力培养研究……………………………(271)
　　第四节　物理师范生教学研究能力培养研究………………………………(277)

第十章　物理教育研究展望……………………………………………………(284)
　　第一节　我国物理教育研究的回顾与前瞻…………………………………(284)
　　第二节　物理教育"就事论事"研究…………………………………………(290)
　　第三节　物理教育"就事论理"研究…………………………………………(292)
　　第四节　物理教育"就理论理"研究…………………………………………(298)

绪论 物理教学论的理论基础

本章导读

在物理教学论教材中专辟一章谈论理论基础,反映出本书对于理论的重视,也是物理教学论教材的重要基石。

为什么物理教学论需要理论基础?这是因为,哥德尔定理证明,一种足够丰富和前后一贯的理论,是不能由它本身,或者比它本身更不完善或更"弱"的手段来证明自身的无矛盾性;一个理论体系如果仅仅以自身的手段为工具去证明自己,就必定会导出一些不能决定其真伪的命题来。因此,任何一个理论体系就其自身来说总是不完备的。一个理论体系要证明自身的无矛盾性,就必须借助另一个比它更完善或者说更"强"的理论。所以,缺乏真实理论基础的物理教学论理论,人们常常不能判明其真伪,以致影响了物理教学论理论的发展。

由于教材的容量限制,本书不可能面面俱到地介绍相关理论基础,但择要介绍,则不仅很有必要,更显示出一种研究的态度,一种研究的方式。在这个意义上,本章的重要性就不言自明。

第一节 奥苏贝尔的教学论思想

一、学习理论:有意义学习理论

奥苏贝尔认为,学生的学习可以分为机械的与有意义的两类。有意义学习和机械学习又都可分为接受学习和发现学习。他的学习论所阐明的主要是有意义接受学习和有意义发现学习的性质、心理过程及其受制约的内外条件。

奥苏贝尔学习论中的一个核心概念是同化。他认为,机械学习的心理机制是联想,有意义学习的心理机制是同化。有意义的学习过程也就是学习者认知结构中的原有知识(奥苏贝尔称之为观念,有时也称之为概念和命题)吸收并固定要学习的新知识的过程。这种旧知识对新知识的作用,被称为同化。同化的结果,新知识被掌握(理解与保持),而原有认知结构发生变化。

奥苏贝尔在1978年出版的《教育心理学:一种认知观》一书中解释同化论时指出:"同化论是本书提出并强调有意义学习过程的理论。有意义学习过程涉及归属作用,上位学习和'并列结合'学习,概念与命题的不断分化与综合贯通,借'掌握学习'达到巩固,教材呈现中层次上彼此关联的观念由上到下循序渐进的组织。"

奥苏贝尔认为,同化过程是学习者认知结构中的原有观念与要学习的新观念相互作用过程。原有观念的概括程度,包摄的范围和巩固水平在新的学习中起决定作用。假定原有观念在概括程度上与包摄范围上高于要学习的新观念,则新学习的观念是下位观念。这种较具体的下位观念被纳入较概括的上位观念并与之发生相互作用,被奥苏贝尔称为归属作用。

假定认知结构中的原有观念在概括程度与包摄水平上低于要学习的新观念,新学习的观念处于上位,这样的学习被称为上位学习。人们从许多具体的例子和大量的现象中概括出概念和归纳出结论的学习都属于上位学习。在这样的学习中,学习者必须在低位观念上新建立一个崭新的观念(概念或命题),所以上位学习一般比下位学习慢一些和困难一些。

假定在某一新的学习中,学习者认知结构中既无上位的也无下位的适当观念可以用来同化新观念,但他认知结构中却有某些可以类比的观念用来解释新观念,这样的学习被称为并列结合学习。例如,中学生在学习电压与电流关系时遇到困难,教师运用学生熟悉的水位差和水流量的关系来进行类比,从而使学生了解了新关系。奥苏贝尔认为,这种新旧知识的相互作用过程也是同化过程。但这是不完全的同化,因为新旧知识没有上下位关系,只有横向的吻合关系,所以学习起来比较困难。

总之,有意义学习过程是新旧知识相互作用的过程,是相互作用的结果。对学生来说,原来没有意义的新教材现在获得意义,与此同时,他们的认知建构不断进行改组,发生量变与质变。

二、教学目标：培养学生良好的认知结构

奥苏贝尔根据他的学习论,提出要造就学生良好的认知结构,以适应日后新的学习和解决问题的需要。他说:"当我们努力影响认知结构以便提高有意义的学习与保持时,我们便深入到教育过程的核心了。"

奥苏贝尔把认知结构定义为:"个体的观念的全部内容和组织,或者,就教材学习而言,指个体的特殊知识领域的观念的内容和组织。"在他看来,学生的认知结构即是他所称的有意义学习的结果,所以它是一个因变量。但认知结构一旦形成,又是影响新的学习与保持的一个关键变量,所以它又是一个自变量。

奥苏贝尔在谈到认知结构时,常使用认知结构变量一词,他在界说认知结构变量时说:"从一般的和长期的角度看,认知结构变量指同一教材知识领域中,那些影响学习者未来一般学业成就的全部知识的重要实质特征与组织特征,从具体的短期的角度看,认知结构变量指学习者认知结构中对新的较小教材单元的学习与保持产生影响的最直接有关的概念和命题的实质特性特征与组织特征。"

经过长期的实验和理论研究,奥苏贝尔鉴别出对新的学习与保持产生重要影响的三个主要认知结构特征,这三个特征又被奥苏贝尔称为认知结构的三个变量。

(一)第一个变量

当学习者面对新的学习任务时,他的认知结构中是否有吸收并固定新观念的原有上位观念。奥苏贝尔称这种原有的观念为起固定作用的观念(anchoring ideas)。起固定作用的观念的概括与包摄水平越高,新观念的学习越容易。如果学习者认知结构中缺乏这种起固定作用的观念,则新观念的学习会很困难。

(二)第二个变量

当学习者面对新的任务时,原有起固定作用的观念与要学习的新观念之间的异同是否可以清晰分辨。分辨越是清晰,则越有助于新的学习与保持。倘若新旧观念的异同分辨不清,则新观念不能独立存在,遗忘已经发生了。

(三)第三个变量

当学习者面对新的学习任务时,他认知结构中原有起固定作用的观念是否巩固。研究表明,原有起固定作用的观念越是巩固,则越有助于新的学习与保持。

奥苏贝尔的认知结构观显然与皮亚杰的不同。皮亚杰称认知结构为图式（schema）或格式（schema）。皮亚杰的图式中包含先天成分，他认为儿童生来就具有某些图式，如吸吮图式、抓握图式等。先天遗传图式借用同化与顺应两种功能，在后天环境作用下，不断发生量变与质变，形成新的图式。而奥苏贝尔的认知结构中不包含这种遗传成分，纯粹是后天习得的学科知识实质内容及其组织。而这些实质内容与组织又可受外部教学操纵，所以奥苏贝尔认为，认知结构及其变量是教学的产物。

在强调掌握学科的基本结构与一般原理这一点上，奥苏贝尔与布鲁纳是相同的，而且他们都把学科结构的掌握与学习的迁移联系起来。布鲁纳说："领会基本原理和观念，看来是通向'训练迁移'的大道。"奥苏贝尔则进一步鉴别了影响保持与迁移的三个认知结构变量并创造了一种认知结构变量的技术——先行组织者。

奥苏贝尔把知识与能力的目标统一在良好的认知结构的培养方面，他既反对行为主义心理学家把教学目标局限于建立一系列刺激与反应之间的连接上，也反对形式训练者追求认知结构之外的一般能力发展。因此，奥苏贝尔提出的认知结构及其变量的理论能够较好地解释知识与能力的关系，同时也经受了大量迁移实验检验。所以，这一理论丰富了教学论的理论体系，值得我们在教学中进行借鉴和吸收。

三、教学原则：不断分化与综合贯通

奥苏贝尔根据自己有意义言语学习理论和培养学生良好认知结构的教学目标，曾反复强调两条原理：不断分化和综合贯通。正如他指出："无论在哪一学科，要使教材的内容编排成序，有两个原则是适用的。这就是不断分化原则和综合贯通原则。"

不断分化原则和综合贯通原则原本是奥苏贝尔的两条重要学习原理："不断分化"指知识由上位到下位，由一般到个别的纵向组织；"综合贯通"原意为消除已有的知识之间的矛盾与混淆，发现它们之间的异同，指的是知识的横向组织。

（一）不断分化原则

奥苏贝尔的不断分化原则中包含系统性与连贯性思想，但他强调的不是一般意义上的系统性与连贯性，是知识由上位到下位，由一般到个别的不断分化。他假定：

（1）人们从原先习得的包容范围较广的总体中掌握分化的方面较之从原先习得的分化的方面中形成总体来得容易。

（2）个人的某一学科领域的知识在其头脑中的组织是由一分层次的结构构成的。包容最广的观念处于这一结构的顶点并逐渐容纳范围较小的和高度分化的命题、概念和事实资料。据此，他要求教材的呈现也要符合人的认识的自然顺序：先呈现一般的，包容范围较广的内容，然后逐步从这些一般内容中分化出较为特殊的细节。这样呈现教材，学生学起来快，且容易保持与迁移。所以不断分化既是一条学习原理，也是一项重要的教学原则。

（二）综合贯通原则

"综合贯通"原则中含有我们平时所说的"融会贯通"的思想。但它还有其特殊含义，指在上位学习与并列结合学习中，认知结构中已有的观念的重新组织与彼此关联的过程。这样不但获得了新知识，而且认知结构中的原有因素经过新的组织又获得了新的意义。综合贯通既是一条学习原理，也是一条重要的教学原则。

奥苏贝尔认为教材可以按两种先后和逻辑关系组织。倘若先后出现的教材相互依赖，先出现的教材未掌握，后继的教材无法学习，这种教材叫系列依存教材。某些教材的先后单元自成体系，

后出现的单元并不必以先出现的单元的掌握为先决条件,这种教材叫系列独立教材。奥苏贝尔强调,不仅在系列依存的教材中应注意贯彻综合贯通的教学原则,而且在系列独立的教材中也应注意贯彻这一原则。理由是:在有意义学习中,学习者总是利用先前的知识来理解新学习的知识。在系列依存的教材中,先后学习的概念或命题有上位与下位的关系,倘若学生不能分辨这种具有上位与下位关系的新、旧概念和命题的异同,则新的有意义学习不能出现。在系列独立的教材中,新旧知识可能没有上下位关系,但奥苏贝尔认为,新旧知识之间仍然有相互作用。在一个平行的系列中早期习得的成分会对后继学习的成分起一种定向和类比作用。学习者总是根据认知结构中先前习得的类似的和熟悉的原有观念来领会和把握新学习的材料。在这种情况下,学习者必须了解新旧观念的相似点,只有发现了相似点,也就是发现了它们之间的联系,旧知识才能同化新知识。同时,学习者又必须清晰地分辨这种彼此平行的新旧知识的不同点。只有发现了它们的不同点,新的观念才可以作为一个独立的内容保持在记忆中。可见,在系列独立教材中贯彻综合贯通的教学原则也是非常重要的。

奥苏贝尔并非排除由下位到上位的学习,但作为认知心理学家,他强调从一般到个别的学习顺序,这一点与加涅强调的由个别到一般的累积学习顺序正好形成鲜明对照。上述两种观点各有许多实验与实践的依据,因此都可以指导教学实践,但传统上更重视由个别到一般的归纳式教学顺序,奥苏贝尔从理论与实践两方面论证了由一般到个别的教学顺序的重要性,对于改进教学设计与教材编写都具有重要的启发意义。

四、教学方式:讲解式教学

奥苏贝尔坚决否定布鲁纳把发现法作为课堂教学的基本方法,也不同意布鲁纳对讲解式教学的批评。他认为,有意义的讲解式教学是课堂教学的基本方式。

为了使讲解式教学不致被误解和滥用,奥苏贝尔在理论上阐明了它的心理学依据,在实践上提出了一套教学设计技术。

奥苏贝尔的有意义言语学习理论认为,根据不同标准可把学生的学习分为接受的与发现的,机械的与有意义的。人们往往误认为,发现学习是有意义的,接受学习是机械的。其实,发现学习既可以是有意义的,也可以是机械的;同样,接受学习既可以是有意义的,也可以是机械的。在讲解式教学条件下,学生进行接受学习。奥苏贝尔认为,根据他阐明的有意义学习的心理过程和条件来进行讲解式教学,学生进行的接受学习不是机械的和被动的,而是有意义的和主动的。

有意义言语学习理论认为,有意义学习必须具备三个条件:① 学生具有有意义学习的心向,即积极把新知识与自己认知结构中原有的适当知识关联起来的心理准备状态;② 学生认知结构中具有同化新知识的适当知识基础;③ 要学习的新材料本身具有逻辑意义,不是随意编造的无意义材料。在学校教学条件下,学生学习的材料一般都能符合学习的第三个条件。所以在有意义学习的三个条件中,关键是学生的心理准备和原有知识基础。奥苏贝尔认为,他的讲解式教学只有在满足了上述三个条件之后才能进行。这样的讲解式教学不仅不会导致机械的和被动的学习,相反它是学校传授文化科学知识的基本形式。

乔伊斯和韦尔(B. Joyce & M. Weil,1972)把奥苏贝尔提倡的讲解式教学概括为一种教学模式即先行组织者模式。先行组织者模式一般分为如下几个教学步骤:第一,呈现组织者,第二,呈现下位的具体材料,第三,加强认知结构。

表 0-1 "先行组织者"教学模式的结构

第一阶段 "先行组织者"的呈现	第二阶段 学习任务和材料的呈现	第三阶段 认知结构的加强
阐明课的目的 呈现"组织者" 鉴别限定性特征 举例 提供前后关系 重复 唤起学习者的知识和经验的意识	明确组织 安排学习的逻辑顺序 明确材料 维持注意 呈现材料	运用综合贯通原则 促进主动积极的接受学习 引起对学科内容的评析态度 阐明

可见，奥苏贝尔的讲解式教学体现了他的两条教学原则：不断分化和综合贯通，与布鲁纳批评的讲解式教学有根本区别。

自从布鲁纳和奥苏贝尔提出两种显然不同的学习与教学方法之后，许多心理学家纷纷对这两种教学主张开展实验研究，大量的实验证据表明，两种教学方法各有利弊。

一般的看法是，发现法更适合低年级，适合教基础概念和原理，有助于远迁移能力的培养；但其缺点是太费时，课堂难以掌握。

讲解式教学法(学生进行接受学习)更适合高年级，适合教概念之间的关系，省时，有助于近迁移。但在远迁移能力的培养方面不及发现教学法。

所以，一般的看法是课堂教学应以奥苏贝尔所提倡的讲解式教学法为主，以布鲁纳倡导的发现法为辅。

人们的认识顺序既从个别到一般，也从一般到个别。发现学习强调从个别到一般，接受学习强调从一般到个别。从知识论来看，这两种主张均有合理的认识论依据。

五、认知因素与情感因素的关系

教学中学生的情感因素，在心理学中一般被作为学习动机来处理。学习动机指驱使学生学习的内部原因，包括自觉学习的愿望、兴趣和对学习活动之外的目的的追求。奥苏贝尔第一次明确提出了影响学生学习的三种主要学习动机及其在不同年龄阶段的个体身上的不同作用。

奥苏贝尔提出了驱使学生学习的三种内驱力：认知内驱力、自我提高的内驱力和附属内驱力。因为人的活动动机是驱使人行动的内部力量，所以心理学家常把动机与内驱力视为同义词。认知内驱力指要求获得知识、了解周围世界的愿望，与我们平时所说的求知欲大致同义。认知内驱力是一种内在的学习动机，是推动学生学习的最重要的动力。但在实际教学中，为什么我们常常发现学生对学习不感兴趣呢？在奥苏贝尔看来，学生的求知欲与教学存在着相辅相成的关系。教学组织得越好，学生越是理解教材，他们越会增强求知欲。反之，教学组织得不好，学生不理解所教的内容，他们的学习积极性会受到挫伤。

随着年龄增长，学生自我意识增强，他们希望在家庭和同伴集体中获得地位，受到尊重。这种愿望也可以推动学生努力学习，争取获得好成绩，从而赢得与其学习成绩相当的地位。奥苏贝尔把这种借获得成绩来提高自己的地位的学习动机称为自我提高的内驱力。自我提高内驱力强的学生努力学习，所追求的不是知识本身，而是知识之外的满足——受人尊重，觉得自己在集体中有地位。所以这种内驱力是一种外在的动机作用，教师和家长的批评与表扬之所以能督促学生学习，主要就是利用了学生的这种外在的动机作用。

年龄较小的学生和年龄较大的学生不同,他们也有自尊与希望得到认可的需要,但他们缺乏自立能力。他们往往不是通过自己的努力,借获得成绩来赢得相应的地位,而是通过顺从、听话,从父母和其他受人尊敬的长者那里获得派生的地位。奥苏贝尔把这种想得到长者认可从而获得派生地位的动机称为附属内驱力。这种内驱力同样可以推动学生学习,但这种动机也是追求学习活动之外的自尊的满足,所以也是一种外在动机作用。

奥苏贝尔区分的这三种学习动机既考虑了学习的内在动机作用,也考虑了学习的外在动机作用,同时也能说明不同年龄阶段的学生学习动机成分的差异,无疑有助于指导教学实践。

从心理学上看,学生的原有认知结构变量是影响学习的认知因素,而学习动机则被认为是影响学习的情感因素,但情感因素是通过怎样的机制影响学习的呢?对此,奥苏贝尔也有独到的见解。

根据同化论,奥苏贝尔认为,在新的学习中,学生的认知结构变量,如原有的起固定作用的观念的可利用性、稳定性和新旧观念之间的可辨性,不仅直接决定新的意义的出现,而且也决定新习得的意义的保持。

奥苏贝尔进一步认为,动机因素同认知结构变量不同,它们不能直接参与新旧观念相互作用,相反,他们是通过加强努力和集中注意来影响新的学习的。形象地说,动机好比是"催化剂"而不是"特效药"。情感因素既是影响学生学习的一个重要内因,又是学习结果的一个重要方面。学生的理想、信仰、品德和性格特征主要是情感教育的结果。奥苏贝尔虽然分析了情感因素怎样影响认知学习,但没有系统分析学生在情感方面的学习结果和过程,这不能不说是他的教学论思想的一个缺点。[①]

第二节 皮亚杰的建构主义理论

随着我国教育教学改革的不断深化,建构主义理论越来越为人们所重视。特别是近年来对人类学习过程和认知规律研究的不断深入,建构主义理论也愈来愈显示出强大的生命力,并逐渐成为指导教育教学工作的主导理论。

然而,在建构主义的理论与实践研究中,作为建构主义理论的重要组成部分——皮亚杰的建构主义理论,却在一定程度上被忽视了。有鉴于此,本节从结构主义与建构主义相结合的角度出发,从动作与经验、内化建构与外化建构以及智力建构的机制三个方面研究了皮亚杰建构主义理论的内涵,这不仅丰富了人们对建构主义理论的认识,而且也在一定程度上对教育教学工作具有很好的启示作用。

一、认识建构的方式

皮亚杰所谓的"建构",即结构(图式)建造之意。而这种建造的本质即归结为主客体之间的相互作用。按照这一理论,动作是一切知识的源泉与基础。进一步,他把动作分为两种:一种是直接作用于客体的个别动作,如掷、推、触、摸等,相当于动作元素;另一种是个别动作组成的动作协调组织,它们并不直接作用于客体,而是主体动作本身的协调,相当于动作系统。皮亚杰认为,主体动作系统是分层次的,某一层次动作相对于上一层次动作是个别动作,而相对于下一层次动作又是协调动作。协调动作或动作系统又可称为运算,即具有整体系统性、转换守恒性与自我调节性的动作协调组织。皮亚杰、杜威和布里奇曼都认为思维本质上是一种动作。思维动作既可以是物质性的,运用物理工具在实物上进行,也可以是精神性的,运用符号工具在头脑中进行。物质思维与精神思维都是动作,在这

[①] 钟启泉,黄志成.美国教学论流派[M].西安:陕西人民教育出版社,1993,p.132.

个意义上知与行是统一的。①

皮亚杰认为,一切经验发源于动作。由于他把主体动作划分为个别动作与协调动作。因此,由动作产生的经验也相应分为物理经验与逻辑数学经验两种。主体个别的、特殊的物理动作直接作用于客体,它改变物体的位置、运动和性质;因此,对物理动作的简单抽象产生主体的物理经验,它直接体现了客体的某些性质,因为此时知识来自客体。主体的动作协调组织并不改变客体原有的特性和关系,而是使各个客体结合在一个新的结构中从而产生原来没有的特性;所以,对动作协调的反省抽象产生主体的逻辑数学经验,此时知识直接来源于动作而并非直接来源于客体。②

在物理经验与逻辑数学经验两者之中,皮亚杰更重视后者。他认为,在认识发展的任何阶段,逻辑数学经验都是物理经验的前提条件,物理经验内容只有同化在逻辑数学经验的形式框架之中才能成为关于客体的知识,甚至物理经验本身的形成也需要在先的逻辑数学经验。③ 因为逻辑数学知识可以依赖反省抽象获得相对独立的发展,而物理知识总包含着相应的逻辑数学概念,因而没有自身相对独立的发展。

皮亚杰认为,智力发展是一个主体的自我建构过程,其发生的起点与发展的基础是主客体之间的相互作用,即动作或行为。随着主体活动的发展,主客体开始分化,即原来互不相关的、孤立存在的主客体不分的中介物动作结构,沿着内外两个不同方向,相关而又分别地联合成为主体动作结构与客体变化结构。因此,皮亚杰把动作分化的内向发展称为内化建构而把外向发展称为外化建构,两者合称双重建构。

皮亚杰曾借助图 0-1,对双重建构过程作了全面、生动和深入的说明。

图 0-1 中的 S 代表主体,O 代表客体,⟷表示主客体之间的相互作用,|表示相互作用的区域。C 代表主体动作协调的中心区域,C′代表客体的固有本质,P 指主客体相互作用是在最远离主体中心且最远离客体中心的边缘交叉区域进行的。P→C 代表内化建构过程,其发展指向主体图式的形成,对主体动作的内部协调从外部物质动作逐渐深入到大脑中枢的逻辑运算(精神动作);P→C′代表外化建构过程,其发展指向学习与实验,对客体的认识与改变从边缘现象逐渐深入到它的内在本质。C←P→C′表示内化建构与外化建构的双向发展,主客体之间的相互作用,从在边缘区域进行的、范围狭窄的、直接的相互作用逐渐转变为在主体与客体"中心"区域进行的、范围愈益扩大的、间接的相互作用。④

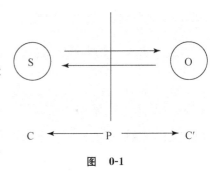

图 0-1

内化建构是指主体动作协调或主体动作结构从外部层次、外部平面投射到内部层次、内部平面上去,如实物运算内化为概念运算。它通过对主体动作进行分解、归类、排列、组合等各种协调,从而形成动作结构;或者是对已有动作图式的再协调或再建构,从而形成更高级、更复杂的图式。按照发展顺序,内化建构首先是对外部感知运动动作的协调,然后是对表象水平的精神动作进行的协调,最后才是对逻辑运算水平的精神动作进行的协调。因而,物质动作只能逐步内化为精神动作,物质动作结构只能逐步内化成为认识图式。总而言之,内化建构是把动作或动作图式按照新的方式、在新的水平上组织起来,建构即动作组织化过程。需要强调指出的是,只有结构性动作(运算)才能内化成为思维

---

① 皮亚杰,英海尔德著,吴福元译.儿童心理学[M].北京:商务印书馆,1980,p.116.
② 皮亚杰,王宪钿等译.发生认识论原理[M].北京:商务印书馆,1984,15,p.16.
③ 雷永生等著.皮亚杰发生认识论述评[M].北京:人民出版社,1987,127,p.146.
④ 雷永生等著.皮亚杰发生认识论述评[M].北京:人民出版社,1987,127,p.146.

图式(图式是保留实物动作基本特征的符号缩影)。

外化建构则是指主体内部的图式投射到外部层次、外部平面上去,如将逻辑数学运算结构归属于物理实体形成因果解释,再将根据这种因果解释作出的技术设计外化为实际的技术创造。它通过运用动作图式把客体或客体经验组织起来,从而建立客体的关系与变化结构。与内化建构次序相反,外化建构首先是在主体头脑中把物理经验组织在图式之中,然后按照这些知识把主体实际动作组织起来以作用于客体,进而使各种客体组织起来,以新的方式发生相互作用,从而改造转变客体。

二、认识建构的机制

按照皮亚杰的观点,认识建构的过程包括三个互相联系的方面。它们分别是:抽象、协调与平衡。

(一)经验抽象与反身抽象

认识建构过程的第一个方面是新知识(包括物理知识和逻辑数学知识)得以产生的经验抽象与反身抽象。这两种抽象都是对动作(主客体相互作用)的抽象。

经验抽象是对个别动作的抽象,抽象的结果是物理经验,它直接反映客体的性质;而反身抽象则是对主体动作协调或动作系统的抽象,抽象的结果是逻辑数学经验,它直接体现的是主体活动的性质。皮亚杰指出,建构就在于把经验抽象与反身抽象结合起来,以形成内源的即生于主体动作的知识与外源的即出自客体的知识。

需要指出的是,经验抽象与反身抽象不仅是两种截然不同性质的抽象,而且两种抽象方式发展进化也是十分不同的。经验抽象的进化带来外源性物理知识的进化,而反身抽象的进化则带来内源性逻辑数学知识的进化。两种进化相比,反身抽象可以相对独立地自我进化,而经验抽象的进化没有自主性,它至多起一个触发的作用。这是因为,经验抽象无论处于发展的什么水平,为了从客体获得信息,作为同化框架的图式运用是必不可少的,而这种同化框架具有逻辑数学性质,它本身并不是经验抽象的产物,而只能由在先的反身抽象提供。换言之,反身抽象形成的逻辑数学结构(即图式)是经验抽象进行的前提条件,反身抽象及其产物(图式)发展了,经验抽象及其产物才能相应发展。离开反身抽象及其产物(图式)的发展,就不可能有经验抽象的连续发展。反身抽象则不然,尽管经验抽象及其产物(物理知识)的发展能够对它产生一种刺激、推动作用,但是,反身抽象的发展可以在自身基础上自我支持、自我激励地进行逻辑数学建构,并最终达到一种纯粹状态。

事实上,皮亚杰的观点与爱因斯坦的科学概念方法论思想是一致的。爱因斯坦认为,牛顿以及在他的影响下的大多数科学家在科学方法论上的重大缺陷就在于,认为基本概念是从经验中归纳得到的。的确,归纳是一种科学的方法,但是归纳的作用只能用来建立"实验定理",用来表述"大量单个观察的结果"。而这些作用的发挥,必须以确立普遍的原理为前提。因此,爱因斯坦指出,概念的形成和发展有两条途径:一个是有意识的方面,即通过逻辑上思维的自由创造;另一个是无意识方面,即通过非逻辑的直觉和想象。[①] 所以,从建构主义的角度看,牛顿的科学方法论主要是经验抽象,而爱因斯坦的科学方法论则上升为反身抽象的层次,这是两者的根本不同。

(二)内部协调与外部协调

在皮亚杰看来,协调是在抽象的基础之上产生的。所谓协调,是对被抽象出来的元素进行组织与整合,使之成为一个系统。有两种抽象就有相应的两类协调,即物理因果关系的外部协调与逻辑数学运算的内部协调。

---

① 朱铉雄.物理教育展望[M].上海:华东师范大学出版社,2002,p.89.

内部协调是把主体的某些活动或这些活动的图式联合起来或分解开来,对它们进行归类、排列顺序,使它们发生相互关系。简言之,内部协调形成主体的认知图式。外部协调则是从运动学或动力学的角度把客体在时空上联系起来,其方式与使活动具有结构的方式相似。换句话说,外部协调形成关于客体的物理知识以至新的客体(技术发明)。

内部协调与外部协调是建立在经验抽象与反身抽象的基础之上的。但是,并不存在内部协调与反身抽象、外部协调与经验抽象之间的简单对应关系,它们是交叉关系。内部协调无疑以反身抽象为基础,其内容与形式都来自反身抽象。但是,经验抽象仍有作用,因为主体动作也是一种客体的物理动作,对主体动作的经验抽象与描述是动作认知与动作内化的前提。外部协调即因果协调,其形式来自反身抽象,而内容则来自经验抽象对客体的抽取。总而言之,在双重建构过程中,内部协调(即推理协调)与外部协调(即因果协调)的发展是密切相关而又彼此补充的,内部协调与外部协调的配合就是认识的双重建构过程。

(三)平衡

皮亚杰认为,在认识建构过程中,主客体的相互作用必然从低级平衡走向高级平衡,平衡是认识建构过程的内部特征。皮亚杰认为,以结构的守恒和产生为前提,通过同化和顺应的补偿作用可以达到三种平衡:

第一种平衡是同化和顺应之间的联系。在主体和客体结构之间有一个平衡,主体的结构顺应新呈现出来的客体,而客体被同化到主体结构中去。

第二种平衡是主体图式中子系统的平衡。皮亚杰认为每个主体都有许多分系统组成。例如,逻辑数学运算是主体的一个图式系统,其子系统就是分类、系列、数等。这些子系统经常以不同的速率展开。在建构中,如果子系统之间没有平衡,就不可能有新图式产生。

第三种平衡是在主体知识的部分和整体之间都必须逐渐建立经常的平衡,经常存在知识整体分化为部分和部分整合到整体中去的情况。

在这三种平衡中,机能的平衡是前提,结构的平衡是基础,知识的平衡是结果。因为在外部刺激的作用下,首先要达到机能的平衡。机能获得平衡才能产生新的结构,新结构的产生意味着结构获得了平衡,而结构的平衡直接导致知识的重组,在重组的基础上,知识的整体与部分获得新的平衡。

平衡难以达到,更难以保持。因为在任何水平上,达到的平衡都是相对的、暂时的、不稳固的。在获得暂时平衡的基础上,主体仍然被外部世界包围着,由于客体不断作用于主体,所以主体仍要不断地同化客体,也要不断地调整自己的图式,使之更加符合客体。因此,它达到的平衡在主体和客体的作用下不断被打破。所以,机能、结构及形成的认识发展过程就是:不平衡——平衡——打破平衡——再平衡……的循环过程,每获得一个新的平衡,认识就达到一个新的高度,每一个新的平衡被打破,认识就在新的水平上继续发展。[①]

三、皮亚杰建构主义理论的启示

深入探讨皮亚杰的建构主义理论,对于教育教学工作具有有益的启示。

(一)教学应当重视学生动作的发展,从而促进学生认知水平的发展

皮亚杰认为,动作和活动是认识建构的起点和基础,随着双重建构的发展进化,作为建构基础的动作也相应进化。由于动作的进化与学生的认知发展阶段是相互联系的,因此,在教育教学工作中就应当重视学生动作的发展。

---

① 雷永生等著.皮亚杰发生认识论述评[M].北京:人民出版社,1987,127,p.146.

根据上述理论,在教学中,教师应当掌握教材的重点、难点和关键,这是必要的和正确的。但是教师还应当知道,学生需要掌握的概念和规律,哪些属于具体运算水平？哪些属于形式运算水平？针对一些形式运算水平才能理解的概念和规律,教师应当精心设计教学过程,尽可能采用实验和活动的教学方式,借助直观教学手段,使具体运算水平的学生也能理解和掌握。这需要教师下很大工夫去研究,并在教学实践中不断改进。

在发展性教学中,我们强调应当促进学生从现有认知水平向最近发展区发展,这是正确的。同时,我们还应当确认,促进学生认知水平的发展主要还是将学生的认知水平从具体运算阶段向形式运算阶段过渡。有研究指出,在美国的学校中,只有13.2%的中学生,15%的高中生和22%的大学生达到了形式运算水平。[①] 显然,包括我国在内的大中学生的认知水平只有少部分进入到形式运算水平。因此,促进学生认知水平的发展就成为教学的重要任务。

(二) 教学应当重视对学生抽象能力的培养

我国的教育,长期以来一直存在着一个鲜为注意的缺陷——这就是忽视学生抽象能力的培养。而且,这种状况由来已久。

我国传统的教学,通常采用习题对学生进行训练。而习题教学的根本缺陷在于,每一道习题都是从现象中抽象而来,但这种抽象却不是由学生自己来完成,而是由习题编撰人员完成的。这样,就使得学生基本上不具备抽象能力。分析产生这种现象的原因,赵凯华教授认为："在我们的教学中,同一问题,既可以把原始的问题提交给学生,也可以由教师把问题分解或抽象成一定的数学模型再提交给学生。习惯于解后一类问题的学生,在遇到前一类问题时,往往会不知所措。"[②] 显然,后一类问题就是习题,是不需要抽象的；而前一类问题则是原始问题,是需要经过抽象才能解决的。

必须认识到,抽象在科学认识的形成过程中是极其重要的。因为在科学研究中,任何一个问题都是原始问题,只有通过抽象,才能形成科学问题,才能进一步研究下去。在研究过程中,没有任何人预先对科学现象进行抽象。因此,缺乏抽象训练的我国学生的思维往往是畸形的。所以,他们在考试时遇到原始问题往往会"不知所措",在研究中"常常是只能在别人指导下做研究而不能独立工作,或领导一个实验室开创自己的方向和领域"。[③]

因此,在教学中,非常有必要加强对学生抽象能力的培养,这不仅是皮亚杰建构主义理论的要求,而且是我国素质教育的基本要求,这应当引起我们的足够重视。

(三) 教学应当既重视内化建构,又重视外化建构

我们目前的教学,在相当程度上对内化建构给予了足够的重视。所以,"我国的教师都习惯于把知识组织得井井有条,对课程内容的每个细节作详尽的解说,对学生可能发生的误解——予以告诫。把所教内容都'讲深讲透',不给学生课后留下疑难。"[④] 学生的听课、做题、考试等环节都是围绕着内化建构而展开的,而对于外化建构却基本上被忽视了。

外化建构是主体在头脑中把物理经验组织在图式中,进而使各种客体组织起来,以新的方式发生相互作用,从而改造转变客体。因此,在教学中就应当重视学生认识的外化建构,即通过小制作、小发明、小创造以及论文的形式把在课堂上所学知识用来进行因果解释和技术创造,这对学生形成完善的认知结构是非常有益的。对此,杨振宁教授指出："仅仅读很多的书,从老师那里学到很多知识,做很多习题,只能说是训练独立思考能力的一半。而另一半的方法是复杂的,不是每个学生都能采纳同样

---

① 邵瑞珍.教育心理学[M].上海:上海教育出版社,1983,p.167.
② 林纯镇,吴崇试编译.我国赴美物理研究生考试(CUSPEA)历届试题集解[M].北京:高等教育出版社,1985,p.1.
③ 饶毅.健全人格和创新精神[N].人民日报,1999-4-17.7版.
④ 赵凯华.我国高等学校物理教育的现状及改革的思考[J].物理,1995,11期,p.663.

的建议或劝告,这个方法要靠自己去摸索。"①显然,杨振宁教授所说的前者是指认识的内化建构,而后者即指外化建构。

我国教育缺乏对学生认识外化建构的重视是历史上一直有的问题,而尤为严重的是,"这样造成的问题,在中小学教育完成后的一段时间内还不能显现出来。到研究生期间,创造性能力问题才明显暴露出来。也就是说,由中国中小学教育提倡、培养和选拔出来的'好学生'心态、习惯和行为模式到进入科学研究前沿时,就暴露出很大问题。"②

数学菲尔兹奖得主丘成桐教授曾指出:"习题教学培养出来的学生只会考试,但不会做研究工作。有几位曾获国际奥林匹克数学竞赛金奖的中国学生在哈佛做我的研究生,学习都非常困难,有人甚至读不下去。"③因此,在教学尤其在中小学教学中加强学生认识的外化建构训练,其意义是非常深远的。

附录 布鲁纳的教学论定理

此部分内容系原题为"*Theorems for a Theory of Instruction*"的论文。文章以浓缩的语言,简洁地阐述了高度学术水平的内容,一般读者难于理解。日本名古屋大学的广冈亮藏教授作了极好的译介。本文就是根据广冈的译文译出的。

一、教学论的特点

1.1 教学论是处方性的,它要作出指示,提供方略。换言之,教学论要揭示出有关掌握知识和技能的最优方略的法则。

因此,教学论要为评判教授和学习的种种途径是否适宜,提供准绳。

1.2 教学论,从严格意义上说,是一种规范理论,不能就事论事。它要探求教授和学习的理想模式。换言之,教学论要为解答"什么样的学习适当?""要培养什么样的学习者?"之类的问题提供理想的标准。与此同时,还要进一步阐明实现这个理想标准的各种条件。

规范教学论要发挥它优越的作用,这需要具有高度的概括,就需要确立特定的理想标准。而特定的理想标准应从一般的教学论引申出来。

1.3 不能否定,陈述性的学习理论和发展理论对于作出学习的最优模式,多少可以提供贡献。但是,陈述性的理论不能直接地作出处方。直接的处方必须依赖教学论。

例如,根据陈述性的学习理论,关于学习过程,分连续说和非连续说两种。从非连续说出发,或许会提出这样一种转换式教授处方来——让学生"在一个时期"专注于"一事",下一个时期专注于另一事。然而,按照连续说,也许会提出在一个时期学习"多事"的所谓并进式的教授处方。

按照这两种学说写出的教授处方笺,都是不完备的。一时专注于一事这一转换方式是不可思议的;完全同时并进也是不可能的。陈述性的学习理论并不是把开出教和学的处方笺作为自己的直接课题的。方略论或战术论不是陈述性理论能够很好地解决的。教学论开处方,是先于事实的。学习论则是将业已产生的事实加以理论化,是后行于事实的。

1.4 所以,要想构筑教学论,就需要有不同于探讨学习论的某种独立形态的探求活动。

---

① 宁平治等主编. 杨振宁演讲集[M]. 天津:南开大学出版社,1989,p.143.
② 饶毅. 健全人格和创新精神[N]. 人民日报,1999-04-17.7版.
③ 丘成桐. 如何培养中国学生对数学的兴趣[N]. 北京:科学时报,2004-06-23.6版.

1.5　因此,即便教学论学说与学习论学说是矛盾的,我们不能也不应当粗枝大叶地、先验地把学习论当作错误的、跟教学论这个盾相对立的矛。同样,也不能反是观之。尽管这样,两者的矛盾,显然不能听之任之,应当仔细地研究情况。

一般地说,在这两种理论——寻求学习顺序的最优化的教学论,同陈述学习过程中会产生什么现象的学习论——之间,总是存在某种程度的一致性的。

1.6　从上述论断,我们可以得出结论说,教学论与学习论之间的关系是相辅相成的。既不是一方引出他方,也不是一方为他方的附庸。

二、教学论的主要课题

2.0　教学论至少包含下述 4 个课题。

2.1　教学论必须探明唤起学习积极性的最佳经验与情境。亦即揭示激发学习积极性的方式。可以说,有没有学习积极性,是关系到学习成败的首要的决定因素。

激发学习积极性的情境是多种多样的。倘要加以排列,那将成为广幅的光谱了。在这里,既有诸如以父兄为榜样,激发学习积极性的人际关系的情境;也有丰富周围的语言的、社会的环境,提供身心活动的优越条件,来激发其旺盛的学习热情的。

综合地研究唤起学习积极性的诸种情境,也是达到各种各样学习目标的重要的手段。我们当前面临的课题就是,培养我们所处的民主社会的朝气蓬勃的年轻一代,但不限于此。其他广泛的社会组织中学习者所期望的学习态势的研究,也包括在内。当然,本文所举的实例,几乎全部取自民主社会的教育脉络的。

2.2　教学论必须探明达到最优理解的知识结构化的问题。关于知识的最优结构的研究课题就是,探求汲取科学的成果,将知识加以结构化,使提供的知识成为具有活力的知识体的理想状态。这一点,在后节我们将更详细地说明知识的最优结构的种种形态。

所谓好的知识结构,就是构成这样一种含有种种力量——简约知识的力量,产生新的论断的力量,使知识形成愈益严密的体系的力量——的知识系统。所以,好的知识结构,是同参与此项作业的每一个人的思维与才能密切相关的。这样说来,知识的结构不是固定不变的,而是随人而变化的。因此,同一知识领域的结构,可以不一定是同一的,但这些结构之间不至于矛盾,是我们所祈求的。

2.3　教学论必须探明显示教材的最优程序的问题,亦即要探明教学过程的问题。

例如,教授现代物理的结构,采用什么教学过程好呢?一个方式就是,首先提供若干具体教材,接着抓住其共通的法则性的问题。——这是一种从具体到抽象的教学过程。或者反之,先教数学形式符号法,后教易学的具体的物理法则。——这是一种从形式到内容(从抽象到具体的一种)的教学过程。这两种教学方式事实上会产生哪些不同教学效果呢?关于教材的显示程序的这种问题,容后节详述。

2.4　教学论必须探明教学过程中采用的赏罚的性质及过渡的问题。

在学习进程中的某一阶段,应从教师的表扬这一外部报偿过渡到学生靠自己解决了问题时所获得的内部报偿。其理由姑且不论,看来是不言而喻。同样,也应从行为的即时报偿过渡到过了多少时日之后的延滞报偿。这也是不言而喻的。从外部报偿向内部报偿的过渡,以及从即时报偿向延滞报偿的过渡,尚未得到深入研究,但这是不能束之高阁的重要问题。关于这一点,例如像下述一种情况,是不可想象的吧——学习者当他一旦完成了旷日持久的学习之后,会在顷刻之间实现从外部报偿向内部报偿的过渡,或是从即时报偿向延滞报偿的过渡。

三、学习的积极性[①]

3.1 学习或是问题解决,是从多样的可能性中选取最好的一种探究活动。但在这种场合,探究的效率与安全应当是重要的。所以,在问题解决或掌握技能与理解的场合,应从学习效率的角度,避免学习者去探究一切的可能性。因此,探究多样的可能性的学习积极性,应受到极大的重视。但要审慎地研究它的理想模式。

这里引出了一个相关的问题就是,现实社会把儿童的学习积极性摆在什么位置? 在现实社会中,在某种场合或者奖励那些想探究多样可能性的儿童的学习积极性;在另一种场合,或者是压抑它,简直乱了套的。例如,在家庭里,母亲多从理智上启迪儿童学习积极性,但只要跨出一步,在社会上俨然存在着形形色色的清规戒律的,并不鲜见。

所以,学校中的教学的一个重要课题应当是,如何把探究多样可能性的积极性加以最优化。为了完成这一课题,要立足于下列三个子条件。

(1) 教学时,应使伴随探究的危险缩小到最低限度。

教学要有效,那么,处于指导之下的某种学习,就应当是一种个别学习,一种危险度低的学习。既不伤害身体,也不丧失面子,也不由于自卑而变得萎靡不振。应当尽速地减少这类有损身心的因素。

(2) 教学时,应使学习者从自身学习的失败中学到最大的信息(教训)。

在学习进程中当学习者陷入迷乱或陷入信息过剩时,往往容易使学习积极性下降,缩小必要的探究范围。如果儿童在学习上失败了,而又不能获得有助于纠正失败的信息时,他们将陷入迷乱,而导致学习积极性下降的概率也是很大的。所以,当我们展开教学时,我们必须考虑适当地选择教材;还要抓准时机,使儿童发觉其错误,并及时修正其探究的过程。就是说,当儿童碰到学习上的失败时,要通过提供有关他的失败的信息,帮助儿童减轻迷乱。这是十分重要的。

(3) 教学时,应努力使学习者的求知欲和好奇心,免受世间习俗所带来的恶劣影响。

家庭和文化方式所带来的各种影响,或者束缚或者放纵学习者的求知欲的事例,层出不穷。当碰到这种恶劣影响时,如何将儿童的求知欲改变为理想的学习积极性,这是教学所应当解决的一个课题。不过,教学要在解决这一课题上起作用的话,也许会跟社会上风行的价值观相冲突。这就产生了从纯粹教育的立场出发解决这种冲突局面的必要。

3.2 无论是教师,无论是兄长,大凡教育者与儿童的关系,总是具有什么者与不具有什么者之间的关系。所以在两者之间,教学情境中的权威问题是永远存在的。

如何调整这种权威关系? 这对学习的模式将会产生极大的影响。权威关系倘能好好调整,学习者就能发展自立能力,而且他也就会增强完成作业的能力的自信。儿童是否以父兄师长为模范,儿童又是采取怎样的态势对待父兄师长的指导的,如此等等——这些都会对学习的模式带来影响,所以,探明良好的权威关系,是任何教学情境中所不可避免的重要课题。

这就是说,教授者与被教授者之间的权威关系,一种将会对学习的理想模式带来决不能无视的强烈影响的因素。

3.3 教学过程,总是在一定的人际关系中展开的。在多年以后,例如阅读,也许不采用直接的人际关系的外形。但教学是在学校教育中、在师生之间的直接的人际关系中展开的。因此,儿童想要在学校里学习,他至少必须在某种程度上掌握受教时必需的社会技能。

[①] 布鲁纳原文的标题是"Predispositions to Learning";广冈在这里把它意译为"学习的积极性",但原意是"学习的准备"。亦即学习发端时,儿童对学习的积极对待状态。所以,原词的含义也许比意译的"学习积极性"略为广泛一些。

所以,举例来说,聚居在美国大城市的贫困的移民子弟同社会隔绝;或者居住在非洲丛林的儿童缺乏处理社会事务的能力——处在这种环境下的儿童,要对学习产生积极性,是十分困难的。

3.4 为了发展儿童的知识,就需要有若干稍微高深的概括化了的知识技能。这就是:其一,语言,其二,简单的处理技能,其三,(不是即时反应)适当的反应能力。

人们期待从小就初步掌握这些能力。在此基础上,在多少年之后,掌握复杂的、高级的技能。因此,使儿童掌握初步的理智技能,是尔后发展这些能力的非常重要的一步。在幼年时期训练使用语言的能力,发展他们的想象力,似乎是非常重要的时点。如果错过于这个时点,那么,他的学习似乎变得越来越困难。

上面叙述的,与其说是学习积极性或是学习的准备的问题,不如说是教学顺序性的问题。不过这个问题由于同入学前的幼时的家庭和野外活动也有关系,已经谈及。倘若把这一课题展开,那么,幼儿早在上课之前的相当长时期内,就已经在做玩具游戏和竞赛游戏了。这些游戏同上述的早期掌握初步的理智技能,似乎有着密切的关系。居住在非洲丛林的儿童,不会玩具有机械结构的玩具和几何形构件的玩具,恐怕也会妨碍他日后理智能力的发展。再者,不太同母亲进行语词对话的儿童,他日后的语言和思维的发展,也许总是迟缓的。

3.5 谁都会观察到,社会阶级间、两性间、世代间、种族之间各自相异,因而从事智力活动的态度也是各异的,这是肯定的。由于掌握人类文化遗产的态度不同,人们的心理作用,会采取相异的形式。

在哺育诸种优秀的理智态度这一点上,若干文化传统比之别的文化传统似乎更加有效。例如,犹太人的文化传统就是一种使得科学家、学者、艺术家辈出的传统。关于"传统"或是"作用"对于理智态度的发展以什么方式发生影响的问题,文化人类学和心理学正在探讨之中。

教学论本身不如说要抓住这样一个课题:如何最佳地运用我们所处的文化类型,以达到教学的目标。例如,教授数学时,鉴于居住在伊利诺州的温尼特卡的中产阶级市民的学习积极性高涨的儿童,同居住在塞内加尔的瓦洛夫的萎靡不振的儿童,是完全不同的,谁也不会想用同一方法去教他们,为了实现教学目标,如何最佳地利用所赋的文化类型?这个问题的解决是应当时刻考虑的。

3.6 应当说,儿童各自具有心理活动的恒常的风格。因此,提供教材时,要注意如何适应这种风格。在解决课题时,处理问题的方式、想象力的活动方式乃至形成概念的方式,都可以区分出每个儿童各自具有的个性倾向。

例如,在数学教学中,往往可以区分出几何方式思维型与代数方式思维型来。不过,这两种类型的胚芽在年幼时期有多大程度的表现?还有,这两种类型的区别是源于幼时教育,还是源于遗传?这些问题至今未能阐明。在个别差异的各种研究中,对于恒常的风格的种类及程度差异,都作了种种的考察。

要提高教学的效率,就要探讨恒常的各种风格的发展过程,并且强化这些认知风格的萌发。总之,心理活动的恒常的风格的不同,对学习的态势也相异。学习的最优化,是通过使教材适应学习者的思维风格而产生的。

四、知识的结构

4.1 现行的极其繁杂的学科内容,可以把它精简为一组简单的命题,成为更经济、更富活力的东西,亦即可以结构化。这样,向学生教授学科的结构,学习者不仅可以简单地、明确地把握学习内容,而且可以发挥迁移力,对有关联的未知事物迅速地作出预测。

不过,结构化的难易度是随学科而异的。数学和物理可以进行相当彻底的结构化,但是历史和文学的结构化,要那么彻底地进行是困难的。

4.2 当学科内容尽量简约化,尽可能使之拥有活力——迁移力时,那么,它就是好的学科结构。

但是,仅就这一点,尚不能决定学科结构的价值。适于某一年龄阶段的学习者的好的学科结构,对于另一年龄阶段的学习者来说,就不会依然是好的学科结构。所以,个别的年龄阶段的学习者易于操作的一组单纯命题,乃是优秀的学科结构。例如,对于8岁儿童来说,直观的算术结构是适合的;但严密的系统的算术结构,就不适合了。

所以,优秀的学科结构,必须是尽量简要,尽量带有迁移力,并且是适于每个年龄阶段的学习者的发展的。在这里,虽则谈到适应学习者的发展,但我想的并不是旧观念的"准备"这一概念。

4.3 凡是用现行手段教授的一切题材,都可能用更单纯的形式,更早期地教给儿童。教小学一年级学生掌握微积分初步,也是可能的。在这里学过的微积分初步将是日后系统地学习微积分的重要基础,会作出巨大贡献的。

即便高级的科学命题,它的幼芽也已经在幼儿的生活中占有相当的势力。幼芽,适合幼儿的操作力,而且是结构化的。所以,高级的科学命题,只要是它的初步的形式,也是可以教给幼小的学习者的。确实,"任何学科的基础都可以用某种形式教给任何年龄的任何人"。

让幼儿学习科学命题的初步,不仅可能,而且有效而又必要,为什么这样说呢?因为在日后系统地教授该科学命题时,儿童已经形成了直观易懂的基础了。教师和课程设计者的创造性工作之一就在于,适应学习者的发展阶段,将科学命题以易懂的形式,抽出它的发展系列。

4.4 人所具有的知识,是同该知识以什么顺序、什么方式加以掌握的这一因素紧密相关的。为什么这样说呢?因为所谓知识,不是单纯地获得知识的结果,而在于活用知识。不经历真正的知识过程单纯接受的知识,是不能成为生动的知识的。

4.5 从形成知识的顺序和方式看,至少有三个阶段。第一个是行为把握,是依靠动用手足去把握对象;第二个是图像把握,以印象的方式去把握对象;第三个是符号把握,是以语言形式或数量形式去把握对象的高级阶段。①

例如,以"力的平衡"原则为例。处于行为把握阶段的幼儿,玩跷跷板,靠身体实地体验平衡的情形。稍微长大一些就进入图像把握阶段,他已经不动用手足了,而是凭眼力审视天平的样子,把握平衡的概念。再长大一些,到达符号把握阶段,这时用"臂长和砣的乘积相等时,力处于平衡"的语言形式,乃至用"$L_1W_1 = L_2W_2$"的方程式来理解平衡了。

4.6 当然,行为式、图像式、符号式三种把握或结构,未必形成固定不变的顺序阶段。各自可以各别地发展。所以,并非不能说是并行发展的能力。例如,一个棒球游击手即使不懂球路的微分方程的知识,通过行为熟练的训练步骤,也可以发挥出色的接球能力。

4.7 但是,使这三种把握或多或少赋有一定的相互关系,形成一连串的顺序阶梯,还是可能的。例如,一个出色的经营者,除了经营才能之外,再加上精通经营计量理论,就可以获得更加出色的经营效益。事实表明,以继起的顺序处置这三种把握,那么,使前一阶段向后一阶段发展、丰富,是可能的。

4.8 在教授初学的学习者时,教授工作应作这样的处置:使三种把握:行为式→图像式→符号式,处于最优的协调状态。因为,儿童的发展原则上是经由这三阶段完成的。所以,教授初学的儿童时,根据这个顺序乃是最优方略。当然,成人和年长的学习者由于语言能力已经发展,在教他们时,可以不必一板一眼地恪守这个三段式。

4.9 学科不同,有效率而又有效益地表达该学科内容的严密度也各异。

---

① 这里的"行为把握"即"enactive representation"(动作式再现表象),"图像把握"即"iconic representation"(图像式再现表象),"符号把握"即"symbolic representation"(象征式再现表象)。为便于理解起见,这里从日本的意译,但有时也直译。——译注

像物理一类的学科中,它的内容有许多可以采用数学的严密的表达。然而,像历史、地理一些学科,表达就不那么严密了。它们大都借助普通的语言命题,来概括其学科内容的。

这样,学科不同,表达其学科结构的严密度也相异。然而在教授严密的符号表象维度的学科结构之前,让学生先学行为表象和图像表象维度的学科结构,是非常必要的。例如,几何教学的安排应当逐级上升:先学平面几何,后学立体几何,再学解析几何。

这样,将同一学科从先行维度始,上升到后行维度的教学安排,就是所谓的"螺旋型课程"(spiral curriculum)。

五、行为与感情

5.1 学习的直接目标就在于掌握知识。但要进一步超越它,成为好的人,幸福的人,有勇气、富于感受性的、正直的人,也是学习的一个目标。人追求什么样的价值这个问题,同他掌握了什么知识以及如何掌握知识,不能说没有关系。当然,充其量不过是博闻多识的人,也是很多的。

5.2 尽管这样,知识本身是双刃剑,既可以扶善,也可以助恶。就是说,知识对于价值而言是一种手段。从这一点看,课程结构,至少是它的内容,不必同价值相结合。就是说,不是同价值处于直接的结合,毋宁说从相对于价值的手段这一作用出发,来抽出知识的结构。

所以,即使民主的生活理想是最好的,在历史教学中要尽量现实地处理从臣民到公民的发展过程,而不是孤零零地教民主主义史。但与此同时,为了助长、强化民主主义所必需的合理思维,处理背离了民主理想的过程,是有效的。

5.3 知识相对于价值的手段作用,不仅在于知识的内容,知识的过程也可以起良好的作用。就是说,在获得知识内容的过程中,或成功,或失败,具有多样的感觉,这也可以起良好的作用。

从这一点看,若要形成民主的价值观,就得避免注入式的教学方法,采取注重学习者的主体的思维活动。尤其是在有关技术的教学中,流行的教学方法往往是灌输技术的成果。但是即令在技术的教学中,注重技术过程,使学生以扩散性思维展开学习,是完全可能的。

5.4 在教授时,选择哪一种社会理想和生活价值呢?——这不是能够逻辑地决定的问题。这是牵涉到接受抑或拒绝不能论证的公理性价值命题的问题。人们接受某种价值,摒弃另一种价值,是立足于自己的"经验基础"进行的,是依据主观尺度进行的。价值的选择毋宁说是公理性的,论证一种价值优于另一种价值,是困难的。

是自由还是隶属的价值选择,并不是立足于两者结果的"科学论据"去进行的,毋宁说立足于两者结果的"评价"去进行的。而且在进行这种评价时,不能论证的公理的信念,成为一种尺度。

这时知识所起的作用,就在于实际地、现实地陈述价值选择所带来的结果。就是说,知识不是价值观的向导,而是它的后盾。从这个意义上说,价值观和信念的形成,不是学校教学范畴的工作,而是日常学习范畴(训育范畴)的工作。

5.5 社会拥有的价值观、信念和态度的教育,需要有特别的教育领域和教育理论。因此,这个问题的探讨,已经不属于本文的主旨——阐明教学论——了。作为信念及信念形成的训育理论,是附随于教学论的。

学校的教学领域要承担形成信念和传递知识这两项工作,终究是勉强的。这两项工作往往是冲突的。正因为此,恐怕会大大削弱有关知识传递的关键性的探讨。

六、最优学习过程的特点

6.1 学习过程(sequences of learning)必须随着学习目标的不同,而寻求其最优的状态。因此,谈论提供知识的唯一的最优学习过程,是不合理的。

(1) 必须根据前节(第 4 节)论述的关于行为把握、图像把握、符号把握这三种把握的特点,寻求各自不同的最优的学习过程。

比如学习蓝图的画法,以达到掌握建筑技术这一行为把握的目标,这里面就有最优的学习过程。不过,同样是制图课程,以掌握几何图形的符号把握为目标的场合,就得寻求不同于前者的适当的学习过程了。

(2) 另外,在掌握熟练技巧的学习类型中,需要寻求与之适应的学习过程,以便尽量机敏地、不阻滞地、顺利地展开作业。

例如,在海洋上扬帆驶船的练习,就得掌握机敏而周全地完成操纵船帆的技能。要在演奏会上演出而进行的钢琴练习,同正规的练琴不同,要求反反复复地刻苦练习,才能达到流畅地演奏的境界。无论是扬帆练习还是钢琴练习,要达到此类技能,都需要采取与该目标相称的学习过程。

(3) 从呈示教材的方式说,寻求如下的学习过程是特别重要的。这就是:使业已掌握的知识提高到简洁的原理性结构的可能性增大;以已有知识为基础,向未知的新事物迁移、洞察的倾向增大。

在学校教育中格外重要的一点是,建立合乎这一要求的学习过程。因为在学校教育中,任何一门学科的课时都是有限的,包罗万象地教授当然是不可能的。这样说来,让学生牢牢地掌握具有迁移力的知识结构,是学校教育应当努力的最大课题。掌握知识结构和掌握迁移力——离开了这些,就谈不上"学到了"什么。

因此,本节以下的建议,主要是就这种学习过程而言的。

6.2 下述建议大都涉及前述的学习过程。

(1) 采取这样的学习过程是可取的:从各种特殊事例归纳出一般法则,以掌握扎根于事实的结构,并用来解决新问题。倘能采取这种过程,那么学习者在牢牢地掌握一般法则的同时,也能够理解这些法则的适用范围。

(2) 在着眼于把握知识结构的学习中,运用比较法,将好的事例同坏的事例加以对比,是达到牢固地掌握的一个手段。

例如,要使学生理解国家之间相互交往的必要性,一方面可把 18 世纪美国和英国的断交状态作为坏的事例举出来,另一方面又把现代两国之间密切的相互交往的状态作为好的事例举出来。然后把两个事例加以对比来进行学习。

再举算术交换法则[3+4=4+3]的学习为例。加法算式、乘法算式,交换法则都成立。然而又可以举出交换法则不能成立的事例。比如,我们不能说:black shoe = shoe black(黑鞋子≠擦鞋人)。

(3) 在掌握结构的学习过程中,超越了学习者的发展,过分急于符号化,容易陷入徒有其表的缺乏实感的符号把握。例如,在代数中,学习二次函数时,不同自然事物中的二次函数的变化联系起来,往往会流于空洞的形式。

结构的掌握要具有迁移力,成为生动活泼的东西,学习者不仅要有关于结构的符号表象,也要有行为表象和图像表象。这个建议是天经地义的,无须赘述。然而,在教学实践中,这一点往往被人们忽略了。

(4) 显示教材的"步子的大小"(size of step)随学习者的能力大小而异;也随学习之后最终要形成什么能力这一类目标的不同而异。就是说,学习者的能力愈高,学习目标愈高,一种教材的学习过程所要的时间就愈长。

如果学习目标沿着从具体→抽象的漫长的归纳路线来掌握结构,并使之具有极大的迁移力,那么,教师就得精心筹划,充分地为学习者提供主动地展开活泼的智力活动的机会。学习者的大胆的推理,是应当大受欢迎的。

然而顺便提一句,倘若学习者的学习过程不顺利时,教师就应当作出适当的指导,使学习者自身能够改变方向,主动地采取一些矫正措施。关于这一点,下文还要论及。

6.3 无论何种题材,可以一举地学会的事例几乎是罕见的。当某一种题材包含了许多一连串彼此相关的事项时,这种情形尤为突出。

例如,11世纪的西洋史教学部分的威廉一世的题材[①],同当时广泛的欧洲的传统有关联;同诺曼第公爵在法国的地位有关联;还同薛克森王室的衰落有关连。要在一次教学中掌握这么错综复杂的关系,是困难的。

这种学习恰同实际地体验乐曲的结构,需要反复多次地放唱片加以琢磨一般。诺曼第征服英国的题材,也许通过几次螺旋型的反复,是一个上策,我们往往为网罗欲所驱使,总想通过一次学习就抓住一个又一个的题材。但是要真情实感地掌握知识的结构,就得对同一题材,每次都以新的观点反复多次地展开学习。这就是说,我们需要有螺旋型的课程。

七、强化与信息获得

7.1 在结束某一部分的学习时,对于学习的成果有两种不同的对应方式:其一,以成功或失败为问题的方式。从对于现实的不充分的知识状态进展为令人期望的知识状态上,是成功了还是失败了?在计算、推理、构成等等的学习中,缩短了多大的未知与已知之间的差距?尽量使学习者自身去领悟这种成功的程度,回顾自己的成败得失,获得如何改进的信息。这是从它的内部脉络上对待学习的过程和成果的,所以是内在性的对策。其二,作出赏或罚予以强化的方式。赏罚不是来自对作业本身的内部反省,而是教师和父兄从外部赋予的,所以是外部强化。

赏罚的外部强化愈强,对于成败的内部省察就会愈弱。而学习者致力于问题解决,不过是趋赏避罚,儿童的探究之心被赏罚所取代了。

尤其值得警惕的是,对于失败,从外部予以处罚时,学习者不了解"自己为什么,在哪里,为何失败了"。从外部予以处罚,学习者并不能获得转败为胜的矫正信息。就是说,罚与赏,使学习者的眼界引向外界条件时,往往妨碍了学习者根据学习成败去获得并应用矫正信息。

(1) 当学习成功,对此从外部给予强有力的奖赏时,日后以原封不动的形式时时反复这种学习行为的可能性,将会增大。这种情形不能说好也不能说坏。不过,学习行为倘若中途僵化了,那就糟了。

据卡伦(Caron)和斯蒂芬斯(Stephens)的研究,对于获得了成功的物理原理的学习,缓办外部奖赏时,学习者会显示出探索更好的学习方式的倾向;对失败的学习不加处罚时,学习者会再次修改其学习行为,发现失败的原因。

(2) 对失败的学习加以外部处罚时,终止学习行为的倾向似乎强于矫正其学习行为的努力。

甚至在鼠的学习中,对其失败或处以重罚或不作重罚,以引起适度的动机作用时,也可以获得最大量的学习。据麦卡洛克(T. L. Mcculloch)和布鲁纳用鼠所作的实验表明,对错误行为处以重罚,鼠的学习行为不仅显著减少,而且错误的量也下降。

(3) 这就是说,对学习成果的对应方法的差异,产生出了两种功能的差异。一种是内部省察成败与否的方法,这种方法具有使之获得信息的功能;另一种是通过赏罚加以外部强化的方法。这种方法具有使之减退学习积极性的功能。

7.2 由上可知,内部省察远比外部强化优越。但在普通人的教育中,不能只靠内部省察一种方

[①] 诺曼第公爵威廉于1066年率兵渡海征英,在哈士丁斯一役击败了英王哈罗尔德二世的军队,自立为王。——译注

法,而必须取得内部报偿(来自问题解决本身的喜悦)和外部报偿(赏罚)的平衡。关于两种报偿间的平衡,包括下列三个问题:第一,两种报偿间的平衡的特点是什么。第二,两种报偿在时间轴上的配置如何。第三,学习活动的单位划分如何考虑。

(1) 一方面,对学习作过小的外部报偿时,学习努力容易减退,但另一方面,过分注重外部报偿时,如前所述,容易陷入僵化的学习(赏的场合)或者不学习(罚的场合)。因此,需要求得过小与过大之间的最佳平衡。

适当的外部报偿使学习者趋向于目标的探究,具有促进其有计划的学习活动的效能,外部报偿如果未达适当度,容易造成趣味性的学习;反之,如果超过适当度,则学习者急于求成,以求得奖赏。这样就不能翔实地获得必要的信息。

(2) 根据有关潜在学习(在这里外部动机作用几乎不起作用)的研究,在潜在学习的过程中,未受强化而获得的信息,学习后一旦获得了某种特殊的报偿,会更加有效地发挥学习效力。然而,在给予过多的外部报偿而进行的学习中,在其学习途程中不能获得的信息,即使在日后也不易显现。

就是说,在前者,中途隐匿了的信息,日后会显现;而在后者,中途丧失了的信息,日后也将丧失殆尽。两者鲜明的差异,具有重要意义。

(3) 在年幼儿童的学习与问题解决中,注重赏罚的外部报偿,想必是自然的措施。不过,注重赏罚的这种措施一直延续到日后的学习中,受外部报偿培养起来的这种儿童,将是一个大问题。所以,随着学习者的成长,逐渐降低外部报偿具有的作用,调节内外报偿的适当的时间配置,是必要的。

为了实现外部报偿的递减,可以使学习者不断省察自己的学习结果,使之具有正确的认识。因为,对于学习的成败与否没有认识,要使学习者抛却外部报偿,追求内部报偿,是不可能的。

当然,对于学习结果即使有了认识,抛却外部报偿,趋向内部满足的具体方法,应当是怎样的? 也是不容易的,会遇到困难。所谓齐加尼克效应(Zeigarnik effect)①将会对这个问题的解决提供一种启示。在这种场合,作业者对于作业的结构肯定持有某种认识。所以,也许可以说,使之对学习的顺序和结构具有某种认识,是抛却外部报偿追求内部满足的具体方法之一。再者,不突出"陈腐的成功",而突出"出色的失败"——适当地采用这个方法,恐怕也是有效的。

(4) 当我们考虑内外报偿的适当的平衡时,同作为学习活动的一个段落的单位长度应当多大的问题,有着重要的关系。如果把短时间的单纯的学习活动作为一个单位,容易作出赏罚的外部报偿。相反,以长期的学习活动为单位的话,几乎不能不指靠内部报偿。这样,学习活动的单位划分(segmentation)对于内外报偿的适当的平衡,是重要的。

那么,学习活动的最自然的单位,可以说就是学习者感知某一个问题,从事于这一问题的解决的智力活动的一个系列。所谓学习者感知一个问题,是指学习者认知存在于自己的现状同自己希望有的将来状况之间的分界线。学习者认识这种分界线,并且从事一连串的学习活动去消弭这种分界线。为着消弭这种分界线而展开的一连串的学习活动,就是学习活动的"自然单位"。

学习活动的单位划分尽管重要,但尚无深入的研究。怎样划分学习单位呢? 这不仅是课程编订中如何组织单元的问题,而且对于确定在哪个阶段作出内部报偿或外部报偿,也有重要关系。从原则上说,问题解决这一活动单位一旦完成,是作出报偿的最佳期。这样说来,自然的,以内部报偿为主了。

在这类建议中往往会不必要地罗列繁琐的条目。布鲁纳的建议也许就带有这种缺陷。但提出更

---

① 齐加尼克(Zeigarnik effect)在1927年发现,未完成的工作比完成的工作更令人"念念不忘"。意指"中途中断作业,会引起作业者更强烈的意愿,致力于作业的完成"。类似于文学描写中的"抽刀断水水更流",或译为"失败效应"。——译注

精当的基本建议,并由此派生出具体的建议,恐怕是可能的。

论述教学的许多更具体的问题,尽管停留于推论的范畴,但还是必要的。即令提出问题也好。问题的所在一旦廓清,那么,也就理出了确凿地阐明问题的线索了。

思考与讨论

1. 奥苏贝尔认为,学生的学习可以分为哪些种类?
2. 有意义学习的内涵与心理机制是什么?
3. 什么是认知结构和认知结构变量?
4. 实现有意义学习的条件是什么?
5. 讲授式教学是否一定是机械的?为什么?
6. 皮亚杰理论中的"协调动作"是什么?
7. 在皮亚杰理论中,物理经验和逻辑数学经验何者更加重要?
8. 皮亚杰的"双重建构"是什么含义?
9. 经验抽象与反身抽象的内涵与关系是什么?
10. 布鲁纳认为,教学论具有哪些基本特征?
11. 布鲁纳认为,什么是好的知识结构?

第一章 物理教育思想研究

本章导读

在物理教学论教材中介绍物理学家的物理思想是本书的特色之一,也是我多年从事物理教学论教学与研究的心得。

事实上,物理学家的物理思想无疑是一个巨大的思想宝库,关于他们的物理思想,最好的评价正如我在本书序言中所写:高者探骊得珠,与其意会神合;低者仅得皮毛,如过屠门而大嚼,虽不得肉,尚且快意。在诸多物理学大师中,尤以费恩曼与朗道最为传奇,他们天马行空,独往独来的思维方式,无不处处散发出卓尔不群的迷人芬芳。尤其是在让我们莞尔一笑的不经意间,就能领略到他们博大精深的物理思想。比如费恩曼原创的研究风格,形象的思维方式,朗道独特的教学方式,非凡的选拔形式。尤其需要深思的是:这些物理学大师博大精深的物理思想背后的真谛是什么?蕴涵着何种超人智慧?对我们具有怎样的启示?凡此种种,在我们以往的物理教学论教材中鲜有涉及,实在是令人惋惜。

本章依次介绍了费恩曼、朗道、杨振宁、钱伟长及西南联大的物理教育思想。通过追寻他们的物理学研究足迹,发掘他们物理思想中的精髓,可以为物理教学论的学习提供有益的启示。

第一节 费恩曼的物理思想

理查德·费恩曼是当代最伟大的物理学家之一,被誉为"天才中的魔术师"。他以物理学的巨大贡献名垂青史,并因在"挑战者"号航天飞机事故调查中的作用闻名遐迩。与绝大多数物理学家不同的是,费恩曼将物理学研究视为一种娱乐,并用一种独一无二的方式与自然交流,只有当他将研究结果表示出来,我们才能与他分享"真实世界"的秘密。

当我们走进费恩曼的物理世界,去试图分享他物理思想奥秘的时候,蓦然发现,我们对费恩曼的了解还远远不够。有鉴于此,我们追寻费恩曼物理研究的足迹,发掘费恩曼物理思想中的精髓,以期为我国的物理教育提供有益的启示。

一、原创的研究风格

费恩曼之所以被誉为"天才中的魔术师",盖因为他的研究风格独树一帜,与众不同。他往往能借助常识和奇妙的直观方法,把一大堆杂乱无章的东西,通过"新颖别致的数学和见解独到的物理学不可思议地融合",从而得出简洁优美的理论形式。对于费恩曼的研究风格,物理学家戴逊总结说:"费恩曼的理论植根于物理实在,它是爱因斯坦早年而非晚年精神的体现。"[①]即费恩曼针对具体问题寻找普遍原理,进而用鲜明的物理图像加以阐述,这一风格可以用一个众所周知的例子加以说明。

[①] F. J. Dyson. *Disturbing the Universe*. Pan Books,1981. p.61.

一天,在康奈尔大学的餐厅,有一个学生和周围的人逗乐,把有康奈尔大学红色校徽的盘子抛到空中,就像塑料飞碟那样旋转。费恩曼注意到,当盘子一边晃动一边旋转时,校徽旋转的速度和晃动的速度不同,这引起了他的好奇,于是着手计算旋转和晃动的关系,最终发现两者的比值为2∶1。为什么费恩曼要计算这种关系?那是因为费恩曼用来计算旋转盘子的振动方程直接和他研究工作中受阻的电子自旋效应有关。对于这一工作,费恩曼给予高度评价:"我获得诺贝尔奖的整个工作都得益于那个晃动的盘子之类不起眼的小玩意儿。"①这充分体现了费恩曼借助直观方法进行研究的风格。

20世纪30年代,人们对量子力学的理解既不彻底也不完美。费恩曼从大学时代以来一直被一个问题所困扰,那就是如何克服量子力学计算出来的电子自身能量和电磁场真空能量为无穷大的问题,并努力寻找表达量子理论的新形式。

一个偶然机会,费恩曼看到了狄拉克《量子力学中的拉格朗日量》的论文。狄拉克指出,拉格朗日方法之于量子力学,类似于哈密顿方法之于经典力学,在量子力学中找到经典拉格朗日量的对应物是多么重要。但真正引起费恩曼注意的是,狄拉克在论文中反复说他所用的函数"类似于"经典力学中的拉格朗日量。这里的用语并不准确而且晦涩难懂,很难让人明白其用意。

费恩曼以他"天才中的魔术师"特有的洞察力,敏锐地捕捉到了狄拉克论文中含糊其词的"类似于"背后的本质,费恩曼认为,"类似于"其实就是成正比或者就是等价。在读完狄拉克论文后的几天,费恩曼头脑中闪过一个念头,促使他用拉格朗日量去解决涉及复合时空中事件的路径问题,即用一个有限间距取代一个无穷小间距,于是就有了人们熟知的量子力学"历史累加"或"路径积分"方法。费恩曼说道,"终于,我成功地直接用作用量表达了量子力学。"②由于这一贡献,他与施温格、朝永振一郎共同获得1965年的诺贝尔物理学奖。

量子力学的奇特之处在于,从它被发现的那一刻起就有两种不同的描述。一种是薛定谔的方法,基于波;另一种是海森堡的方法,基于粒子。这两种形式已被证明彼此完全等价。现在,费恩曼找到了量子力学的第三种描述方法,基于作用量。可以论证,仅此一项贡献就足以将费恩曼与薛定谔、海森堡、狄拉克这些物理学巨匠相提并论。这是因为在所有能够比较的方面,这种方法能够得出其他两种方法所导出的相同结果,甚至还能够用来处理上述两种方法所不能解决的问题。

仔细品味费恩曼的研究风格,我们发现,费恩曼往往能够从"第一原理"出发,得出简洁优美的理论形式。正像戴逊所说的那样:"费恩曼是一位极有独创性的科学家,他从不把任何人的话当真。这就意味着他得自己去重新发现几乎全部物理学……他说他不能理解教科书里所讲的量子力学的正规解释,所以他必须从头开始。这实在是一个壮举。"③费恩曼的这种风格主要是受到狄拉克论量子力学书最后一句话的启迪:看来这里需要全新的物理思想。这句话成了费恩曼日后研究的一个信条。每当费恩曼受到物理问题的困扰时,哪怕到了20世纪80年代,他都会踱来踱去地小声说:"看来这里需要全新的物理思想。"同时努力寻找摆脱困境的办法。

为什么费恩曼会形成如此独特的科学研究风格?寻根溯源,我们发现这种风格的形成与其早年教育有着千丝万缕的联系。

费恩曼11岁就在家里拥有一间自己的实验室。利用这个实验室,费恩曼进行了一系列的实验:自制电炉炸薯条、自制保险丝、自制防盗铃、开办家庭广播电台等。当然,实验也经常出故障,如利用福特线圈发出的火花在纸上打洞,引起卧室失火。在他最爱提到的一件往事中,讲述了他学习修理并

---

① 詹姆斯·格雷克著,黄小玲译.费恩曼传——1000年才出一个的科学鬼才[M].北京:高等教育出版社,2004,256.
② 约翰·格里宾,玛丽·格里宾著,江向东译.迷人的科学风采——费恩曼传[M].上海:上海科技教育出版社,1999,93.
③ F. J. Dyson. *Disturbing the Universe*. Pan Books,1981. p. 54.

组装收音机的故事。一次一位邻居请他修收音机,这个收音机一开开关就发出很大的噪音,但等管子热起来噪音就没有了。费恩曼走来走去,想搞清楚到底是怎么回事,焦急的邻居问费恩曼在干什么,费恩曼回答道:"我在思考。"最后,费恩曼猜想,也许把收音机中两个管子的顺序颠倒一下就能解决问题。他对换了两个管子,再打开开关,收音机果然正常工作了。

中学最后一年,一位物理教师巴德来到学校任教,巴德颇为欣赏费恩曼的才能,经常在课外与费恩曼讨论。一次巴德讲到"最小作用量原理",这个题目他们只讨论过一次,可是在费恩曼以后的生活中,这个情境却深深地印在他的脑海里。他因这个物理思想而兴奋不已,因此他记得那次谈话的每一细节——精确到他们在哪个房间,黑板在哪儿,他自己站在哪儿,以及巴德站在哪儿。费恩曼解释道:"他只是解说,他并没有证明任何东西。没有任何复杂的事情,他只是说明有这样一个原理存在。我随即为之倾倒,能以这样不寻常的方式来表达一个法则,简直是个不可思议的奇迹。"[①]正如费恩曼自己所总结的那样:"人小时候,你给他一个极好的东西,他就会永远向往那个东西。我就是这样迷上了科学。我像个小孩子一样,永远期待着要去发现新的奇妙。"[②]这充分显示出早期科学教育对于费恩曼好奇心的激发与引导。

无需罗列更多的事实,我们已然可以窥得费恩曼原创思想的真谛,那就是好奇心、合理质疑、独立思考、对权威的背叛和对经验主义的批判。相比之下,当费恩曼在家庭实验室进行探索时,我们的孩子却在学习奥数和英语的路上;当费恩曼学习修理并组装收音机时,我们的孩子却在题海中遨游准备中考;当费恩曼在课外与老师讨论"最小作用量原理"时,我们的孩子却花费整整一年时间全力冲刺高考。或许正是这种巨大的差别,才导致我们的科学教育难以培养出创造性的人才。

二、形象的思维方式

普通人想理解费恩曼的思路之所以有困难,原因就在于费恩曼是以形象化的方式来思考的。他有一种关于世界如何运作的物理绘景,这种绘景给予他一种见解,从而不必写很多方程就能解决非常复杂的问题。

对此,费恩曼解释道:"这种或那种形式的形象化是我思维的极其重要的部分。当我思考一个在原子中自旋的电子时,我就看见一个原子,同时还看见一个矢量和Ψ,它们或是写在另外某个地方,或是以某种方式与那个原子混合在一起,还有一个和许多x混合在一起的振幅……它真是栩栩如生……是以一种模糊的方式缠绕在物体周围的数学表达式的混合物。因此,我看见的始终是与我正做的事情紧密相连的形象化的东西。"[③]对于这种形象化的思考方式,"费恩曼图"的创造可以说是一个很好的例子。

原始的费恩曼图是表示有光子交换的两个电子之间相互作用的时空图。电子彼此靠近,交换一个光子,然后再分离。但在这种图中,含有比乍一看多得多的东西。首先,由曲线代表的光子交换不应看做是"经典"粒子走的单一时空路径,而应视为光子从一个粒子到另一个粒子的所有可能路径的历史累加。曲线不只是表示一条路径,而是表示所有可能的路径之和——路径积分。其次,费恩曼图的连接点即不同线的交叉点处,所发生的事情由量子电动力学的法则精确地决定。每一个交叉点,即每个顶点,各自代表不同的相互作用,有它自己准确的含义和一套描述其进行过程的方程。

费恩曼指出:"这些图试图代表物理过程和用于描述它们的数学表达式。数学量对应着时空点。

[①] 约翰·格里宾,玛丽·格里宾著,江向东译.迷人的科学风采——费恩曼传[M].上海:上海科技教育出版社,1999,23.
[②] 费恩曼著,李绍明,李超译.你干嘛在乎别人怎么想?[M].长沙:湖南科技出版社,2005.
[③] 约翰·格里宾,玛丽·格里宾著,江向东译.迷人的科学风采——费恩曼传[M].上海:上海科技教育出版社,1999,123.

我能看到电子往前走,在某点被散射,反射一个光子,而光子又从那儿走到另一处。对于所有发生的过程,我能制作出一幅小小的图像。它们是包含数学关系的图像。这些图像是在我的头脑中逐渐形成的,它们成了我试图用物理和数学描述各种过程的一种速记。"①

需要指出的是,对于费恩曼形象化的思维方式,不能做简单化和庸俗化的解读。正确的理解应该是,这种形象化仍然是一种抽象的形象化,或者说是一种形象化思维的工具。费恩曼图上的线段并不代表粒子在空间中真正走过的轨迹。因为一般来说,微观粒子的轨道描写是不可能的。正是费恩曼本人在提倡形象化抽象思维的同时,最反对用直观的方式去理解现代物理学。费恩曼说过,微观粒子的行为,"与你知道的任何东西都不相同","原子的行为完全不符合普通的经验",它们所遵循的规律"常常变得愈来愈不合常理,并且凭直觉是愈来愈弄不明白"。为了强调这一点,费恩曼甚至讲过:"电子只是我们所使用的一种理论。"所以,费恩曼的形象化方法正是为了有效地进行理论思维,而绝不是对理论思维的排斥。②

比如 QED(量子电动力学)的创立,施温格尔的形式太复杂,很难被人领会,朝永振一郎的形式稍微简单一点,而费恩曼的最为简洁。借助于他发明的费恩曼图、路径积分以及"把正电子看做是在时间上往回走的电子"的思想,区区几个费恩曼图就成了几百个方程的一种速记,既体现了所有复杂的数学规则,又对发生的事情给出了直接而实用的见解。物理学家比约肯回忆 20 世纪 50 年代末在斯坦福读博士学位时,感到以前的 QED 旧理论"看起来既未完结又朦胧不清,整个是一大堆华而不实的场量子化形式。当费恩曼图出现时,仿佛是阳光冲破了云层,刹那间五彩缤纷、金光灿烂、一片辉煌!既体现了物理实在,又蕴涵着深远意义!"③

费恩曼图变得如此重要有两个原因:一是由于它确实体现了所有复杂的数学规则,二是因为它对所发生的事情给出了一种直接而实用的见解。为了充分地使用它,需要懂得数学。但如果只想了解发生了什么事,那么有了这些图就足够了。今天,用来衡量粒子物理中的某个新思想是否值得继续进行的一个主要判据,就是看这个理论是否能重整化,也就是看它是否能用费恩曼图来描述。如果不能,那它立刻就被排除掉。

在很大程度上,促使费恩曼成为伟大科学家的并不是合乎逻辑而仔细的推理能力,而是他形象化的思维方式。他的伟大成就,比如量子电动力学本身,也像其他东西一样是凭直觉、凭物理的感觉,本能地知道什么是正确的方法。他的确从未将量子力学的路径积分方法和费恩曼图真正发展为一种完全合乎逻辑的形式。自始至终,这种方法的巨大成功仍依赖于富有灵感的猜测,再发展出一种对某种相互作用现象的描述,然后根据图和方程的结果来作些调整,使之愈来愈与真实的实验世界相符合。也就是说,费恩曼是以自然自身所理解的方式理解了自然是如何作出不同情况下的必然反应。就像一个沿着曲线轨迹扔出窗户的球,不必等到计算了复杂的数学方程之后,才知道哪条路径遵循最小作用量原理一样,费恩曼也不必等到发明了严格的数学证明之后,才知道他的量子电动力学表述是有效的。

深入研究费恩曼形象化的思维方式,可以带给我们诸多启示。比如,我国目前的高考物理能力理论提出了理解能力、推理能力、分析综合能力、应用数学处理物理问题的能力以及实验能力的要求,但并没有物理想象能力。而从物理学的学科特点看,想象是物理智慧中最活跃、最富有传奇色彩的成分。正如爱因斯坦所说:"想象力比知识更重要,因为知识是有限的,而想象力概括着世界上的一切,

---

① 约翰·格里宾,玛丽·格里宾著,江向东译.迷人的科学风采——费恩曼传[M].上海:上海科技教育出版社,1999,137.
② 关洪.纪念理查德·费恩曼[J].物理,1989(7),427.
③ 约翰·格里宾,玛丽·格里宾著,江向东译.迷人的科学风采——费恩曼传[M].上海:上海科技教育出版社,1999,210.

推动着进步,并且是知识进化的源泉。严格地说,想象力是科学研究中的实在因素。"①因此,研究并学习费恩曼的形象化思维方式,对于我国的科学教育,无疑具有重要的启示意义。

三、卓越的教学思想

费恩曼不仅是一位物理学巨匠,同时还是一位杰出的教师,他关于物理学的演讲曾令无数后来者心驰神往。

什么是最好的教学?费恩曼认为:只有当一个学生与一个好老师两者处于某种直接的个人关系时,此时学生才谈论想法、思考事情并交换意见,这才是最好的教学。除了认识到这一点之外,没有解决教育问题的任何办法。但现在的情况是我们有这么多的学生要教,我们只能试图找一种替代物来代替这种理想的状况。

与大多数教授只重视研究,不屑于从事教学尤其是本科教学工作不同的是,费恩曼不仅喜爱教学,而且把它视为自己事业不可分割的一部分。他曾说:"在课堂上,你可以思考一些已经很清楚的基本问题,这些知识很有趣,令人愉快,重温一遍又如何?教学能给旧的知识新生命,如果你真的有什么新想法,能从新角度看事物,你会觉得很兴奋。"②这段话体现出费恩曼不仅喜爱教学,而且对教学的本质有着独到而深刻的见解。

1951年夏天到1952年6月,费恩曼到巴西访问讲学。让他感到惊讶的是巴西的物理教学状况。巴西学生"什么都背得很熟,但完全不理解自己在背什么"。费恩曼发现巴西学生能背出布儒斯特角的定义,但当让他们通过偏振滤光片看海水,发现从海水反射出来的光是偏振光时,他们却惊呆了!——因为他们的书本知识和真正的世界是隔绝的!

费恩曼认为,巴西的教育系统是一种"自我繁衍系统",人们通过考试,然后又去教别人怎样通过考试,没有人去思考怎样理解物理知识的实质。低水平的物理教师、枯燥呆板的教材、"动机不纯"的学生,三者的结合必然是一种应付考试的教育模式,没有愉快可言,学习成为痛苦和焦虑。这段经历促使费恩曼对"物理学和物理教学究竟是什么"进行了深入思考,他认为:"科学是一种方法,它教导人们,一些事物是如何被了解的,不了解的还有些什么,对于了解的现在又了解到什么程度(因为没有绝对了解的),如何对待疑问和不确定性,依据的法则是什么,如何思考并做出判断,如何区别真相和欺骗……在对科学的学习中,你学会通过试验和误差来处理问题,养成一种独创精神和自由探索精神,这比科学本身的价值更大。"③

20世纪60年代初期,一些有识之士敏锐地发觉,大学前两年的基础物理课程内容过于经典,未能将相对论和量子力学这些近半个世纪以来发展起来的、令人兴奋和惊奇的新思想、新发现融合在教学中,可能导致这些新思想有脱离、隔绝整个人类文化发展的危险趋势。有鉴于此,加州理工学院的桑兹说服物理系主任巴彻,联合物理学家莱顿、内尔一起启动一项改革计划,大胆地提议"请费恩曼做物理导论课程的演讲并最终决定演讲内容。"

在费恩曼之前,从来没有任何大物理学家教过大学新生的物理课,但费恩曼却被这一挑战和机遇所吸引,他准备面向更广泛的听众阐释他的思想方法。这个著名的课程从1961年9月到1963年5月,跨越了两个学年。由于预计到事情的极不寻常,从一开始全部内容都录了音,写成短文最后整理成书,出版了著名的近200万字的三卷本《费恩曼物理学讲义》。费恩曼每周讲两次,他把全部时间用

---

① 爱因斯坦著,许良英、李保恒、赵中立译.爱因斯坦文集[M].北京:商务印书馆,1977,284.
② 李力.给未来的人们一双没有束缚自由的手[J].现代物理知识,2009,01.56—61.
③ 约翰·格里宾,玛丽·格里宾著,江向东译.迷人的科学风采——费恩曼传[M].上海:上海科技教育出版社,1999,156.

来准备，计划好演讲的结构并把它们串起来。尽管演讲前他已把方方面面都想过了，但并没有正式的讲义，仅仅带一张写着关键词的纸做提示，让自己注意讲课的连贯性和流畅性。加州理工学院的物理学家古德斯坦后来说："我从他的讲稿得知，他并不需要很多注解来提醒自己要讲什么，因为他熟悉要讲内容的详细情况，中间还有不少即兴发挥。"①

费恩曼的物理演讲达到了炉火纯青的地步，"它们像是演出，开头、中间和结尾都很有趣。每个演讲都自成一体，而且都是以对要点的概括作为结束，以便学生将来参考"。他不但把基础物理学中公认的困难概念变成了能让大众接受的东西，而且令听众感到有兴致。对于费恩曼来讲，"演讲大厅是一个剧院，演讲就是一次表演，既要负责情节和形象，又要负责场面和烟火。不论听众是大学生、研究生、他的同事、普通听众，他都真正做到谈吐自如"。②

在对物理教学反思的基础上，费恩曼回答了物理教学的目的：我讲授的主要目的，不是为了你们参加考试做准备——甚至不是为了你们服务于工业或军事部门做准备，我最想做的是给出对于这个奇妙世界的一些欣赏，以及物理学家看待这个世界的方式，我相信这是现今时代里真正文化的重要部分。显然，费恩曼一语道破了物理教学的真正目的。

进一步，费恩曼总结了学习物理学的五个理由：第一是学会测量和计算及其在各方面的应用（培养工程师）；第二是培养科学家，不仅致力于工业的发展，而且贡献于人类知识的进步；第三是认识自然的美妙，感受世界的稳定和实在；第四是学习由未知到已知的、科学的求知方法；第五是通过尝试和纠错，学会有普遍意义的自由探索的创造精神。其中后面三条理由，应该是每个完整意义上的人——不只是未来的物理学工作者——学习物理学的真正理由。这充分体现了费恩曼对于物理教学价值的独特见解。

作为一名物理学大师，费恩曼依然如此热爱物理教学，实属难能可贵。对此，奥本海默评价道："（费恩曼）不仅是个极其卓越的理论家，而且是个异常直率、富有责任心和满怀热情的人，是个才华横溢并善于讲解的教师，是个不知疲倦的工作者。他会以罕见的天赋和罕见的热情来进行物理教学……"③

费恩曼自我评价道：从长远来看，他对物理学所作的最大贡献并不是 QED（量子电动力学）或其他理论工作，而恰恰是他的《费恩曼物理学讲义》。费恩曼明确指出：科学理论可以来了又去，被更好的理论所取代。但科学的方法，书中他所热情描述的发现事物的那种快乐，却是科学赖以建立的基本原则。这说明，在费恩曼的眼中，好的教学其实也是具有开拓性的和创造性的研究。

目前，我们的一些大学仍然视"非升即走"（又称 up-or-out）的制度为圭臬，使"因全身心投入课堂教学导致科研成果不足"的老师无容身之地。最为典型的是晏才宏老师。晏老师的电路课，在学生网上评教活动中，以罕见的满分居全校之首。他上课已达到了这种境界：一杯茶、一支粉笔随身，从不带课本和教学参考书，知识早已烂熟于胸，例题信手拈来，讲课条理清晰、自成体系。加上一手俊秀的板书，洪亮的嗓音，他的电路课被誉为"魔电"，几乎场场爆满，座无虚席。

2005 年，晏才宏老师因肺癌去世，终年 57 岁。犹可感慨又令人无法释怀的是，这样一位身后被千人怀念、颂扬的老师，至死还只是一位讲师。表面看来，主要原因是晏老师没有论文。根据高校现行考核体制，教师评职称主要看科研论文的数量，而晏老师几乎没有发表过一篇"像样"的学术文章。但在更深层次上，则反映出我们对教学的理解与费恩曼还存在着很大的距离，需要认真反思。

---

① 约翰·格里宾，玛丽·格里宾著，江向东译.迷人的科学风采——费恩曼传[M].上海：上海科技教育出版社，1999,186.
② 同上书，187.
③ 同上.

四、坦诚的科学品质

爱因斯坦在悼念居里夫人时曾讲过一段话:"第一流人物对于时代和历史进程的意义,其道德的方面,也许比单纯的才智方面还要大。即使是后者,其取决于品格的程度,也远远超出通常人们的想象。"正如爱因斯坦所评价的那样,费恩曼作为一位具有科学品质和科学精神的科学家,他以坦诚和严肃著称,并因在科学上的极端诚实令无数后来者高山仰止。

与一般科学家很难做到这种完全诚实不同的是,费恩曼做到了这一点。因为即使是最诚实的科学家也会下意识地去掉那些奇怪的角落,或是忽略掉所有那些与他们得意的理论相冲突的证据,但费恩曼从不屈从于自己如意的算盘。

费恩曼在一次著名的演讲中说道:"在科学上绝对诚实是何等重要;第一个原则是,你一定不要欺骗你自己——何况你是最容易被欺骗的人……只有做到不欺骗自己之后,才能做到不去欺骗其他科学家。"[①]他告诫人们说:如果你正在做一个实验,就应该报告所有可能使之无效的事情——而不仅仅是你认为是正确的,而且还有你所考虑过的已为其他某些实验所排除的东西,以及那些实验是怎样做的——总之要让别人相信它们。如果在你的解释中有某些可能引起怀疑的细节,一定要说出来;也就是说,你一定要尽你所能——只要你知道有什么可能的错误都要解释它。如果你提出一种理论,大肆宣传它或是发表它,那么你一定要像记下所有与它相符的事实那样,把与它不一致的事实也记录下来。

在一次题为"物理法则的特征"演讲中,费恩曼说道:"我们通过以下过程来找到某种新的法则:首先我们猜测它,接着把猜测的结果计算出来,如果我们猜测的法则是正确的,它的含义会是什么。然后把计算结果同实验或经验作比较,看看它是否有效,若与实验不符那就是错的。"[②]——"若与实验不符那就是错的",这次演讲被英国广播公司(BBC)在电视中播出,使费恩曼在广大民众心目中建立了一个朴素科学家的形象。

费恩曼的诚实和谦逊还表现在超导研究的课题上。在这一问题上他未能做出满意的结果。就在此时,巴丁、库珀和施里弗建立了超导理论,费恩曼属于认识这一理论(称为 BCS 理论)价值的第一批物理学家。他马上放弃了自己解释超导体方面的努力,同时还热心地描述自己失败理论的种种细节。他的天性真诚使他在危险区域做上标记,以免他人重蹈覆辙。

作为一位著名的科学家,费恩曼还具有参与公共事务的热情和对社会责任的担当。1986 年 1 月 28 日,美国"挑战号"航天飞机失事,七名航天员全部遇难。已经身患癌症的费恩曼还是坚持参加了事故原因调查委员会。为了证明是由于发射时气温过低造成密封用的 O 形橡胶圈失去弹性导致燃料泄漏引起事故,费恩曼在国会对着摄像机,用一杯冰水和橡胶圈做了著名的"O 形橡胶圈"实验,无可辩驳地证实了导致爆炸的原因,并且猛烈地抨击了官僚做派和对事故真相有意无意地掩饰。

基于坦诚的科学品质,费恩曼畅谈了他对科学价值的理解。他认为科学的第一个价值是应用价值;科学的第二个价值是提供智慧与思辨的享受,因为科学能够改变人对世界的观念,是近似宗教的感受;科学的第三个价值是质疑的精神。在历史上,科学与专制权威进行了反复的斗争才逐渐得到了我们质疑的自由。它终于使我们可以提问,可以质疑,可以不确定。我们绝不应该忘记历史,以致丢失千辛万苦换来的自由。这是科学家对社会的责任。作为科学家,我们知道伟人的进展都源于承认无知,源于思想的自由。因此,科学家的责任是给未来的人们一双没有束缚自由的手——宣扬思想自

[①] 约翰·格里宾,玛丽·格里宾著,江向东译.迷人的科学风采——费恩曼传[M].上海:上海科技教育出版社,1999,208.
[②] 同上书,191.

由的价值,教育人们不要惧怕质疑而应该欢迎它,讨论它,而且毫不妥协地坚持拥有这种自由——这是我们对千秋万代所负有的责任。

费恩曼坦诚的科学品质是在长期科学活动中自然发展起来的,并被费恩曼内化为科学良心。这一坦诚的科学品质不仅具有约束功能,而且具有无私、正直和诚实等道德取向,从而成为费恩曼一生科学行动的指南。应当强调的是,对于一直浸淫在科学共同体中的费恩曼而言,这种科学品质的形成不是来自外在的强制约束,而是来自内心深处的自愿接受。正是这种发自内心深处的信仰与价值观,使得费恩曼到达了"超我"的无私科学境界。

为什么费恩曼能够继续影响现代物理学和普罗大众?一言以蔽之,归根结底是通过他的教学集中体现的。具体来说,就是他对待物理学的方法,而实际上是关于生活的普遍方法。随着科学的进化,我们不可能去预言费恩曼的科学贡献将以何种方式持续多久。可是,费恩曼教导过人们的一些东西:如何去思考,坚持审慎的诚实与正直,从不欺骗自己,而且对任何理论无论多么的珍爱,只要它与实验不符就加以拒绝。还有最重要的,激发对自然的敬畏与欣赏以及对科学的热爱。所有这些,无论科学本身将会如何发展,都会让费恩曼在科学上留下一个永不磨灭的印记。

第二节　朗道的物理思想

列夫·达维多维奇·朗道是一位才华横溢的物理学大师,被誉为全能物理学家。他以"朗道十戒"蜚声物理学界,并因对液氦超流性的研究获得诺贝尔物理学奖。与一般物理学家不同的是,朗道的研究领域几乎遍及整个物理学,他独特而敏锐的眼光,深刻而洞见的直觉以及高水平的物理品味,无不处处散发出卓尔不群的迷人芬芳。

有关朗道研究的文献已为数不少,但从物理教育的角度对朗道科学思想的解读似乎还远远不够。有鉴于此,我们追寻朗道物理学研究的足迹,发掘朗道科学思想的精髓,以期对我国的物理教育以有益的启示。

一、浪漫的研究风格

德国化学家奥斯特瓦尔德曾把科学家分为两类:古典派和浪漫派。古典派的特征是在自己的学科领域内造诣很深,然而他们的思维往往易受本门学科的局限,在接受新事物时审慎而保守,要求他们从一个领域转入另一个领域是极其艰难的。浪漫派则不然,他们对多个科学领域都拥有百科全书般的知识,特别是对边缘学科表现出强烈的兴趣,在研究中新思维和新观念纷至沓来,但通常并不深究细节。他们的创见和思维富有直觉性,常常由奇妙的联想引申而来。

按照上述分类,朗道是典型的浪漫派,他在现代理论物理学的许多领域都作出了非常重要的贡献。他的思维相当发散、自由,除了科学研究之外,在生活方面朗道也喜欢标新立异,独树一帜。[①]

朗道天赋非凡,与众不同。还未到入学年龄,他就掌握了算术,能用不同方法进行加减乘除,运用数学就像举手投足那样自如。朗道12岁通过大学入学考试,并且精通复变函数论、群论、概率论,这时他已通晓全部高等数学。由于打下了扎实的数学基础,朗道能够直接揭示物理问题的本质,而无须再为数学花费更多的时间和精力,这就是朗道的风格,也是朗道成功的因素之一。

在玻尔研究所,朗道找到了终身景仰的人,那就是玻尔。由于朗道对个人品性向来看得很淡,所以朗道对于玻尔的崇拜并不是因为玻尔为人谦逊,待人亲厚,而是玻尔那种能从纷繁现象中抽象出物

---

① 弗·杨诺赫,张保成译.朗道的生活和工作.自然辩证法通讯[J].1979(4),78—89.

理本质的直觉,令朗道大为折服。虽然朗道在外人面前一般不提自己的授业导师,并且仅在玻尔研究所工作四个月,但他却每每自称是玻尔的弟子。其实,玻尔的嫡传弟子并不少,但真正继承玻尔那种惊人直觉本领的却只有朗道一人。当朗道在 20 世纪 40 年代面对液氦超流难题时,他就像玻尔当年面对同样复杂的原子结构问题一样,仅凭直觉就找到一条其他人想也不敢想的路子。若说这条道路有多么严密的逻辑推理倒也谈不上,但这条道路却是唯一正确的。

朗道研究风格的突出特点是物理直觉极为深刻,常常能够不看别人的计算就能自己得到结果,同时分析问题单刀直入,切入要害,这与朗道极为重视对具体问题进行透彻讨论并真正搞清楚具体问题的每一方面有关。当具体问题的讨论积累多了,就能够形成物理观念和物理思想,久而久之,物理直觉和洞察力就会逐渐形成。朗道同时很会抓住问题的核心,这也与他不断分析具体问题有着千丝万缕的联系。

朗道对理论物理最重要的贡献是他所推崇的理论物理思维方法和解决问题方式。他明确区分"技术问题"和"理论物理",把只谈"技术"的人从讨论班的讲台上撵下去。他厌恶并列各种因素以及不突出物理关键的"理论",把后者称为"消防队长的基本公式"。在《统计物理学》第一版序言中他写道,"本书不讨论所谓液体理论,这些理论通常包含足够多的参数,可以把任何不十分野蛮的实验弄得同理论一致"。

众所周知,朗道自己不动手写论文,他的助手——通常是叶夫根尼·栗弗席茨被委托完成这个任务。朗道仔细思考他的讲稿和论文,只有最好、最清晰的表述才容许写进最后的文章中。按照这种工作方式,他既完善了写作风格,又准确地表达他的思想,这种处理方式正是朗道的典型风格。

为了"思维经济",朗道常常会采用物理学的一般原理,拒绝那些不受物理学原理限制的东西,但任何异常结果都会使他陷入深深的思考之中。在这种情况下,朗道会应用他处理问题的方式——或是再证实,或是拒绝这个结果。正是运用这种方式,朗道对液态量子的初级激发动力学方程开始感兴趣,并最终找到它的精确解,同时朗道和他的学生对超流体液态氦的黏滞性理论工作也从这项研究里引申出来。

虽然朗道是一位理论物理学家,但同实验物理学家的关系却是朗道建立最亲密同事的准则。通常,朗道的工作日总是从访问物理问题研究所底层的实验室开始。因为朗道认为实验物理学家需要解决的问题优先于理论物理学家的问题,所以他总是匆匆穿过实验室以寻找最新消息,又往往徘徊,以便有人从他那儿随时得到理论帮助。无论什么时候,当实验物理学家询问哪怕是较次要的问题,朗道总会中断任何一项活动耐心回答。事实上,与实验物理学家的合作引发了朗道的许多杰出工作。比如,他的超流体理论公式,就是他与实验物理学家卡皮查密切合作的结果。

作为 20 世纪杰出的理论物理学家,朗道具有一般人所不具备的理论物理学家的躯体和灵魂,以及理论物理学家"超人的长处"。他把现代理论物理学的方法应用到物理学的各个领域,从而作出了卓越贡献。他练就了一种独特的本领,能够迅速抓住任何物理问题的本质,然后用"理论物理学的方法"加以解决。他能够轻而易举地把自己从他人观念的束缚中解脱出来,并去除其影响。正如他自己通常所说的那样,他是"一位极少有的全能物理学家(百科全书派)"。费米逝世后,他悲哀地说:"现在我是最后一个全能物理学家了……"[①]

二、卓越的教学思想

朗道很早就认识到自己具有教学才能,这是因为他讲课非常吸引学生。他精练的措词,完美的想

---

① 弗·杨诺赫,张保成译.朗道的生活和工作.自然辩证法通讯[J].1979(4),78—89.

象和现实的内容,加上他对课程内容的深刻理解并能提出自己的见解,使学生大有收益。朗道讲课不仅具有独到之处,连着装也很特殊。他上第一堂课时,上穿蓝布夹克,下穿泥泞的卷腿亚麻布裤,赤脚着凉鞋走上讲台,即使在那个年代,朗道的着装也被视为是对社会风范的挑战。直到晚年,朗道仍然爱好特别着装,最常见的是脚踏凉鞋,身着花格子开领衬衫。仅仅是在某些特殊场合,为了合乎礼仪才变换一下着装。比如,在举行授予他诺贝尔物理奖仪式的时候。

朗道的教学逐渐形成了独具特色的讨论班形式,讨论班通常每星期四在物理问题研究所会议厅举行。出席讨论班要服从一条未成文的规定,这是每个人都要严格遵守的。对于朗道的学生来说,不论在研究所理论室工作或者在其他研究所工作,出席都是强制性的。

讨论班偶尔会进行原始论文的报告,但更为经常的是评述权威科学杂志上的文章。朗道喜爱属于物理学的一切东西,但他的研究兴趣又不局限于物理学的任何专门领域。因此,朗道喜欢浏览杂志,标出他觉得特别感兴趣的文章,挑选的论文几乎涉及所有领域,从固态物理到广义相对论等。然后他按字母顺序点名,逐一提问最近杂志的观点。①

在讨论班作报告并不是一件简单的任务。不仅准备非常花费时间,而且需要广阔的背景,并要求在完全理解题目基础上概括所挑选论文的内容,没有一个人可以因为题目陌生而辩护没有研究需要报告的论文。朗道立足于理论物理的所有领域,要求他的学生和同事同样如此。

在报告过程中,朗道和助手们不停地提问,而且问题涉及各个角度,直至把文章讨论透彻。如果朗道认为某一问题学生应该答出来而未答出,或者报告本身逻辑含糊,拖拖拉拉,就会被朗道当场从讲台上赶下来,严厉训斥,并且以一个月不准作报告作为惩罚。尽管朗道的学生常常花费很多时间准备报告,但大部分学生都有被赶下台的经历。他们回忆说,开始作报告是一件极为困难的事情,过了一段时间才会逐渐适应,同时会感到朗道当时的批评和训斥是多么可贵。

在讨论的基础上,朗道对报告论文进行分类。如果朗道和助手们提的问题都被解决了,朗道就把这些文章归为一类,不再去关心它们;如果有问题没有解决,或者有很多新东西,朗道就把它们归为另一类,称为"黄金档案",学生研究的课题就在"黄金档案"中选取。

朗道十分重视学术讨论和交流,朗道自己不喜欢阅读论文,他希望学生把论文看了以后给他讲,然后一起讨论,这是他培养学生的方法。朗道也非常喜欢讲课,他认为讲课是一种整理思路和进行交流的有效方式。朗道的很多成果就是在与学生交流中获得灵感的。朗道虽然严厉,但是他的办公室对任何人都开放,无论是不是他的学生,只要能引起他感兴趣的物理问题,都可以与他讨论。甚至在路上碰到他,也可以与他讨论。

卡拉尼科夫回忆道:一次他和阿布里科索夫到朗道办公室去问一个问题,朗道迅速被这个问题吸引住了,他一边听一边想,听完以后,他站起来,开始在黑板上写公式,写了一黑板,然后拍拍手上的粉笔灰,说:"找个时间我们来整理一下。"卡拉尼科夫和阿布里科索夫惊呆了,朗道几乎在他们的眼皮底下就建立了一个理论——CP联合反演理论。

朗道从来不为学生做他认为学生应该自己做的事情。有时学生会在尝试解决一个问题的许多次失败之后请求朗道帮助,但往往会听到这样的回答:"这是你的问题,为什么我必须替你做?"在朗道断然拒绝之后,显然就不可能再得到朗道的帮助;如果幸运,也会得到朗道的启发,问题也就会立即解决。通常朗道既不为学生提供问题,也不把学位论文题目提供给研究生,他要求研究生对自己的任务负责。朗道这样训练学生独立,将他们视为未来的科学家。

虽然朗道经常批评别人,但朗道也作自我批评。例如,朗道对于巴丁超导研究非常重要的见解持

---

① I. M. Khalatnikov;和雷铭,陈光译.回忆朗道.世界科学[J].1990(3),56—59.

有不同意见,并且在讨论班上明确表达了他的看法。但在巴丁与施里弗、库伯一起创立了超导理论之后,朗道改变了他的看法,并且承认巴丁具有高水平的科学研究能力。

朗道弟子众多,迄今已有20多人成为苏联(俄罗斯)科学院院士,这足以表明朗道教育方法的成功。朗道的学生回忆说,朗道培养学生唯一的遗憾就是,他没有培养出一个比他本人更伟大的物理学家。

正是通过这种师生之间既严厉又灵活的交流方式,朗道的弟子一批批成长起来,并成为苏联物理学界的一代脊梁。而我们国家自从引进物理学,就从来没有建立过具有世界影响力的学派,也从来没有通过朗道这种讨论式的方式,传承科学传统,规范研究生的培养体系,这才是值得我们深思的重要问题。

三、非凡的选拔方式

20世纪30年代,朗道担任哈尔科夫理工学院理论部主任,同时开始编写八卷本的"理论物理学教程丛书"。这套丛书后来成为20世纪理论物理学的经典教材,并被翻译成多国文字出版。朗道从小不喜欢语文,因此他的大部分文章和著作是与别人合作完成的。在与人合作时朗道所做的主要贡献包括:物理想法、推导和计算、进度计划、对文稿不遗余力的修改。在被问及《理论物理学教程》到底是谁撰写的这样尖锐的问题时,栗弗席兹幽默地回答道:"动笔的活是我干的,而所有的想法归功于朗道。"

《理论物理学教程》编写的价值并不逊于朗道所做出的科研成果。这是因为,科学不仅需要发现新东西,也需要传承旧知识,这样才能够形成良好的科学传统,而传承的方法主要就是通过教学。所以,一部好的教科书也是极为重要的。

在哈尔科夫,朗道创立了著名的理论物理学须知,后来称为"朗道势垒"。这是一个理论物理学的考试纲目,囊括了一个理论物理学家应当掌握的知识。考试分九门。第一、二两门是数学,也是学生的入学考试。朗道不要求考生懂得"许多"数学,但必须能够解一道常微分方程的任选题,算一道能用初等函数表示的不定积分任选题。更深一些的数学知识,如群论、特殊函数、张力分析等,分别包含在物理题中。其余七个是物理题目,包括:① 理论力学;② 热力学和统计物理;③ 场论(包括狭义相对论和广义相对论);④ 非相对论量子力学;⑤ 相对论量子力学、量子电动力学、场论、基本粒子论;⑥ 连续介质电动力学;⑦ 连续介质力学(流体力学、弹性力学原理)。为了考核学生能动地掌握知识的程度,通常仅要求解几道题。但是,如反常塞曼效应、量子电动力学某些过程的辐射修正计算等题目,则要求做出最后结果。由于朗道势垒的高难度,在朗道逝世之前,仅有43位物理学家冲过这个势垒。[1]

在进行考试时,朗道并不那么郑重其事。他不理睬苏联官方的某些规定(如关于考试的分数、持续的时间以及委员务必临场等等),也从来不记录考试情况,但他内心却清楚地记住学生攀越势垒时所取得的进展。他是一位严格的主考人,在一些关键问题上绝不妥协,毫不容情。初试可进行三次,但没有人能说服他专为某人再进行第四次。

郝柏林院士青年时代曾参加"朗道势垒"考试,他的回忆惟妙惟肖,可以窥见"朗道势垒"的面貌。1961年11月11日上午,在物理问题研究所朗道办公室,朗道让郝柏林坐在办公桌前,拿一张白纸写了一个不定积分,就到走廊上同别人谈话。过了一会儿,朗道进来从后面看了一下,看到问题已经走上正路,就说,够了,够了。又写了另一个问题,要求简化一个比较复杂的矢量分析表达式。由于郝柏林当时的数学知识基本上源于自学,解题实践不足,于是采取了最有把握的方法,把矢量关系全

---

[1] 弗·杨诺赫,张保成译.朗道的生活和工作.自然辩证法通讯[J].1979(4),78—89.

部用单位对称和反称张量写出来,再按爱因斯坦规则缩并指标。朗道看到以后,大笑了几声,告诉郝柏林怎样走捷径。

郝柏林事先从苏联同学处听说,参加"朗道势垒"考试,要看谁先说"再见"。如果一道题做不出来,就得说"再见",以后还有机会再试一两次。如果朗道主动说"再见",那就是个好征兆。郝柏林做了五道题后,朗道拿出了三张打印纸,并且说"矢量运算您稍慢一些,不过会习惯的,再见"。那三张纸上印着负责其他各门考试的人名和他们的电话,还开列了研读《理论物理学教程》准备考试时可以略而不读的章节。1962年6月7日,郝柏林考过连续介质电动力学。由于朗道受伤,量子场论改由阿布里科索夫主考,9月20日考完,以后郝柏林就随阿布里科索夫从事研究。

郝柏林写道:"未能由朗道本人把名字写进通过'最低标准'的名单,是一件憾事。因此,我从来不说自己是朗道的学生。然而,趁年轻精力充沛,集中10来个月研读《理论物理学教程》和通过'最低标准',确实终生受益。"[①]

人们或许会问,这样无所不包的考试会有什么效果?事实上,正是通过"朗道势垒"这种选拔形式,朗道团结和教育了大批青年,形成了名副其实的朗道学派。显而易见,朗道学派并不是自然而然成长的,"朗道势垒"成为一种有效遴选人才的机制,从而使朗道学派成为苏联理论物理学家的诞生地,甚至他们中的一些人已建立了自己的学派。朗道的学生阿布里科索夫获得2003年度诺贝尔物理学奖,可以说是朗道选拔人才方式有效性的最好诠释。

四、鲜明的独特个性

朗道是一位具有独特个性的物理学家。他读书贪得无厌并喜爱绘画,同时也是一个影迷。作为一个崇尚理性的人,朗道只接受现实主义艺术。20世纪50年代,德国作家雷马克的书极为流行并给予朗道深刻的印象,朗道因雷马克《生命的火花》而激动和狂喜,常常一再说,"就是那本书"。

朗道爱好诗歌,并且喜欢朗诵诗歌。有一次叶卜图申科到物理问题研究所朗诵他的诗作,诗朗诵得非常之好并且诗的社会内容具有一种独特的强烈效果。朗道听后说道,"我们全都必须当着叶卜图申科的面脱掉帽子!"对一个诗人来说,还有比这更高的赞美吗?

朗道喜欢旅行,常常利用假期坐栗弗席兹的汽车旅行。冬天他在伏罗比夫丘陵滑雪,夏天他在物理问题研究所的院子里打网球。朗道的运动观点是为了乐趣而不是为了成绩。比如,尽管朗道懂得国际象棋的规则,但朗道从来不玩国际象棋,因为他认为这种游戏纯粹是浪费时间。这一点他与卡皮查截然不同。卡皮查玩国际象棋是终生习惯。直到生命终结,卡皮查对国际象棋一直是认真的、热衷的。[②]

朗道对学生的要求近乎苛刻,这对苏联物理学界的学风产生了颇为深远的影响。由于朗道本人的独特才能和性格缺陷,这种苛刻有时甚至带有轻视成分。

朗道曾在黑板上方悬挂一幅"牧人吹笛羊吃草"的油画,朗道本人解释说:他是牧人,学生是羊,他只不过是"对羊吹笛"——也就是中国成语"对牛弹琴"的意思。还有一幅由阿·尤塞弗维奇绘制并收入朗道自选集的"对驴讲经图",描写的是朗道讲课的情景。只见背上生着天使翅膀的朗道在上面滔滔不绝地讲课,而学生们全被画成头上竖着长耳朵的蠢驴在下面昏昏欲睡地听。这多半反映了曾受他贬斥的学生心目中的师生关系。[③]

玻尔最后一次访问苏联作报告时,有人问他:"怎样成功地创办一个第一流的理论物理学派?"玻

[①] 郝柏林.朗道百年.物理[J].2008(9),666—671.
[②] I. M. Khalatnikov,和雷铭、陈光译.回忆朗道.世界科学[J].1990(3),56—59.
[③] 弗·杨诺赫,张保成译.朗道的生活和工作.自然辩证法通讯[J].1979(4),78—89.

尔回答:"可能因为,我从来不感到羞耻地向我的学生承认——我是傻瓜。"玻尔的演说由栗弗席兹译成俄文,他译道:"可能因为,我从来不害臊地告诉学生——他们是傻瓜。"栗弗席兹的误译在听众中引起哄堂大笑。栗弗席兹发觉了自己的错误,立即纠正并道歉。卡皮查也在场,他认为这个误译并非完全出于偶然,并且指出:"确切地说,玻尔和朗道两个理论学派的不同之处,就在于此。"

朗道才华出众,自视甚高。他认为在苏联物理学家中,自己是老大,老二和老三空缺,老四则是他最器重的一个学生,其余相当有名的苏联物理学家(包括诺贝尔奖获得者,他的顶头上司卡皮查)都是等而下之,无论知识和才华都不在他的眼里。

朗道喜欢对物理学家、科学文章乃至女性的美丽打分,他用5~10进制对数比例,发明了自己的一套理论物理学家分等定级的五级制。按照这个比例,一级物理学家在科学上的贡献,要大于二级十倍。他把波尔、海森堡、狄拉克、薛定谔和另外少数物理学家定为一级,只把爱因斯坦一个人定为$\frac{1}{2}$级,而把自己定为$2\frac{1}{2}$级。据说直到1950年代初同金兹堡写完关于超导(朗道-金兹堡方程)的论文后,才把稿子往桌子上一扔,叹道:"终于爬到了第二流物理学家的位置。"

朗道还用数学符号对物理学家进行分类。拉普拉斯算符"Δ"代表头脑尖又功底深厚者,如爱因斯坦;达朗贝尔算符"□"代表头脑笨但功底深厚者,如莫斯科大学的某些教授;他本人则由"◇"描述,头脑虽尖但坐不住;最后,"∇"代表头脑笨又坐不住的人,例如伊万年科。

朗道智力上的优越感、缺乏克制和独断专行,有时会带来有害的后果,伊·斯·沙皮罗事件即是一例。1956年,沙皮罗正在积极地探索使物理学家们长期迷惑不解的"τ-θ"问题。经过深入思考,沙皮罗得出结论:对这个问题唯一可能的解释,只能是在介子衰变中宇称不守恒,而这种衰变属于弱相互作用。他由此进一步推论出一些其他的现象,如电子的纵偏振,内韧致辐射的圆偏振以及βγ相关圆偏振,由上述现象就能够推导出β衰变的宇称不守恒。对这种违背宇称守恒现象的解释,他甚至推测到可能是和在弱相互作用的特征距离上的空间结构有关。当沙皮罗把这篇论文送给朗道过目时,他竟一笑了之。而没有朗道的同意,沙皮罗的论文是不能发表的。这篇比李-杨论文提出还早几个月的论文就这样一直留在朗道的书桌上。由于朗道,苏联物理学家错过了一次获得诺贝尔物理学奖的机会。[①]

对于朗道的评价,卡皮查的见解可谓精妙绝伦、盖棺论定:"朗道在整个理论物理学领域中都做了工作,所有这些工作都可以用一个词来描述——卓越。他是简单化作风和民主作风,无限偏执和过分自信的奇妙混合体。"

第三节 杨振宁的物理教育思想

杨振宁教授是当代最卓越的物理学家之一,他的主要贡献在理论物理方面。1957年他与李政道共同获得诺贝尔物理学奖,使他享誉国际物理学界。

透过杨振宁辉煌的学术成就,我们发现,杨振宁不仅是一位卓越的物理学家,同时,他还是一位杰出的科学教育家。这表现在,对于物理学的研究方法、学习方法、思维方法等等,杨振宁也有着异于常人的深邃见解。这些,较之杨振宁的学术成就,却显得形单势孤,鲜为人知。在我国物理教育普遍存在轻视实验、忽视科学方法、缺乏思维交流的今天,深入研究杨振宁的科学思想与方法,认真探讨这种

[①] 弗·杨诺赫,张保成译.朗道的生活和工作.自然辩证法通讯[J].1979(4),78—89.

思想方法的渊源及其教育价值,对于我国物理教育工作,不仅有着重要的理论价值与现实意义,而且有着长久的历史意义。

一、科学的实验思想

杨振宁是一位理论物理学家,然而他又有着深邃的实验思想。这种思想的产生与形成,既与杨振宁早年的学习生涯有着一定的关系,又与杨振宁学贯中西的科学道路有着密切的联系。

在当今物理学研究中,由于研究对象的益愈复杂,人们已不能像物理学发展早期那样随意地构造实验去发现或建立新的规律和理论,也不能随意用实验去验证理论,而必须借助于复杂的数学和理论,借助于想象、直觉、灵感和逻辑判断去推进研究工作,从而使理论工作出现了愈来愈抽象化、复杂化和形式化的趋势。这种倾向以狭义相对论为标志,一直到20世纪70年代以后发展的超弦、超对称、超引力等理论,都是这种倾向的具体产物。

在这种情况下,是否可以说,实验在当代物理学中不再是基础性的东西了呢?作为一个理论物理学家,杨振宁依然保持着清醒的头脑,并且有着难能可贵的实验思想。对此,杨振宁从两个不同角度阐述了他的科学实验思想。

在一部演讲集中,杨振宁把数学、理论物理和实验的关系形象地用图1-1表示出来。①

图 1-1

在图1-1中,杨振宁把第2部分和第3部分称为理论物理,这样,理论物理就包含着实验了,理论物理的内涵也发生了改变。"一个纯理论结构是通过第2部分和实验联系起来的。纯理论结构如果最后不能与实验联系起来,长时间以后在物理学中就失去地位,消灭掉。"②他特别强调,理论无论发展到什么时候,无论如何抽象,其价值观念还是从实验中来。

杨振宁的科学实验思想又是辩证的。在他看来,虽然实验是理论的基础,但并不能要求理论的发展时刻与实验保持一致。如果强求理论与实验时刻保持一致,则将会严重妨碍科学家的想象力和灵感,限制理论的发展。比如,许多科学大师如爱因斯坦、狄拉克、韦尔等在发展理论时,往往首先考虑的是理论的自洽性、一致性及理论的美学标准,而不是与实验符合与否。像爱因斯坦的广义相对论、狄拉克的无限深电子海的奇特想法和韦尔的规范思想等都是这样。如果考察一下杨振宁的弱相互作用下宇称不守恒理论,我们发现也具有同样的特色。

杨振宁早年的求学生涯为他的科学实验思想奠定了坚实的基础。在"读书教学四十年"一文中,他坦露了自己的胸怀。"我还没有到芝加哥大学念书的时候,已深深感觉到,我对实验接触得太少。在艾里逊实验室的18到20个月的经历,对于我后来的工作有很好的影响。因为通过这经历,我领略了做实验的人在做些什么事情,他们考虑一些什么事情。换言之,我领略了他们的价值观。"③

杨振宁的科学实验思想蕴藏着丰富的教育价值。同时,这种从实践中提炼出来的思想又与当代认知心理学的理论不谋而合。著名心理学家皮亚杰认为,一切知识起源于认识主体的实践活动,认识

---

① 杨振宁."谈谈物理学研究和教学——在北京中国科学技术大学研究生院的五次谈话"(1986年5月27日至6月12日),中国科学技术大学研究生院学报,1986年10月出版.
② 同上.
③ 杨振宁.读书教学四十年[M].香港:三联书店香港分店,1955年12月,第118页.

的形式主要是认识的内化作用——即主体对客体的行动。这是认识或思维发展的根源问题,也是主体认识如何同客体现实保持一致,即知识的客观性问题。进一步,即使是在动作基础上产生的思维,本质上也是一种动作。皮亚杰、杜威和布里奇曼都认为,思维动作既可以是物质性的,运用物理工具在实物上进行,也可以是精神性的,运用符号工具在头脑中进行,在这个意义上知与行是统一的①。

杨振宁对国内物理教学做了大量考察后指出:"中国教育界几十年来形成了一种念死书的习惯,其结果是尽管培养了许多非常努力、训练得很好、知识非常扎实的学生,然而这些学生的知识是片面的,而且倾向于向死的方向走。"②所谓死的方向,就是不知道真正的科学精神,如在物理学界,只把物理学看成是一种理论体系及其演绎,而不知物理学是有血有肉的活生生的东西。这个活生生的东西就是要和实验、现象、实际联系在一起的科学。脱离实际,势必滑入形式主义的泥坑。

国内物理教学的发展表明,重视实验的观念虽然已经有了长足的进步,但仍远远不够。目前在教学中,以讲实验(甚至背实验)代替做实验的现象依然存在,这是严重偏离物理教育培养目标的。这说明,在物理教育中,仍然应当继续树立以实验为基础的物理教育思想。

怎样改变物理教育中不重视实验的倾向?关键是要树立一种新的物理教育思想,即对于理论与实验的关系,要把实验放在基础的位置上。要使这种新的物理教育思想成为一种风尚,使得大家都重视物理实验。此外,教育体制的改革也要使教育与社会的关系更加密切,使培养出来的人是社会发展最需要的人,这就要求在教育改革的各个方面和不同层次上,把培养学生的动手能力、实验能力放在重要的位置,给予足够的重视。目前,国际中学生奥林匹克物理竞赛,实验分占总分的30%,而国内物理高考实验分远少于30%。有没有加大物理高考实验分数的必要?研究一下杨振宁的科学实验思想,就不难得出正确的答案。

二、科学的物理方法论思想

杨振宁不仅有着博大精深的科学实验思想,同时,他还是一位精于科学方法的物理学大师。这种方法论思想自始至终渗透于他长达几十年的教学与研究之中。

为什么杨振宁如此重视物理学中的科学方法?这是由科学方法本身的重要性所决定的。科学方法是人们在认识和改造客观世界的实践活动中总结出来的思维方式和行为方式,是人们认识自然和改造自然的有效工具;英国著名物理学家波恩在1954年接受诺贝尔奖时说:"我荣获1954年的诺贝尔奖。与其说是我的工作里包括了一个自然现象的发现,倒不如说是那里面包括了一个自然现象的新思想方法基础的发现。"物理学发展的历史表明,物理学上任何重大的进展,都是在正确的方法论指导下,运用科学方法解决的。作出创造性贡献的物理学家,除了具有博大精深的物理知识以外,还掌握了先进的科学方法。

在"读书教学四十年"一文中,杨振宁谈到了他接受并形成物理方法论思想的过程。他说:"我跟吴大猷先生学了分子光谱学跟群论之间的关系,学的方法,主体是推演法,是从数学推演到物理的方法。泰勒所注意的是倒过来的方法,他要从物理的现象引导出数学的表示,换句话说,他着重的是归纳法。我跟他接触多了以后,渐渐了解到他的思考方法的好处,因为归纳法的起点是物理现象。从这个方向出发,不易陷入形式化的泥坑。"③

杨振宁在科学方法论思想的形成过程中,逐渐形成了自己的研究风格。杨振宁在西南联大读书

---

① 雷永生等.皮亚杰发生认识论述评[M].北京:人民出版社,1987年4月,第120页.
② 杨振宁.读书教学四十年[M].香港:三联书店香港分店,1955年12月,第118页.
③ 同上.

的时候,尤其是后来两年读研究生的时候,渐渐能欣赏一些物理学家的研究风格。特别使杨振宁佩服的三位物理学家是爱因斯坦、费米和狄拉克。他们三人的研究风格是不同的,但有一个共同点,就是都能在非常复杂的物理现象中提炼出其精神,然后把这种精神通过很简单然而又很深入的想法用数学方式表示出来。他们的文章单刀直入、切中要害。虽然同是20世纪的大物理学家,海森堡的研究方法却不能引起杨振宁的共鸣。研究风格的形成使杨振宁的物理方法论思想臻于更高的境界。

杨振宁教授积几十年物理学研究方法之大成,又回首审视国内的物理教育,他认为从方法论的角度讲,中国的教育太注重演绎而忽视归纳方法。一般来说,演绎侧重于从理论到实验,归纳则侧重于从现象、实验到理论。这样,中国教育方式培养出来的学生虽然具有较强的理论推导能力和重视理论的观念,但是动手能力差,实验观念淡薄。

杨振宁的读书经历大部分在中国,研究经历大部分在美国,他吸取了两种不同教育方式的优点。因而,使得他又能够从中西方比较教育的角度比较两者物理方法论的差异。杨振宁认为,由于传统的习惯,亚洲的学生,特别是中国的学生,喜欢复杂的推演的东西,这对自己、对科学的发展都是不利的。因为它违反了物理学的规律,物理本身是现象而不是推演。西方,尤其是美国对孩子的教育,基础训练可能不够,但他们有个特点——专门鼓励孩子去接触新的东西,他们的学习跟实际较为接近。

杨振宁科学方法论思想对于国内物理教育工作的有益启迪在于,可以启发我们去认真研究国内物理教育的缺陷与不足。比如,在教材建设上,新中国成立以来,我国的物理教材在知识结构上,整体框架比较偏重物理学科的知识结构,基本上以力、热、光、电、原的序列体系编排。在物理教材的思维逻辑结构上,我国物理教材,通常对知识点的逻辑采用显处理,而对物理知识的内在联系,特别是对物理方法,采用隐处理,即不在课文中写明,而是让学生在学习过程中自己去领悟。可以说,教材中科学方法的隐处理正是我国物理教育科学方法观的一个具体反映,它在很大程度上导致了我国物理教育中的科学方法教育的薄弱与不足。而且,到目前为止,科学方法教育仍然是一个鲜为注意的问题,这对我国的物理教育工作产生了不良的影响。

在第七届全国中学生物理竞赛江西赛区二试(实验)竞赛中,要求学生根据作出的图像,用数学式表达出装有砝码的试管的重心随砝码高度变化的规律。这是一个简单的力矩平衡问题,采用物理模型的方法即可得出结论。然而统计结果表明,在全部49名被试中,竟有29名同学完全不能提出物理模型,占被试总人数的59%。[①] 这些同学或认为曲线是抛物线而代入数据求出一个方程,或不知从何下手。一个简单的利用力矩平衡原理求合重心的问题为何使得这些高材生们茫然不知所措?当然,如果换一个提问方式,如:利用力矩平衡原理求出试管重心随砝码高度变化的曲线,这样绝大部分学生都能得出正确结论。但这并不只是提问方式的问题,这个统计结果的实质在于它说明了学生运用科学方法解决物理问题的能力较差。

通过研究杨振宁科学的物理方法论思想,使我们认识到在物理教育尤其在中学物理教育中,不能只重视物理知识的传授而忽视科学方法的教育。中学物理课程标准明确指出:"要重视科学态度和科学方法教育。"美国、德国、澳大利亚等国在21世纪颁布的中学物理课程标准中都强调要对学生进行科学方法教育。可以说,在物理教学中对学生进行科学方法教育已成为一种世界性的趋势。

三、科学的认识交往思想

在中国,有古训曰:"三人行,则必有吾师焉。"对于物理学习,这句话也同样适用。杨振宁在其求学与研究生涯中,深知这一道理,并且认认真真地去实践,使他受益终身。

[①] 邢红军编著.中学物理论文写作教程[M].郑州:河南科学技术出版社,1993年,第263页.

杨振宁扎实的物理功底是在西南联大打下的。赵忠尧先生、吴有训先生、周培源先生都曾教授过他。对杨振宁影响最深的两位教授是吴大猷先生和王竹溪先生。吴先生和王先生分别指导了杨振宁的学士和硕士论文，并且引导杨振宁走进两个研究方向——对称原理和统计力学，这也一直是杨振宁的主要研究方向。

杨振宁在美国求学期间，先后求教于费米、泰勒、奥本海默等国际一流的物理学家，并且受益匪浅。虚心向别人学习，这也是杨振宁终成大家的一个重要因素。

探讨一下杨振宁的研究风格，我们会发现尽管杨振宁聪明过人，但他绝不是一个孤立奋斗者。多年来他有着许多非常杰出的合作者，其中与他合作时间最长、最有成绩的是李政道和吴大猷。还有一位是米尔斯(Mills)，现代规范场理论就是杨振宁与米尔斯于1954年建立的。

为什么杨振宁如此重视科学研究中的合作呢？这既反映了物理学科发展的要求，同时也符合作为认识主体的人的认识发展规律。这可以从1901年到1972年的70余年间诺贝尔奖的获奖情况中充分体现出来。1901年到1972年，共有286位科学家获得诺贝尔奖，其中通过合作研究而获奖的有185人，约占$\frac{2}{3}$。而且，从时间上分析，其合作获奖的比例也逐年增加。第一个25年中，合作获奖者为41%；第二个25年中，为65%；第三个25年中，为79%。这很好地说明了认识交往的特性。

杨振宁回顾他在普林斯顿高等学术研究所的工作时说："普林斯顿高等学术研究所的研究气氛非常活跃，主要是一群年轻人经常讨论，经常辩论，当然也有剧烈的竞争。我在普林斯顿前后17年，那是我一生研究工作做得最好的时期。"[①]这进一步说明了认识交往的重要性。

国内物理教育的现状表明，物理教育仍然没有摆脱传统教育思想的束缚。经常出现的情况是，教师讲、学生听，学生没有听懂的地方不敢当堂提问，教师讲错的地方不敢当堂指出，同学之间由于自尊心作祟而不愿相互请教。这不仅人为地阻碍了认识的交往，而且对于步履维艰的物理教育，无疑是雪上加霜。

通过研究杨振宁的科学认识交往思想，使我们认识到在物理教学中，要建立起民主型的师生关系。在教学中，师生之间、同学之间都可以展开讨论、争鸣，可以毫不相让，争持不下。一个原则，就是"真理面前人人平等"。正确终归要战胜谬误。重要的不是结果，而是师生双方都从中得到教益。

杨振宁的科学思想是博大精深的，远非三言两语所能概括。研究杨振宁的科学思想，并非因为杨振宁是一个名人，或者想借用名人名言的力量来证明我们的观点。我们本意在于——通过对杨振宁科学思想的形成、建立与发展过程的研究，提炼出其极富教育价值的因素，从而从一个方面折射出我国物理教育工作的缺陷与不足。学，然后知不足。这是我们先辈的经验。学习杨振宁，研究杨振宁，我们尤其应当深思，新中国成立以来，在我国本土上还未能培养出诺贝尔物理学奖获得者，这当然是由诸多因素造成的。但一个不容忽视的重要因素——物理教育思想与方法的落后也在一定程度上桎梏了许多有才华的年轻人。杨振宁的成功表明，他的道路、他的思想、他的研究方式，应该而且可以给我国的物理教育工作以有益的启示。

第四节　钱伟长的物理教育思想

钱伟长先生是享有国际声誉的科学家，1955年当选为中国科学院院士。他提出的线壳理论中的非线性微分方程组，在国际上称为钱伟长方程。他在薄壳力学理论和力学、应用力学、应用数学的许多问题上都做出了创造性的贡献。

---

① 杨振宁.读书教学四十年[M].香港：三联书店香港分店，1955年12月，第118页.

钱伟长先生不仅是一位杰出的物理学家,同时还是一位杰出的物理教育家。他的教学观便是他物理教育思想的一个重要组成部分。他的教学观,高屋建瓴,独辟蹊径,发人深省,可以给我们以有益的启示。

一、教学必须与科研相结合

以往的教学论,往往局限于研究教学本身的客观规律。这固然不错,但忽略了另一个方面,而且是更为重要的一个方面,这就是科研。把教学与科研联系起来,这是钱伟长先生的高明之处。

传统教学论认为,教学是以知识的授受为基础的。教学原则是有效进行教学必须遵循的基本要求。它既指导教师的教,也指导学生的学,应贯穿于教学过程的各个方面和始终。[①]

不同的教材对于教学原则的界定是各不相同的。如表1-1。

表 1-1

书 名	不同教材对于教学原则的界定	
《教育学》 (王道俊、王汉澜主编)	科学性和思想性相统一 直观性原则 循序渐进原则 可接受性原则	理论联系实际 启发性原则 巩固性原则 因材施教原则
《教育学》 (南京师大教育系编)	全面发展的方向性原则 教师主导作用和学生自觉性、积极性相结合原则 知识结构和学生认知结构相统一原则 因材施教原则	
《教学论》 (李秉德主编)	教学整体性原则 理论联系实际原则 师生协同原则 积累与熟练原则 教学最优化原则	启发创造原则 有序性原则 因材施教原则 反馈调节原则

分析上述教学原则的阐述,我们发现,尽管各个版本教材对于教学原则的提法各不相同,但有一点却是相同的,那就是忽略了教学与科研相结合的教学原则。

钱伟长先生直抒胸臆:教学必须与科研相结合。他说:"你不上课,就不是老师;你不搞科研,就不是好老师。教学是必要的要求,不是充分的要求,充分的要求是科研。科研反映你对本学科清楚不清楚。教学没有科研作为底子,就是一个没有观点的教育,没有灵魂的教育。"[②]可谓一针见血,掷地有声。

教学没有科研底子,就是"没有灵魂的教育",这是多么睿智的见解啊!这里,有一个基本的思想应当强调:教学是必要要求,科研是充分要求。这不仅旗帜鲜明地提出了教学与科研相结合的观点,而且从逻辑上给出了两者之间的关系。它表明,教学与科研两者应当是相伴而行,密不可分的。

我们的物理教育目前仍存在着教学与科研相脱离的问题。这表现为:许多教师长期只搞教学,不搞科研。他们年复一年地重复着自己的课,几乎无暇去从事科研、撰写论文。这导致对教材内容的理解往往停留在表面上,他们对教材的掌握往往是肤浅的、不完善的,一般经不起推敲。

对此,钱伟长先生的看法是:"基础课教师不应该是单纯教书主义,也要参加科研。"[③]因为"搞科

---

① 王道俊,王汉澜主编.教育学[M].北京:人民教育出版社,1989:223,224—243.
② 钱伟长.关于高等教育改革的一些意见.载于上海市高等教育研究所编《新技术革命与高等教育》[M].北京:教育科学出版社,1984:73—77.
③ 同上.

研可以帮助教师扩大眼界,使他晓得一项科学技术的来龙去脉,晓得当代这个专业在发展中所存在的问题,丰富这个学科的内容,使之不断地向前发展。这对于一个教师提高自己的水平,教好自己这门课,指导好学生学习,都非常重要"。①

事实正是如此。众所周知,林家翘先生的微积分课讲得好,那是因为他做了大量的力学科研工作,反复应用了数学这个工具。他知道哪些数学知识是重要的,哪些是次要的;哪些微积分知识必须掌握得很清楚,哪些则不需要那么清楚;他懂得如何联系实际地讲,联系他过去碰到过的钉子讲。他讲"奇点"就比别人讲得好,举出来的例子都是现实中存在的。而一般教师讲"奇点",尽管描写得很神奇,却不能落到实际上面。

在物理教育中,教学与科研相脱离的现象还表现在另一个方面,这就是大多数搞科研的人没有教学经验,特别是教基础课的经验。他们的知识和兴趣往往局限于很窄的专业领域,一味向深处钻研而无暇环顾四周。

针对这种情况,钱伟长先生认为:"副教授和教授应做到基础课、专业课、专题课都讲。因为搞科研的人,对基础课中的一些基本概念的认识,要比一般不做科研工作的人深刻。他有自己的观点,而且有许多创新的发展,晓得这些观点怎样使用,因此能讲得深刻。"②他特别举例说,吴有训先生就是这样,他既讲大学普通物理的基础课,讲得到家,又讲 X 光专题课。一周讲两次,讲得很少,但材料很多,让学生自己去看。李政道先生也是既讲大学普通物理基础课,又讲粒子物理场论专题课。这些物理学大师们的特点值得我们深思。

二、教师讲课要有自己的见解

钱伟长先生认为,教师讲课要有自己的见解,不能都照书讲,讲完书就算数。教师对教学内容要理解,就必须建立在深厚的科研基础之上。

什么叫有自己的见解?这就是说,作为一名教师,首先应当对所教课程中的问题的来龙去脉、发生发展、矛盾困难等有所了解。包括这个问题是在什么样的情况下提出来的,在过去历史发展过程中有过什么争论,使用什么办法解决才又前进的,现在还遗留多少争论,有哪几种不同的观点。其次,就要讲自己的观点,讲自己的研究成果和研究方法。

目前我国物理教育的教学风格如何呢?赵凯华教授在中国物理学会第六届全国会员代表大会上的报告中指出:"现在有一种普遍的提法:作为一个好的教师,应当'课堂上解决问题',把所教的内容都'讲深讲透',不给学生课后留下疑难。所以我国的教师都习惯于把知识组织得井井有条,对课程内容的每个细节作详尽的解说,对学生可能发生的误解一一予以告诫。"这种封闭的、细嚼慢咽的讲课风格是一种典型的"八股"式的讲课风格。

出现这种情况的原因固然是多方面的,但归根结底,教师的教学缺乏科研根底是根本的。这导致他们教育思想与教育观念落后,习惯于把自己的思想和兴趣局限在统一的教学大纲这一框架里,对当代物理学中的新事物漠不关心。

怎样改变这种状况?钱伟长先生认为,关键还是教师要搞科研,要扩大知识面,不能搞得太专太窄,教理论力学的不关心材料力学,教无机化学的对有机化学不感兴趣,这是不行的。

钱伟长先生的教学观又是辩证的。他一方面强调教师的讲课要有自己的见解,同时也认为讲课要有好的口才。他说:"讲好课有两条,一要有学问,二要有口才。"③但"有学问比有口才更重要"。④

---

① 钱伟长.关于高等教育改革的一些意见.载于上海市高等教育研究所编《新技术革命与高等教育》[M].北京:教育科学出版社,1984:73—77.
② 同上.
③ 高级中学《物理课本》第一册[M].北京:人民教育出版社,1990年版,第137页.
④ 钱伟长.关于高等教育改革的一些意见.载于上海市高等教育研究所编《新技术革命与高等教育》[M].北京:教育科学出版社,1984:73—77.

应当说,这是钱伟长先生教学观的一个重要思想。

我们目前的教学,过多地考虑了口才的重要性。各级各类学校每年都要举行不少课堂教学大赛,这种大赛的积极作用是毋庸置疑的。但在评价教学效果时,恐怕更多考虑的是教师的口才如何,至于教师的学问在所授课程中的反映则往往就被忽视了。

从钱伟长先生的基本思想出发,我们认为,口才与学问这两个因素在不同学历层次教学中,对于教学效果所起的作用是不同的。学历层次越低,口才的作用越大,而学问的作用较小。随着学历层次的升高,口才的作用变小而学问的作用则变大。因此,学问比口才更重要。

如何提高教师的水平?钱伟长先生说:"教师必须搞科研,这是培养教师的根本途径。"① 针对目前教师进修大多采用系统听课的做法,钱伟长先生提出了自己的见解。他认为教师的提高主要不是靠听课进修,主要靠做研究工作,边研究边学习,缺什么学什么。边干边学,这是主要的方法。因此,"不搞科研,忙着捧本书上讲台是上不好课的,因为你没有自己的观点,不会选弃内容"。②

三、教师的工作主要是引导学生

钱伟长先生认为,大学教育的过程,就是要把一个需要教师教才能获得知识的人,培养成在他毕业时不需要教师也能获得知识、无师自通的人。教师的教主要不是把知识教给学生,而是要把处理知识的能力教给学生。教学大纲不是规定老师必须讲的内容,而是规定学生必须懂得和掌握的内容。所以,"教师的工作就是引导学生"。③ 引导的思想,是钱伟长先生教学观的重要组成部分。

如何在教学中对学生进行引导?具体说来,物理课要引导学生把一切定律通过实验来鉴定,数学课要引导学生学会严格的推理。教师讲课不应该只讲具体的知识,还应该讲重大的概念,讲当前和过去发展的情况,讲自己的看法。比如,吴有训先生讲牛顿三定律,就讲它在不同时期发展的过程,在这个过程中有什么误解,怎样使用才恰当,以后又发生了什么争论,等等。

引导是如此的重要,它往往会对一个人产生重要的影响。杨振宁教授得知自己获得诺贝尔奖的消息后,他的第一个举动就是给自己昔日的老师吴大猷教授发函报。他写道:"值此十分兴奋,也是应深深自我反省的时刻,我要向您表示由衷的谢意,为了您在1942年春引导我进入对称原理与群论这个领域。我以后工作的大部分,包括关于宇称的工作,都直接或间接与15年前的那个春天从您那里学到的观念有关。"④ 对于老师引导的感激之情溢于言表。

引导不是随随便便就能做到的。引导者先需要有两种能力:一是在科学技术发展过程中寻找题目的能力,二是寻找完成这个题目的途径的能力,而这两种能力的基础还是科研。

遗憾的是,目前我们的物理教育仍然没有摆脱传统的教学方法,经常出现的情况是,教师讲,学生听,教学中缺乏引导。同样的内容,在我国所用的课堂学时,至少比西方多 $50\%\sim100\%$。⑤ 现代物理学中每年都有激动人心的新成就、新事物展现在我们面前,很多教师怕不能讲透而引起麻烦,在课堂上宁可只字不提。这不仅人为地禁锢了学生创造性思维的发展,而且对于步履维艰的物理教育无异于雪上加霜。

因此,为了克服中国式讲课的封闭风格,应鼓励教师课堂上向现代物理前沿开"窗口"。因为,前沿的课题往往是在基础物理学原有内容的基础上生长出来的,但在现行的教材中可能未给它们留下

---

① 钱伟长.关于高等教育改革的一些意见.载于上海市高等教育研究所编《新技术革命与高等教育》.北京:教育科学出版社,1984:73—77.
② 同上.
③ 同上.
④ 钱伟长.关于高等教育改革的一些意见.载于上海市高等教育研究所编《新技术革命与高等教育》.北京:教育科学出版社,1984:73—77.
⑤ 赵凯华.我国高等学校物理教育的现状及改革的思考.物理[J].1995年11期第664、663页.

必要的"接口"。这就需要我们改变传统教材中的表述,以便与物理知识的进一步发展相衔接。

在物理教育中加强对学生的引导,这既是物理教育内在规律的要求,同时又是科学技术发展对物理教育的要求。钱伟长先生认为:"现在,知识发展很快,永远也学不完。最好的办法是不要老师讲,由学生自己去学习,这就是培养学生的自学能力。大学教育应该重视学生自学,大学教育就是要教会学生自学。"①

杨振宁教授指出:"中国现在的教学方法,同我在西南联大时仍是一样的,要求学生样样学,而且教得很多、很细,是一种'填鸭式'的学习方法。这种方法教出来的学生,到美国去,考试时一比较,马上能让美国学生输得一塌糊涂。但是这种教学方法最大的弊病在于,它把一个年轻人维持在小孩子的状态,老师要他怎么学,他就怎么学。他不能对整个物理学有更高超的看法。我到北大、清华去,他们告诉我,物理课本有四大厚本,学生喘不过气来。一个喘不过气的学生,今后不可能做得很好。他必须是一个活生生的学生,将来才行。"②因此,物理教育就需要特别注意使学生具备独立获得知识以及解决问题的能力。而这种能力的提高不仅决定于学生刻苦的学习,而且也依赖于教师在教学中"画龙点睛"的点拨与指导。

教师与学生接触的时间总是有限的,永远不可能有足够的时间来教我们想教给学生的所有内容,这是全世界教师所面临的共同问题。由于中国式讲课"细腻"的教学风格,这个问题就格外严重。出路只有改革我们的物理教育思想与教学方法。令人欣喜的是,近年来已经有不少高等学校(特别是解放军院校)的物理教师在校内开设了物理学与现代高科技、物理学与交叉学科等一类选修课,使一向不太景气的物理课声誉大振,甚至成为最受欢迎的课程。这无疑为我们改变目前物理教育的状况展现出了美好的前景。

钱伟长先生的五车之才学,早已渗透在他的著作之中,令人心悦诚服。同时,他的教学观亦独具特色,境界悠远高深。尤其是他的教学必须与科研相结合,教师讲课要有自己的见解,教师的工作主要是引导的观点,更令人回味无穷。我们深信,学习与研究钱伟长先生的教学观,必将给我国的物理教育以有益的启示。

第五节 西南联大的教育思想

蜚声中外的西南联大已经过去了半个多世纪,然而其影响却历久而弥新。尤其是西南联大物理系,在条件极其艰苦的情况下,先后培养出杨振宁、李政道这样享誉世界的物理学大师以及邓稼先、朱光亚等"两弹元勋",从而创造出了我国物理教育史上的奇迹。

西南联大物理教育的奇迹是如何创造的?它有哪些值得汲取、借鉴的经验?它对我们今天的物理教育又有什么样的启示?这些,非常值得广大物理教育工作者去仔细研究,认真总结。

(一)重视实验教学

抗日战争时期,西南联大仓促内迁,实验仪器几乎丧失殆尽,实验课程难以开出。西南联大物理教育秉承物理学以实验为基础的宗旨,非常重视实验教学。物理系推定吴有训先生为赴香港订购仪器的负责人。此后,从国内外购得仪器设备经越南海防和滇越铁路陆续运抵昆明。物理系于1939年按萨本栋著《普通物理学实验》,开出了一学年的普通物理实验,每周一次。以后,在四年学习中,每年都有物理实验课程,保证了对学生较全面的培养,这是十分难能可贵的。在日本飞机经常空袭昆明时

---

① 钱伟长.关于高等教育改革的一些意见.载于上海市高等教育研究所编《新技术革命与高等教育》.北京:教育科学出版社,1984:73—77.
② 杨振宁.杨振宁文集(下)[M].上海:华东师范大学出版社,1998年4月,第839页.

期,有的实验室每次做完实验后就把贵重仪器放进半埋在地里的200L大汽油筒中,到做实验时再取出,实验教学从未间断。①

在物理教育中重视实验教学,是西南联大物理教育的显著特色,也是它成功的一个重要因素。这里,有一个重要的物理教育思想应当加以突出强调,即:对实验教学的重视,并不能只是看它是否产生立竿见影的作用,而是要看到它在教育人、培养人的过程中所产生的持续长久的影响。应当说,西南联大物理教育的实验教学是成功的,这表现为,即使是对于像杨振宁教授这样的纯粹理论物理学家,也因为西南联大物理实验的教学而形成了丰富的实验思想,打下了深深的烙印。

作为西南联大物理教育成功的一个杰出代表,杨振宁的研究风格在相当程度上准确反映出西南联大物理教育重视实验的特色。杨振宁一生中的最高学术成就为"杨-米尔斯"规范场理论。该成就曾获富兰克林奖章和鲍尔奖。这样一个理论和实验的关系如何呢?杨振宁谈到:"在美国也有学生和我辩论。他们说1954年你做规范场时,它也不是和实验没有关系的纯结构吗?的确那时它和实验没有多大关系,不过你看看我们的文章就会发现,当时它和两个已经有稳固实验基础的理论结构有密切关系。它们是同位旋守恒和麦克斯韦方程。现在很多工作是在没有实验基础的纯结构上锦上添花,脱离实验愈来愈远,这是比较危险的。"②他特别强调,理论无论发展到什么时候,无论如何抽象,其价值观念还要从实验中来。

然而遗憾的是,西南联大物理教育中重视实验的优良传统并未得到很好的继承。以至于今天,中国教育界长期存在着重理论轻实验的倾向,在物理领域尤为普遍,而且存在着愈来愈严重、愈来愈扩大化的倾向。全国教育科学"八五"规划国家教委重点课题"学生实验动手能力"的调查,通过对全国十省市万余名中小学生进行实验能力测试,结果表明:我国高中、初中学生理、化、生三科均不及格,小学生刚刚及格。具体表现在:我国中小学生不能"手脑并用"!能简单操作,却不胜任细心操作;能模仿操作,却很少设计思路。调查中发现,相当一些学校不仅实验项目偏少,甚至未开设实验。有限的实验中也不过是"照方抓药",难以达到实验目的,也就谈不上锻炼学生手脑并用的能力。

马克思主义认为,是劳动创造了世界。作为一个具有五千年灿烂文化,拥有"四大发明"的文明古国,我们今天的科学教育却普遍存在着轻视实验、疏于动手的不良倾向,这是使人十分痛心的事情。抛弃一种教育思想与教育传统并不困难,然而,重新形成一种教育思想与教育传统就决非一日之功。研究探讨西南联大物理教育重视实验的特色,应当而且必定可以给我国的科学教育以有益的启示。

(二)教学与研究并重

西南联大物理教育成功的另一个方面在于,它注重了教学与研究的有机统一。

首先,西南联大的教学风气是非常认真的。杨振宁教授在《读书教学四十年》一文中指出:"西南联大的教学风气是非常认真的。我们那时候所念的课,一般老师准备得很好,学生习题做得很多。所以在大学的四年和后来两年研究院期间,我学了很多东西。……课程都非常有系统,而且都有充分的准备,内容都极深入。直到今天我还保存着当年听王先生讲授量子力学时的笔记,它对我仍是有用的参考资料。"③

西南联大物理系的教学方法也是灵活的,它并不囿于单纯的讲授,而是注意培养学生的能力。杨振宁在找吴大猷做学士论文时,吴先生只是给了他一本 *Reviews of Moden physics*(《现代物理评论》),让他去研究其中的一篇文章,看看有什么心得。这是一篇讨论分子光谱学与群论关系的文章。

---

① 沈克琦.国立西南联合大学物理系.物理[J].1995年4期,182—183页.
② 宁平治,唐贤民,张庆华主编.杨振宁演讲集[M].天津:南开大学出版社,1989:155页.
③ 同上.

杨振宁把文章拿回去给父亲看,父亲也没有因为自己很了解群论而对杨振宁进行讲授。他的做法与吴大猷一样,送给了杨振宁一本 Dickson(狄克逊)写的《近代代数理论》的书。这使得杨振宁学到了群论的美妙和它在物理中应用的深入,对杨振宁后来的工作产生了决定性的影响。两个只"送书"而不"讲书"的事例,看似偶然,实则包含着深刻的教育思想。

目前我国物理教育的教学风格如何呢?赵凯华教授指出:"现在有一种普遍提法:作为一个好的教师,应当'课堂上解决问题',把所教的内容都'讲深讲透',不给学生课后留下疑难。所以我国的教师都习惯于把知识组织得井井有条,对课程内容的每个细节作详尽的解说,对学生可能发生的误解一一予以告诫,""据我所知,1952年以前的老北大、老清华,以及抗战时期的西南联大,课从来就不是这样教的,丝毫没有影响那时候人才辈出。"①

其次,西南联大物理系也十分重视科学研究。抗日战争时期物质条件极差,物理系的教授们并未因此放松科学研究工作,他们不仅自己做研究,而且还带领青年教师和研究生进行研究;不仅开展了理论研究,还千方百计克服种种困难开展实验研究,取得研究成果。据不完全统计,在西南联大时期,物理系在国外发表50篇论文,在国内发表论文58篇。在战时十分困难的条件下取得这么多科研成果是十分难得的,在世界上也是少有的。

与西南联大的物理教育相比较,我们目前仍存在着教学与科研相脱离的问题。"大多数搞科研的人没有教学经验,特别是教基础课的经验。他们的知识和兴趣往往局限于很窄的专门领域一味向深处钻研,无暇环顾四周。搞教学的人则年复一年地重复着他们的课程,很少有机会接触现代物理学的前沿。"②

钱伟长先生在1937—1940年间,曾在西南联大物理系任教。他对于西南联大物理教育中重视教学与科研相结合的传统有着很深的感受。他的一番话可以说是对西南联大这一特色的最好总结。他说:"你不上课,就不是老师;你不搞科研,就不是好老师。教学是必要的要求,不是充分的要求,充分的要求是科研。科研反映你对本学科清楚不清楚。教学没有科研作为底子,就是一个没有观点的教育,没有灵魂的教育。"③

(三)实施通才教育

西南联大物理教育的特色还包括:它贯彻通才教育的基本方针,实行以学分制为主体和共同必修课、充分选修课与严格要求、严格管理相结合的教学制度。其核心就是重视学生素质教育,给学生厚基础、宽知识面和知、能并重的训练。

进行通才教育,必须要有一流的师资,这是实施通才教育的前提。梅贻琦先生有一句名言:"所谓大学者,非谓有大楼之谓也,有大师之谓也。"正是在这种思想的引导下,西南联大物理系的师资在国内一直是首屈一指的。

西南联大物理系的教授中既有对我国物理学事业作出卓越贡献的元老饶毓泰、叶企孙和吴有训,又有学术造诣很深,学术上十分活跃的周培源、吴大猷、赵忠尧和任之恭,还有一批抗战开始前后学成归国的孟昭英、余瑞瑛、范绪绮、王竹溪、张文裕和马仕俊等人。他们中的许多人在西南联大任教授时年龄还不满30岁。除了具有高水平的师资队伍以外,西南联大物理系的课程设置也颇具特色。以本科课程为例,就包括公共必修课、专业课与选修课。

在上述课程中,一门课程几位教授均可开设,每位教授能开多门课程,不少课程是由从事该学科

---

① 赵凯华.我国高等学校物理教育的现状及改革的思考.物理[J].1995年11期,663—664页.
② 钱伟长.关于高等教育改革的一些意见.(新技术革命与高等教育)[M].北京:教育科学出版社,1984年11月,73页.
③ 同上.

研究的专家讲授的。所开课程几乎涉及近代物理的多个领域,因而可以说,教学质量是一流的。许多西南联大毕业生后来能成为国内外知名的物理学家,是与这些高水平的课程分不开的。

西南联大物理教育还注意培养学生的人文素质。杨振宁教授回忆道:"联大的大一国文是必修科,当时采用了轮流教学法。每位教授只讲一个到两个礼拜。记得教过我大一国文的老师有朱自清先生、闻一多先生、罗常培先生、王力先生等很多人。"

最能说明西南联大通才教育成功的一个典型事例是:西南联大物理系的毕业生邓稼先、朱光亚,为我国的"核弹"作出了卓越的贡献。"核弹"的研制虽然涉及很多物理问题,但严格地说,两者并不是同一个概念。"核弹"所涉及的理论属于核物理,其中还包括一些技术问题。邓稼先、朱光亚在西南联大求学期间也并未学过制造"核弹"的理论,但他们正是凭借着在西南联大打下的坚实基础及宽厚的知识面,才能在另一个陌生的领域里建立功勋的。

事实上,在科学技术迅速发展、分工日益精细的情况下,要想有大的突破,必须要同时掌握多学科的知识和技能。也就是说,只有通才教育才能达到目的,专业教育的体制是无能为力的。

西南联大通才教育的思想在新中国成立后并未能发扬光大。20世纪50年代初,在用苏联的模式来改造我们教育体制的运动中,在吸收苏联教育风格优点的同时,其体制中固有的缺点也被照搬过来。最严重的后果是专业划分极其狭窄,并将理工科分设于不同的院校。这种专业教育进一步使学生形成了自我封闭的学习方式。杨振宁教授在一次演讲中指出:"美国许多大学都定期举办各种内容各个领域研究工作进展状况的讲演,很多中国留学生却不去听,认为与自己研究的学科风马牛不相及,没必要听。"[1]"但是在现代科技中,学科间的相互融合和渗透出的奇花异果,产生的成就已经说明:对专业以外的其他学科的知识吸取,是非常重要的。中国这种传统的学习态度,是自我封闭、自我窒息的,是非常不可取的。"[2]

杨振宁在通才教育上的观点是如此旗帜鲜明,这绝非偶然。这从另一方面佐证了西南联大在物理教育中实施通才教育的正确性。

西南联大物理教育的特色是多方面的。但归根结底,其核心还在于按照物理教育自身的规律来办学。物理学的产生并不在中国,物理学真正进入中国也还只是一个世纪以来的事情,我们在物理教育中出现一些失误也是难免的。但是,对于我国物理教育史上的一些优良传统,我们则应当继承并发扬光大。这正是我们研究西南联大物理教育特色的意义之所在。

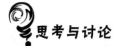

思考与讨论

1. 费恩曼的物理学思想有哪些特征?对物理教学有哪些启示?
2. 为什么费恩曼说:"这种或那种形式的形象化是我思维的极其重要的部分"?
3. 朗道的教学思想有哪些特征?
4. 朗道的人才选拔模式是什么?你如何评价这种模式?
5. 杨振宁的科学实验思想是什么?对物理教学有哪些启示?
6. 杨振宁的物理学方法论思想是什么?对物理教学有哪些启示?
7. 钱伟长认为教学与科研之间存在什么关系?为什么会有这样的关系?
8. 西南联大的教育思想有哪些特征?对今天的教学有哪些启示?

---

① 宁平治,唐贤民,张庆华主编.杨振宁演讲集[M].天津:南开大学出版社,1989:169页.
② 宁平治,唐贤民,张庆华主编.杨振宁演讲集[M].天津:南开大学出版社,1989:170页.

第二章 物理课程改革研究

本章导读

在物理教学论教材中解读物理课程,殊为不易。一方面,倘若按照传统的编写体例,按部就班地介绍物理课程的概念、物理课程的构成等,似乎并不能有效地解决物理教学论教材"论"不足而"学"有余的问题;另一方面,怎样高质量地培养物理教学论研究生的研究能力,则是一个更加需要深入思考的问题。显然,那种中规中矩的物理课程概念、构成的写法,已被实践证明并不能有效训练学生达到能力提高之目的。因此,本章结合我国本次基础教育课程改革的发展历程,从物理课程与教学论的角度进行全方位解读,深入剖析我国基础教育课程改革存在的重大理论与实践问题,从而体现物理课程理论的应用价值,体现物理课程理论的独特品位。

在我国本次基础教育课程改革中,对于理论的误读与误用是一个非常明显的现象。但遗憾的是,许多人却未能觉察,这多少反映了我们对于理论学习的不足,特别是对于理论认识的不足,还有对于理论的敏感不够。比如,把"自主、合作、探究"作为中小学教学的主要方式,这就明显不符合奥苏贝尔的教学论主张。再如,物理科学探究的七要素,明显就是科学探究的过程或步骤,但是很多人不明就里,随声附和,显现出理论素养的缺失。

本章从物理课程与教学论的视野,对我国基础教育课程改革进行了全方位的解读与述评,读者在学习过程中需要思索的是:对现象的分析运用了哪些理论?为什么运用这些理论?是怎样想到运用这些理论的?只有这样学习,才能提高一个物理教学论研究生的学术水准。

第一节 基础教育课程改革研究

新千年肇始的我国基础教育课程改革已逾十年。改革伊始,社会贤达诸君就围绕课程改革诤谏、博弈,拳拳爱国之心可以殷见,争论之声至今不绝于耳,可谓前所未有。究其原因,一方面缘于基础教育课程改革无可比拟的重要性——不仅关乎国家的前途与命运,而且关乎每一位学生的发展与未来。另一方面缘于基础教育课程改革某种程度上的荒谬性——以建构主义作为改革的指导理论,以科学探究作为教学的主要方式。作为一个2亿多中小学生参与的、国家层面的教育改革,以如此未经实践检验可行的理论(建构主义)和未有成功范例佐证的方式(科学探究)指导基础教育课程改革,令人难以置信并深感忧虑。秉承"位卑未敢忘忧国"的古训,笔者基于物理学、教育学和心理学的学术训练,结合中学教学、大学教学和研究生教学的经验与体会,遵循基础教育的基本规律与严肃的学术规范,就我国当前基础教育课程改革的若干重大理论与实践问题发表个人见解,文责自负,期望方家不吝指正。

一、基础教育课程改革的评价总览

基础教育课程改革的方向对与错,指导理论行与否,这是我国基础教育课程改革的大是大非问题,也是此次课程改革决然不能回避的尖锐问题。对此,任何模棱两可、左右逢源的回答都是不负责任的。对这个问题的准确回答,说到底,须由课程改革的实践来说话。作为一项基本的学术判断,可以说,任何一项课程的改革方向、指导理论与改革实践都存在着因果关系。确切地说,方向正确,理论可行,就一定会在实践中获得好的效果。然而,因果关系虽然成立,"因""果"好坏的判断却南辕北辙,殊难达成共识。因此,围绕基础教育课程改革理论与实践良莠的争论,就一直未曾止息过。

教育部"基础教育课程改革专家工作组"组长钟启泉先生认为:"我国课程创新本着'全球视野,本土行动'的准则,致力于一系列课程教学概念的重建,卓有成效地介入我国的基础教育课程改革实践,并从实践层面不断汲取鲜活的经验。""短短三年来,一系列教育、教学的概念正在我国得到重建。比如说,我国教育界的'课程'概念已经从'课程即计划'的静态课程观走向'课程即体验'的动态课程观,一线教师的认识明显地经历了四个关键词的演进过程:'预设→生成→预设和生成→预设为了生成。'显然,这种课程概念的进步已经远远超越了灌输'现成知识'的'预设论',亦即所谓的'知识百宝箱'论。我国的课程创新正在一步一个脚印地推进:由《改革纲要》生成了《课程标准》;由《课程标准》生成了多版本的中小学教科书;由多版本的教科书生成了有声有色的新课程实施,开创了我国课程创新的崭新局面。这种大好局面不仅受到全国教育界内外的欢迎,而且得到国际课程学界的高度评价。因此可以说,这几年来课程教学转型开始'从理论走向实践',我国的基础教育课程改革正在大步前进。"①

北京师范大学王策三先生对此却持相反的观点:"在新一轮的基础教育课程改革中,有的专家提出要大张旗鼓地开展一场'新课程理念''概念重建运动'……要对现行的课程和教学实行'大破大立''重起炉灶''范式转型',要从知识本位、学科本位转变,要改变过于注重知识传授的倾向,始终把学生处于中心地位,学生的学习方式要由'接受'转变为'探究'……原有的教育学中一系列的课程教学基本概念都是过时了的、错误的,都必须重建",然而,"随着'重建运动'的开展,越来越多的教育工作者产生困惑,进而提出质疑、批评、忠告,进行抵制,乃致引起社会各界广泛关注。有的科学家尖锐批评课程改革'新理念'导引下的学科'新课程标准',好比'一间房子里挂满各种美丽的装饰,却把承重墙推倒了',表现出'非常明显的错误,而且后患无穷',需要'悬崖勒马'。一些科学院院士、人大代表、政协委员……以多种方式呼吁,要求停用或修改'新课程标准',调整推行的做法"。此外,"还有所谓'专家叫好,教师叫苦,学生喊冤',也是一种有代表性的说法"。②

除了上述双方的激烈论辩外,还出现了第三方的声音,如程少堂的《第三只眼睛看课改——中小学课改四年的回顾与反思》(以下简称"程文")。作者作为中学教学一线教师,基于亲身体验,"试图用辩证的眼光,对小学初中课程改革的经验和教训进行全面的回顾与反思,以期引起大家的关注,特别是希望引起正在推动高中课程改革的同仁们的关注"。③ 文章包括两部分:一是课程改革的经验;二是课程改革的教训。

程文将小学和初中课程改革的经验概括为三大解放:解放了学生,解放了课堂,解放了教师。① 解放了学生:主要表现在两个方面,首先表现在学生变得爱学习了,其次是学生的综合素质提高了,具体表现在四个方面:搜集和处理信息的能力提高了;交流和表达的能力提高了;质疑和创新的能力提高了;动手实践能力提高了。② 解放了课堂:过去的课堂教学目标只重视结论,课改则把过程、方法视为课堂教学的重要目标,尽量让学生通过丰富多彩的认识过程来获得知识。过去的教学只

---

① 钟启泉. 概念重建与我国课程创新——与《认真对待"轻视知识"的教育思潮》作者商榷[J]. 北京大学教育评论,2005,(3).
② 王策三. "新课程理念""概念重建运动"与学习凯洛夫教育学[J]. 课程·教材·教法,2008,(7).
③ 程少堂. 第三只眼睛看课改——中小学课改四年的回顾与反思[N]. 深圳特区报,2004-11-02(08).

注重知识的授受,而课改则努力使课堂教学过程成为一种愉悦的情绪生活和积极的情感体验。③ 解放了教师:首先,课改使教师的学生观、课程观、教学观发生了改变。学生观的改变主要体现在确立了学生本位的观念,突出了学生在教学过程中的主体性。课程观的改变主要体现在教师不仅明确了新课程的民主性、科学性,并使之转化为教师的自觉行为。教学观的改变主要体现在教师逐步形成了"教学是一种对话"的意识,从而达到师生共识、共享、共进,实现共同发展的过程。

程文将小学和初中课程改革的教训概括为:形而上学猖獗,形式主义盛行。具体表现为"四个满堂"和"四个虚假"。

"四个满堂"即"满堂问""满堂动""满堂放""满堂夸"。① "满堂问":有的教师把新课标提倡的"对话"理解成"问答",于是把过去的"满堂灌"变成"满堂问",零零碎碎的、毫无启发性、毫无智力价值的问题充斥课堂。② "满堂动":有的教师把新课标所提倡的"活动"形式主义化,于是课堂上学生一会儿忙活这儿,一会儿忙活那儿,教室里乱糟糟、闹哄哄,还美其名曰"动中学"、"做中学"。③ "满堂放":是指满堂放课件,出现了让人担忧的现象:一是装点"门面"的多媒体教学;二是"翻版式"的多媒体教学;三是多媒体用得过多过滥。④ "满堂夸"即满堂表扬:有的校长和教师理解成对学生只能表扬,不能批评,于是,有的教学过程充斥着对学生的廉价夸奖,无论学生的表现是值得表扬还是不值得表扬。

"四个虚假"即"虚假地自主""虚假地合作""虚假地探究""虚假地渗透"。① "虚假地自主":主要表现在把学生的自主学习等同于"自己学习"。在有的课堂上,教师一味强调学习内容由学生自己确定、学习方式由学生自己挑选、学习伙伴由学生自己选择,使课堂活动沦落成一种"自流活动"。② "虚假地合作":一些教师片面追求课堂小组合作学习这一形式,对教学目的、教学时机及教学过程没有进行认真的设计,只要有疑问,无论难易及价值,都要进行小组讨论。讨论过程中,优秀者的意见和想法代替了小组中其他学生的意见和想法,学习成绩差的学生成了讨论中的"三陪"——陪听、陪说、陪造气氛。③ "虚假地探究":其表现主要有二:一是将探究"泛化",就是无论什么内容都拿来探究一番,从而导致探究的浅层化和庸俗化;二是把探究神化,即把中小学生的探究活动无限拔高,使学生的好奇心和探究欲望丧失。④ "虚假地渗透":有一些教师脱离具体的教学内容和特定的情景,孤立地、生硬地、贴标签式地进行所谓的情感、态度与价值观教育。尽管有些教师这样做得还很卖力,但效果却既空洞又无力。

程文认为需要特别提出并加以强调的是,在新课改进程中,一些乔装打扮的陈腐之见以新观念的面目浮出水面,堂而皇之地招摇过市。例如,教学中"注重知识传授",根本、永远不存在"过于"的问题(王策三语),但遗憾的是,我们到处都能看到一种"轻视知识"的教育思潮在我国当下的教育界汹涌澎湃,"知识不再重要""知识不是目标""知识不是目的""不要再抓知识点了"之类的所谓"新观念"大行其道,似乎是谁讲"重视知识"谁落后。这种轻视知识的教育思潮如不得到有效遏制,后果不堪设想。程文甚至认为,如果说前几年的课改存在着的真正落后的旧观念和旧做法顽强地否定新课改的问题,那么,几年后的今天,最大的问题也许是,新课改中日益泛起的形而上学和形式主义倾向有可能否定乃至葬送课改自身。最后,程文作者套用一句名言来结束他的文章:"课改,我爱你!但是你要小心啊!"①

基于现象反映本质的认识论观点,笔者得出结论:我国基础教育课程改革的效果是不好的,大方向是有问题的。

---

① 程少堂.第三只眼睛看课改——中小学课改四年的回顾与反思[N].深圳特区报,2004-11-02(08).

二、基础教育课程改革的指导理论

当人们一般性地谈论到课程教学改革的时候,但凡有过一定教育经历的人都会多多少少地有自己的看法。然而,大多数看法的根据是什么?这些看法是不是多处于对现象的描述阶段?又有多少深入到本质的层次?这些疑问就引出了关于基础教育课程改革的指导理论这一严肃的话题。

事实上,在基础教育课程改革中,负责基础教育课程改革的某些教育学者对自己所从事工作的复杂性和艰巨性缺乏真正的理解,至少可以说,从他们的研究行为来看,更像是在干"掮客"的行当而非从事一项"具有挑战性的和有意义的事业"。这其中的原因是多方面的,根本原因就是他们仅具有教育学知识,而不具有科学知识,这导致他们对近百年来科学教育领域所发生的、对基础教育教学工作影响深远的发展变化知之甚少。诚如傅斯年所言:"教育学家如不于文理各科之中有一专门,做起教师来,是下等的教师;谈起教育——幼年或青年之训练——是没有着落,于是办起学校自然流为政客。"[①]话虽听来有些偏激,实则不无道理。

坦率地说,"没有着落"的某些教育学者,是一群既不懂微积分,又不懂矢量分析,更不懂量子力学和相对论的学者,这导致他们不可能真正认识到,研究如何科学有效地、在智力和文化的意义上理智地把知识传授给下一代,不仅是一门真正意义上的学问,而且是一门比科学本身更加复杂的科学。也正是因为缺乏起码的科学训练,导致他们不明白科学的基本事实、基本理论、基本方法的来源、形成与发展以及实验验证的要求,而这些作为科学研究的规范,在一定意义上是科学研究的"紧箍咒",每一个接受过科学训练的人,都会在科学研究中自觉不自觉地遵循之。而缺乏基本科学训练的人则不在此规范的行列,他们在基础教育课程改革中大胆"引进西方的理论碎片进行拼装与重构","盲目地将国外的理论进行翻译和组装"。于是,"建构主义"就登堂入室,成为我国基础教育课程改革的指导理论。

建构主义对于基础教育课程改革的影响主要来自于建构主义知识观,在此基础上,衍生出所谓"科学探究"的教学方式并对基础教育课程改革的理论与实践产生了消极的影响。

何谓建构主义知识观?建构主义认为,科学知识的获得是科学家根据现有理论(原有知识)来建构科学知识,建构主义强调科学知识是暂时性的、主观性的、建构性的,它会不断地被修正和推翻。建构主义知识观认为不存在普遍、永恒的知识,任何知识都具有个体性、社会性、情境性和相对性(主观性)。显然,这种知识观是对传统的基于客观主义的理科课程和教学理论的巨大挑战。根据建构主义知识观,科学教育中不能把知识作为预先决定了的东西教给学生,不应要求学生死记硬背知识,而应由他们自己来主动建构,以自身的经验为背景,分析知识的合理性,完成对知识的建构。

钟启泉先生提出:"知识不是游历于认识主体之外的纯粹客观的东西,知识是由认识主体与外在世界进行社会互动,即个体与社会文化价值互动的结果。特别是就'学校知识'的建构(知识习得)而言,乃是课堂情境的教学过程中师生互动的历程与结果。教师的知识无法硬生生地'灌输'给学生,必须靠学生自己建构知识。"[②]彰显出强烈的建构主义课程改革取向。然而,建构主义理论中那些反常规科学观念的哲学观点(如科学知识是相对真理,不是绝对真理;科学理论是科学家头脑建构的东西,不反映客观存在)很容易导致忽视知识基础的倾向并引起教学中的偏激与放任。如,《基础教育课程改革纲要》中关于"改变课程过于注重知识传授的倾向"的课程改革目标,就反映了建构主义理论忽视知识基础的倾向。

---

① 转引自王东杰.师范不"师"又如何?[N].南方周末,2009-07-23(E03).
② 钟启泉.概念重建与我国课程创新——与《认真对待"轻视知识"的教育思潮》作者商榷[J].北京大学教育评论,2005,(3).

事实上,即便在产生近代科学的西方,建构主义的偏激化在文化和教育层面上的潜在危害已经被许多学者所认识。英国伦敦大学皇家学院教授、科学教育专家约翰逊·F. 奥斯本(Jonson F. Osborne)指出:"'知识都是由个人建构的'这句名言,实际上只不过是简单的、不言而喻的陈词滥调,而知识建构过程的操作层面上的问题才是复杂的、重要的和需要认真研究的。""建构主义理论几乎一致地认为,知识是由个体制造、生产与创造的,因此对传授式教学全盘否定。然而,事实上科学的认识论与用什么方法来学习科学之间没有必然的联系,因为那样'就像说非要写诗歌才能学习诗歌一样'。两者之间最多也只有部分联系。""建构主义认为,对知识持客观主义观点会导致把教的过程看成为讲授的过程、学的过程看成是记忆与复述过程。也许这种现象今天确实存在,而且存在于许多地方,但这并不应该必然导致建构主义的做法。客观主义与死记硬背两者之间没有必然的、逻辑的联系。因而,科学的本质没有必要强加于对科学的教与学的本质上,因为前者是关于科学的性质的哲学问题,而后者是关于用最好的方法去教育非科学家们的教育学问题。""正像传统的、客观主义的教师们经常不注意去组织安排学习过程以使之呈现积极的方式,建构主义教学法的提倡者们没有认识到展示及示范的作用。教师们被要求'协商''促进''合作建构''调节''社会化''提供经验''引入''提供科学的文化工具',但绝不能讲授。"①针对建构主义的上述观点,奥斯本特别告诫:"这里需要有一个理智的清醒的认识,即建构主义的科学观没有解决任何关于科学怎样教的问题。这就像推断客观主义一定意味着讲授法的错误一样,认定相信建构主义就意味着所有的知识都必须通过协商才能获得也是一个谬误。"②

与建构主义知识观相对应的是客观主义知识观。客观主义知识观认为,知识是客观的,知识是不依赖认识者而独立存在的客观实体;知识是普遍的,客观世界存在着永恒不变的本质,知识即是这种事物本质的反映,它不因时、因地、因人而异,认识的目的在于发现事物这种客观存在的本质;知识是中立的,知识不受知识者的信念、情感、态度、价值观等因素的影响。如,门捷列夫的化学元素周期表,反映了元素原子的内部结构与它们之间相互联系的规律;而孟德尔的生物学遗传律,则反映了生物遗传的特点与规律。

一般来说,客观主义知识观认为知识具有客观性、普遍性和中立性的特点。它既与建构主义强调科学知识是暂时的、主观的、建构性的,会不断地被修正和推翻的观点不同,又与建构主义知识观认为不存在普遍、永恒的知识,任何知识都具有个体性、社会性、情境性和相对性(主观性)的特点没有必然的联系。

事实上,建构主义阐述的更多的是科学研究前沿的认识过程,反映了最新的科学知识产生的曲折的认识历程,但这些过程是否有必要在今天的基础教育学科课程里重演一遍,就需要认真考量而不能妄下断语。已有研究表明,整个科学课程的内容结构,好比一个从下到上装满从老到新的科学知识的柱体容器。在科学史上经过长期检验的相对稳定的知识,往往被后来的新知识压缩到容器的底部,适用于早期学习阶段;而科学前沿的具有较大不确定性的东西位于顶部,适用于晚期学习阶段。这个柱体容器的四壁具有无数细小的孔隙,那些经不住实验或逻辑检验的知识,都先后依次被排出柱体容器。根据这个模式,建构主义的知识观显然并不能解释基础教育阶段的课程知识选择,因为在基础教育阶段,科学教育的内容通常都是"在科学史上经过长期检验的相对稳定的知识""适用于早期学习阶段",因此是客观的和固定的。③

---

① 约翰逊·F. 奥斯本. 张红霞,孙志凤译. 超越建构主义科学教育观[J]. 全球教育展望,2004,(7).
② 同上.
③ 张红霞. 建构主义对科学教育理论的贡献与局限[J]. 教育研究,2003,(7).

来自于教学实践的研究也表明,目前的大部分高中生还不能真正理解科学知识的相对真理性质。而且,在学生的认知"最近发展区"还没有达到认识真理相对性水平的时候,过分超前的科学教育是否会导致违背科学性的不求甚解、人云亦云的不良思维习惯,值得研究。例如,我们说"植物长高了3cm",是否还需要告诉学生这是在牛顿时空体系中测量的结果,还是在爱因斯坦时空体系中测量的结果?两者的结果是否相同?如果需要的话,应该怎样讲解?应该在什么学习阶段讲解?学生必须已经具备哪些经验和知识?所有这一切,都是建构主义所不能圆满解答的。[①]

从国际的研究报道来看,与建构主义思想相一致的基础教育课程改革,都没有得到实践的肯定。2002年,中国台湾教改失败,教育主管部门宣布停止推广使用建构主义教材。消息传来,大体可以归并为一句话:"都是建构主义惹的祸!"一个小的例子是,建构主义教材主张用学生自己的加法经验理解整数的乘法,于是4×6不能直接背诵答案24,必须说$6+6=12,12+6=18,18+6=24$,所以$4\times 6=24$。学生也许是会讲道理了,理解深刻了,结果却是许多学生不会背九九乘法表。[②]

教育学,尤其是课程与教学论,是理论性和实践性很强的东西。探讨知识是什么的有关问题是哲学的范畴,探讨学生的认知规律是心理学的课题,而探讨教师如何教的问题才是教学论的研究领域。从科学哲学的角度看,知识是什么的话题是可以展开讨论的,但把学术讨论中未有定论的东西拿来诠释基础教育课程改革则存在潜在的危险。从心理学的角度看,自主建构现象只是一种客观存在,是心理学研究的一个发现,只能作为进行课程编制与教学实践的理论参考,不能作为课程与教学改革的基石而随意解读。从教学论的角度看,任何学习都是不容易的,都需要学生付出努力,而建构主义通过夸大学生的主动建构作用,将科学学习的困难解释为不可传授,然后把经典的科学教育理论如杜威的"做中学"、布鲁纳的"发现教学"理论,贴上建构主义的标签进行肆意发挥,其结果是给基础教育课程改革的理论与实践都带来了消极影响。正如张红霞教授所言:"自主建构理论被赋予教育学意义之前无所谓好坏……它只解决了'是什么'的问题,并没有解决教育学所关心的'怎么办'的问题。从逻辑上讲,'学生不是被动地吸取知识',不等于教育学上的'学生不吸收传授的知识'……"[③]而当把建构主义赋予教育学意义之后就完全不同了,某些教育学者把"学生不是被动地吸取知识"理解为"学生不吸收传授的知识",这不是对理论的创新而是对理论的误读,由此而引申出的一系列导向性的观点对我国基础教育课程改革具有很大的破坏力,在一定意义上,他们的行为把基础教育课程改革引入了歧途。

概而言之,建构主义不是课程理论,也不是教学理论,它只是一种具有导向性的理论框架。从这个理论框架简单地引申出任何的教学理念、教学理论以及教学模式都是危险的,如果再以此指导我国的基础教育课程改革,则贻害无穷,对此,我们必须具有清醒的头脑。

因此,笔者认为,我国基础教育课程改革应当摒弃建构主义理论,重新回到客观主义的理论轨道上来。

三、基础教育课程改革的教学方式

如果说,建构主义作为我国基础教育课程改革的指导理论起到导向作用的话,那么,基础教育课程改革的教学方式则已经进入到改革的核心。如何教,成为我国基础教育课程改革的试金石和风向标。

---

① 张红霞. 建构主义对科学教育理论的贡献与局限[J]. 教育研究,2003,(7).
② 张奠宙. 期盼中国教育科学研究具有"大国"风范[J]. 教育科学研究,2005,(2).
③ 张红霞. 建构主义对科学教育理论的贡献与局限[J]. 教育研究,2003,(7).

钟启泉先生认为:"按照《基础教育课程改革纲要》的规定,这次课程改革力图实现三大转型:课程政策从'集权'到'放权'的转型;课程范式从'科学中心主义课程'到'社会建构中心课程'的转型;教学规范从'传递中心教学'到'探究中心教学'的转型"①,旗帜鲜明地提出了探究教学的口号。钟启泉先生进一步在《知识概念重建与课程创新》中提出:"在课堂教学中,教师与学生、学生与学生之间以教材文本和生活体验为媒介展开相互沟通,学生唯有通过这种沟通,才能习得种种知识。学生不是单纯的'知识接受者',而是'活动式探究者''意义与知识的建构者'。某种简单的技能性学习目标也许可以按照行为主义原理实现,但更复杂的高级思维的学习目标就需要采取探究方法和建构主义方法了。知识仅仅靠'教师讲授'是难以习得的。"②

显而易见,建构主义理论的影响不仅表现为忽视知识基础的倾向,而且进一步表现为忽视知识传授、反对教师讲授的倾向。《基础教育课程改革纲要》中关于"改变课程实施过于强调接受学习、死记硬背、机械训练的现状,倡导学生主动参与、乐于探究、勤于动手,培养学生搜集和处理信息的能力、获取新知识的能力、分析和解决问题的能力以及交流与合作的能力"的表述就是这种倾向的反映。于是,"科学探究"作为主流教学方式风靡大江南北,我国基础教育课程改革出现了言必称"科学探究"的状况。对此,我们需要作认认真真的学术研究。

为什么基础教育课程改革会把科学探究作为主要的教学方式?笔者认为,其原因在于负责基础教育课程改革的大多数教育学者把科学教学过程简单地等同于科学研究过程,混淆了"学科学"(learn science)与"做科学"(doing science)的基本差异。"学科学"强调的是科学知识、科学方法的掌握与运用等过程,而"做科学"强调的则是科学知识或理论的建构过程。这是两种完全不同层面的认知活动,在时间、空间、形式、目的等方面存在着巨大的差异,不可混为一谈。

从理论上看,科学探究作为主要教学方式的认识论根源是教育"重演论"。德国胚胎学家海克尔于1866年提出了"生物重演律",其内容是"个体发生就是种系发生的短暂而迅速的重演。例如,人的胚胎发育快速经历了从单细胞简单生命、水生多细胞复杂生命、有尾有鳃裂似鱼生命、两栖类、爬行类、古猿、人等进化阶段,说明人的个体发育反映了人类的进化历程"。③ 海克尔进一步认为,"个体进化和种系进化的因果关联作为一切生物发生研究的最高规律,对形态学和心理学都是适用的。"所以,"重演"不仅表现在有机体的生物发生发展上,人类个体思维的发生发展同样遵循"重演律",这就是"思维重演律",即思维的个体发展与人类思维的发生发展之间存在相似、重复或再现的关系。④

将生物学上的"重演律"应用到教育学中,就形成了教育重演理论。教育重演理论认为:第一,一个人的教育发展是一个过程。进入高一级的教育阶段一定以通过了低一级的教育阶段为前提,阶段不可跳跃或颠倒。第二,现代学生的学习过程是对人类文化发展过程的一种认知意义上的重演,即现代人的认知发展是对其祖先认知水平长期演化过程的浓缩,恰似生物学上胎儿在母体内的发育过程重演祖先的进化过程。⑤

将教育重演理论应用到学生学习科学的过程中,人们认为,在科学发展的历史进程中,科学概念、规律的发生和发展过程是极其复杂的,某一科学概念、规律形成的关键点、突破点往往是这一科学概念、规律在教学过程中的重点和难点。学习者在学习科学过程中所遇到的困难,往往是人类在科学研

---

① 钟启泉.中国课程改革:挑战与反思[J].比较教育研究,2005,(12).
② 钟启泉.概念重建与我国课程创新——与《认真对待"轻视知识"的教育思潮》作者商榷[J].北京大学教育评论,2005,(3).
③ 袁维新.论科学史的教育价值[J].自然辩证法通讯,2006,(3).
④ 赵希斌.论思维重演与儿童早期教育[J].贵州师范大学学报(社会科学版)2000,(1).
⑤ 张红霞,聂克·福克斯特.教育重演论与中国教育改革[J].教育研究,1998,(2).

究过程中需要长时间的累积和消化才能突破的点。人类在研究科学世界的过程中,总是从已知探索未知,学习者在探究科学的过程中也是从自身已知的出发,迈向自身的未知。人类认识科学世界的活动与学习者的探究活动类似,总是从感性的具体到抽象的规定,并从抽象的规定到思维的具体。人类在认识科学世界过程中所使用的科学方法(归纳—演绎法、假说—演绎法、类比法等)与学习者探究过程中所使用的方法类似。因此,学习者学习科学的过程与人类研究科学的过程理应存在一定的相似性,应该说学习者学习科学的过程"重演"着人类研究科学的过程。①

显然,从海克尔开始,"重演论"依次经历了从"生物重演律""思维重演律"到"教育重演律"的发展。通过教育重演律,人们解释了学生在科学学习中的科学探究是科学家进行科学研究过程的"重演"。由于每一次发展都是一种类比,因此,类比推理的或然性使我们必须对"教育重演论"保持清醒的头脑。退一步讲,"教育重演论"只是一种理论假说,而非经过实践检验的正确理论。

首先,基础教育不能"重演"科学知识发现过程的理由在于系统知识获得与培养能力的关系问题。

这里,一个极其重要且长期被人们所忽视的重大理论问题是系统知识的性质问题。系统知识的性质是什么?系统知识的存在形式是逻辑的,其根本特性是具有很强的抽象性和概括性,并非所有的系统知识都可以通过探究而获得。有些系统知识所反映的内容根本不可能还原为学生的直接经验,有些虽然能还原,但在数量和程度上也是很有限的。② 短短的一段陈述包含着极其重要的观点。既然系统知识的存在形式是逻辑的,因此,就需要教师进行系统地讲授。

科学知识的逻辑性给科学教学带来了特殊的困难。积累不是堆积,而是建立在严密的逻辑联系之上的。而逻辑是不能用通常的感觉器官去体验的东西,它是一种特殊的心理体验,通过它,个体可以将新旧经验和新旧知识连接起来,弥补感觉经验的不足。这种特殊的心理体验一定要借助于语言才能实现。在教学领域何谓借助于语言?说白了就是教师必须进行必要的讲授。例如,密度概念是采用物质的质量与体积相比来定义的。许多学生通过科学探究发现了两者的比值是常量,于是就认为掌握了密度的概念。当询问为什么要用质量与体积相比来定义密度时,许多学生回答因为比值是一个常量,这就完全颠倒了逻辑关系,因为常量是比的结果而不是比的原因。这个问题的真正解决不是靠学生通过科学探究就能领悟的,需要教师的讲解。事实上,学生通过教师讲授获得系统知识和通过科学探究获得系统知识,两者极为不同。对此,我国某些教育学者并无深刻的洞察。学校教育应取前者而非后者,若取后者必将作茧自缚。

科学探究教学的建构主要基于杜威的教育理论。这是一种"从做中学"的教学方式,在"做"中验证所获经验的有效性。对此,我们应保持必要的警觉和怀疑。

自20世纪50年代,杜威的教学理论已被美国教育界视作导致教育质量下降的重要根源。这是因为,杜威的理论并未处理好获取知识与发展能力的关系问题。他将知识的获得从属于探究的过程。因此,怎样才能获得系统知识,在杜威的理论中始终是一个悬而未决的问题。即使是杜威自己也承认,按照他的要求来解决教材和课程问题"是非常困难的,我们并没有解决好;这个问题到现在还没有解决,而且永远不可能彻底解决。"③ 教育史上业已证明是失败的课程改革指导理论,今天被冠以建构主义的标签重新登场,这不能不引起我们的深入思考。

其次,基础教育不能"重演"科学知识发现过程的理由在于系统知识的积累性和经验性。

众所周知,科学知识难以学习的原因主要缘于其积累性、逻辑性和经验性。现代科学知识是近代

---

① 王全,母小勇."科学史——探索"教学模式与"重演"论基础[J].课程·教材·教法,2008,(7).
② 吴式颖.外国教育史教程[M].北京:人民教育出版社,1999:519.
③ 同上.

三百多年来无数位科学家智慧的结晶。小学生一节课所学的内容,可能代表了早期几代科学家的劳动;中学生十几个学时的牛顿力学,集中反映了16—17世纪许多物理学家的成果。如果采用科学探究进行"科学发现重演",显然不可能有足够的时间。因此,知识的积累性与探究的时效性是一对无法解决的矛盾。举例来说,电磁感应定律是法拉第历经十年艰苦卓绝的科学实验发现的,我们的学生怎么能在一节课的时间内就通过"科学探究"发现这一定律?如果非要进行科学探究,那么一定是虚假的探究。

科学知识的经验性是对科学教育的又一挑战。科学学习强调亲身体验,在"做中学",同样是由于课时的限制,学生不可能把科学史上所有概念和理论的产生过程都重复一遍。因此,作为一种简约化的科学教育活动,基础教育没有足够的时间让学生去进行"探究",这就要求教师必须进行必要的讲解,于是,讲授法作为基础教育的一种主导教学形式便应运而生并长盛不衰。讲授法成为基础教育的主导教学方式的根本原因在于,它符合基础教育过程中学生的学习规律和教师的教学规律。这一规律是历经夸美纽斯、赫尔巴特一直到凯洛夫教育学所检验过的,经得起历史与时间的检验。

"教育重演论"作为一种理论假说,人们可以对它展开讨论和争鸣,但据此将"教育重演论"以"科学探究"的形式呈现为教学方式,让学生在课堂上"重演"科学史上所有概念和理论的产生过程,则实属天方夜谭。事实上,"科学探究"作为科学家进行科学研究的方式是合适的,但如果将"科学探究"作为教学方式引入到基础教育课堂上,则显然犯了刻舟求剑的错误。应当说,最先将"做科学"与"学科学"混为一谈的是美国人,美国《国家科学教育标准》将确定为科学教育目标和手段的"科学探究"定义为"科学家们用以研究自然界并基于此种研究获得的证据提出种种解释的多种不同途径。科学探究也指的是学生们用以获取知识、领悟科学的思想观念,领悟科学家们研究自然界所用的方法而进行的各种活动。"[①]这一定义的前者(做科学)是正确的(科学探究是科学家用以研究自然界并基于此种研究获得的证据提出种种解释的多种不同途径),而后者(学科学)则是不折不扣的错误观点(科学探究也指的是学生用以获取知识、领悟科学的思想观念,领悟科学家研究自然界所用的方法而进行的各种活动)。

对于"知识仅仅靠'教师讲授'是难以习得的"这一论断,纯粹的教育学家(指没有学科背景的教育学者)与学科教育专家以及科学家的观点大相径庭,这一现象非常耐人寻味。针对建构主义以自主探索和合作交流作为教学活动主要方式的取向,数学家姜伯驹院士认为其"不符合人类认识发展的规律",他提出,"学而不思则罔,思而不学则殆。历史的经验证明,不强调以吸收、继承间接经验为基础而片面强调创新,容易滋生虚妄",因此"有必要重申教师在教学中的主导地位,重申讲课、课堂讨论、课外作业是主要的教学方式。"[②]数学教育家张奠宙认为:"教学不能进行演讲、解释,不要试图'传送知识',只要'提出'好'的问题'就行,这行得通吗?难道教师的责任就是'为学生创设环境和条件',让学生自己在黑暗中摸索吗?教学还需要效率吗?事实上,'传送'知识是人类繁衍的本能行为。至于如何传送,我们必须符合'受传送者'的知识结构,即要启发式,不要填鸭式,让学生独立思考。"[③]这清楚地反映了科学家、学科教育专家重视传授教学的教育思想。

事实上,基础教育尤其是中小学教育是一种特殊的"学术教育",其特殊性在于,教师须兼具相当的学养和高明的技术,而以学为主,术由学出,方可收久远之功。这种"相当的学养"不仅要求中小学

[①] 国家研究理事会.美国国家科学教育标准[M].戢守志等译.北京:科学技术文献出版社,1999:30.
[②] 姜伯驹.关于初中数学课程标准的"基本理念"[J].数学通报,2005,(8).
[③] 张奠宙.期盼中国教育科学研究具有"大国"风范[J].教育科学研究,2005,(2).

教师具有大学乃至研究生水平的学科知识背景,更为重要的是,只有达到对于中小学学科知识体系与内在逻辑的大彻大悟,才能在于无声处熏染青少年学生那虽幼稚却又敏锐的心灵。"高明的技术"亦非一日之功且须进行足够的训练,方可在举手投足之间焕发出传道授业者独特的奇光异彩。许多人不明就里,想当然认为只要执"科学探究"之大旗,就一定能在中小学教学领域放之四海而皆准,这只能徒然沦为教育之笑柄。

现行中国高等师范教育的根本危机在于,绝大多数师范院校欲走出师范定位,盲目向综合性大学看齐。而最为"师范"的课程如中小学各科教材教法在很多师范院校长期被边缘化,某些任课教师甚至都不曾跨进中小学课堂半步,自然只能照搬讲章。以课堂教学语言的训练为例,课堂教学语言作为一种独白语言,具有基本的规范和要求,是中小学教师应当具备的职业语言和职业素养,堪比京剧演员的道白。独白不是单纯的说话,不是拉家常。其逻辑连续性、结构完整性和修辞正确性都有哪些要求?语音、语调和节奏有什么规范?进一步说,语音应当在多少分贝的范围之内,其变化的幅度多大合适?语速应当控制在每分钟多少字?最快不能多于多少?最慢不能少于多少?凡此种种,在高等师范教育的师范生训练中要么完全没有,要么走马观花。虽然用"一千个观众眼中有一千个哈姆雷特"可以搪塞教师讲课允许有不同风格,但中国高等师范教育培养出的师范生严重缺乏课堂讲授的基本训练却也是不争的事实。这导致很多教师的授课味同嚼蜡,毫无感染力可言。因此,在基础教育课程改革中提高中小学教师的"学养和技术",才是最重要的解决之道。不此之求,舍本逐末,"探究"又如何,不"探究"又如何?

四、基础教育课程改革的课程内容

基础教育课程改革的课程内容,是此次课程改革的核心问题。从课程内容最基本的构成要素——科学知识与科学方法两个方面来分析,笔者发现,各学科《课程标准》的内容标准部分依然只有科学知识而无科学方法。从这个角度看,基础教育课程改革的课程内容并无任何实质性的改变,用"新瓶装旧酒"来评价,似乎并不为过。

在新一轮基础教育课程改革中,人们的科学教育理念也发生了一些变化,把"过程与方法"作为课程目标写入基础教育课程标准,体现了从知识本位向重视科学方法转变的科学教育思想。然而,遗憾的是,重视科学方法的教育思想并未深入下去而是止步于理念层面不再前行。这表现在:基础教育各个学科课程目标中虽然都有"过程与方法"维度,但课程标准中却只有科学知识而没有相应的科学方法,这就使得科学方法教育成为"无本之木,无源之水"。也就是说,我国科学教育重视科学方法的观念只在表面上实现了转变,但在本质上依然没有发生改变。

以高中《物理课程标准》为例,高中《物理课程标准》中有 174 个知识点,不仅数量清楚,而且内容与要求一目了然,但却没有科学方法的相关内容。为了更清楚地说明这种情况,下面选取高中物理共同必修模块"相互作用与运动规律"的内容标准进行分析。该内容标准为:"通过实验,探究加速度与物体质量、物体受力的关系。理解牛顿运动定律,用牛顿运动定律解释生活中的有关问题。通过实验认识超重和失重现象。通过实验测量加速度、力、质量,分别作出表示加速度与力、加速度与质量的关系图像,根据图像写出加速度与力、质量的关系式。体会探究过程中所用的科学方法。"[①]"探究过程中所用的科学方法"是什么?显然,《物理课程标准》并未给出。这种对科学方法的处理方式在《物理课程标准》中比比皆是。

当然,此次基础教育课程改革各学科"课程标准"的内容设计在一些方面体现出了特色,如将科

---

① 中华人民共和国教育部.普通高中物理课程标准(实验)[S].北京:人民教育出版社,2003:72.

学探究纳入内容标准,注重课程内容的整合,科学内容规定比较宽泛,强调情感态度与价值观方面的教育功能,加强了 STS(科学、技术和社会)教育,等等。然而,由于在课程内容的基本要素上缺少科学方法,因此,就使得基础教育课程改革的课程内容由二元课程(知识与方法)成为一元课程(知识)。

众所周知,基础教育课程内容整体上是由科学知识和科学方法组成的,通过科学方法揭示科学知识的获得和应用过程,并对科学知识在科学技术发展中的作用进行解读,有利于学生了解人类对自然界的认识,修正传统科学教育由于缺乏科学方法而展现给学生的被歪曲的科学世界图像,从而实现学生智力发展与知识体系建构之间的平行和同步。

回溯课程与教学发展的历史,可以发现,我国科学教育长期以来一直存在着鲜为注意的重大缺陷,这就是只重视科学知识教育而忽视科学方法教育。笔者认为产生这种现象的根本原因在于,科学教育一直禁锢于"知识中心"的教育理念,对于科学知识与科学方法的关系、科学方法的教育功能等科学教育中的重大理论问题缺乏深入的思考,导致科学教育长期处于低水平而踟蹰不前。

其实,早在 20 世纪 30 年代,科学学的创始人贝尔纳就一针见血地指出了科学教育的"先天不足"。贝尔纳认为,"科学教育的目的有二:提供已经从自然界获得的系统知识基础,并且有效地传授过去和将来用来探索和检验这种知识的方法。"他认为,不幸的是,科学教育"正在后一个方面失败得最为明显"。科学教育长期以来没有完善地实现传授给学生科学思维的方法和培养他们创造能力的目的,而且由于这两个目的是相互关联的,结果也就无法使学生"充分了解现有科学知识的全貌"。[①]

新近出版的国际著名期刊 Science,刊登了包雷教授等人所做的中美两国学生物理概念理解和一般科学推理能力的研究成果。他们采用 FCI(力学知识理解测验)、BEMA(电磁学知识理解测验)和 LCTSR(一般科学推理能力测验)等国际上广泛使用的测验工具,对四所美国大学和三所中国大学科学与工程专业的大一新生进行了测验,结果如图 2-1、图 2-2、图 2-3 和表 2-1 所示。[②]

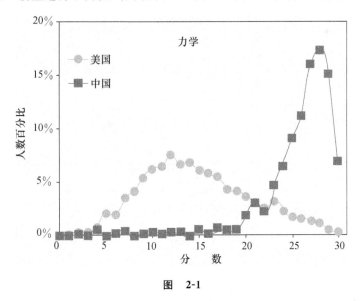

图 2-1

---

① J. D. 贝尔纳,陈体芳译. 科学的社会功能[M]. 北京:商务印书馆,1982:340.
② Lei,B.,Tianfan,C.,& Kathy,K.,etc.. Learning and Scientific Reasoning[J]. Science,2009(323):586—587.

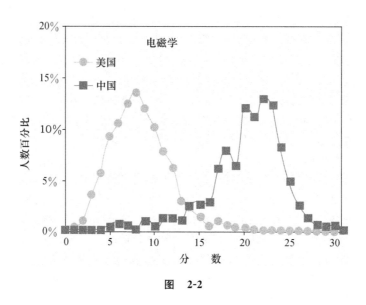

图 2-2

图 2-1 为 FCI 的测验结果,显示美国学生的力学知识成绩在中等分数段分布较广,由于中国学生在八到十二年级 5 年时间完成了近乎相同的广泛物理课程,这种教育背景测验导致中国学生力学知识成绩的狭窄分布,成绩在分数段的 90% 附近达到峰值。图 2-2 为 BEMA 的测验结果,显示美国学生的电磁学成绩围绕着稍高于分数段的 20% 分布,而中国学生的成绩围绕着分数段的 70% 分布。

FCI 和 BEMA 的测验结果显示,初高中多样、缜密的物理课程直接影响了中国学生物理知识的学习,使得中国学生在这些测验中表现出相当高的水平,而美国学生的成绩则远低于中国学生。

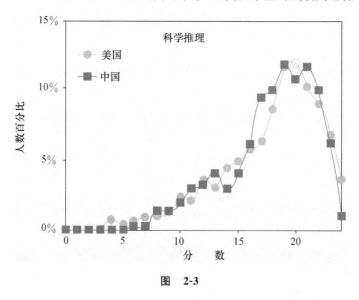

图 2-3

LCTSR 则显示出完全不同的结果(图 2-3)。中美学生一般科学推理能力测验的成绩分布几乎相同。表 2-1 为测验结果的分析,统计显示,中美学生在 FCI 和 BEMA 测验上的差异达到了显著性水平,而在 LCTSR 测验上几乎没有差异。对测验结果的解释是:美国与中国的中小学知识教育之间的巨大差别并没有导致学生推理能力的不同。这一结果说明,目前中国的科学教育和评价原则往往对官能回忆的强调胜过了对科学推理的深入理解。

表 2-1　测验分数

测　　验	测验分数/(%)		
	中国得分 n	美国得分 n	效果量
力学知识理解测验	85.9±13.9(523)	49.3±19.3(2681)	1.98
电磁学知识理解测验	65.6±12.8(331)	26.6±10.0(650)	3.53
一般科学推理能力测验	74.7±15.5(370)	74.2±18.0(1061)	0.03

一般认为,我国学生比西方学生多花费两到三倍的时间做练习,掌握了良好的"基本知识和基本技能"(简称"双基")。但是,我国学生的科学素养却明显与所花费的时间不成比例。包雷教授等人的研究提醒我们,在科学学习中,学生除了掌握知识,还需要掌握知识以外的东西。

怎样看待我国学生知识掌握水平远远超过美国学生,但科学推理水平却与美国学生完全相同的事实?也许,爱因斯坦的话可以为我们指点迷津。他说:"学校始终应当把发展独立思考和独立判断的一般能力放在首位,而不应当把取得专门知识放在首位。如果一个人掌握了他的学科的基础,并且学会了独立思考和独立工作,就必定会找到自己的道路,而且比起那种其主要训练在于获得细节知识的人来,他会更好地适应进步和变化。"[①]显然,在爱因斯坦看来,独立思考和判断能力应当放在学校教育的首位,而知识教育则只能放在次要位置。

LCTSR 测验包括比例推理、归纳和演绎推理、控制变量、概率推理、相关推理和假设评估等项目,这种测验不属于科学知识测验而是科学思维能力测验,它包含了强认知方法(strong cognitive methods)和弱认知方法(weak cognitive methods)的测验。强认知方法是特定专业领域的独特认知方法,往往与专业知识紧密结合,不容易区分。弱认知方法是可以被运用到各种问题解决过程中的一般策略和方法,与一般智力因素有着更为密切的联系。LCTSR 测验中的比例推理、控制变量、概率推理和相关推理属于强认知方法,而归纳和演绎推理以及假设评估等项目则属于弱认知方法。因此,LCTSR 测验实际上是一种有关科学方法方面的测验。

科学方法是人们在认识和改造客观世界的实践活动中总结出来的正确的思维方式和行为方式,是人们认识和改造自然的有效工具。科学方法与科学知识虽然在本质上是统一的,但严格说来,两者又有不同的特点。科学方法与科学知识不同,它所涉及的不是物质世界本身,而是人类认识物质世界的途径与方式,是高度抽象的。科学方法作为基本的研究途径、方式和方法,与概念和规律等一些科学知识的东西是相平行的,包含在自然科学的范畴之中,而且它是一种比概念、定理、定律和公式这类知识更稳定和更广泛的东西。科学方法也不直接由科学知识来表达,而是有它自己独特的表达方式。因此,科学方法与科学的概念和规律等科学知识一样具有独立的体系,是客观存在的,具有客观实在性,也就毋庸置疑地成为科学课程的内容。

科学方法作为科学的思维方式和行为方式,还蕴涵着能力价值。学生一旦将科学方法内化为自己的思维方式和行为方式,就能很好地促进能力的发展。浙江省教育厅教研室从 1989 年开始,积极推动广大教师结合教学实践,开展科学方法教育的研究。经过多年的探索,他们得到的结论是:"方法是通向能力的桥梁,能力既依赖于知识,更依赖于方法。在某种意义上,方法本身是能力的一部分。能力培养可以从强化方法教育入手。"[②]上海市总结 20 世纪 90 年代课程改革经验得出的结论是:"能

---

① 爱因斯坦著,许良英,李保恒,赵中立译.爱因斯坦文集[M].北京:商务印书馆,1977:284.
② 浙江省教育学会中学物理教学分会.高中物理方法教育研究[M].杭州:浙江教育出版社.1995:2.

力与方法是密切联系的。一般地说,人们完成某方面任务能力的强弱,是与掌握方法的自觉程度与熟练程度密切相关的。可以认为,方法是能力的'核心',是对能力起决定性作用的因素。"①这充分说明了科学方法在基础教育课程与教学中的中心地位。

科学的本质是什么?对此,物理学大师、诺贝尔奖获得者费恩曼教授有着独树一帜的见解。对于科学是什么这样一个命题,费恩曼直截了当地说:"科学是一种方法,它教导人们:一些事物是如何被了解的,不了解的还有些什么,对于了解的,现在又了解到什么程度(因为任何事物都没有被绝对了解),如何对待疑问和不确定性,依据的法则是什么,如何思考问题并作出判断,如何区别真理与欺骗,真理与虚饰……在对科学的学习中,你学会通过试验和误差来处理问题,养成一种独创精神和自由探索精神,这比科学本身的价值更巨大。还要学会问自己:'有没有更好的办法来做?'"②为什么费恩曼不认为科学是一种知识而认为科学是一种方法?这是因为,在费恩曼看来,科学的核心或者说全部就是科学方法。换句话说,科学方法比科学知识更重要。

我们目前的基础教育课程与教学改革完全没有把科学方法置于特别重要的位置,这表现在《课程标准》、教科书和课堂教学等诸方面。这就使得我们的学生虽然掌握了某一学科的许多知识,却不懂得该门学科的科学方法及其价值,这种现象甚至在大学里也同样存在。来自台湾的清华大学教授程曜,曾在某次期末考试时向学生提了一个问题:"什么是科学方法,物理学和你就读的学科方法有何不同?"令程曜吃惊的是,"竟然有一个生物系的学生回答,物理有很多要背,生物也有很多要背,非常不容易同时记住。"程教授感叹:"我宁可相信他在和我开玩笑,不然我如何自处,到底是怎么教的。"③与程教授一样,我们每位教师不妨自问:自己所教学科的独特科学方法是什么?有哪些?恐怕大多数人未必能回答上来。

众所周知,许多学生经过多年苦读,学习了大量的科学概念、规律,做了许多习题,却不能有效地提高科学素养。他们的科学学习如同开了中药铺子,科学知识都被分散放在药柜上不同的小匣子里,由于缺少科学方法而不能形成一个有机的整体。这导致他们在面临科学问题时不能迅速判断,稍一动笔就错误百出,在理解科学问题的机制方面也是除了简单的分析外,不能准确表达自己的思想,不能完整地解决问题。许多人靠加倍的努力来改善这一状况,结果却是在药柜上开了更多的匣子。

按照现代教育观,作为人类认识结果的知识固然重要,但探求结果的科学方法更加重要。因此,现代教育更关心怎样使传授知识的过程成为掌握科学方法、开发学生智慧的过程。如果学生学习了一门学科,但却没有掌握科学方法,那么,充其量只能说是学生学过了这门学科,而不是掌握了这门学科。因此,把知识本身作为课程与教学目标,还是把知识作为工具和手段、以掌握科学方法作为课程与教学目标,这体现了两种完全不同的教育思想和教育结果。④

如何在基础教育课程改革中实施科学方法教育?

笔者认为,首先,课程标准应当把科学方法作为课程内容。课程标准是编写教材的指导性文件,在制定过程中,制定者除了要考虑科学的基本概念、基本规律和基本实验以外,还应当把科学方法作为课程内容,将科学方法摆到重要的地位。这既是科学教育规律的必然要求,同时也是课程标准制定中课程目的与课程内容相互对应的逻辑体现。

科学方法教育既需要潜移默化地熏陶,又需要进行着意训练。在当前科学教育普遍忽视科学方法的情形下,我们尤其应当给予科学方法以特别的重视,在制定知识教学目标的同时,制定出相应的

---

① 张民生.中学物理教育学[M].上海:上海教育出版社,1999:32.
② 约翰·格里宾,玛丽·格里宾.江向东译.迷人的科学风采——费恩曼传[M].上海:上海科技教育出版社.1999:156.
③ 程曜.除了考试,他们不会推理,不敢提问题,不愿动手[N].新华每日电讯,2005-07-10(05).
④ 袁振国.反思科学教育[J].中小学教育,1999,(12).

科学方法教育目标;要明确不同阶段科学方法教育的重点和难点,对于不同的科学方法,提出不同的要求,并结合学生的认知水平和具体的教学内容制订出可操作的培养计划。

其次,教材编写应当显化科学方法。教材作为教学基本内容的一个书面材料系统,对于安排教学过程以形成学生的认知结构、能力结构和品格结构,具有知识载体、教学指导和实用参考的作用。可以说,教材体系以什么为核心,在最基础的层次上决定着教育的质量。

受到科学知识中心论的影响,长期以来我国的科学教材通常对科学知识采用显性处理,而对科学知识的内在关系和科学方法采用隐性处理,即不在课文中写明。这种处理方式的出发点是让学生在学习过程中自己去感悟,但实际上由于科学方法的隐蔽性特点,很多教师尚且不能充分了解教材中科学方法的全貌,更遑论处于学习阶段的学生。因此,教材的隐性处理方式就造成科学方法教育的放任自流,从而影响了科学方法教育的效果。

教材编写显化科学方法,并不是说脱离具体的知识而只讲方法,而是说应当强调和突出科学方法,按照科学方法所展示的路子去编写教材。采用科学方法的显化方式来编写教材,逻辑明确、脉络清晰,容易使学生在学习中建立良好的知识结构,并形成有序的认知结构。这样培养出来的学生往往具有很强的分析问题和解决问题的能力,这正是基础教育课程改革应当追求的目标。

五、基础教育课程改革的训练形式

如果说基础教育课程改革的教学内容是客观的,那么,课程改革中对学生的训练形式则是主观的。对于每一个学生而言,当经过"博学,审问,慎思,明辨"之后,如何"笃行",就成为不可回避的问题。

我国科学教育缺乏对学生创造能力的培养,是历史上一直存在的问题。尤为严重的是,这样造成的问题,在中国中小学教育完成后的一段时间内还不能显现出来,到研究生期间,创造性能力问题才明显暴露出来。到国外留学的研究生,很多在创新能力方面也有明显不足,常常是只能在别人指导下做研究,而不能独立工作或领导一个实验室开创自己的方向和领域。也就是说,由中国中小学教育提倡、培养和选拔出来的"好学生"的心态、思维习惯和行为模式到进入科学研究前沿时,就暴露出很大问题。[1]

长期以来,我国的科学教育已经形成了一种观念,认为科学教育主要就是演算,反映在教学层面上就是以习题为核心,一言以蔽之,"题海战术"教学是导致我国科学教育低效能的重要原因。在科学教育中引入习题的初衷是,巩固和加深学生学习的知识,考查学生掌握知识的水平,培养学生应用知识解决问题的能力。正是由于习题教学的种种优点,使得人们对其推崇备至。比如,物理高考命题委员会就认为:"做题是非常重要的。我们主张要做题,但并不赞成搞题海战。因为题海战盲目追求解题的数量,不重视解题的质量,使学生根本来不及对习题以及与习题有关的问题进行思考。"[2]

其实,即使是重视解题质量的做题也很难有效培养学生的创造能力。这是因为,每一道习题都是从原始问题抽象而来,已经把原始问题的一些次要细节、非本质的联系舍去,没有科学现象与事实作为背景,甚至完全脱离科学现象。也即是说,学生思维的一部分已经被习题编制人员"越俎代庖"地完成了。同时,习题教学还存在着模式化倾向,缺乏科学思想的分析,太重视程序与计算、熟练与技巧。因此,在一定意义上说,我国学生创造能力的匮乏正是习题教学的直接后果。

---

[1] 饶毅.健全人格和创新精神[N].人民日报,1999-04-17(06).
[2] 高考物理命题委员会"八五"科研课题组.高考物理能力考察与题型设计[M].北京:高等教育出版社,1997:258.

习题教学被推向极致的一个重要表现,是近年来我们用习题培训出了一批在国际奥林匹克中学生学科竞赛中获得金奖的学生,这似乎更加印证了习题的重要价值。然而,数学菲尔兹奖得主丘成桐教授却对习题教学提出了尖锐的批评。他指出:"习题教学培养出来的学生只会考试,但不会做研究工作。有几位曾获国际奥林匹克数学竞赛金奖的中国学生在哈佛做我的研究生,学习都非常困难,有人甚至读不下去。"①可谓振聋发聩。

在基础教育课程改革中如何解决学生的学习与训练问题?钟启泉先生开出了药方——学习概念的重建与课程创新。他认为学习的基本内涵与特性可概括如下:

(1)学习即行为的变化。尽管传统心理学常常把学习界定为行为的变化,但从行为主义到认知主义再到建构主义的学习探究史,体现的基本趋势是:由关注外部行为("皮肤之外的事件"),到关注内部心理("皮肤之内的事件"),再到关注人的心理与环境的交互作用;由关注行为的外部条件,到关注行为的内部条件,再到关注行为的内部条件与外部条件之间的连续与互动。

(2)学习即意义的形成。人文主义心理学的学习观重视学习主体的经验,认为学习的本质在于意义。因此,学习被定义为个人意义的发现或是在主体中意义的形成。

(3)学习即生存的感悟(洞察)。一般认为,心智以两种方式起作用:一是实质性思考,运用语言文字、图像等理解世界;二是外在的行为,在运算、书写之中把握世界。有计划的学校教育就是建筑在这个基础上的。

(4)学习即智慧的对话。学习的实践是复杂的对话实践。课堂教学不是"教师的独白",而应当是"智慧的对话"。

(5)学习即文化性实践。

这样,上述内容从心理学、社会学和文化学角度的研究勾勒出"学习"是如何产生的问题。某种简单的技能性学习目标也许可以按照行为主义原理实现,但更复杂的高级思维的学习目标就需要采取探究方法和建构主义方法。这是建构新的学习概念和课程概念所需要的,是课程创新所需要的。②

事实上,基础教育课程改革需要的不是"行为的变化,意义的形成,生存的感悟,智慧的对话,文化性实践"等泛泛而谈的华丽辞藻,而是学生在学习完概念和规律之后如何去解决实际问题的操作方式,是如何在解决实际问题的过程中发展能力的操作方式。正如奥斯本所言:"知识建构过程的操作层面上的问题才是复杂的、重要的和需要认真研究的。"③对于这些问题的回答,我国某些教育学者完全是"顾左右而言他"。

实际上,科学最重要的部分是与现象有关的,现象是科学的根源。从这个基本思想出发,笔者认为:解决我国科学教育低效能的重要措施就是要打破传统习题教学一统天下的局面,通过引进原始问题来逐步使习题教学与原始问题教学相结合,从而达到提高科学教育效能的目的。

所谓原始问题,是指对自然界及社会生活、生产中客观存在且未被加工的科学现象和事实的描述。而习题则是把科学现象和事实经过一定程度抽象后加工出来的练习作业。④

典型的原始问题:"婴儿由成人抱着坐在汽车里是很不安全的。现在请你估计一下,在很短时间的撞车中,需要多大的力才能抱住婴儿。"

典型的习题:"婴儿由成人抱着坐在汽车里是很不安全的。请计算:在 0.1s 的撞车中,若撞车前车速为 60km/h,需要多大的力才能抱住一个 10kg 的婴儿。"

---

① 丘成桐.如何培养中国学生对数学的兴趣[N].科学时报,2004-06-23(04).
② 钟启泉.概念重建与我国课程创新——与《认真对待"轻视知识"的教育思潮》作者商榷[J].北京大学教育评论,2005,(3).
③ 约翰逊·F.奥斯本,张红霞,孙志凤译.超越建构主义科学教育观[J].全球教育展望,2004,(7).
④ 邢红军.原始问题教学:物理教育改革的新视域[J].课程·教材·教法,2007,(5).

显然，习题虽然在形式上联系了现象，但却提供了完美而详细的数据，实际上并没有给学生提供真实的问题情境，因此使得习题教学在培养学生分析和解决问题能力上大打折扣。原始问题则是把每个已知量镶嵌在真实的现象中而不直接给出，需要学生根据面临的情境，通过假设、估计等手段获得所需的变量及数据，再构造出理想的模型，经过一层层的"剥开"过程，最终使结论"破茧而出"，从而把能力培养落实到了实处。

有一个欧洲笑话很能说明问题："一条船上有75头牛，32只羊，问船长几岁？"法国的一个报告说，有64%的学生得出了答案：75－32＝43岁。美国数学教育家A. Shoenfeld说，这是学校把学生越教越笨的典型事例。张奠宙在我国小学和初中的测验表明，得到上述答案的学生比例高达92%，甚至在上海市某重点中学的高三，竟然也有10%的学生得出43岁的答案。① 这生动地说明了习题教学的弊端。

我国基础教育的优良传统是教学的内在联系紧密，条理清晰，逻辑严密。然而，在教学实践中，人们总觉得我国的教学中还缺少点什么。笔者认为，我国基础教育缺少的正是习题教学之外的"原始问题"。我国学生不是亲自编写"习题"的人，他们不知道"习题"的来龙去脉。那些由现象到原始问题再到习题的抽象过程全部由习题编纂人员"越俎代庖"地完成了，学生在习题解答过程中所受到的训练只是全部思维训练的一部分，而且是不重要的一部分。因此，正是这种"掐头去尾烧中段"的训练，导致学生"只会考试，但不会做研究工作"。这个看似不起眼的小问题，其实才是课程改革中的大是大非问题，是基础教育课程改革的"点睛之笔"。20世纪60年代洛仑兹发现了"混沌现象"，用他自己的话来讲就是，在巴西亚马逊河丛林中一只蝴蝶轻轻扇动了一下翅膀，结果却在美国得克萨斯州掀起了一场风暴。在某种意义上，笔者认为原始问题教学才是基础教育课程改革中的那只"蝴蝶"。

从教育心理学的角度看，原始问题教学之"神韵"在于它的原汁原味，在于它是一个有"头"有"尾"的问题。从"头"出发，需要运用相似、类比、外推、猜测、不连续、不完整和非逻辑的方法对原始问题的本质形成适应性、启发性的领悟，这种科学抽象思维就带有大幅度跳跃式提取和加工信息的特点，这种跳过个别证明细节，战略式的认识事物本质的方式，是人类认识事物的重要方式，进一步，才涉及分析、综合、抽象、概括等逻辑思维的方法。原始问题的"尾"不仅指结论的得出，更为重要的是，学生需要借助于直觉和经验，来判断结论的正确性以及是否与实际相符合。因此，原始问题的解决过程真正展现了基础教育训练应有的环节，体现出学生学习的灵魂与真谛。

怎样在基础教育课程改革中体现出创新？这一直是笔者深入思考的问题。笔者认为，基础教育改革的创新主要体现在教育思想、教育方式特别是对学生能力的培养上。创新应当是继承基础上的创新，创新与继承是相辅相成的，不是割裂和对立的。由此，笔者提出：基础教育课程改革应当"以习题演练为基础，以原始问题解决为升华"。而我们目前的基础教育，对于前者给予了足够的重视，而对于后者，则基本上是忽视的。

因此，当原始问题融入基础教育课程改革之后，就启发我们在基础教育活动中应当关注学生的体验，强调基础教育实践的重要性，追求基础教育意义的实现，重视师生间的主体交互性，寻求对科学现象的理解，注重基础教育的情境性……因为，所有这一切都是在活生生的科学教育的世界中发生着的。这样，原始问题教学就成为"通达科学的教育和人生形式"，是基础教育价值实现的源泉。这种对生活世界和科学现象本身的关注，使得基础教育不再是枯燥的、抽象的，而是生动的、丰满的；不是固定的、僵死的教条，而是一种活生生的科学教育世界的展现，是对学生科学知识与科学方法的唤醒和触动，是对基础教育价值与意义的追寻。

---

① 张奠宙. 数学教育经纬[M]. 南京：江苏教育出版社，2003：194.

站在我国基础教育"题海战术"泛滥的背景下,笔者提出以原始问题教学作为学生训练方式的观点,因为这一观点既符合基础教育课程改革的生态化取向,同时又符合我国基础教育缺乏创新的状况。于是,笔者把研究的视野聚焦于这样一个领域。当然,这一研究并不只是局限于原始问题教学本身,在更深一层意义上,原始问题体现了一种新的基础教育课程改革思想。原始问题与习题的区别也并不仅仅体现在给定已知条件程度的不同,事实上它是两种不同教育观念的"分野"——是教给学生"活"的知识还是教给学生"死"的知识?是与科学现象联系还是只与演算推导联系?是只教知识还是既教知识又培养能力?因此,笔者把这一研究看做是我国基础教育课程改革中的创新,并希望这一研究能有助于形成新的基础教育方式——把习题教学与原始问题教学相结合,使教师的教学和学生的学习与现象紧密结合起来,并在一定程度上影响教科书的编写模式,特别是影响基础教育的评价方式,这显然具有重要的理论意义和实践意义。

六、基础教育课程改革的研究范式

回顾基础教育课程改革十年来的风风雨雨,笔者最大的感触是,课程改革的根本还是要聚焦到研究上,聚焦到研究的范式上,聚焦到研究的学风上。笔者提出:规范的、负责任的研究是引领我国基础教育课程改革朝着正确方向健康发展的唯一途径。

张红霞教授认为,"注重研究方法是从根本上解决学风问题的关键。因为只有这样,大家才能建立共同的研究规范,才能在前人的基础上进步,才能避免停留在杜威和亚里士多德的研究阶段,才能读懂杜威和皮亚杰这些崇尚实证研究的人文主义大师的思想。""只有理解科学方法,才能理解科学理论的继承性。从杜威、泰勒、布鲁纳,到斯腾豪斯,从官能心理学、行为主义心理学、格式塔心理学,到认知心理学,它们是继承与发展的关系,而不是互为对立的关系。"[①]

研究方法是进行学术研究的规范,是游戏规则。目前国际通用的社会科学研究方法有多种,无论是实证的还是人类学的,无论是定性的还是定量的,都在不同程度上强调对事实的客观描述,都强调将个人观点与事实相区分。这些规则与我们传统上讲的"写文章"的规则有很大的不同。西方学者将我们大多数的研究论文归为"思辨类"(meta-based research),与实证和人类学方法皆不相同。前者在国际学术期刊里往往被放在"论坛"栏目中,而后者则放在"研究论文"(research paper)栏目中。"研究论文"往往具有不同程度的原创性,而且占据期刊的重要位置。所谓原创性,就是从收集第一手观察资料开始的研究,而不是没有数据资料的从观念到观念的论述。而且即便是"论坛",也是论述有据、有理、有创新,而不是人云亦云的陈词滥调。比如杜威的"儿童中心"理论便是原创性研究的经典范例,这是杜威在芝加哥一所小学的低年级里进行了历时数年实验的产物。这样的产生于实践数据的规律性的东西,才称得上是"教育科学理论"。[②]

在规范的研究中,文献(literature)和资料(data)的作用是不同的。文献的主要作用是为了弄清前人的研究已经走到了哪里,从而找出自己继续要走的路,发现研究问题。而不是将别人的结论当成自己的结论,把他国的做法搬到自己国家来;或通篇以外国人的话作为证据。[③] 遗憾的是,这种学风在许多基础教育课程改革的文章中都有所体现。例如《知识创新与教学创新》一文先后引用了康德、皮亚杰、格拉塞斯费尔德、卡米伊、科布、亚克尔、格根、伯杰、勒克曼、维果茨基、瓦西纳、肖特、古德曼、马图拉那、瓦勒那、欧内斯特、罗蒂、科尔、莱夫、温格、米勒和古德诺等22个外国人的话[④],试想,若以这

[①] 张红霞.我国课程与教学研究的困境与出路[J].教育发展研究,2005,(3).
[②] 同上.
[③] 同上.
[④] 钟启泉.知识创新与教学创新[J].全球教育展望,2006,(8).

样的学风和研究方式来引领我国的基础教育课程改革,将会把改革引向何方?

事实上,外国人的话可以是证据的一种,当且仅当它是产生于对事实的分析和归纳而得出的结论。而资料则不同,它是为产生结论的证据服务的,是潜在的证据。在研究中它既可以来自于文献,亦可以来自于自己的观察和实验,后者可称为原创性比较研究。

科学理论都有一个规矩,就是要给出它的"定义域",超过这个定义域便可能是谬误。针对这个问题,查有梁先生对钟启泉教授进行了批评,指出"钟启泉教授经常提出一些'新概念',别人不知道有什么'内涵'。例如,我们面对的每一个学生,不仅是学习的主体,而且是学习的主权者"。对此,查有梁先生评价道:"不仅是学习的主体,而且是学习的主权者?'主权者'是什么意思?'主权'有多大?学生的主权如何实现?主权是一个政治学的概念,怎么就成为教育学的概念?钟启泉教授在《概念重建与我国课程创新》一文中,还有一句话:教师即课程,课程即体验。教师与课程都游历在'体验'这一较为初级层次上,教学能提高吗?教学是需要学生亲身体验,教学更需要学生建立科学概念。在基础教育中,忽视建立科学概念,只强调体验,学生的知识水平就只能在初等水平上徘徊,永远难以提高。钟教授只是提出预设的'新概念',让人不知所云。这些'概念'不是在课程改革实践中'生成'的,又并未真正解决问题,只是为了追求'新概念'而建构'新概念'。新课程改革中不应该采取这种'生造概念'的思维方法。"①正如查有梁先生所指出的那样,钟启泉教授在《教学研究的转型及其课题》一文中还发明了"教学研究转型的矢量"这一概念:"20世纪90年代末,出现了'学习共同体'与'反思性实践家'这两个概念。它们作为冲击'定型化研究'的矢量,开辟了教学研究的新的平台。"②而从科学常识角度看,学习共同体的概念是不能定义为矢量的,因为既有大小又有方向的量才称为矢量,如力、速度、位移等。不顾定义域的现象还出现在"校本课程""研究性学习"与"学分制"等理论的运用上。

按照张红霞教授的见解,我国目前基础教育课程改革研究中存在的问题,有的是哲学观念问题,有的是学风问题,有的则是严重缺乏相关学科知识问题。笔者认为,这种情况的出现,既有缺乏相关学科知识问题,也有学风问题,并由知识问题导致学风问题。张奠宙教授曾经呼吁关注本土问题,还具体提出诸如总结在我国教育资源紧缺的条件下,怎样进行强化训练的经验、怎样促进落后学生的学习等课题。许多人往往认为这样的课题太"微观",却不知皮亚杰的"三山实验"等以及后人的改进版,是怎样从一系列微观的事实中获得著名的儿童认知发展理论的。

教育研究的宏观与微观,既是基础教育课程改革中的方向性问题,更是一个学风问题。那种缺乏学科知识高高在上的宏观教育研究往往是空中楼阁与海市蜃楼。对此,有必要回顾杨振宁对爱因斯坦发现广义相对论的述评。

对于广义相对论的创立,很多科学家、哲学家包括爱因斯坦本人在内,都认为这是一个纯粹思维的结果。长期以来,人们头脑中也形成一种观点,认为广义相对论的创立与实验事实无关。在一次演讲中,杨振宁指出这是一个非常错误的观点。杨振宁说:"他(指爱因斯坦)发现广义相对论是用大的原则来做的,表面看起来,不是从具体开始的。不过,你如果再仔细地想一想,他取了哪些原则,他为什么抓住了那些原则,以及他是怎样运用这些原则来写出广义相对论的,你就会了解,他的那些原则还是由他从近距离所看到的那些规律所归纳出来的。换句话说,爱因斯坦吸取的过程,仍然是从近距离变成远距离,然后从远距离得到规则再回到近距离。"③

显而易见,上述对广义相对论发现的述评体现了宏观研究与微观研究的辩证关系。在杨振宁看

---

① 查有梁.论新课程改革的"软着陆"[J].教育学报,2007,(2).
② 钟启泉.教学研究的转型及其课题[J].教育研究,2008,(1).
③ 杨振宁.杨振宁文集(下)[M].上海:华东师范大学出版社,1998:533.

来,任何研究包括像广义相对论这样非常抽象的理论都要从微观出发,不存在任何脱离微观的宏观理论。具体到基础教育课程改革研究,微观研究就是与学科知识紧密联系的研究,而有些'著名的'课程专家在面对具体课程问题时的态度是叶公好龙。例如,一方面进行科学教育研究,另一方面却反对科学,从而导致说出"科学就是孩子们心目中的童话世界"这样的奇谈怪论。[①] 费尼克斯早就说过:"要想成功地进行课程编制,必须弄清两个关系:① 学科知识的性质与教与学的任务之间的关系;② 在整个课程体系中各门学科之间的关系。"[②]为什么费尼克斯所说的两个关系都包含了学科?这是因为,成功课程编制的基础就是学科,这充分说明了学科在课程改革中的中心地位。斯瓦布和著名认知心理学家加涅都亲自编写中小学教材并且受到很高的评价。如果没有深厚的学科专业知识,怎么能对基础教育课程改革进行指导与研究?

基于研究方法、研究规范、研究学风乃至研究的负责与否,有理由对负责基础教育课程改革的某些教育学者的研究做出中肯的评价。说实话,所谓"创新"理论如"概念重建、教学创新、课程创新、课题转型"等完全是"老调重弹""新瓶装旧酒"。他们"靠复述过去的理论维持生计",其所谓的成果对于我国基础教育课程改革帮助甚微。1932年,国联中国教育考察团曾在报告书上说,中国高等师范教育制造了许多"知道如何教授自己所不知之科目"的教师,说的就是负责基础教育课程改革的某些教育学者。他们没有任何学科背景,不能到中学课堂上讲授一节数学课、物理课或化学课。但他们却可以以权威的身份指导基础教育课程改革,这种情况恐怕在全世界也绝无仅有,令人匪夷所思。

负责基础教育课程改革的某些教育学者的学风问题还表现在,对于我国基础教育课程改革中应当解决的根本性问题熟视无睹。这些问题包括学生智力的发展与培养、学科能力的要素与结构、科学方法教育内容、解决"题海战术"行之有效的措施等等。由于严重缺乏学科知识,于是他们绕着问题走,重起炉灶,做巧妇无米(学科知识)之炊(基础教育课程改革),这势必将我国基础教育课程改革引入歧途。

全面回顾我国基础教育课程改革历程之后,笔者得出结论:我国基础教育课程改革的指导理论是错误的,课程改革的教学方式是偏离的,课程改革的教学内容是缺失的,课程改革的训练形式是片面的,课程改革的研究行为是放任的。

我国基础教育课程改革亟待解决的问题很多,提出与解决这些问题既需要教育学背景和心理学背景,更需要学科知识背景。比如,基础教育最基本的要求是"因材施教",然而何谓"材"?是指学生还是指教学内容,抑或是两者兼而有之?进一步说,如果是指学生,"材"的确切概念是什么?按照什么理论来确定?如何编制量表来测量?从初中到高中,学生的"材"得到了怎样的发展?学生学习不同学科的"材"是否有差异?如果有应该怎样解决?所有这一切,在此次基础教育课程改革中完全没有涉及,而这些都是在现有理论与技术条件下完全可以解决的。基础教育课程改革的目标是"为了中华民族的复兴,为了每一位学生的发展"。而实际上,缺乏因材施教的教育基本上就是"盲人摸象"。试想,当基础教育根本不清楚每一位学生的"材"时,"盲人摸象"般的教育怎能使每一位学生得到发展?又如何促进中华民族的复兴?

当收束这篇文章的时候,笔者没有因洞察我国基础教育课程改革的荒谬而欣喜,也没有因写作的结束而轻松。相反,笔者的心情却十分沉重。国家的未来系于教育,教育的发展冀于改革。无论是居庙堂之高,还是处江湖之远,没有任何人能与基础教育课程改革脱得了干系。事实上,我们每一个人

---

① 张红霞.我国课程与教学研究的困境与出路[J].教育发展研究,2005,(3).
② 转引自张红霞.我国课程与教学研究的困境与出路[J].教育发展研究,2005,(3).

都是这场课程改革的直接或间接参与者。基础教育课程改革不仅是一个教育问题,更是一个社会问题。十年过去了,我们的基础教育课程改革变成了"满堂问""满堂动""满堂放""满堂夸",充斥着"虚假地自主""虚假地合作""虚假地探究""虚假地渗透"[①];两亿多中小学生每天背着书包去学校,由于"知识仅仅靠'教师讲授'是难以习得的""教师的知识无法硬生生地'灌输'给学生",所以他们"必须靠自己建构知识"。[②] 难道这就是国家层面基础教育课程改革的创新?有鉴于此,笔者大声疾呼,我国基础教育课程改革已经成为一个方向迷失的危险之旅,唯有迷途知返,方能浴火重生。

第二节 基础教育课程改革评价

回溯我国十年基础教育课程改革的曲折历程,笔者认为,其中还存在一些深层次的问题有待深入分析与探讨。为了促进我国基础教育课程改革的健康发展,本节从基础教育课程改革的教学走向、国情反思、理论基础、课程目标、能力培养和教学评价诸方面,发表个人见解,唯望我国基础教育课程改革迈入符合教育规律的正确轨道。

一、基础教育课程改革的教学走向

断言中国基础教育课程改革已经成为一个方向迷失之旅,盖因为本次基础教育课程改革于关键十字路口误入歧途——以学生自主探究作为课堂教学的主要方式,摒弃教师传授教学为主的教学方式。而依照基础教育的基本规律,教师理应是知识的传授者,课堂教学理应以教师讲授为主,学生理应以接受学习为主。当基础教育课程改革在这个最为关键的问题上迷失方向之后,任何理念、理论、创新、转型的装潢与修饰都于事无补,都不能挽狂澜于既倒。除非改弦易辙,重新主张以教师讲授教学为主,学生以接受学习为主,明确放弃自主探究为主的教学方式。否则,基础教育课程改革必将陷入万劫不复之境地。

正因为基础教育课程改革"不提倡教师是知识的传授者,提倡教师是学生学习的指引者;不提倡教师传授现成的知识,提倡学生建构自己的知识体系。"[③]所以,教师在基础教育课程改革中才处于无所适从,进退失据的尴尬境地,于是有的教育学者公开声言:"现在绝大多数教师不合格。"[④]由是,南京师范大学附中著名特级教师吴非才会如是说:"我经常感慨,对我们教育而言,好像一个时代结束了。早先教育上许多可行的做法,现在听起来像奇闻逸事一般……我说来生还会做教师,是想到当今教育还有很多困难,以我有生之年可能看不到解决的希望,只能来世继续看,继续实践。"[⑤]吴非老师的话深深感染了笔者,也深深震撼了笔者。试想,当特级教师都不知如何教课的时候,那么还有什么人能胜任中小学教学?这样的基础教育课程改革又怎么能不成为危险之旅?

讲授是教师通过语言系统连贯地向学生传授知识的方法。它通过循序渐进地叙述、描绘、解释、推论来传递信息、传授知识、阐明概念、论证规律、定律、公式,引导学生分析和认识问题,并促进学生的智力和品德的发展。由于语言是传递经验和交流思想的主要工具,故讲授法是教学的一种主要方法,运用其他方法,都需要配合一定的讲授。接受学习则是指学习的主要内容基本上是以定论的形式传授给学生的。对学生来说,学习不包括任何发现,只要求他们把教学内容加以内化,以便将来能够

---

① 程少堂.第三只眼睛看课改——中小学课改四年的回顾与反思[N].深圳特区报,2004-11-02(08).
② 钟启泉.概念重建与我国课程创新——与《认真对待"轻视知识"的教育思潮》作者商榷[J].北京大学教育评论,2005,(3).
③ 中华人民共和国教育部.普通高中物理课程标准(实验)[S].北京:人民教育出版社,2003:72.
④ 查有梁.论新课程改革的"软着陆"[J].教育学报,2007,(2).
⑤ 张奠宙.期盼中国教育科学研究具有"大国"风范[J].教育科学研究,2005,(2).

再现或派作他用。将讲授法与接受学习结合起来,就形成了传授-接受教学。

传授-接受教学作为一种传统的教学组合方式,在其发展过程中经历了许多变革和改进。赫尔巴特最早把它置于心理学的基础之上,凯洛夫则力图以马克思认识论为指导对其进行改造,而奥苏贝尔用有意义的接受学习理论对它作了新的论述。因此,传授-接受教学作为教育教学领域的宝贵遗产,浓缩了无数前人的智慧,经历了时间与实践的检验,被反复证明是中小学教学中最行之有效的教学方式,具有其他教学方法无可比拟的优点。它能充分发挥教师的主导作用,同时也能很好地调动学生的积极性;能按学科知识的逻辑系统循序渐进地教学,使学生简捷有效地掌握知识与技能,教学具有较高的效率。

当然,任何事物都具有两面性,传授-接受教学同样具有一些缺点。比如,以学习书本知识为主而易脱离生活实际,使学生感到抽象、枯燥;教学中往往教师讲解多学生活动少而压抑学生的主动性;注意面向全体而忽视个别指导,不能使每个学生都能很好地得到发展;容易产生灌输性教学导致学生死记硬背等等。

对于与传授-接受教学有关的一些问题,我国教育学者曾有如下认识:"我们客观地承认长期以来中国的基础教育忽视了社会因素对儿童发展和成长的重要的、基础作用,忽视了对科学的直接感知和体验,也对学生的人际互动、师生互动关注不够。但这绝不能成为偏重'合作学习'和'做科学'而轻视课堂讲授,淡化有意义接受学习的理由。即使是科学教育的过程也绝不等同于科学家在实验室中科学实验过程的重演。教育'重演论'在理论上逻辑是混乱的,在实践中更是危害多多。中国已经有学者指出,忽视直接知识传授的弊端已经在教育实践领域出现了。"[①]

许多年来,人们往往把接受学习和讲授教学作为批评的对象,甚至作为"旧教育传统的残余",但在学校教学的实践中,它们仍然是传授科学文化知识的一个主要手段,其中的深层原因是什么?这就值得我们追究了。尤其是奥苏贝尔的教学论思想,非常值得我们深入研究。[②]

奥苏贝尔反复强调,认为接受学习必然是机械的,发现学习必然是有意义的,这是毫无根据的。在他看来,无论是接受学习还是发现学习,都有可能是机械的,也都可能是有意义的。如果教师讲授教学得法,并不一定会导致学生机械接受学习;同样,发现学习也并不一定是保证学生有意义学习的灵丹妙药。如果学生只是机械地记住解决问题的"典型的步骤",而对自己正在做什么、为什么这样做却稀里糊涂,他们也可能得到正确的答案,但这并不比机械学习或机械记忆更有意义。奥苏贝尔的合作者之一诺瓦克在《教育理论》一书中用双维坐标的图解方式说明了接受学习、发现学习与意义学习、机械学习的关系,如图2-4所示。[③]

奥苏贝尔认为,意义学习有两个先决条件:(1)学生表现出一种有意义学习的心向,即表现出一种在新学的内容与自己已有的知识之间建立联系的倾向;(2)学习内容对学生具有潜在意义,即能够与学生已有知识结构联系起来。这里要特别注意的是,这两个"联系"一定要是一种非任意、非字面上的联系;也就是说这种联系不能是一种牵强附会的或逐字逐句的,而应是实质性的联系。任何学习,只要符合上述两个条件,都是意义学习。此外,需要注意的是,意义学习与机械学习并不是绝对的,而是处在一个连续体的两个极端上。学校中的许多学习,往往处于这两端之间的某一点上。[④]

进一步,教学模式还可以从主体学习活动的性质(是接受还是探究)以及主体学习活动的社会互

---

① 张守波,朱成科.文化的"误读",还是无知的歪曲:科学教育中的建构主义[J].外国教育研究,2004,(6).
② 施良方.学习论[M].北京:人民教育出版社,1994:223.
③ 同上.
④ 施良方.学习论[M].北京:人民教育出版社,1994:223.

动程度(是个体还是社会)两个维度加以定位,如图 2-5 所示。①

图 2-4　接受学习、发现学习与意义学习、机械学习的关系

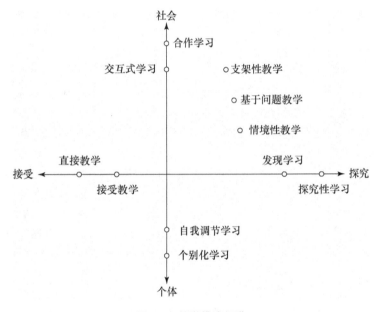

图 2-5　教学模式概览

  在课堂里的意义学习中,接受学习与发现学习之间的对比,由于各种原因,总是偏重于接受学习。首先,由于发现学习费时太多,一般不宜作为获取大量信息的主要手段;其次,在一些学习情境里,学生必须用言语来处理各种复杂的、抽象的命题。但只要在讲授教学中提供各种具体的经验,就可以弥补这方面的不足。因此,奥苏贝尔认为,学校主要应采用意义接受学习,尤其是意义言语接受学习。笔者认为,奥苏贝尔的教学论思想才是真正的大家智慧,他洞察基础教育的本质与规律,其思想非常人所能企及。

  何谓"有意义学习"? 奥苏伯尔认为,"有意义学习过程的实质,就是符号所代表的新知识与学习者认知结构中已有的适当观念建立非人为的和实质性的联系。"所谓非人为的和实质性的联系,就是指新的符号或符号代表的观念与学习者认知结构中已有的表象、已经有意义的符号和概念或命题的

---

① 陈琦,刘儒德. 教育心理学[M]. 北京:高等教育出版社,2005:386,141.

联系。正是这种联系,对教师的教学水准提出很高的要求,它要求教师不仅要讲出知识的"是什么",还要讲出知识的"为什么";不仅要讲出知识的"为什么",还要讲出"为什么"中的关键性话语。著名作家柳青曾说过一句名言:"人生的道路很长,但关键的地方只有几步。"把这句话的意思迁移到教学中就可以变成:教师"讲一节课要说的话很多,但关键的话只有几句"。只有讲出教学中那关键的几句话,这样的教学才能被认为是有意义的言语接受教学。

从根本上讲,传授-接受教学的效果并不全在于教学方法本身,而在于运用教学方法的教师。数学"菲尔兹奖"得主丘成桐教授在《我的数学之路》中,直言不讳地评价了他的中学老师,其观点值得我们深思。他说:"我们的数学老师十分好。他教授的内容,比课程要求来得艰深,但我觉得丝毫不费气力。其实我的同学们虽然叫苦,但是总的来说,数学都不错,这叫做取法乎其上,得乎其中。当时我们的物理老师不太行,对此不无失望。中学时养成不了物理上的基本直观,至今心还有戚戚焉。国文老师却是无懈可击。他教导我们思想要不落俗套。说思维要自出机杼,读好书之余,烂书也无妨一读,以资比较。因此我什么书都啃。他这种观点,就是放诸我日后的科学生涯中,也有其可取之处。"同样是采用传授教学方法,为什么有的老师"十分好",有的老师"无懈可击",有的老师却"不太行"。显而易见,教师的水平才是第一位的。善教者能将传授教学的优点发挥得淋漓尽致,而庸授者则把传授教学的缺点暴露无遗,正所谓"成也萧何,败也萧何"。因此,真正意义上的有意义言语接受教学,完全能培养出创造性的人才。

运用传授-接受教学如同给小孩洗澡,优点是澡盆里的小孩,不足是澡盆里的洗澡水。正确的做法是取其精华,去其糟粕,而某些教育学者在基础教育课程改革中却采取"把小孩和洗澡水一起从澡盆里泼出去"的做法,虽然洗澡水泼掉了,但是小孩也没有了。如此洗澡还有何意义?这样的基础教育课程改革又怎么可能取得成功?

正确确定基础教育的教学走向,是从根本上解决目前基础教育课程改革方向存在严重问题的关键。因为只有这样,才能建立共同的教学规范,才能在前人的基础上进步,才能避免停留在杜威和布鲁纳的研究阶段,才能读懂赫尔巴特、凯洛夫和奥苏贝尔这些崇尚传授-接受教学的教育学宗师的思想。只有理解有意义接受学习的内涵,尤其是有意义言语接受学习的内涵,才能真正理解基础教育的根本特性和基本规律。

二、基础教育课程改革的国情反思

基础教育课程改革是否要考虑国情?是否要把"马克思主义的普遍真理与中国革命的具体实践经验相结合"?这是基础教育课程改革应当考虑的方向性问题,也是基础教育课程改革的大是大非问题。不明白这个问题的重要性,"盲目地将国外的理论进行翻译和组装",那么基础教育课程改革就一定会出现目前严重"水土不服"的状况。

对于这个问题,张若一先生的见解可谓入木三分。他指出:"中国教育史是中国教育现状的内在基因,中国社会史和文化史是中国教育现状的外在基因。两个基因决定着中国教育的现状和中国教育的可能发展方向和方式。外国的成功经验、系统理论、成熟形态,是该社会、文化和教育的历史基因基础上生长起来的,是我们实施教育改革的重要参考,同时,也常常成为我们实施教育改革的借鉴蓝本。我们曾经历过对部分要素实施'拿来主义'的做法,也经历过对所有要素实施'全盘'置换的做法。这些做法虽然带来许多痛苦的回忆,但事实上也已经成为我国教育史的一个组成部分。对这部分历史,当时是外在的情绪性批判多于内心的冷静反省;事后则封存于历史尘埃,丢弃于不屑一顾。历史留给我们的不成型的教训多于成型的经验的根本原因,就在于我们始终缺乏对待教育改革这一历史事物的科学态度和反思习惯。"①

何谓科学对待国情的基础教育课程改革态度？张若一先生指出："科学态度要求我们首先要认真对待一个历经数千年而不衰的事物，要虔诚地理解其所以不衰的理由，要坦诚地认可历代圣贤切身体会的累加也是一种实验或实证的特殊'数据'形态。教改，需要首先有一个虔诚的对待中国数千万教师的文化智慧的态度。"②

显而易见，科学对待国情的基础教育课程改革态度应该是仰望历史，敬畏圣贤，尊重智慧。正如先哲牛顿所言："我不知道在别人看来，我是什么样的人；但在我自己看来，我不过就像是一个在海滨玩耍的小孩，为不时发现比寻常更为光滑的一块卵石或比寻常更为美丽的一片贝壳而沾沾自喜，而对于展现在我面前的浩瀚的真理的海洋，却全然没有发现。如果说我比别人看得更远些，那是因为我站在了巨人的肩上。"先哲牛顿尚且知道他之所以有成就是因为"站在了巨人的肩上"，而我们这次课程改革站在了什么地方？也许，某些教育学者会说，我们站在了"概念重建""课程创新""教学创新""课堂转型"等新课程改革的创新理论之上。问题是，当这些所谓的创新理论轰然倒塌的时候，2亿多中小学生"一去不回的少年人生"还能时光倒流吗？试问：谁应该为此负责？谁又能负得了这样的历史责任？

仰望历史，我们需要重访中外教育史之精要，需要重温从孔子"学而不思则罔，思而不学则殆"的教学思想到朱熹"循序渐进，熟读精思，虚心涵泳"的读书法；需要重温从赫尔巴特的教学理论到凯洛夫的教育学；包括美国20世纪60年代发现法教学改革的经验与教训，对于我们而言，每一段教育史都是弥足珍贵的教育财富。当然，在仰望历史的同时，我们还需要"适当地停下脚步，看看自己有多少东西，免得在发展时，没有把自己的东西好好整理，囫囵吞枣，甚至把自己的东西丢掉，失去民族的自我。"③

敬畏圣贤，就是要师法先贤，高山仰止，心向往之。我国古代的学习理论"博学之，审问之，慎思之，明辨之，笃行之"，说的就是为学的几个递进阶段，体现了先贤博大精深的教育思想。"博学"意谓为学首先要广泛的猎取，培养充沛而旺盛的好奇心。好奇心丧失了，为学的欲望随之而消亡，博学遂为不可能之事。因此博学乃能成为为学的第一阶段。"审问"为第二阶段，有所不明就要追问到底，要对所学加以怀疑。问过以后还要通过自己的思想活动来仔细考察、分析，否则所学不能为自己所用，是为"慎思"。"明辨"为第四阶段。学是越辨越明的，不辨，则所谓"博学"就会鱼龙混杂，真伪难辨，良莠不分。"笃行"是为学的最后阶段，就是既然学有所得，就要努力践履所学，使所学最终有所落实，做到"知行合一"。

尊重智慧，就是要对工作在教学第一线的几千万中小学教师的教学经验、教学体会、教学智慧给予发自内心深处的敬佩和尊重。事实上，无论是顾泠沅的"青浦经验"，还是魏书生的"六步教学法"；无论是斯霞的"分散识字"教学模式，还是李吉林的"情境教学法"，都充分体现了中小学教师的教育智慧。这些教学智慧来自于教学第一线，并在中小学教育教学实践中彰显出科学性和有效性，是中小学教师教育智慧的结晶。也许，这些"经验"没有那么"布卢姆"，也没有那么"布卢纳"，但它们却是"水土都服"的经验，是基础教育课程改革真正需要的理论。遗憾的是，在本次基础教育课程改革中，这些"经验"消失得无影无踪，完全没有踪影。也许在某些教育学者看来，它们太"土"，不能登大雅之堂；它们太"糙"，不能与理论为伍。

---

① 张若一.反思：深化课程改革的必要作为[J].教育科学研究,2011,(4).
② 同上.
③ 张奠宙.期盼中国教育科学研究具有"大国"风范[J].教育科学研究,2005,(2).

仰望历史,敬畏圣贤,尊重智慧,我们还要正视现实。这是因为,教育具有传统,具有历史,具有文化,教育还具有"惯性"。这里所说的"惯性",不是物理学的惯性,而是说教育具有保持其固有特性而较难在短时期改变的性质。因此,改变需要时间,改变需要策略,改变更需要智慧。以数学教育为例,国际数学教育界普遍认为,世界数学教育存在着两个极端,如图2-6所示。①

西方						东方
多样选择						统一要求
考试温和						考试严厉
学生建构						教师中心
基础马虎						着重基础
非形式化 —— 美国 —— 西欧 —— 俄国 —— 日本 —— 港台 —— 大陆						强调严格
注意理解						注重模仿
演练不足						反复演练
注重创造						缺乏创造
负担不重						负担过重

图2-6　东西方数学教育的特点

由图2-6可见,我国与美国分别处于数学教育的两个极端,从极其严厉到极不严厉,中间跨越西欧、俄国、日本和中国的港台四种教育方式。实际上,不仅是数学教育,我国基础教育基本上与数学教育一样处于图2-6的相同位置。这就是我们的教育现实,我们的教育传统,我们的教育历史,我们的教育文化。面对这种教育现实,在基础教育课程改革中,我们将何去何从? 我们将往哪里去? 我们又能到哪里去?

按照张奠宙教授的见解,在基础教育课程改革中,我们应当在东西方教育的极端中找到某种平衡,折中主义也许是我们应该遵循的哲学。根据折中主义哲学观,我们需要有所改变,而达到图2-6中间国家的基础教育方式,或许是一种比较理想和可能的状况。从这个角度来反思本次基础教育课程改革,笔者认为,以"学生建构"为主的教育方式,实际上是把课程改革从教育的一个极端引到了另一个极端,这不仅在相当长的一个时期内都难以达到,而且也完全不是我国基础教育课程改革应当达到的目标。不懂得这个基本道理,无疑是把整个国家的基础教育课程改革引入歧途。

针对上述问题,张奠宙教授认为:"常常听到一些演讲,总要广大中小学教师'转变观念'。好像过去做的一切都错了,方向上出了问题。如果说,要实行社会主义市场经济,原来的计划经济的观念必须'转变',需要和国际通行的经济观念接轨。那么,在社会主义教育观念上,我们需要与时俱进地提高认识,开阔视野,却并不需要彻底'转变'观念,也无需和国际接轨。"②杨振宁在台湾评论中国教育状况时也说:"90%的小孩,用中国传统教育较扎实,我总觉得太把西方人的见解当成讨论的基础、焦点。"③在这个意义上,我们发现,与历代圣贤相比,某些教育学者大肆宣扬的"概念重建,教学创新,课程创新,课堂转型"等所谓"重建"与"创新"理论,是不是有些许坐井观天的味道,并因为夜郎自大的做派而贻笑大方。

---

① 张奠宙.数学教育经纬[M].南京:江苏教育出版社,2003:206.
② 张奠宙.期盼中国教育科学研究具有"大国"风范[J].教育科学研究,2005,(2).
③ 同上.

三、基础教育课程改革的理论基础

断言中国基础教育课程改革已经成为一个方向迷失之旅,还因为本次基础教育课程改革始终缺乏真实的理论基础。当十年课改过去,我们发现,原来这是一次至今都不清楚理论基础为何物的基础教育课程改革。

教育部"基础教育课程改革专家工作组"组长钟启泉先生认为:"综观世界各国课程文本的历史发展,大体经历了三个里程碑——行为主义→认知主义→建构主义,这是一种历史的进步。而建构主义也已经从'个人建构主义'发展到'社会建构主义'。社会建构主义知识论的一个基本立场,就是旨在消解个体与社会文化的二元对立。在社会建构主义看来,知识的生成并不是单纯个人的事件,而是通过彼此之间心灵的交互作用建构的。就是说,人在社会文化情境中接受其影响,通过直接地跟他人的交互作用,来建构自己的见解与知识。更进一步说,人的学习不应当是封闭于个人主义的操作过程,而是以集体主义为基础的'学习共同体'的'文化实践'过程——一种对话过程和修炼过程。在我看来,这种社会建构主义兼容了'反映'与'建构'两种机制,是符合马克思主义认识论的。"①

事实上,建构主义并不是一个学习理论,而是众多理论观点的统称。从客观主义到建构主义是一个连续体,各种学习理论在这个连续体上的位置可以用图 2-7 来表示。②

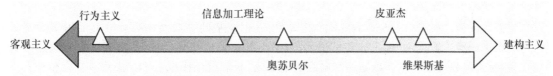

图 2-7 从客观主义到建构主义的连续体

目前,国内外对建构主义的介绍、阐述和评论大多来自当代美国一些学者对皮亚杰发生认识论和西方学者对苏联维列鲁"文化历史学派"心理学观点的后现代主义发挥,其中存在大量对皮亚杰理论和维果斯基观点的错误理解,最为严重的是把教学与发展相混淆,把人类认识过程与学生学习过程相混淆,带有明显的心理主义、经验主义、相对主义和主观主义倾向,由此既否定了客观知识的存在,也否定了书本知识的可传授性。③

实际上,皮亚杰所谓的"建构",即结构(图式)建造之意。而这种建造的本质即归结为主客体之间的相互作用。按照皮亚杰的观点,认识建构的机制包括三个互相联系的方面。它们是:抽象、协调与平衡。显然,皮亚杰所谓的"建构",实际上指的是主体智力或智慧的建构,而不是我们通常说的知识、经验和技能的建构。由此可见,皮亚杰的理论是一种关于智力、智慧形成和发展的理论,而不是关于掌握知识、形成技能的学习理论,更不是一种教学理论。

源于苏联维列鲁"文化历史学派"并被美国学者发展了的"社会建构主义",其实既不同于维果斯基等的"活动内化"学说,也不同于"建构主义的一种新近发展",它实际上属于心理发展的理论学说。然而,激进建构主义却把"建构的社会性"理解成了师生之间、生生之间的协商对话,把"历史文化情境"理解成了班级情境,把社会文化交往理解成学生个体之间的交往等。由此导致了一种悖论:"文化历史学派"和"社会建构主义"强调以符号、文字为中介的书本知识教学,而激进建构主义却要贬抑甚至否定知识教学。④

---

① 钟启泉.中国课程改革:挑战与反思[J].比较教育研究,2005,(12).
② 陈琦,刘儒德.教育心理学[M].北京:高等教育出版社,2005:386,141.
③ 孙振东.学校知识的性质与基础教育改革的方向[J].教育学报,2006,(2).
④ 同上.

把建构主义尤其是社会建构主义作为课程改革的理论基础,在国内教育学界并未获得广泛认同。2005年5月28日,中国教育报发表了一篇题为《新课程改革的理论基础是什么》的文章,[①]靳玉乐等认为新课程改革的理论基础显得"含糊不清",并没有谁对"新课程改革的理论基础到底是什么"作出明确的回答,这会导致"课程改革的实践不知所措",从而拉开了追寻课程改革理论基础的帷幕。随着这一话语的提出,以中国教育报为主要平台的关于"新课程改革的理论基础是什么"的论争由此展开。

陈培瑞认为,新课程改革最重要、最核心、最关键的是要有新课程理论体系,但"这次新课改的理论支撑到底是什么"?他认为"实在是看不出来",只是"隐约觉察到了这次课改的理论支撑相当匮乏和混乱。"[②]王本陆认为,"建构主义和多元智能理论是有启发的,但仅靠它们来支撑中国21世纪基础教育课程改革,实在是太单薄了……课程改革的理论建设问题,是一个非常综合的工程,如果没有对教育学诸多学科研究成果的系统整理和吸纳,最好不要老把科学真理、先进理念之类的漂亮词汇挂在嘴上。"[③]

伴随着课程改革理论基础的追寻讨论,从2003年到2007年,中国期刊网检索发现,这一时期共发表相关论文240余篇。这些文章分别就理论基础的界定、理论基础是什么、理论基础是否符合中国国情、理论基础是否继承了传统等问题进行了讨论。但具有讽刺意味的是,讨论的过程虽然轰轰烈烈,讨论的结果反倒是焦点问题——课程改革的理论基础却"千呼万唤不出来"。最后,这一探索与讨论没有形成任何有价值的结论,不了了之,无疾而终。

也有学者认为,"从新课程改革的具体操作来看,其理论基础包括现代课程理论(结构课程论、掌握学习理论等)、现代教育论(素质教育思想、人本主义教育思想等)以及一些后现代课程思想等。"[④]笔者认为,对于课程改革理论基础这一严肃的学术话题,我们应该采取科学的态度和严谨的学风,不能采用"说它是,它就是,不是也是"的话语方式。理论基础的确认需要得到学界承认,中小学教师认可并在教育实践中行之有效,这样的理论才能称得上是真正的理论基础。实际上,理论基础不仅指向课程本身,而且也指向教学过程,更确切地说,是指向学生的。因此,不从学生的学习过程入手,不涉及学生的思维与认知,这样的理论基础都与课程改革南辕北辙,对基础教育课程改革的指导作用恐怕只能用"隔靴搔痒"来形容。这导致课程改革从一开始便陷入摸着石头过河的境地。当河水变深时,缺乏理论基础的课程改革便不知何往。

正是由于目前课程改革实践中所存在的严重问题,使得基础教育课程改革的理论基础就显得至关重要。这种理论基础,主要是指整个基础教育课程改革建立的理论出发点和基本路线。只有具有正确、充分而周密的理论基础,遵循清晰的理论思路,才能建立起合理的基础教育课程改革理论,才能更有效地引导、解释和预测学生的学习活动,并在进行这种教育的同时,总结出更具普遍意义的基础教育规律。正如著名心理学家勒温所指出的,没有任何一个东西比好的理论更加实用。[⑤]而忽视理论基础的指引,满足于"舶来式"的照抄照搬,那么基础教育课程改革理论的建构将是十分肤浅和具有局限性的,在基础教育课程改革中培养学生的能力就很难得到真正落实。

哥德尔定理证明,一种足够丰富和前后一贯的理论,是不能由它本身,或者比它本身更不完善或更"弱"的手段来证明自身的无矛盾性;一个理论体系如果仅仅以自身的手段为工具去证明自己,就必定会导出一些不能决定其真伪的命题来。因此,任何一个理论体系就其自身来说总是不完备的。一

---

① 靳玉乐,艾兴.新课程改革的理论基础是什么[N].中国教育报,2005-05-28(03).
② 陈培瑞.基础教育新课程改革反观与前瞻后的反思[J].江西教育科研,2004(z1).
③ 王本陆.论中国国情与课程改革[J].北京师范大学学报(社会科学版),2006,(4).
④ 吴永军.正确认识新课程改革的理论基础及其价值取向[J].教育科学研究,2010,(8).
⑤ 王重鸣.心理学研究方法[M].北京:人民教育出版社,1990:30.

个理论体系要证明自身的无矛盾性,就必须借助另一个比它更完善或者说更"强"的理论。[①]

根据哥德尔定理的思想,笔者提出把协同学作为基础教育课程改革理论基础的观点。协同学是一门研究远离平衡的系统如何通过自组织产生时间、空间或功能结构的横断科学。横断是指所研究的现象并不限于传统的某一门学科,自然界或人类社会中的各种现象原则上都是其研究对象。基于协同学的广泛适用性,特别是心理学家在脑、行为和认知方面研究的成功范例,笔者认为,采用协同学可以较好地描绘教学过程的机理,从而更科学地理解学习过程的规律性,并完备地认识基础教育课程改革的真正意义。

协同学发现,虽然各个子系统(比如原子、分子、动物、植物、细胞、人乃至社会团体等)千差万别,但这些系统的相变条件和规律并不是子系统特点的反映,而是子系统间协同作用的结果,从宏观演化上遵从着相同的数学规律。进一步,协同学把系统的变量分为受外界作用的控制变量和表示系统状态的状态变量。在系统未进入临界区域之前,控制参量的改变引起系统状态的平滑(量的)改变,控制参量控制着系统,只有当控制参量达到临界值时系统才能发生相变。当系统到达临界区域时控制参量的"控制"作用失效。

虽然,系统在进入临界区域前和进入临界区域后都是系统内大量子系统之间协同的结果,但两种方式存在明显区别。前者称为被组织系统,后者称为自组织系统。在被组织系统中,各个子系统如何动作和协调是靠外部指令操纵的,控制参量对系统能否发生相变的"控制"起决定性作用。而在自组织系统中,系统中形成的有序结构主要是系统内部因素自发组织起来建立的。

在基础教育课程改革中,如何认识教学过程中教师与学生的作用,是课程改革的关键问题。根据协同学理论,教学过程从无序到有序的转变可以分为被组织和自组织两个阶段。在教学过程的大部分时间里,系统都处于被组织阶段。在这一阶段,教师的讲授、引导、启发属于系统的控制变量,控制变量对系统能否发生相变起决定性作用,如果系统没有到达临界区域,就根本没有出现相变的可能性。因此,协同学认为:外界条件对于系统能否发生相变有着决定性的意义。从这里,可以清楚地看出,在教学过程的被组织阶段,只有通过教师的教学活动,才能使学生的学习系统向临界区域过渡,才能促使各个子系统完成量变的积累并最终达到质变。也就是说,在教学过程的被组织阶段,教师起主导作用,是教学过程的决定性因素。

怎样看待教学过程中学生的作用?同样,依据协同学理论,当教学过程进入从被组织向自组织转变的临界区域时,教学过程的转变不再需要外部指令。在这一阶段,只有通过学生的自主学习活动,才能使学生大脑中的大量子系统自行组织起来。此时,系统中一个随机的微小扰动或涨落,借助于非线性相干和连锁效应被迅速放大,表现为整体的宏观巨涨落,导致系统发生突变,使学生的大脑越过临界区域,形成新的有序结构,从而完成对知识的真正掌握。换句话说,在教学过程的自组织阶段,学生起主导作用,成为教学过程的决定性因素。

从协同学的观点看,教学过程的主要子系统——学习系统(学生)的演化规律决定着教学的主客体关系。因此,只有学生才是教学的主体,教师、教材和环境都是教学的客体。对这一观点的正确理解是:教师是客体并不等同于只起非决定性作用,学生是主体也并不意味着都起决定性作用,它们在教学过程的不同阶段分别起决定性作用。这一观点的重要意义不仅在于确定了教师与学生之间的主客体关系,而且在于确定了双方在教学过程不同阶段的决定性作用,如表2-2所示。

---

① 雷永生.皮亚杰发生认识论述评[M].北京:人民出版社,1987:19.

表 2-2 教学过程的关系

教学过程	教师(客体)	学生(主体)
被组织阶段	决定性作用	非决定性作用
自组织阶段	非决定性作用	决定性作用

植根于协同学的教学主客体关系理论,除了肯定师生双方在教学过程不同阶段的决定性作用外,还强调师生双方的协同作用。根据协同学理论,在系统从无序到有序的转变过程中,系统内的子系统自我排列、自我组织,似乎有一只"无形手"在操纵着这些成千上万的子系统,这只"无形手"就是序参量。即子系统的协同作用导致了序参量的产生,而产生的序参量又反过来支配着子系统的行为。① 序参量的支配行为正是非线性系统特有的相干性的表现,整体多于组成部分之和就是相干性的结果。实验表明,人的双眼视敏度比单眼高 6~10 倍。也就是说,1+1≠2,1+1=6~10,双眼的视觉功能大大超过两只单眼视觉功能的线性叠加。② 因此,教学中必须建立民主型的师生关系。师生之间、同学之间都可以展开讨论、争鸣,可以毫不相让,争持不下。一个原则,就是"真理面前人人平等"。正确终归要战胜谬误。重要的不是结果,而是通过师生双方的协同达到教学目的。

根据上述理论,由于教师在教学被组织阶段起决定性作用,因此,教师必须进行必要的教学,这就从理论上为教师讲授的必要性寻找到了根据。同样,因为学生在教学自组织阶段起决定性作用,因此,知识最终必须由学生自己来建构,这也从理论上为学生建构知识建立了依据。最后,由于系统从无序到有序的转变需要非线性相互作用,因此,就从理论上为教师与学生之间的协同与交互作用奠定了基础。

协同学作为基础教育课程改革的理论基础,体现了一种新的教育观念——即任何理论必须有一个真实的现象作为依据。为了更清楚地说明这个问题,有必要了解诺贝尔物理奖获得者、著名物理学家费恩曼的故事。费恩曼在日本访问期间,每一位做物理研究的人都想告诉费恩曼,他们正在研究些什么。通常他们先一般性地讲问题所在,然后就开始写起公式来。而费恩曼总打断他们:"等一下,这个一般性问题有特例吗?请给我举个例子。"费恩曼认为,他不能普遍地理解事物,但当他心中有一个特例后,往往一下子就揭示了事物的本质,并马上能指明研究的方向是否正确。用费恩曼自己的话说:"没有物理实例我就不懂,也不能和任何人讨论问题。但他们经常给不出实例,即使给出来,也往往是个弱例。就是说,这个问题本可以用简单得多的方法分析来解决。"③ 费恩曼"没有物理实例我就不懂"的格言,言简意赅地说明了一个道理,即任何一个理论都需要有一个实例来支持,这是判断一个理论是否正确的唯一途径。按照这种观点,我们发现建构主义应用于基础教育课程改革有一个实例——中国台湾教改的失败;发现法应用于基础教育课程改革也有一个实例——美国 20 世纪 60 年代课程改革的失败;协同学理论也有一个实例——别洛索夫-扎布金斯基反应(一种化学振荡中的自组织现象)。因此,协同学理论不是空中楼阁,它具有真实的实验基础。

基于协同学的教学主客体关系理论与教学过程理论,有效地改变了基础教育课程改革研究在"教师中心"与"学生中心"之间徘徊的局面,正确地阐明了教学过程中师生双方的地位与作用,清晰地界定了教师与学生在教学过程不同阶段的决定性作用。如此,将使基础教育课程改革的理论具有更大的包容空间和普适性,使我们在基础教育课程改革理论建构中的思维方式发生重大转变。

---

① H.哈肯著,郭治安,吕翎译.大脑工作原理——脑活动、行为和认知的协同学研究[M]上海:上海科技教育出版社,2000:4.
② 仪垂祥.非线性科学及其在地学中的应用[M].北京:气象出版社,1995,98.
③ Feynman R.P. *Surely You're Jokin, Mr. Feynman!* [M]. NEW YORK:W. W. Norton & Co.,1985,223.

目前,我国中小学生超过2亿,运用正确的课程与教学理论来教育孩子们,就显得尤为重要。因此,基础教育课程与教学改革必须正确认识教师"教"的作用,正确认识学生"学"的规律,正确认识教师与学生"协同与交互"的价值。这不仅还原了基础教育课程改革理论基础的真实面貌,彰显了基础教育课程改革的理论基础本质,而且洋溢了基础教育课程改革理论基础的辩证思想。

四、基础教育课程改革的课程目标

在本次基础教育课程改革中,"三维课程目标"是新课程的重要标志之一。国家《基础教育课程改革纲要(试行)》指出:"国家课程标准应体现国家对不同阶段的学生在知识与技能、过程与方法、情感、态度与价值观等方面的基本要求。"[1]

"三维课程目标"究竟在多大程度上符合基础教育的要求,是否与能力培养的要求相一致,是否与人的全面发展相一致,所有这些问题,都是"三维课程目标"需要回答的关键性问题。这里先从物理认知(即自然认知)和社会认知两个维度对"三维课程目标"进行审视,而后基于形式教育说和实质教育说对前者进行评价,基于心理学的社会认知发展理论对后者进行分析。

按照马克思关于人的全面发展学说,人的全面发展包括"体力和智力在充分发展基础上的完整结合,实现人的个性的真正全面和自由的发展"。前者指物理认知(即自然认知),后者指社会认知。

依据基础教育的基本规律,"三维课程目标"中的"知识与技能、过程与方法"维度作为促进学生物理认知发展的重要维度,应当既达成教育的形式目的,又达成教育的实质目的。当运用形式教育说和实质教育说考察"知识与技能、过程与方法"维度,笔者发现,这两个维度只达成了实质教育目的,而忽视了形式教育目的。

对于"过程与方法"维度的含义,课程专家对此作出如下解释:"过程与方法的含义有3条:指某一学科的探究过程与探究方法;指达到教学目的或获得所需结论而必须经历的活动程序;指学生接受知识,以及发现问题、分析问题和解决问题的过程。"[2]显而易见,在上述解读中,智力、思维、认知等形式教育目的并不包含其中。这就导致"过程与方法"维度在学科课程目标中同样缺乏智力、思维、认知等形式教育目的的要求。普通高中《物理课程标准》在过程与方法维度制定了五条目标,分别是:① 经历科学探究过程,认识科学探究的意义,尝试应用科学探究的方法研究物理问题,验证物理规律。② 通过物理概念和规律的学习过程,了解物理学的研究方法,认识物理实验、物理模型和数学工具在物理学发展过程中的作用。③ 能计划并调控自己的学习过程,通过自己的努力能解决学习中遇到的一些物理问题,有一定的自主学习能力。④ 参加一些科学实践活动,尝试经过思考发表自己的见解,尝试运用物理原理和研究方法解决一些与生产和生活相关的实际问题。⑤ 具有一定的质疑能力,信息收集和处理能力,分析、解决问题能力和交流、合作能力。[3] 显然,普通高中《物理课程标准》中的"过程与方法"维度同样不包括智力、思维、认知等形式教育目的。

形式教育说认为人的心智活动具有不同的官能(能力),而每种官能都能够选择某种合适的难度较高的教学内容加以训练,使之分别发展。应用到教育上,主张中学应开设希腊文、拉丁文、逻辑、文法和数学等形式学科。因为学校的任务在于发展学生的智力,智力有迁移作用,可以让学生毕业后能顺利从事各种工作,而这种形式对于训练学生的智力能起到很大作用。例如,通过拉丁文法知识训练记忆力,通过数学知识训练思维能力等等,由此有利于受教育者记忆或思考其他事理。这种主张看到

---

[1] 基础教育课程改革纲要(试行)[N].中国教育报,2001-07-287(02).
[2] 朱慕菊.走进新课程与课程实施者对话[M].北京:北京师范大学出版社,2008,117.
[3] 中华人民共和国教育部.普通高中物理课程标准(实验)[S].北京:人民教育出版社,2003:72.

了发展学生智力的重要性和学科的智力训练作用,但忽视了学科和教材的实用性,曲解了智力发展与知识掌握的关系,因而是片面的。

实质教育说则主张,教育的主要目的是学习社会生活所需要的知识,由此主张学校应当开设理科、农业、工艺、经济、法律等具有实用意义的所谓实质学科。因为学校只有向学生传授实用的知识才能为他们以后从事某种职业作好准备,至于发展智力则是无关紧要的。这种理论具有明显的功利主义性质,忽视了发展智力,因而也是片面的。

以上两种理论各执一端,长期争论不休。其实,这两种教育主张都在一定程度上触及能力的本质。当代西方教育家中有相当多的人倾向取消两者的分离,主张把两者完全融合起来。这反映了教学和发展的辩证统一关系,国际上的教学改革也显示出这一共同趋势。

在教育史上,第斯多惠最早把教育的形式目的与实质目的统一起来。并主张,在小学教育阶段,教育侧重形式目的,而在中学阶段,则要"逐步提出实质教育的目的"。① 苏联教育家和心理学家也主张形式教育与实质教育的统一,如赞可夫在他的《教学论与生活》一书中引用俄国教育家乌申斯基的话说,教育的"第一种目的即形式目的,在于发展学生的智能能力,发展他们的观察、记忆、幻想和理想,为了达到第二种目的,即实质的目的,必须合理地挑选用于观察、认识和思考的事物"。赞可夫主张:"教师不应当迷恋其中任何一个目的,以至于忘了另外一个。"② 这些思想与观点对于我们审视基础教育课程目标的恰当与否,具有很好的启迪作用。

正如赞可夫所言,基础教育课程目标的"知识与技能、过程与方法"维度只顾迷恋其中一个目的(实质教育),以至于忘了另外一个目的(形式教育),忘记了学生思维的训练与培养。事实上,只有学生思维能力得到了全面发展,教学才会达到"教是为了不教"的境界。之所以"不教",是因为学生的思维得到了全面发展,学生能够自己获得知识,自我学习,而所有这一切的前提,是对学生的思维进行训练。

心理学家林崇德先生指出:"在智育任务、内容及有关掌握知识、技能和发展智力的关系上,历史上长期存在着形式教育和实质教育之争。我们主张知识与智力两者的辩证统一。教学的主要目的在于传授知识的同时,灵活地发展学生的智力,培养他们的能力。从这个角度来说,教学不单纯是一个'知育'的过程,还是一个'智育'的过程。智育促进人的发展,既有知识、技能的掌握又有智力的发展,最终还要落实到人才的培养上,特别是创造性人才的培养上。"③ 因此,"三维课程目标"只有"知识与技能、过程与方法"维度而缺少了智力培养维度,不能不说是基础教育课程改革理论建构上的重大失误。

从课程理论角度看,现代课程中存在着显性与隐性两种课程。"知识与技能、过程与方法"维度属于显性课程。它们明了、显性,因而更容易表述,教学中容易操作,效果容易检验。相比之下,智力培养维度则属于隐性课程,它们不明了、隐性,因而难以表述,教学中难于操作,效果难于检验。因此,虽然更为重要,但仍然被忽视了。物理学家劳厄曾经说过:"重要的不是获得知识,而是发展思维能力。教育无非是一切已学过的东西都遗忘掉的时候所剩下的东西。"按照劳厄所说,"都遗忘掉的已学过的东西"无非就是"知识与技能、过程与方法",而所剩下的东西不是别的,正是学生的思维能力,是学生聪明的智慧与聪明的头脑。

进一步,依据基础教育的基本规律,"三维课程目标"中的"情感、态度与价值观"维度作为促进学

---

① 瞿葆奎、施良方.形式教育与实质教育(下)[J].华东师范大学学报(教育科学版),1988,2:35.
② [苏]列·符·赞可夫著.俞翔辉、杜殿坤译.教学论与生活[M].北京:教育科学出版社,1984:14.
③ 林崇德.教育与发展[M].北京:北京师范大学出版社,2002,373.

生社会认知发展的重要维度,应当既达成情感、态度与价值观教育,又达成品德、个性教育。包括科学精神、人文思想教育等,都应在课程目标的社会认知维度给予明确确定。在这方面,"情感、态度与价值观"课程目标差距甚远。

传统发展心理学把品德与个性(或人格)联系在一起,因为品德是个体的道德品质或德性,可是近20年来的发展心理学,因为重视个体社会性发展,或个体社会化的研究,故更多地把品德与社会性联系在一起。道德之所以重要,是由于它有调节的功能。道德调节着主体的行为,从而使一个人完善其社会关系、人际关系和自我修养。道德的调节性,突出地表现在自觉的调节上。道德的调节,既不同于政治和法律,又不同于宗教。它一般地通过良心调节,不具备政治和法律那样的强制性和惩罚性。如果它也具有一定程度的强制性的话,那它往往出自内心自省而产生的内疚、不安、惭愧的道德心理,从而调整自己的行为。尽管道德和宗教都讲信仰,但道德信仰具有科学性,不像宗教那样盲从。由此可见,道德调节是一种自觉的调节。①

在我国,德育工作强调人的道德规范与行为准则的教育;在西方,一般指伦理道德以及有关价值观的教育。例如,美国学校德育以"澄清价值观念"、"教授道德判断"和"形成道德习惯"为基本内容。在当前的中国,德育往往指广义的德育,它包括思想教育、政治教育、道德教育和法律教育。德育的内容是培养学生思想道德的政治观点、思想观点、法律意识和道德行为规范;德育的目标不仅要使学生的思想品德得到发展,即在特定阶段中使学生在政治、思想、道德品质方面达到一定要求,而且要为人才的成长,特别是创新人才的成长奠定可靠的人格基础或非智力因素的基础。② 当前出现的诸多大学生成长中的事件,再一次证明在基础教育课程目标的制订中,一定要把学生品德的形成作为一个重要维度加以考虑。

与品德相联系的个性(或人格)问题,同样是课程目标没有很好解决的一个重要问题。长期以来,我国教育在指导思想上把全面发展和独立个性对立起来,排斥受教育者独立个性的培养,从而也损害了受教育者的全面发展。我们的教育不能没有统一要求,不能不促进受教育者的社会化,这应当说是正确的、合理的,但问题在于对统一性、社会化怎样理解。教育目的作为社会对其成员的质量规格需求的反映无疑要有统一标准;但统一性不等于一律化、模式化,排斥个性的自由发展。我们的教育无疑要促进受教育者的社会化,但社会化并不排斥个性化。由于我们的教育以统一性排斥个性自由发展,把社会化看作驯服工具化,所以,我们不承认受教育者的主体地位,不尊重受教育者的独立人格,不珍惜受教育者的个人价值,只是把受教育者当做工具,而不是当做主体。在这种指导思想下,受教育者就不能生动活泼地得到发展。③

饶毅教授认为,科学教育既要培养学生的创造才能,同时亦要塑造学生健全的人格,"而中国现行教育对此也很难说是全面重视的,教育系统对学生片面灌输竞争成功感,给多代学生走上社会后带来困惑和问题。教师对学生的注视过分依赖于学生在校成绩和'听话'程度,实际上鼓励了学生片面发展,而且不重视、甚至阻碍有其他特长的不'听话'学生的正常发展。学生'听话'也许一时方便了老师和家长,可是对国家和社会造成的结果呢? 在旧中国封闭的社会里,培养很多驯服的人,也许对行政管理较方便;但在现在和将来全球经济竞争日趋激烈的形势下,强调单一才能、阻碍其他才能的教育方式岂不是制造长期落后的基础?"④可谓单刀直入,切中要害。

胡锦涛同志在清华大学百年校庆大会上的讲话中明确提出:"希望同学们把全面发展和个性发

---

① 林崇德.教育与发展[M].北京:北京师范大学出版社,2002,373.
② 同上.
③ 王道俊,王汉澜主编.教育学[M].北京:人民教育出版社,2002:373.
④ 饶毅.健全人格和创新精神[N].人民日报,1999-04-17(06).

展紧密结合起来。全面发展和个性发展相辅相成。同学们要坚持德才兼备、全面发展的基本要求,在发展个人兴趣专长和开发优势潜能的过程中,在正确处理个人、集体、社会关系的基础上保持个性、彰显本色,实现思想成长、学业进步、身心健康有机结合,在德智体美相互促进、有机融合中实现全面发展,努力成为可堪大用、能负重任的栋梁之材。"①

胡锦涛同志的讲话体现了马克思关于人的全面发展学说的真谛,代表了国家对于学生创新精神和社会认知发展的要求,明确提出了把全面发展和个性发展紧密结合起来的观点。

然而,反思"情感、态度与价值观"课程目标,笔者不解的是:为什么课程目标没有把学生的个性发展作为一个重要维度?是不是应该按照教育规律去前瞻性地制定并加以实施?

怎样在基础教育课程改革中培养学生的健全人格?笔者认为,根据班杜拉的社会学习理论,一个非常重要的途径是通过模仿学习并通过强化加以巩固。社会心理学认为,模仿作为一种相符行为,是由非控制的社会刺激所引起的,而不是通过学校或群体的命令发生的。模仿者与榜样的行为往往一致,不仅能再现他们的外部特征和行为方式,而且会形成新的精神价值——心理、兴趣、个性倾向以及行为风格等。② 模仿学习的基本前提是要有真实、可信和感染力的事例,正是在这个意义上,马寅初的行为典范教育价值与意义便凸显出来。

众所周知,1957年马寅初先生因新人口论而遭到批判,举国围剿。这时,一位举足轻重的老朋友出来圆场,劝他写一份深刻的检查过关。然而,马寅初的回答却是:绝不检讨。

马寅初的决绝,令我们想起亚里士多德的名言:"吾爱吾师,吾犹爱真理。"他说:"我对我的理论有相当的把握,不能不坚持,学术的尊严不能不维护,只得拒绝检讨。"③可谓"惟此独立之精神,自由之思想,历千万祀与天壤而日久,共三光而永光"。概而言之,马寅初的人生价值,一半在于他发掘的人口理论,另一半就在于他独立苍茫的健康人格。他的行为正是孟子"富贵不能淫,贫贱不能移,威武不能屈"理想人格的真实写照。虽然半个多世纪过去了,但直至今天,仍能给我们的基础教育课程改革以有益的启示。

五、基础教育课程改革的能力培养

在教育教学中发展学生的能力,始终是教育理论和实践的一个重要问题。如何正确地认识和处理这个问题,越来越引起人们的关注,并被置于基础教育课程改革的核心地位。

然而,在发展学生的能力问题上,仍然还有一个基本问题至今未能得到很好的解决,这就是能力的结构。由于这个问题在能力培养中处于核心的地位,因此,就在一定程度上影响了基础教育课程改革的发展。

其实,早在20世纪80年代,藤纯先生就指出:"随着教育改革的推进,培养能力的问题已变成教育界的热门话题。许多教育理论工作者和教学第一线的教师,对什么是能力,怎样培养学生的能力以及知识、技能和能力的关系,进行了深入的研究和探讨。但是,我们也感到对能力的概念、结构、层次的认识,还处于模糊不清的状态,有待于进一步研究解决。比如,有的书上提出培养学生几种能力,有的提出十几种,有的提出二十几种。据不完全统计,不同方面、不同角度、不同层次的各种提法大约有100多种。在众说纷纭面前,需要通过研究和实验,把能力问题加以系统化、规范化,理出头绪,以便广大教师有所遵循。"④

---

① 胡锦涛同志在清华大学百年校庆大会上的讲话.
② 林崇德.教育与发展[M].北京:北京师范大学出版社,2002,373.
③ 闻一.黑白墓碑上的赫鲁晓夫[J].俄罗斯文艺,2000(3).
④ 王杏村.中学生学科能力目标培养[M].北京:中国城市经济社会出版社,1990,1.

在基础教育课程改革十年后的今天,能力的结构问题依然未能得到很好的解决。研究发现,基础教育各学科课程标准在学科能力问题上采用了不同的表述方式。有的采用学科能力的因素表述,有的以科学探究能力来代替学科能力,有的则干脆回避提出学科能力。这种情况表明,基础教育课程改革在培养学生能力问题上远远没有达成共识。有鉴于此,本文拟通过分析不同学科课程标准对能力的表述,尝试提出新的观点,以期对基础教育课程改革的学科能力发展有所裨益。

在所有学科课程标准制定中,普通高中《数学课程标准》是能力问题处理较好的一个。在能力培养上,高中《数学课程标准》提出"注重提高学生的数学思维能力",认为"高中数学课程应注意提高学生的数学思维能力,这是数学教育的基本目标之一。人们在学习数学和运用数学解决问题时,不断地经历直观感知、观察发现、归纳类比、空间想象、抽象概括、符号表示、运算求解、数据处理、演绎证明、反思与建构等思维过程。这些过程是数学思维能力的具体体现,有助于学生对客观事物中蕴涵的数学模式进行思考和做出判断。数学思维能力在形成理性思维中发挥着独特的作用。"[①]

不仅如此,普通高中《数学课程标准》提出"强调本质,注意适度形式化",认为"形式化是数学的基本特征之一。在数学教学中,学习形式化的表达是一项基本要求,但是不能只限于形式化的表达,要强调对数学本质的认识,否则会将生动活泼的数学思维活动淹没在形式化的海洋里。数学的现代发展也表明,全盘形式化是不可能的。因此,高中数学课程应该返璞归真,努力揭示数学概念、法则、结论的发展过程和本质。数学课程要讲逻辑推理,更要讲道理,通过典型例子的分析和学生自主探索活动,使学生理解数学概念、结论逐步形成的过程,体会蕴涵在其中的思想方法,追寻数学发展的历史足迹,把数学的学术形态转化为学生易于接受的教育形态"[②]。

尤为难能可贵的是,普通高中《数学课程标准》没有被建构主义之风吹昏头,提出"与时俱进地认识'双基'"的观点,认为"我国的数学教学具有重视基础知识教学、基本技能训练和能力培养的传统,新世纪的高中数学课程应发扬这种传统。与此同时,随着时代的发展,特别是数学的广泛应用、计算机技术和现代信息技术的发展,数学课程设置和实施应重新审视基础知识、基本技能和能力的内涵,形成符合时代要求的新的'双基'。例如,为了适应信息时代发展的需要,高中数学课程应增加算法的内容,把最基本的数据处理、统计知识等作为新的数学基础知识和基本技能;同时,应删减繁琐的计算、人为技巧化的难题和过分强调细枝末节的内容,克服'双基异化'的倾向。"[③]这样的表述,在普通高中课程标准中可谓绝无仅有。

虽然不能认为高中《数学课程标准》在数学学科能力问题上取得了明确的进展,但其"注重提高学生的数学思维能力""强调本质,注意适度形式化""发展学生的数学应用意识"以及"与时俱进地认识'双基'"等一系列观点,还是在相当程度上贴近了数学能力的本质,对于培养学生的数学能力具有很好的作用。

普通高中《数学课程标准》对于数学能力的处理相对准确并非偶然,它实际上体现了数学教育工作者对于数学教育本质的认识,反映了几代数学教育工作者的研究成果,较好地体现了继承与发展的关系。比如"淡化形式,注重实质"的见解,就是西南师范大学已故陈重穆教授提出的"极为深刻"的数学思想,并被进一步反映在数学课程标准的制订中。

普通高中《物理课程标准》则采用"科学探究及物理实验能力要求"来代替物理能力的做法,提出"物理学是一门以实验为基础的自然科学。在高中物理课程各个模块中都安排了一些典型的科学探

[①] 中华人民共和国教育部.普通高中数学课程标准(实验)[S].北京:人民教育出版社,2003:72.
[②] 同上.
[③] 同上.

究或物理实验。高中学生应该在科学探究和物理实验中达到以下要求。"如表 2-3 所示。[①]

表 2-3　科学探究要素及基本要求

科学探究要素	对科学探究及物理实验能力的基本要求
提出问题	能发现与物理学有关的问题 从物理学的角度较明确地表述这些问题 认识发现问题和提出问题的意义
猜想与假设	对解决问题的方式和问题的答案提出假设 对物理实验结果进行预测 认识猜想与假设的重要性
制订计划与设计实验	知道实验目的和已有条件,制订实验方案 尝试选择实验方法及所需要的装置与器材 考虑实验的变量及其控制方法 认识制订计划的作用
进行实验与收集证据	用多种方式收集数据 按说明书进行实验操作,会使用基本的实验仪器 如实记录实验数据,知道重复收集实验数据的意义 具有安全操作的意识 认识科学收集实验数据的重要性
分析与论证	对实验数据进行分析处理 尝试根据实验现象和数据得出结论 对实验结果进行解释和描述 认识在实验中进行分析论证是很重要的
评估	尝试分析假设与实验结果间的差异 注意探究活动中未解决的矛盾,发现新的问题 吸取经验教训,改进探究方案 认识评估的意义
交流与合作	能写出实验探究报告 在合作中注意既坚持原则又尊重他人 有合作精神 认识交流与合作的重要性

普通高中《物理课程标准》采用"科学探究及物理实验能力要求"的潜在话语在于,只要按照科学探究的要素进行活动,就一定能培养学生的科学探究及物理实验能力。然而,当仔细分析七个要素时,我们发现,这些要素原本就不是要素而是步骤。

一般认为,要素的意思包括两层：① 构成事物必不可少的因素；② 组成系统的基本单元。要素具有层次性,一要素相对它所在的系统是要素,相对于组成它的要素则是系统。在系统中相互独立又按比例联系成一定的结构,并在很大程度上决定系统的性质。同一要素在不同系统中其性质、地位和作用有所不同。系统中一要素与其他要素差异过大,便会自行脱离或被清除。

[①]　中华人民共和国教育部.普通高中物理课程标准(实验)[S].北京：人民教育出版社,2003：72.

显然，要素指事物必须具有的实质或本质、组成部分，相互之间独立并且没有时间与空间的先后顺序关系。根据要素的定义可以发现，科学探究及物理实验的七个要素之间存在时间与空间的先后顺序关系，因此，可以肯定地说，它们是步骤而非要素。也就是说，普通高中《物理课程标准》界定的"科学探究及物理实验能力"不是科学探究及物理实验能力，而是科学探究及物理实验步骤。

如何构建学科能力？林崇德先生指出："考虑一种学科能力的构成，应该从三个方面来分析。某学科的一般能力是这种学科能力的最直接的体现；一切学科能力都要以概括能力为基础；某学科能力的结构，应有思维品质参与。"[①]

从林崇德先生的学科能力思想出发，笔者认为，构建学科能力首先需要运用因素分析思想建立一般能力，然后再将一般能力与学科特点进行交互相关，才能得到合理的学科能力。按照这一思想，我们构建了物理能力理论，叙述如下以为学科能力建构的参考。

依据形式教育说与实质教育说相统一的思想，我们认为人的智力，就相当于人的能力的"硬件"，而人们通过练习而巩固的、自动化了的动作或智力的活动方式——技能，也相当于人的能力的"硬件"。由于这两者均是人的大脑的功能，因此，我们定义其为"硬能力"。而人们通过后天学习在大脑中拥有的由知识、科学方法所形成的广义知识结构——即认知结构，其功能就相当于人的能力的"软件"，因此，我们定义其为"软能力"。

在能力结构中区分"硬能力"与"软能力"有着重要的意义。因为根据这种区分，我们不仅清楚了能力中的智力、技能、知识和科学方法的不同属性，更为重要的是，进一步明确了在能力因素中，智力的提高和技能的形成主要是靠训练而达成的，而知识和科学方法则可以通过传授、探究或发现使学生掌握。由此，我们提出能力的组成结构[②]：

$$智力＋技能＋认知结构（知识＋科学方法）\xrightarrow{形成}能力$$

上式中的智力包括注意力、观察力、记忆力、思维力和想象力，其中思维力是智力的核心。思维的过程主要有分析、综合、抽象、概括等。思维的形式主要有概念、判断和推理等。技能包括动作技能和心智技能。认知结构包括知识和科学方法。可以用表 2-4 概括如下：

表 2-4　能力的分类及构成因素

定　　义	分　　类	成　　分	培养方式
能　　力	硬能力	智力、技能	训练
	软能力	知识、科学方法	传授、探究或发现

"智力—技能—认知结构"能力理论的提出，不仅融合了形式教育说（智力＋技能）和实质教育说（知识＋科学方法），而且与心理学的理论是一致的。心理学家林崇德先生指出："在中小学教学中所说的能力，主要是指智力。其核心成分是思维。"[③]"知识、技能和心理能力有密切的关系。知识、技能是构成心理能力的要素。离开知识、技能，心理能力的培养也就成了一句空话。"[④]因此，"智力—技能—认知结构"能力理论是一个较好的能力模型，它不仅能使形式教育说和实质教育说得到统一，也能使长期以来困惑我国教育学理论中掌握知识与发展能力的问题得到较好的解决。

---

① 林崇德.论学科能力的建构[J].北京：北京师范大学学报（社会科学版），1997，(1).
② 邢红军，陈清梅.论"智力—技能—认知结构"能力理论[J].北京：首都师范大学学报（自然科学版），2005，(3).
③ 林崇德.学习与发展[M].北京：北京师范大学出版社，1999：36.
④ 同上.

把"智力—技能—认知结构"能力理论与物理学的学科特点结合起来,并根据因素分析"从众多变量的交互相关中找出起决定性作用的基本因素,为建立科学理论提供明确证据"的思想,我们进行了理论建构。

首先,智力中的观察力、思维力和想象力在物理能力中是三个重要因素,而注意力和记忆力则相对不那么重要,可以忽略。其次,技能中的操作技能和心智技能是两个重要的因素,认知结构中的知识和科学方法同样是两个重要的因素。一般认为,物理学科的基本特点包括:① 物理学是一门实验科学,它的根基是实验;② 物理学是一门严密的理论科学,它以物理概念为基石,以物理学定律为主干;③ 物理学是一门定量的精密科学,从物理概念转变为物理量开始,它利用种种数学表述手段为理论与实践开辟道路,使物理学的结论可随时加以严格检验;④ 物理学是一门带有方法论性质的科学;⑤ 物理学是一门应用科学。

进一步,把上述七个重要因素与物理学的五个基本特征进行交互相关,从而建构出新的物理能力理论:① 观察、实验能力;② 物理想象能力;③ 物理思维能力;④ 物理运算能力;⑤ 运用物理知识和科学方法的能力。①

上述物理能力理论,不能说是尽善尽美,但从一般能力理论到学科能力理论的研究思路,以及因素分析与交互相关的思想,都使这一理论体现了理论思维的特点,为今后建构更为完善的物理能力理论奠定了基础。就物理能力理论本身而言,也体现出了独特的理论内涵。比如,物理能力理论中包含了物理想象能力,这是以往物理能力理论所没有的。从物理学的学科特点看,想象是物理智慧中最活跃、最富有传奇色彩的成分。正如爱因斯坦所说:"想象力比知识更重要,因为知识是有限的,而想象力概括着世界上的一切,推动着进步,并且是知识进化的源泉。严格地说,想象力是科学研究中的实在因素。"②2009年,教育进展国际评估组织对全球21个国家进行的调查显示,中国孩子的计算能力排名世界第一,想象力却排名倒数第一,创造力排名倒数第五。在中小学生中,认为自己有好奇心和想象力的只占4.7%,而希望培养想象力和创造力的只占14.9%。因此,把物理想象能力作为物理能力的一部分具有重要的意义。

上述情况表明:在基础教育各学科课程标准的学科能力制定问题上,似乎存在着一种有意无意躲避学科能力的做法。反映在课程标准上,则是学科能力的缺失。这种做法也许外行看不出来,但真正的内行则一目了然,完全明了其中的缘由。实际上,在课程标准制订中回避学科能力的行为,无非就是一种明哲保身的做法,担心可能引起学术争论,可能承担相应的责任。但是,另一方面,也许根本不清楚学科能力的本质,不敢涉及学科能力领域,才是其中最为根本的原因。这样做也许自己是撇清了,可是学生的能力培养怎么办呢?

六、基础教育课程改革的教学评价

基础教育课程改革与课程评价是一对相互关联的关系。课程改革是课程评价的基础,而课程评价则促进课程改革的发展。在我国现阶段的基本国情下,在相当长一个历史时期内,考试尤其是高考仍然是基础教育课程改革评价的主要方式。

全国高等学校招生统一考试是由合格的高中毕业生参加的大规模选拔性考试,其目的是每年从数百万考生中选拔出一定数量的考生进入高等院校进一步深造。因此,高考注重能力考察,通过考察考生的知识及其运用知识解决问题的能力来鉴别考生。按照基础教育课程改革与课程评价的关系,

---

① 邢红军,陈清梅.论物理能力基本理论的研究[J].首都师范大学学报(自然科学版),2006,(4).
② 爱因斯坦,许良英,李保恒,赵中立,译.爱因斯坦文集[M].北京:商务印书馆,1977:284.

基础教育课程实施的能力理论与基础教育课程评价的能力理论在逻辑上应当具有一致性,甚至完全相同,这是保证基础教育课程改革健康发展的必要条件,也是基础教育课程评价的规范要求。但实际上,我国基础教育各学科高考《考试大纲》的能力要求与各学科《课程标准》的能力要求完全不相同,呈现出两驾马车各行其道的奇怪状况,而且这种状况从基础教育课程改革伊始,就一直没有改变。为了说明这种情况,我们以物理学科为例加以阐述。

全国高考物理命题委员会通过征求有关专家的意见,分析物理课程在中学教育中的地位,在比较各学科特点及其对学生素质和能力发展贡献的基础上,根据物理学科的特点和需要,从中学物理教学和高考命题的实践经验出发,提出了五个方面的能力要求:理解能力、推理能力、分析综合能力、应用数学处理物理问题的能力以及实验能力,并通过描述性的说明,解释每一种能力的具体表现,界定该能力的含义。①

的确,对于能力理论而言,目前尚无公认的令人信服的能力理论体系,包括比格斯提出的"可观察学习成果结构分类法(SOLO Taxonomy)",它虽然较为成功地从"质"的角度制定出了评价论文式试题认知水平层次的方案,但这种体系也不宜作为能力目标要求。清代龚自珍有"不拘一格降人才"的俊语,我们认为对于物理能力的建构也应该采取宽容的态度,不能一律奉某一理论为圭臬。尽管如此,《考试说明》采用"征求意见,分析地位,比较特点,根据需要,依据经验"的方法建构的物理能力,也只能称为经验总结而非真正意义上的能力理论。

物理高考大纲关于物理能力要求的不足是显而易见的。其中尤为明显的是,考试大纲中的能力要素中缺少了抽象和概括。事实上,抽象在科学认识的形成过程中是极其重要的。因为在现实世界中,任何一个问题都是原始问题,只有通过科学的抽象,才能形成科学的问题,才能进一步研究下去。概括同样是非常重要的。林崇德先生指出:"思维最显著的特点是概括性。思维之所以能揭示出事物的本质和内在规律性,主要来自抽象的概括过程,即思维是概括的反映。"②由于"概括在思维过程中的地位以及概括能力在现实中的作用与重要性,所以,概括性就是思维研究的重要指标,概括水平就成为衡量学生思维发展的等级指标;概括性也就成为思维培养的重要方面,思维水平通过概括能力的提高而获得显现。学生从认识具体事物的感知和表象上升到理性思维的阶段,主要是通过抽象概括。因此,发展学生的概括能力,就是发展思维乃至培养智力与能力的一个重要环节"。③

在物理能力的研究中,由于面临更为复杂的情境和多种因素的交互影响与作用,因此,理论思维就尤为重要。对于理论思维,恩格斯曾明确指出:"经验自然科学积累了如此庞大数量的实证知识材料,以至于在每一个研究领域中有系统地和依据材料的内在联系把这些材料加以整理的必要,就简直成为无可避免。建立各个知识领域互相间的正确联系,也同样成为无可避免。因此,自然科学便走进了理论的领域,而在这里,经验的方法就失效了,只有理论思维才能有所帮助。"④这样,恩格斯不但强调了在相同领域内对材料加以系统整理的必要,而且提出了一个重要的思想——认为需要在不同知识领域之间建立相互联系,而这种联系又只有通过理论思维来实现。

对于物理能力理论的研究,人们常常有意无意地运用静态或动态的理论观点。前者把物理能力理论的研究看成一种提供系统知识的活动,作为一种对所观察的物理教育现象进行解释的方式。因此,静态观点强调现有的知识、理论、假设和原则,并设法在此基础上增加新的知识。动态的观点则与此不同,它承认现有知识的重要性,但主要把它作为进一步研究与理论发展的基础,它强调理论和相

---

① 高考物理科命题委员会"八五"科研课题组.高考物理能力考察与题型设计[M].北京:高等教育出版社,1997:141.
② 林崇德.学习与发展[M].北京:北京师范大学出版社,1999:36.
③ 同上.
④ 王重鸣.心理学研究方法[M].北京:人民教育出版社,1990:30.

互关联的概念图式,并以此开展进一步研究。

采用静态还是动态观点进行研究,会直接影响物理能力理论研究的思路和实际效果。以静态的观点从事研究,就比较忽视对以往研究的总结和理论基础的构建,缺乏清晰的理论思路,把研究看成"前无古人,今无同类"的孤立活动。其结果往往是只满足于对某些物理教育现象的描述和解释,既忽视自身的理论发展,又不重视同一研究领域中有关研究之间的比较与沟通,因而缺乏外部效度。而动态观点则注重理论基础的构建,并在以往研究的基础上形成进一步研究的明确思路,从而使所建构的物理能力理论具有较高的外部效度。

如前所述,《物理课程标准》则提出了科学探究能力的七个要素:提出问题;猜想与假设;制订计划与设计实验;进行实验与收集证据;分析与论证;评估;交流与合作。并通过描述性的说明,界定了该能力的要求。

无论是从基础教育课程改革的角度看,还是从基础教育课程评价的角度看,物理高考《考试大纲》和《物理课程标准》分别提出内涵不同的能力要求都不能认为是一种合理的状态。事实上,上述两种物理能力理论应当是统一的。也就是说,不可能存在着两种不同的物理能力理论。

长期以来,我国物理教育一直存在着"题海战术"现象,虽然许多教师在教育实践中努力纠正,然而,还应当清楚地认识到,由于物理高考《考试大纲》物理能力理论的缺陷,这一现象至今未能得到很好的改变。

进一步,《考试大纲》物理能力的缺陷,直接反映在高考物理的命题指导思想上,具体表现为对习题的推崇。高考物理命题委员会认为:"做题是非常重要的。我们主张要做题,但并不赞成搞题海战。因为题海战盲目追求解题的数量,不重视解题的质量,使学生根本来不及对习题以及与习题有关的问题进行思考。"①

应当说,对于原始问题,高考物理命题委员会也有一定程度的认识。比如,1984年的高考题"估算地球大气层的总重量"就是一道很好的原始问题,1994年进行的第二次测试也包含了许多原始问题。对于这种试题,高考物理命题委员会认为:"这类试题可以测出学生较高层次的能力水平,如想象能力、独立分析和解决问题的能力、数学能力、语言表达能力等,对学生的学习潜质有较好的预测作用,有利于选拔学生。但如果用得不恰当,则会带来一些困难。与这种试题类似的题目在高考中应用要十分慎重。到底怎样做才恰当?很值得进一步探讨和研究。"②

显然,对于如何应用原始问题,高考物理命题委员会表现出了投鼠忌器的心态。一方面,充分肯定原始问题"可以测出学生较高层次的能力水平,有较好的预测作用,有利于选拔学生,很值得进一步探讨和研究"。另一方面,又担心"会使平均成绩下降,对中学物理教学的现状造成冲击",最终得出"高考目前只能以习题式的考题考查学生能力"的结论。③ 正是由于高考物理命题的习题化导向,使得目前的高考不仅未能将学生的物理能力有效地考察出来,而且在一定程度上导致我国物理教育长期存在着低效能状况。

高考既具有选拔功能,又具有引导功能。在这个意义上,高考是基础教育课程改革的"指挥棒"。在肯定高考积极作用的同时,实事求是地评价高考物理能力理论及命题导向存在的问题,不仅有助于高考物理命题的改进,而且有助于扭转中学物理教育中的"题海战术"现象,这显然具有重要的现实意义和深远的历史意义。

---

① 高考物理科命题委员会"八五"科研课题组.高考物理能力考察与题型设计[M].北京:高等教育出版社,1997:141.
② 同上.
③ 同上.

除了中学各学科《高考大纲》和《课程标准》分别提出内涵不同的能力要求，使得教学与评价不接轨之外，基础教育课程改革评价中存在的另一个严重问题是：目前的评价完全没有把学生实验动手能力置于特别重要的位置，这表现在高考的物理、化学、生物等理科考试的实验命题上。虽然随着我国国民经济的发展与综合国力的大幅度提高，我们早已具备了在高考中进行实验操作能力考察所需的仪器、设备与条件，但由于基础教育课程改革观念的落后，实验操作能力考察纳入高考甚至都不曾形成一种教育理念，更遑论真正进入高考实际考试。由于基础教育中实际存在的"考什么，教什么"的现象，因此，针对高考实验考试"纸笔测验"的形式，目前在教学中以讲实验（甚至背实验）代替做实验的现象仍然普遍存在，这是严重偏离基础教育培养目标的。这从另一个方面说明，目前的高考在引导功能上距离基础教育课程改革的评价要求仍有相当距离。

由于传统与文化的原因，一般来说，西方文化较为重视实验及实验人才的培养，鼓励能动手的人脱颖而出。中国传统文化则相反，重理论轻实验，忽视实验人才的培养。在中国古代，长期占统治地位的儒家文化视科学技术为"奇技淫巧"。孔子就曾说过"君子耻于器"，意为有教养的人应当把动手当做一种耻辱。这种思想尤以歧视那些具体动手的人，以至于今天，中国的社会、家庭，甚至舆论导向都普遍存在这种倾向。反映在教育领域，则是学生"不看显微镜，也不看望远镜，只会使用全自动对焦的照相机"。①

高考不重视实验动手能力考察的倾向已经在教育实践中产生了严重的后果。前不久，来自台湾的清华大学教授程曜，针对清华学生对待实验的态度与实验能力发表评价。他说："几乎所有的学生，都不喜欢动手。不但千方百计逃避动手，还会去耻笑动手的同学。作为老师的我，千方百计地强迫他们动手，甚至不惜以退学要挟这些学生。我必须承认，即使这样，仍然所获不多，或者面临损坏设备的风险。我们发现，学生有各式各样的理由不动手。背后的原因往往很简单，除了考试，他们几乎什么都不会动手。为什么会这样？首先，中国传统士大夫的形而上观念，根深蒂固。在整个学习过程中，很多老师也不知道如何动手，由小学到大学一路因循下来。再者，现代的电脑普及，又有很多网路新贵产生。这种弄不坏、不必负责任的玩具，反而给了他们很大的动力。还有，动手的分数通常不好评价，老师会送分。学生花很大劲学习动手，不如一个计算所得数字的成本效益高。老师不重视动手评价，学生当然不会重视动手。系里和老师的研究室里，没有摆满手册和厂商零件目录，学生当然除了玩软的不能玩硬的。学生最常找的不动手理由，就是设备不够好或者没有设备。我们发现，最好的设备给他们，他们也不用，更何况让他们自己建造设备和修设备。"② 与程教授一样，我们每位教师不妨自问：自己所教的学生是否喜欢做实验？动手能力如何？恐怕大多数人的回答与程曜教授是一样的。

怎样改变中国教育中不重视实验的倾向，杨振宁教授认为，这是一个非常值得讨论的问题。在他看来，关键是要树立一种新的价值观念，在这种观念中，对于理论与实验的关系，要把实验放在基础的位置上。即使一个纯粹的自然科学理论工作者，他也不仅要对实验科学本身有相当的了解，而且要理解实验工作者，"知道他们的困难，他们急一些什么事情，他们考虑一些什么事情。换言之，即要领略他们的价值观念"。③ 这种新的价值观要成为一种社会风尚，使得大家在观念上重视科学实验，并且创造出一种优越的环境，使具有实验天才的人才迅速成长。此外，中国教育体制的改革要使教育与社会的关系更加密切，培养出来的人是社会发展最需要的人，这就要求在教育改革的各个方面和不同层

---

① 程曜.除了考试，他们不会推理，不敢提问题，不愿动手[N].新华每日电讯，2005-07-10(05).
② 同上.
③ 高策.走在时代前面的科学家——杨振宁[M].太原：山西科学技术出版社，1999：421.

次上,把培养学生的动手能力、实验能力放在相当的地位,给予足够的重视。这是因为,在一定意义上说,一个不愿意动手的民族,是没有前途的民族。

笔者认为,杨振宁教授的见解无疑是正确的,但真正要使重视实验的价值观念成为社会风尚,其必要前提就是要在高考中进行实验动手能力的操作考察。不迈出这样关键的一步,基础教育课程改革中的所谓"科学探究""研究性学习"等都还只能是流于形式,反映在教学上,其结果仍然是"几乎所有的学生,都不喜欢动手"。

基于严肃而认真的学术规范审视基础教育课程改革的十年历程,笔者从内心深处生发出诸多忧虑与不安,感慨良多:有2亿多中小学生参与的基础教育课程改革理应做到理论建构科学、严谨、规范,实践活动稳妥、扎实、有序。然而,匆忙铺开的基础教育课程改革,却存在着教学走向有问题、国情学情不考虑、理论基础不成立、课程目标不合理、能力培养不到位、教学评价不接轨等诸多问题,基础教育课程改革的前景堪忧。有鉴于此,我国基础教育课程改革需要重新定位,唯有如此,才能使我国基础教育课程改革回到符合教育规律的正确轨道。

第三节 基础教育课程改革展望

我国第八次基础教育新课程改革全面实施已逾十年。2011年,21世纪教育研究院对新课改实施现状及教师对新课改的评价进行了网络调查,并发布了《2011年教师评价新课改的网络调查报告》。结果表明:实施十年的基础教育课程改革,仅有3.3%受访教师"很满意",而"满意"的受访教师只有21.3%。消息传来,大体可以归并为一句话:都是建构主义惹的祸!

十年课改,国家投入巨大,社会鼎力支持,教师用心探究,家长全力配合,结果却是连一线教师都不满意,更遑论学生了。正可谓"十年磨一剑,孰料成棒槌?"

新课改主张"概念重建""课程创新""教学创新""课堂转型",主张把"自主、合作、探究"作为中小学的主要教学方式。然而,十年过去了,孩子们的负担减轻了吗?他们摆脱了分数至上的桎梏了吗?他们更具有创造力了吗?如果不是调查报告的出台,我们还以为正奔跑在正确之路上,调查报告则揭去了最后的遮羞布。[1]

有鉴于此,笔者三论中国基础教育课程改革的两岸比较、因材施教、思维训练、教材编写、讲授教学、教师教育等更深层次问题,唯望2亿多少年儿童接受符合教育规律的正确教育,唯望千千万万学生家长经年呕心沥血不致落空,唯望我国基础教育课程改革走向符合教育规律的正确轨道。

一、基础教育课程改革的两岸比较

我国基础教育课程改革已经走过了十年历程,十年过去了,新课改实施的效果如何?新课改是"开创了我国课程创新的崭新局面。这种大好局面不仅受到教育界内外的欢迎,而且得到国际课程学界的高度评价?"[2]还是"随着'重建运动'的开展,越来越多的教育工作者产生困惑,进而提出质疑、批评、忠告,进行抵制,乃至引起社会各界广泛关注?"[3]这种争论从改革伊始,就不绝于耳。为了全面客观地评价我国基础教育课程改革的成效,本节对海峡两岸基础教育课程改革的十年历程进行比较,希

---

[1] 蔡辉.教育新课改为何推不动[N].北京晨报.2011.(10.26).
[2] 钟启泉.概念重建与我国课程创新[J].北京大学教育评论.2005,(3):56.
[3] 王策三."新课程理念""概念重建运动"与学习凯洛夫教育学[J].课程•教材•教法.2008.(7):7.

望能够引起全社会关注我国基础教育课程改革的成败得失。

(一) 台湾的基础教育课程改革

20世纪90年代,台湾教育部门开始对中小学教育进行以升学方式改革和课程为主轴的"教改",先后推出了"大学多元入学方案""国民中小学九年一贯课程"等措施。按照设想,新的"多元入学方案"实施后可以纾解学生升学压力,使学生摆脱联考制度下"一试定终身"的梦魇,但结果却变成了"多元入学,多次考试",而且实际上通过"甄选入学"进入大学的学生人数很少,反而出现了"推甄不公""内定人选""黑箱作业""造假"等弊病,有碍公平竞争的原则,不利于出身贫寒家庭的学生。

有鉴于此,2003年7月20日,由台大心理系黄光国教授发起、一百余位教授组成的"重建教育连线",共同发布了"终结教改乱象,追求优质教育"宣言。

宣言指出:"解严之后,十多年来,在教改大旗的挥舞下,国内教育生态丕变。从表面上看,校舍似乎变得更华丽了,设备仪器更新颖了,校园民主和多元化也更受重视了。然而,只要进入各级学校中,便可以一眼看出:在华丽的教改口号下,从上而下的一连串教育政策,由外到里的一波波教育改革,让原本平静的校园忙碌不堪。然而,由于教改运动者提出的理念似是而非,大多数教师不能认同,再加上沟通不足与配套措施不够,许多教育工作者只能在'忙、茫、盲'中度过。至于教育素质是不是因而提升? 学生程度是不是一年比一年好? 老师和家长的经验和感觉都是相反的。十多年来,投资了难以计数的经费,动员了全国教育人员,弄得家长和学生目眩神迷的教改行动,其成效究竟如何? 很少有人说得清楚,因为这些教改成效从来都没有人去追踪评估,甚至在推行之初也没有任何对照组加以比较。可是,一波又一波的改革仍然持续在进行。

教改原本只是一种教育手段,十几年来的教改行动反倒把手段变成了目的,结果'教改'被神圣化了,教改运动好像是为教改而教改,教育的本质与目标反倒受到了忽略。而教改的真正核心应该在于塑造学生的精神面貌,它的思考在于我们到底要培育出什么样的学生? 换言之,今天不论是'政府'高层也好,教改人士也罢,都没有真正掌握到教改问题的核心,也欠缺贴近教育本质与目标的敏感度,更缺乏对于国内教育生态的真正理解,他们最大的谬误,便是企图以政治的手段,动用政府的行政力量,以为就可以解决国内的教育问题。这样的思维方式正是戕害教育精神的主要祸首!

因为教育上'与人为善'的本质被忽略了,所以在教改的过程中,当权者以为只要上级命令下来,基层师生就可以落实下去;只要政策正确,无须辩论、试办,甚至追踪检讨,便可以'九年一贯'下去。以为只要有永不回头的勇气和势在必行的信心,就可以让教改成功。在一道道令人眼花缭乱的教改方案中,开启学生的想象力、培养学生创造力、鼓舞学生积极向上的教育目的,都不断地异化变质,现在不但孩子们对这些教改大餐消化不良,教师们原有的优势不被看重,连专家们都感到焦虑不安,因为他们自己的小孩也已经成为教改的'白老鼠'! 教改的问题到底出在哪里?"

宣言最后指出:"为了避免台湾教育继续往下沉沦,今天我们要沉痛地作出以下四点诉求:

1. **检讨十年教改,终结政策乱象**

近十年来,教改集团每年推出的教改方案五花八门,让许多基层的教师与学生在茫、盲与忙中度过,大家只看到教改方案一件接着一件地推出,但不是没有事先的评估,就是没有先行试办,否则就是没有对应的评鉴制度,以及检讨机制,作为改进的依据。为了舒缓教改带来的不安与动荡,我们在此诚挚地呼吁社会:不要再把教改神圣化,大家一起努力,深入检讨十年教改的理念与实践之落差,终结教改所造成的乱象! 也建议教育当局:不要忙着再推出任何新的教改方案,请先厘清问题,诚实面对问题,以免制造出更多问题!

2. **透明教育决策,尊重专业智能**

目前的教改措施,无论是课程、教材、教科书,或考试制度,大多是想到就做,决策仓促,不惜把学生当白老鼠,贸然实施。教育为百年大计,任何改革都是牵一发而动全身,决策过程中不但要有透明的信息、广泛的参与、各学科专业的尊重、不同意见的包容,更要有检视平衡的机制,避免少数人的专断。教育主管机构必须'谋定而后动',不盲动,不躁进;任何新的教育措施必须经过细腻完整的规划、试验或评估,才能全面推行。施行期间,仍然要有评鉴制度,以及独立的检视平衡机制,以求不断的修正改进。

3. 照顾弱势学生,维护社会正义

许多证据显示,近年来的多元入学、英语教学、甚至九年一贯的课程浅化所造成的补教业乘虚而入,已经加大了学习强势与弱势的差距,在当前经济变迁的冲击之下,台湾社会中的贫富差距正在迅速扩大,塑造出台湾的两个世界。而教改正是促成这种现象的帮凶!我们认为:在国民教育中保障每一个人的受教权及保护弱势群体是政府责无旁贷的任务。未来的教育调整,必须特别照顾弱势学习者,在因材施教的原则下,采取积极措施,让所有人都能获得优质的教育机会,以促进社会的流动、维护社会正义、提升台湾竞争力。

4. 追求优质教育,提振学习乐趣

优质的人力是台湾最可贵的资源,是台湾赖以生存的核心力量,也是永续发展的唯一保障。十年教改,已经对台湾人才的素质造成了莫大的伤害,教师不能安心教书,学生无法全心学习。体制内教育品质的弱化,造成体制外补教业的兴盛。为了重建教育环境,我们必须彻底扬弃那些似是而非的民粹式口号,重新肯定'一分耕耘,一分收获'的价值观,以追求平等而优质的教育作为目标,逐步调整现行的教育体制。学习的乐趣,通常不会停留在热闹而又空泛的活动,而是来自于内在的充实与自我能力的提升。因此,教育机制的设计,应着重于提供不同程度的学习机会,照顾学习速度不同的学生,使所有学生都有机会能依个人学习能力,挑战自我,向上提升,重振学习乐趣。

优质教育的目标,在于让每一个学生能够发挥潜能,也让努力教学的老师能够获得应有的尊重。我们必须强调:教育的主体是教师和学生,而不是那些自以为全知全能的教改人士。没有尊严的老师,绝不可能缔造出快乐的学习环境;没有反省能力的社会,也注定要继续往下沉沦。我们不容许任何人一再损伤教师尊严,我们也不愿意看到我们的社会继续往下沉沦。执政当局,务请三复斯言!"①

(二)大陆的基础教育课程改革

21 世纪教育研究院在 2011 年举办的"新课堂、新教育"高峰论坛上,发布了其与中国教育网合作开展的"教师对新课改的评价"网络调查结果。包括西藏、新疆、青海在内的全国 29 个省区市的近 4000 名中小学教师接受了调查,其中城区、乡镇、农村分布均匀。

问卷涉及教师对新课改理念的认同度与十年课改效果的总体性评价问题。从统计结果看,74%的教师认同"自主、合作、探究"的新课改理念,63%的中小学教师认为新课改在自己所在的学校得到积极开展。对"新课程改革后,您觉得您的课堂教学方式是否发生了变化"的提问,回答"改变很大"的占 9.8%,"有较大改变"的占 22.5%,"有一定改变"的占 51%,"没有多少改变"的占 17%。在主要教学方式的采用上,以启发式教学为主的为 52%,以小组讨论为主的为 26%,以讲授式为主的仅为 22%,这些数据显示了教师能够积极采用新的教学方式改变课堂,启发式教学的比例明显提升。

但是,和对新课改理念与开展状况的高度认同形成鲜明对比的是,教师们对新课改实际成效评价偏低。"新课改对于育人的核心理念缺少与世界接轨,不能很好地吸收人类的普世价值观念;小学教材并无多少新意,文字拙劣;课改重视学科教学'术'的层面的研讨,往往见'术'不见'人'……新课改

---

① 王策三. 台湾的教改和"我们的教改"[J]. 教育学报. 2010.(3):3—15.

的成效可以说微乎其微。"这是江苏一位语文老师在调查中对新课改的评价。这样的观点在这次调查中有一定的代表性。调查显示,对课改的总体评价表示"很满意"的仅为3.3%,"满意"的为21.3%,即仅有约四分之一的教师表示满意。

新课程改革纲要明确提出要改变课程内容"繁、难、偏、旧"的现状,减轻学生负担,推行素质教育,这也是社会公众对新课改所寄予的期望。那么,十年来这个目标实现得如何?

在对"繁、难、偏、旧"的课程内容的改变上,21.7%的教师认为"有改变",40.3%的教师认为"差不多",还有25%的教师认为"比过去更难"了。另外,有高达73%的老师认同"新课改后学科知识体系不够系统,教学难度加大"的观点。

在减轻学生负担、促进素质教育的目标上,有47%的教师认为新课改之后学生的课业负担反而加重了,34.2%的教师认为与以前相比差不多,仅有8.5%的教师认为有所减轻。对于"新课改是否促进了素质教育的开展"的提问,11%的教师认为"促进很大",41.3%的教师认为"有一点促进",两者共计52.3%;此外,认为效果"不明显"的为31%,认为"应试教育"更加严重的为16.7%。这些数据显示,城乡中小学教师对新课改促进素质教育开展的认同度不是太高。[①]

对于我国台湾地区和大陆的课改,王策三先生在《台湾教改和"我们的课改"》一文中提出如下见解:20世纪末与21世纪初,我国台湾地区和大陆,先后并且几乎紧相连接发生两起教改或课改运动。两者惊人相似。从理念、目标,到内容、方法,到显现后果,几乎一模一样。"新课程理念"专家叫我们"莫类比"实在比较难,这种罕见现象不由地叫人联想、类比。这绝不是好奇,也不是无关宏旨,两者之所以惊人相似绝不是偶然的巧合,而是有着共同的思想理论根源。[②] 笔者认为,王策三先生关于我国台湾地区和大陆教改惊人相似的评价是正确的。

问题的焦点在于:我国台湾地区和大陆的课改从理念、目标,到内容、方法,到显现后果,几乎一模一样。台湾的课程改革成效正如台湾发展研究院梅可望院长的评价:"十年课改,一事无成。"与之相对应,我们的基础教育课程改革业已进行十年,如何评价呢?如果按调查中江苏一位语文老师所言"新课改的成效可以说微乎其微",而"这样的观点在这次调查中有一定的代表性"。那么,"微乎其微"与"一事无成"又有多大区别呢?

事实胜于雄辩。面对"教师对新课改的评价"网络调查结果,我们完全可以得出结论:我国基础教育课程改革的大方向是有问题的——新课改把"自主、合作、探究"作为中小学的主要教学方式是完全错误的。

二、基础教育课程改革的因材施教

在本次基础教育课程改革中,有一个最为响亮的口号:"为了中华民族的复兴,为了每一位学生的发展。"口号不错,但如何实现学生的发展,则基本上就没有具体的落实措施了。

笔者认为,在基础教育课程改革中,要实现学生的发展,就必须在教育教学中落实因材施教的教学原则。而缺乏因材施教的基础教育课程改革,是不可能取得显著成效的。

通常认为,因材施教的"因"是根据的意思,"材"指学生的心理活动水平,"施"是实施,"教"则指教育教学工作。因此,因材施教即教师在教育教学中应当根据学生的心理活动水平来开展教育和教学工作。包括两层含义:了解学生的个别差异和根据差异对不同的学生实施不同的教育。

从教学的主体方面考虑,笔者认为学生"材"的确切含义就是认知发展水平。

[①] 李新玲.十年课改说成败[N].中国青年报,2011-10-20(03).
[②] 王策三.台湾的教改和"我们的教改"[J].教育学报,2010.(3):3—15.

在心理学中,"认知"一直是一个广泛使用但又不确切的术语。美国心理学家约翰·豪斯顿归纳出认知的五种定义:① 认知即信息加工;② 认知即心理上的符号运算;③ 认知即问题解决;④ 认知即思维;⑤ 认知是一组相关的心理活动,包括认识、知觉、记忆、判断、思维、推理、问题解决、学习、想象、概念化和使用语言等。[①] 笔者认为,认知就是上述一组相关的心理活动,而认知水平即指一系列心理活动的水平。如何确定学生的认知发展水平呢?对此,可以借鉴瑞士心理学家皮亚杰的儿童认知发展阶段理论。

皮亚杰的儿童认知发展阶段理论,把儿童从出生到大约16岁划分为互相衔接的、顺序不变但特征各异的4个心理发展阶段,即:感知运算阶段(0~2岁)、前运算阶段(3~7岁)、具体运算阶段(8~12岁)、形式运算阶段(13~16岁)。这四个阶段的主要标志是运算(认知)的高低不同,用运算来区分发展阶段是皮亚杰的创举。

考虑到学龄儿童的年龄范围,笔者着重对具体运算阶段和形式运算阶段的特征加以讨论。

处于具体运算阶段的儿童,其运算一般还离不开具体事物的支持,运算还要依靠物体、事物和能观察到的实际事物来进行,不能依靠词语、假设来进行。只要问题是具体的而非抽象的,儿童就可以完成相当复杂的运算。所以这一阶段称为具体运算阶段。

而处于形式运算阶段的儿童,其思维已能摆脱具体事物的束缚,能把内容和形式区分开来并进行假设—演绎推理。此外,达到形式运算阶段的儿童还能反省自己的思维。通过反省,个体能够寻找出结论中的矛盾性,比较各种解题方法的优劣,检查理论、模型或近似方法的局限性。

皮亚杰把具体运算阶段和形式运算阶段的特征具体化,进一步给出了具体运算模式和形式运算模式的类型。如表2-5和表2-6所示。

表2-5 具体运算模式的类型

C1. 分类——根据观察到的事物的性质来分类和概括;
C2. 守衡——知道一个量如果没有任何增加或减少,即使物体的外形变化了,该量也保持不变;
C3. 顺序排列——按照一种可观察的性质排列一组物体,在比较复杂的情况下,能在两组可观察的性质间建立可能的一一对应关系;
C4. 可逆性——能在心理上反转一系列步骤,从某一步骤的终状态返回到初状态。

表2-6 形式运算模式的类型

F1. 理论思维——能应用多重分类、守衡逻辑、顺序排列和其他运算模式、理论或理想模型于不能直接观察到的关系和性质。
F2. 组合思维——能考虑一切可以想象的具体的或抽象的项目的组合。
F3. 函数概念和比例思维——能够用数学形式叙述和解释函数关系。
F4. 分离和控制变量——认清实验设计除了一个被研究的变量之外,控制一切其他变量是必要的。
F5. 概率和相关思维——能理解概率的本质,能解释一些不可预言的、不可确定的观察事实,并能识别变量之间的关系。

根据上述运算模式,就可以编制测试题从而确定学生的认知水平。比如,我们所做高中学生的物理认知水平结果如表2-7。[②]

---

① 施良方.学生认知与优化教学[M].北京:中国科学技术出版社,1991:5.
② 丁咏.高中学生物理认知水平的研究[D].北京:首都师范大学,2003:63.

表 2-7　高中学生物理认知发展水平

阶　　段	具体运算阶段			形式运算阶段	
	初级	中级	高级	初级	高级
人数 （百分比）	8 (14%)	12 (21%)	28 (49%)	9 (16%)	0 (0%)
占总人数的百分比	84%			16%	

有研究指出,在美国的学校中,只有13.2%的中学生、15%的高中生和22%的大学生达到了形式运算水平。[①] 任红艳曾利用美国坦普尔大学教育学院教育心理系编制的"形式思维评价量表"(Formal Thought Assessment Scals—FTAS)的自然科学部分,对江苏省七所完全中学或高级中学的高一和高三学生(合计737人)的思维水平状况进行了大面积的抽样调查和分析。该量表根据皮亚杰的认知发展理论,将认知发展阶段划分为4个阶段:具体运算阶段(5分以下)、具体运算和形式运算过渡阶段(6~20分)、形式运算初级阶段(21~22分)和形式运算阶段(23分以上)。统计结果表明:高一和高三学生的认知发展的平均水平(22.131分和22.623分)都还处于形式运算初级阶段和形式运算阶段之间。[②] 显然,包括我国在内的大中学生的认知水平只有少部分进入到了形式运算水平。因此,促进学生的认知水平从具体运算阶段向形式运算阶段过渡就成为课程改革中发展性教学的基本任务。

教育应当促进学生的发展,这是教育永恒的主题。而维果茨基的最近发展区理论则为促进学生的发展奠定了理论基础。

维果茨基认为,教学必须符合学生的年龄特征,必须以学生的成熟或准备性为基础,这是"可接受性原则"的基本要求。但在确定发展过程时,至少要了解学生的两种发展水平:第一种指学生目前已达到的发展水平,即学生在独立活动中达到的解决问题水平;第二种指学生现在仍处于形成的、正在发展的水平,即学生在教师的帮助下所达到的解决问题水平。所谓最近发展区是指两种水平之间的差距。维果茨基进而认为"教学应当走在发展的前面",其含义是教学的重要任务是创造最近发展区。这要求在教学中不仅能依据学生现有的认知水平进行教学,而且要预见学生今后的认知发展并有效地影响这种发展。问题在于,最近发展区理论在发展性教学中具有可操作性吗?

笔者认为,最近发展区理论在发展性教学中是具有可操作性的。通过将皮亚杰的认知发展阶段理论与维果茨基的最近发展区理论相结合,就可以比较准确地确定学生现有的认知发展水平和最近发展区,从而实施发展性教学。

笔者提出,皮亚杰的认知发展阶段中的具体运算和形式运算各个亚层次分别对应于具体运算模式和形式运算模式的不同类型。比如,具体运算早期只对应于分类和守衡两个运算模式,而具体运算晚期则对应于全部具体运算模式的四个运算模式。因此,根据上述运算模式编制测试题就可以确定学生的认知发展水平,此即为最近发展区理论中的现有发展水平,而最近发展区即为与测试确认的认知发展水平最近的较高认知亚层次。例如,如果测试确认某学生的认知发展水平为具体运算晚期,那么,其最近发展区即为形式运算早期。

这样来进行发展性教学,就使皮亚杰认知发展阶段理论中各个认知水平具有的运算模式特征,成为学生现有认知发展水平和最近发展区的特征,而促进学生从现有认知发展水平向最近发展区发展

[①] 邵瑞珍.教育心理学[M].上海:上海教育出版社,1983,167.
[②] 任红艳.化学问题解决及其教学的研究[D].南京:南京师范大学,2005,62.

的工作也就成为促进学生特征运算模式不断转化的工作。这样,维果茨基的最近发展区理论在发展性教学上的意义,就既是一种教学原则,同时又是一种教学方法。

从教学的客体方面考虑,笔者认为"材"的确切含义主要是指教学内容被掌握所需要的认知水平。应当特别指出的是,教学内容的认知水平问题,既是因材施教中的一个关键问题,同时又是迄今为止仍被忽视的一个重要的问题。

到目前为止,在基础教育课程改革各学科课程标准的教学要求中,对教学内容常常提出诸如了解、认识、理解和应用等要求,即要求学生在学习不同的教学内容时达到某一水平。然而,这些要求仅仅是课程标准制定者提出的主观要求,没有充分考虑到教学内容本身所要求的认知水平,从而也就使因材施教难以落到实处。

因此,在因材施教的实施过程中,只有充分考虑到"材"的主客体两个方面并使之相互协调,才能实现真正意义上的因材施教。

例如,运用皮亚杰的认知发展阶段理论,可以对高中物理教学内容所对应的认知水平进行鉴别。表 2-8 是我们所做的工作。[①]

表 2-8 高中物理教学内容对应的认知水平

认知水平	具体运算水平(C)	形式运算水平(F)
知识点数目	20	212
所占百分比	8.6%	91.4%

研究表明,高中物理教学内容中与具体运算水平对应的知识点仅有 8.6%,而与形式运算相对应的则达到了 91.4%。由于高中学生的物理认知水平达到形式运算的只有 16%,这就形成了一个认知水平的"剪刀差",不利于因材施教的实施。

应当指出的是,目前正在进行的基础教育课程改革,在课程标准的编制中虽然也开展了中学生学习心理的相关研究,但这些研究往往并非实证研究而是综述性的,对于中学生的认知水平尤其是各个学科教学内容掌握所对应的认知水平没有涉及,这就在很大程度上使基础教育课程改革建立在一个不甚坚实的基础之上,从而存在着一定的隐患。

其实,早在 20 世纪 80 年代,人民教育出版社的雷树人先生就一针见血地指出了这一问题。他指出:"要根据学生的智力(认知)发展水平来考虑教学内容的深广度。怎样恰如其分地估计学生的智力(认知)发展水平,这是一个相当困难的问题。我们的经验是:在强调可接受性的时候,往往把学生估计得过低,在强调发挥学生的潜力时,又往往把他们估计得过高。要较好地解决这个问题,还需要对我们的学生有更多的了解并进行理论的探讨。国外近年来比较推崇皮亚杰的儿童智力(认知)发展阶段理论,并且具体地把这个理论应用到各学科的教学工作中,取得了一些成果。我们在这方面开展的研究工作不多,实际工作往往还是靠经验摸索着去解决。希望有经验的教师和各级教研人员能大力开展对学生智力(认知)发展情况的深入细致的研究,并希望我们的教育专家、心理学家能在这方面给我们更多的指导和帮助。"[②] 应该说,雷先生的观点是正确的。

在上述研究的基础上,笔者提出如下教学建议:

(1)新学期伊始,教师应当了解和鉴别学生的认知发展水平和他们实际掌握的运算模式,根据学

---

① 孔祥艳. 高中物理教学内容认知水平的研究[D]. 北京:首都师范大学,2004,27.
② 雷树人. 试论我国物理教学的优良传统[J]. 物理教学,1982,3.

生的认知发展水平和特点安排教学计划。应该改变原来那种忽视学生的认知水平,仅仅根据经验和课程标准安排教学的情况。教学是针对学生的,每个学生都有各自不同的认知发展水平和特定的运算模式,教学只有在具有针对性的时候,才能取得好的效果,才能更好地实施因材施教,才能更好地促进学生的发展。

(2) 教师在备课时,常常要备知识、备方法,掌握教材的重点、难点,这是必要的和正确的。但是教师还应当知道,学生需要掌握的概念和规律哪些属于具体运算模式,哪些属于形式运算模式。针对一些形式运算水平才能理解的概念和规律,教师应当精心设计教学过程,尽可能采用实验和探究的教学方式,借助直观形象的教学手段,将其转化为认知发展水平为具体运算水平的学生也能理解和掌握的概念和规律。这需要教师下很大工夫去研究,并在教学实践中不断改进。而这项工作的前提,是要求在课程标准制订时,对于教学内容所对应的认知水平进行鉴别。

(3) 在发展性教学中,我们强调应当促进学生从现有认知水平向最近发展区发展,这是正确的。但在实际的教学中,我们还应当确认,促进学生认知水平发展主要还是将学生的认知水平从具体运算阶段向形式运算阶段发展。教学中还应当给学生提供尽可能多的动手机会,使他们通过亲自动手、动脑,手脑并用地进行学习。要给他们提供充分发挥才干的机会,自己设计、自己动手、自己提问、自己解决问题,在学习知识的同时促进认知水平的发展。按照皮亚杰的理论,动作不仅是认识的源泉,而且是促进学生认知水平发展的根本动力。因此,为了促进学生的发展,就必须给学生提供足够的动手机会,从而让学生在实践中得到成长和发展。

三、基础教育课程改革的思维训练

断言本次基础教育课程改革已成为方向迷失的危险之旅,从根本上说,是因为本次基础教育课程改革的课程目标设置存在着重大的失误。准确地说,"见知(知识)不见智(思维)",是本次基础教育课程改革的致命缺陷。这就使得本次基础教育课程改革陷入了"只见树木,不见森林"的状况。

认真审视基础教育课程改革的三维课程目标"知识与技能、过程与方法、情感、态度与价值观",笔者发现,三维课程目标中并不包含思维培养的要求。即使是"过程与方法"维度,也不包含思维培养的要求。由于思维是大脑的功能,因此,在这个意义上,本次基础教育课程改革可以说是一次"没头没脑"的课程改革。

华东师范大学的心理学家皮连生先生对此提出了严厉的批评。他认为:"无论从术语的使用或维度划分的逻辑看,'三维目标'说都是违反心理学中的学习论和教学论常识的。但这样一个有着严重错误的理论却能在全国中小学教师中广泛推广应用,并受到很多人的赞扬,这简直成了当前我国教育理论界一大讽刺。教育目标分类纯粹是一个心理学理论问题,修订的布卢姆认知教育目标分类学中有关目标分类的内容,是由著名教育心理学家梅耶(Mayer, R. W)、平特里奇(Pintrich, P. R)和维特罗克(Wittrrock, R. W)撰写的,而其教学案例分析则是由课程与教学论专家撰写的。'三维目标'说在未征求或尊重心理学家意见的情况下,由课程与教学论专家单独推出,恐怕是导致理论错误的重要原因之一。这也与我国教育理论界长期不重视科学的心理学理论建设有关。"[①]笔者认为,皮连生先生的批评可谓单刀直入,切中要害。

皮连生先生认为,"教学策略必须与教学目标相匹配。如果是传授知识,讲授法效果较好;如果是学习动作技能,最好的方法是教师讲解加示范、学生模仿,教师给予反馈与纠正;如果是智慧技能,单纯'讲授加模仿'是不可行的,因为智慧技能以概念掌握为核心。概念分具体概念与定义性概念。前

---

① 吴红耘,皮连生. 修订的布鲁姆认知教育目标分类学的理论意义与实践意义[J]. 课程·教材·教法. 2009. (2): 92—96.

者的学习方法是从例子中学习,运用发现法教学;后者可以用发现法,也可以用接受法进行教学。不过发现法比较费时,接受法效率较高。如果是价值或行为准则,说教的方法无效,班杜拉的观察学习理论最适合解释此类学习。""在基础教育阶段,中小学生学习的结果主要获得智慧技能。例如语、数、外三门课主要是学习读、写、算的技能。这些技能主要是智慧技能,当然也包括部分动作技能,如语文与外语中的朗读、书写技能。技能学习的特点之一是要经过大量的练习,最后做到技能的执行自动化。无论是新课程理念还是传统知识传授理论都难以解释学生的这些技能是怎样形成的。所以,教师抱怨'新课程理念听起来很好,但难以操作',这是有道理的。著名语文特级教师钱梦龙在《课程·教材·教法》上发表《训练——语文教学的基本形态》的文章,就代表了部分有经验的教师正在向教学的基本规律回归。"[1]笔者以为,皮连生先生的见解可谓入木三分。

何谓向教学的基本规律回归?按照钱梦龙先生的见解,教学的基本规律之一就是训练。训练什么?显然,就是要训练学生的思维。

其实,早在本次基础教育课程改革之始,袁振国先生就谈到了一个例子:"1999年1月,在教育部基教司召开的'基础教育课程改革专家工作组会议'上,一位中学校长的发言给我留下了深刻的印象。他教高三毕业班的化学。两年前,他所教4个班化学高考的平均成绩是94分。两年后,他拿同样的试卷对这些同学又进行了测试,结果平均只有16.3分,而且所得分数主要是与化学思维方法有关的内容。换句话说,具体的知识和运算方法几乎遗忘殆尽。这虽然不是说具体的知识不重要,任何科学的思维方法都不能离开具体的知识而获得,但是在科学教学中,是把知识本身作为目的,还是把知识作为工具和手段以掌握科学方法为目的,这是两种完全不同的教育思想。科学并不是简单地对自然规律的揭示,更重要的是要找到研究自然规律的方法,或者可说一门学科如果不能形成自己的科学方法,就不可能成其为科学。不同学科构建符合自身研究对象特性的形式、符号和数学模型的方法,就是这门学科特有的思维方法和工作方法。"[2]

长期以来,在科学方法的分类方面,人们往往把强认知方法(strong cognitive methods)与弱认知方法(weak cognitive methods)混为一谈。比如,对于课程目标中"过程与方法"维度的含义,课程专家对此作出如下解释:"过程与方法的含义有3条:指某一学科的探究过程与探究方法;指达到教学目的或获得所需结论而必须经历的活动程序;指学生接受知识,以及发现问题、分析问题和解决问题的过程。"[3]这样不着边际的解释,正如皮连生先生所言,"这简直成了当前我国教育理论界一大讽刺。"笔者常常感叹,很多专家在谈到新课改时,动辄就谈三维课程目标的亮点"过程与方法"维度,可是他们连科学方法的内涵都不清楚,怎么就能著书立说指导新课改呢?而从心理学的观点看,方法包含强认知方法与弱认知方法,两者具有不同认知特点。强认知方法是特定专业领域的独特认知方法,往往与专业知识紧密结合,不容易区分,一般与专门知识有密切关系。弱认知方法是可以被运用到各种问题解决过程中的一般策略和方法,也属于通用问题解决方法,一般与智力因素有更密切的联系。笔者认为,强认知方法就是学科方法,而弱认知方法就是思维方法。

事实上,我国学生思维训练的薄弱已经到了非常严重的程度。对此,早在2005年,来自台湾的清华大学工程物理系教授程曜就在《新华每日电讯》上撰文,指出这一问题的严重性,但未能引起人们的警觉。他发表的"除了考试,他们不会推理,不敢提问题,不愿动手"一文,直指清华大学学生的思维陋习,不仅直接反映了我国高等教育学生思维的训练状况,更在一定程度上反映出我国基础教育学生思

---

[1] 皮连生,吴红耘. 两种取向的教学论与有效教学研究[J]. 教育研究. 2011.(5):25—30.
[2] 袁振国. 反思科学教育[J]. 中小学教育. 1999.(12).
[3] 朱慕菊. 走进新课程与课程实施者对话[M]. 北京:北京师范大学出版社,2008,117.

维训练的薄弱程度。

程曜写道:"清华大学关心学生的老同事,希望我能对清华学生的学习,写一些具体的看法。因为我刚从台湾过来,对一些在中国内地已经习以为常的行为,不会视若无睹。的确,内地学生的行为和欧美甚至港台学生的行为,大大的不相同。我们虽然不忍苛责,但是我们还是得认真研究,作为时代的见证。学生就像一面镜子,反映了中国的社会现状。优秀的学生可以先知先觉,在这个大变化的时代领袖群伦,改变社会现状。在全世界的瞩目下,中国和平崛起已经是毋庸置疑的事实。同其时,全世界也正注视着这些国内一流大学的学生,看看他们到底有什么能耐,来面对二十年后的中国。我们当然理解,年轻人个人的问题,随着年纪的增长,一定会适当解决。而该思考的是,清华里学生的特殊现象,以及普遍不正常的行为。"

"我们在这里举出一些实际的例子,进一步说明为什么有些学生不要知识。大部分学生上课的时候,只留意老师放了什么资讯,可能要考什么,很少理会一堂课内所教的内容之间的关联性。这件事非常容易证明,只要上课明白说出的一句话,好像会考,他们就会回答。如果需要综合两句话的推理思考,他们就不知所措。即使心里明白,也不敢把心里明白的事情写下,或者尽量写得模棱两可,多拿一点分数。如果不给公式,学生不会算,也不敢推导公式。这样子的态度,不正是明证。他们上课,不理会老师推导公式的思路,大都死记最后公式的结果。上学期我上完光学,考试第一题如下:'如果你的近视眼很严重,不戴眼镜能看清楚显微镜的影像吗?'这样的问题,一百个修课的学生内,有一半以上的学生不会答,还有四分之一答错。这个问题,起码清楚表现了两件事:① 课本里没有的他们不会;② 他们不看显微镜,也不看望远镜,只会使用全自动对焦的照相机。也许还有其他的原因,不过有一点我确定,他们不会将上课的知识应用到日常生活上。这些知识只是用来考试,让他们踏进大学之门。剩下百分之二十五的学生之中,才有一些是愿意知道、喜欢知道的人。上个世纪美国著名的教育哲学家杜威,提出生活即教育的概念。我思考这句话三十年,回到祖国后,突然发现中国的现状和一百多年前的美国非常类似。当年的美国,被欧洲人瞧不起,认为美国人没有文化。虽然教育水准低落,却有欣欣向荣的活力。杜威说生活即教育,让美国的教育和实际结合起来,也去除欧式教育中的矫揉造作。中国的现代教育,应该吸取这个宝贵的意见。事实上,杜威是胡适的老师,正是胡适当年在大陆宣扬杜威的教育观,延续到台湾。而我回祖国后,见到学生的问题,似乎又回到胡适在北京的时代,一百年来没有多大的改变。"

"如果大家不认为上面列举的现象是我捏造的,不免要问,中国该何去何从?这些清华的大学生像是会考试的文盲,不但对知识不感兴趣,对文化也十分陌生。虽然可以随时朗朗上口一些专有名词,似乎学习了很多。但细究之下会发现,他们就像'文化大革命'里的样板戏,架势十足好看,内容简单易懂,却不深刻。我必须要说,这不只是清华大学一个学校的责任,应该是全体中国人的责任。我必须呼吁大家来救救这些孩子,把他们的思想紧箍咒拿掉,让他们开始思考。我们不能再纵容这些自以为是的清华学生。要让他们知道,如果不能够创造更进步的文明社会,就不配走出清华大门。要让他们知道,再聪明的人,也需要严格的锻炼。要让他们知道,世界不只有海淀清华园。"[1]

确实,不能认为程曜教授所言就是百分之百正确,但程曜教授所言之坦率,所言之真诚,所言之深刻,恐怕难有出其右者。"如果需要综合两句话的推理思考,他们就不知所措","如果不给公式,学生不会算,也不敢推导公式","他们上课,不理会老师推导公式的思路,大都死记最后公式的结果"。这足以说明我们目前的教育对学生思维的训练已经薄弱到何种程度。如果"清华的大学生像是会考试

---

[1] 程曜. 除了考试,他们不会推理,不敢提问题,不愿动手[N]. 新华每日电讯,2005-07-10(05).

的文盲",那么由此可以推想全国其他院校的大学生乃至中学生。

事实正是如此。全国物理高考命题委员会曾在国内部分高中进行过高考物理科研试题测试,题目如下:一篮球自某一高度自由下落,撞到地面后又弹起,升到一高度后又自由下落,以后又弹起,下落,一次又一次,直至篮球静止。试定性画出在整个过程中篮球的加速度 a 随时间 t 的变化图线。正确结果如图 2-8 所示。①

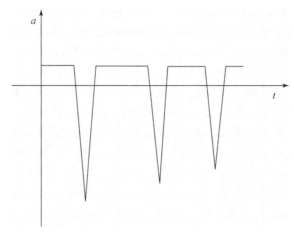

图 2-8

测试结果显示,本题的得分率相当低,只有 6%。多数学生对碰撞过程中加速度的变化根本不清楚,也不会用图线表示加速度的变化。从根本上说,则是学生不会思维。

怎样解决这个问题?有学者认为:"无论是专门的思维课程还是已有的学科教学,如果要使思维教学得到大规模的推广和普及,尤其是使思维能力的培养真正成为教育教学的核心目标和最终追求,并贯彻落实在课程教学的实施过程中,就必须在国家课程文件中明确培养学生思维的总体目标和阶段性目标,并在各学科的课程目标和教学大纲中详细列出各种思维能力培养和发展的学段和操作性要求。"②笔者认为,这一观点是正确的。

然而,从思维课程目标到如何将思维训练落到实处并具有可操作性,仍存在着一个关键性的问题——这就是采用怎样的训练材料对学生进行训练才是有效的,这是我国教育长期未能解决的问题。

笔者通过十年的研究,寻找到了解决这一问题的有效途径——这就是原始问题教学。我们的研究表明,中学生思维的训练只有在原始问题解决中才有生命力,才能显示出思维的内涵、色彩和品质,才能显示出思维内在的理由、作用和功能,学生学习过的概念和规律才能真正活起来,这样才能提高学生学习的效率。通过一定数量的原始问题训练,当学生解决实际问题时,各种各样解决问题的策略就能够迅速地检索而无需搜肠刮肚地对照做过的题型,才有可能在处理前一个步骤时就能在大脑中预感下一个步骤,根本无需暗暗回忆各种题型再思量其意义。即使学生在进行创造性活动时,也能凭学科知识、学科方法和思维方法而非经验去探索到正确的解决途径。正是在这个意义上,我们认为,原始问题训练不仅能使学生学到学科知识、学科方法,而且也能很好地培养学生的

---

① 高考物理科命题委员会"八五"科研课题组. 高考物理能力考察与题型设计[M]. 北京:高等教育出版社,1997,141.
② 郅庭瑾. 国外中小学思维教学研究:争议与启示[J]. 教育研究. 2010.(12):98—102.

思维品质。

我们大可不必担忧学生练习后会忘掉这些原始问题。可以把学科知识看作人体的肌肉,学科方法为关节,思维方法为骨骼。经过一段时间,首先会肌肉萎缩,有一些关节在长久不运动之后,会功能退化;但这没有关系,因为一旦运动起来,萎缩的肌肉会很快恢复,僵硬的关节会很快灵活起来。骨骼部分则最持久,因为训练形成的思维方法会深深印在学生的脑海里而永久保持。

为了验证原始问题对学生思维训练的效果,笔者曾采用心理学的口语报告法,对高中生解决原始问题的思维过程进行了深入研究。以下是首都师范大学附属中学的学生做完原始物理问题后的"几点感受":

首先,感谢老师带给我的难忘的物理之旅,是它令我更深刻地认识到,物理学不仅是凭公式定律堆砌的空中楼阁,而是用来解决实际问题的利刃。

物理学从出现、发展到走向辉煌皆是以解决实际问题为基础,每一位物理工作者的成果也绝非是纸上谈兵,而是具有实用价值的。这些人取得成功的能力并不是凭借自己卓越的天赋,而是在真刀真枪地与实际问题打拼的过程中领悟出来的。而现行教育体系中缺乏的就是加强对学生实践能力的锻炼。现代的中学生在5~6年的物理学习过程中往往具备了较为扎实的对物理的一种常识性认知,却缺乏对其深刻的理解和基本的应用能力,知其然而不知其所以然。致使学生对待物理如同对待文科,一般去死记公式,在考场上将其生拉硬套,反正公式有数,总有一款适合你。但是老师的问题与目前常见的物理习题有着很大的不同。每一道题都是从生活、历史中来,寥寥数笔之间便隐藏着深奥的物理学原理。而且它们都是对事实忠实的描述,没有所谓的简化,没有数据,更没有应用何种物理知识的提示(甚至暗示)。它们的解决需要的是对生活的细心观察,模型的正确提炼,开阔的思路和较为扎实的数学、物理学基础。说实话,老师的题目初读起来毫无头绪,不知从何下手。对于平日里擅长搬弄公式的我来说,遇到没有数据的问题发蒙也情有可原。然而问题如此地贴近生活使我产生了一种去解决实际问题的欲望,令我在解决问题的过程中没有半途而废,而是努力地品味着题目中种种巧妙设置的隐含条件,提炼能用、实用、好用的物理学模型,并投入到最后的运算中。当然,最美的还是享受解决问题的喜悦。这种喜悦,并不仅仅是因为解决了一道物理题,更主要的是,自己苦学多年的物理知识终于能应用于解决实际问题上了,如此浓浓的喜悦中便掺入了淡淡的自豪。

其次,本人在解决问题的过程中仍然发现了自身的一些不足之处。① 是物理模型的简化问题。平日里做的习题往往都是已简化过的半成品,在对物理能力的训练中缺乏提炼模型这一环节,导致在解题过程中无视题目中的情景,盲目地使用模型,且对于诸如"微弱""极短"这一类词语不敏感或者过分敏感,错误地进行忽略,使思路陷入误区。② 是一种思维惰性,使我无法适应物理模型的快速变换。从质点模型到考虑其形状,从平动到转动,从机械运动到电磁学,还真令人有大脑发蒙、找不到北的感觉。其本质还是对各经典模型认知不清,仅停留在书本阶段,充其量能应付几道高考题罢了。③ 是缺乏对生活的观察和适当的物理学联想,乃至看到日光灯却看不到其两端连接的是220V、50Hz的交流电这一简单事实。对于平日习惯了应对条件充分,提示明确的习题的我来说,这似乎仍旧情有可原。④ 对解决实际问题的一种不适应。不仅是对思维量增加的不适应,还有对空白的数据与零提示的不适应,更是对隐含条件隐蔽得如此之深的不适应。然而这一切都是对一个能自主解决实际问题的中学生的最基本要求,而学校却迟迟没有进行这方面的训练。我也是头一次认知物理工作者接触的问题,原来并不似高考题那般幼稚。

最后,再次感谢老师在我绞尽脑汁却毫无进展之时给予我的适度引导和鼓励,希望老师对我今后的物理学习提出宝贵意见。是您让我深刻认识到：物理学比想象中实际得多,深奥得多,有趣得多！[1]

这位同学的感受使笔者受到很大触动。扪心自问,基础教育课程改革究竟在多大程度上关注了学生的需要？在多大程度上促进了学生思维的发展？"为了每一位学生的发展"是基础教育课程改革的响亮口号,然而学生需要什么？学生渴求什么？也许,这位同学的感受就是最好的诠释：学生需要的是"苦学多年的知识能应用解决实际问题",是解决问题之后在"浓浓的喜悦中掺入淡淡的自豪"。遗憾的是,我们目前的教育尤其是基础教育课程目标在这方面仍与学生的需求相距甚远。

综上所述,笔者认为应当把培养学生的思维能力作为基础教育课程的总体目标和阶段性目标,并在各学科的课程目标中详细列出各种思维能力培养和发展的学段和操作性要求。这不仅体现了基础教育课程改革的真正方向,抓住了基础教育课程改革的核心和本质,而且真正能发挥基础教育课程改革对国家和民族发展的促进作用。

四、基础教育课程改革的教材编写

近年来,随着新一轮基础教育课程改革的开展,人们的教育理念也发生了变化,把"过程与方法"作为课程目标写入基础教育课程标准,体现了从知识本位向重视科学方法转变的教育思想。然而遗憾的是,重视科学方法的教育思想并未深入下去,而是止步于理念层面不再前行。这表现在：基础教育各个学科课程目标中虽然都有"过程与方法"维度,但课程标准中却只有科学知识却没有相应的科学方法,即便是在刚刚修订颁布的义务教育课程标准中,同样如此。反映在教材编写中,也就出现了科学方法教育内容"只听楼梯响,不见人下来"的状况。

当然,目前教材编写中存在的问题,并不在于根本没有显化科学方法,而在于：① 不清楚科学方法在教材中所具有的特殊意义,甚至可以说是独特的、不可取代的意义,而仅仅将科学方法作为教材编写中知识教学的引入条件或附庸；② 科学方法与科学知识在教材编写中常有脱节现象,就是说,科学知识本来应当运用科学方法合乎逻辑地推导出来,但是,教材编写并未能展现出这种逻辑力量；③ 不重视科学方法的巩固,一旦进入概念、规律教学,尤其是进入解题,科学方法往往就被置诸不顾了；④ 科学方法的运用非常薄弱,如何在教材编写中体现运用科学方法解决实际问题也未得到深入研究。

怎样认识科学知识与科学方法的关系？长期以来,科学教育界对这个问题进行了深入探讨并逐渐形成了知识中心教育观。其中,物理学知-能结构图是一种有代表性的观点。如图2-9所示。[2]

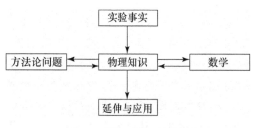

图2-9 物理学知-能结构图

物理学知-能结构图形成了上(实验事实)、下(延伸与应用)、左(科学方法)、右(数学)、中(物理知识)五个区域。这种观点认为,知识处于"中心"地位。这里的"中心",并不是说只强调科学知识而忽视其他,而是说其他要素的落实都要通过科学知识的教与学来进行,而不能另搞一套。

仔细分析物理学知-能结构图,我们发现这一结构既不符合科学发现认识论的基本法则,又不符合科学教育的逻辑顺序。科学发现认识论认为,现象是科学

---

[1] 邢红军,陈清梅.论高考物理能力理论与命题导向.[J].课程·教材·教法.2007.(11)：63—68.
[2] 阎金铎,田世昆主编.中学物理教学概论[M].北京：高等教育出版社,1991：39.

的根源,在科学发现过程中,科学现象与科学理论并不存在直接关系,科学现象要借助于科学方法的参与才能进一步形成科学理论。同样,科学理论的应用也不是直接完成的,它需要科学方法的介入才能成功解决问题,科学教育同样也是如此。

基于此,我们建构了"科学方法中心"的理论,如图 2-10。我们认为,这样的结构图才能准确地反映出科学知识与科学方法的关系。①

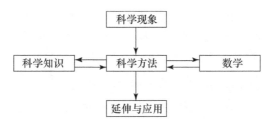

图 2-10　知识-方法结构图

图 2-10 表明,知识-方法结构图主要包括五个部分:科学现象,科学知识,科学方法,数学以及延伸和应用。科学方法处于结构图的中心,分别与其他四个部分相联系。图中的箭头表示了不同部分之间的相互关系,不同部分之间也会发生联系,但这种联系须经由科学方法才能实现,科学方法起到桥梁和纽带的作用。从科学教育的实践来看,科学教育过程主要体现在知识-方法结构的两个认识途径上。

首先,在科学教育中,从科学现象出发,必须经过科学方法的加工整理才能获得科学知识,科学方法是科学现象通达科学知识的必经之路,既不可或缺,也无法逾越。这一认识途径反映了科学知识的获得过程,可以表示为:科学现象→科学方法→数学→科学知识。这就是说,科学方法是获取科学知识的重要手段,学生只有掌握了科学方法,才能更快捷地获取科学知识。教学中只有借助于科学方法,才能使教学活动得以顺利进行。比如牛顿第二定律的建立,就需要应用实验法、控制变量法、图像法、曲线改直法、比例系数法等科学方法。显然,科学方法与科学知识形成了"源"与"流"的关系。

其次,科学方法还是科学知识应用的重要手段,是实现科学知识智力价值的桥梁。进一步说,从科学知识出发,必须通过科学方法的中介才能解决实际问题。这一认识途径反映了科学知识的应用过程,可以表示为:科学知识→科学方法→数学→延伸与应用。仍以牛顿第二定律为例,在应用该定律解决实际问题时,就需要用到整体法、隔离法、正交分解法、图像法等科学方法。

目前,人们对于教材编写的认识仍然停留在知识中心的层面。知识中心教育观反映在教材编写上,则表现为"以知识为线索"的编写思想。这种观点认为:多数教科书都是以知识为线索来规划全书的,章节的设置大都按知识体系编排而成。在一节课中,教学内容的逐步展开,很多情况下也是以知识为线索的。因此,教师在教学中很容易把注意力集中在知识上。以知识为线索,并不等于说三个维度的目标中的知识是主要的,过程和情感是次要的,以知识为线索组织教学,是因为知识、方法、情感,它们具有不同的特征。知识的相互联系比较紧密,而且存在着明确的递进关系。一个新知识的构建,需要原有的知识作为基础,知识的展开,就形成了一个网络,网络之间的联系,就是线索。

方法则不是针对一个具体事物的,它是从许多同类事物中概括出来的。然而,方法的存在依赖于具体的事物,如果没有具体问题的支撑而空谈方法,这些"方法"只能是空洞的条文。因此,我们不能

---

① 邢红军,陈清梅. 从知识中心到方法中心:科学教育理论的重要转变.[J]. 首都师范大学学报(自然科学版),2011,(6):20—26.

撇开知识,以"方法"作为展开教学的线索。如果确要以过程和方法作为某一段教学过程的线索,那么必须满足一个前提:体现这些方法的案例必须为学习者所熟悉,这些案例的知识必须已经被学习者所掌握。在这个前提下,以过程和方法作为线索展开教学,也是可行的。①

上述情况表明,目前的基础教育课程改革在观念上,仍然没有把科学方法置于特别重要的位置,这表现在《课程标准》、教科书、课堂教学等诸方面。这就使得我们的学生虽然掌握了某一学科的许多知识,却不懂得该门学科的科学方法和其方法的价值,这种现象甚至在大学里也同样存在。我们每位教师不妨自问:自己所教学科的独特科学方法是什么?如果学生学习了一门学科,却还没有掌握这门学科的科学方法,那么,充其量只能说他们学过了这门学科,而不是掌握了这门学科。之所以有高达73%的老师认同"新课改后学科知识体系不够系统,教学难度加大"的观点,在很大程度上恐怕就是由于教材编写中科学方法的缺失所造成的。

事实上,科学的概念、定律等知识,是人们赖以进行科学思维的基本细胞,没有科学知识,所谓智能活动就成为没有内容的空壳,是不可能存在的。但是,只有知识还不行,还必须有一定的方法或途径,使这些知识与科学的问题相互沟通,对知识进行选择、组合、运用,才能解决问题,形成智力活动。因此,依据"科学方法中心"理论编写教材,就是把科学方法视为知识的脉络,按照科学方法的逻辑去组织教材内容,形成知识的逻辑链条,进而形成知识的结构。因此,在教学中,学生如果没有学会通过科学方法在自己的头脑中把大量的知识编制成一个层次清晰、逻辑严密的结构或网络,就无法不断接收、容纳新的信息,就无法不断完善自己的知识系统。

需要指出的是,"科学方法中心"理论比较适合于科学教材编写,但并不适合于其他课程的教材编写。比如语文学科,张奠宙教授认为,语文教学的特点包括:语文是心灵的语言、思想交流的工具,属于情意驱动,借助于形象思维,是主观感受的表达。因此,语文学科的主要学习方法是背诵、阅读经典范文,进行写作训练,这要求在语文教材的编写中必须要充分考虑语文教学的特点。

孙郁先生曾发表《美国的语文书》一文,读来对于中学语文教材的编写具有启示意义。他写道:中国语文的内容主要是在华夏几千年文明里转,教育的根底却是让人"信"。美国语文也有如爱国和人道情怀等等,不过还有几点不同,就是不让人都"信",而是让人生"疑"。以前听张中行先生说,英国的课本上说拿破仑是英国打败的,德国课本上说拿破仑是德国打败的,有人问罗素,让我们的孩子信谁呢?罗素说,让英国的孩子读德国的书,让德国的孩子看英国的书。什么时候大学不再轻易相信什么,教育就有成效了。这个故事不知是否准确,却讲了一个道理,教育乃让人学会怀疑,通晓独立思考之径。我看美国的语文读本,就有一点这个意思。选什么和不选什么,编选者之深意存焉。

《美国语文》选用亨利·大卫·梭罗的《论公民的不服从》这一名著,列入中学教材,无疑是有冲击力的文字。有意思的是,文章背后的思考题很有挑战性。① 梭罗暗示谁应对墨西哥战争负责任? ② 根据梭罗的观点,为什么一小部分人可以乱用政府权力而免受惩罚。③ 根据梭罗的观点,什么时候美国人将会获得在可能范围内的最好政府。

这样的设问,在我看来有很多的中国成年人都没有思考和研究过,不料洋人在中小学教育中早就种下了这粒种子。胡适留学的时候,感叹过中西教育的不同。他在执教北大后,终身倡导的就是杜威的思想。在西方国家里是很常识的东西,到了中国则成了唯有学人才关注的内容。不妨说,"五四"以来的学者一般都在为西方国家的基本"常识"的东西而奋斗,无暇顾及形而上的存在。茅盾、巴金等人除了创作外,还致力于自然主义与安那其主义的理念。在他们眼里,教育界与文坛是思想的荒漠,孩

---

① 物理课程标准研制组. 物理课程标准(实验)解读[M].武汉:湖北教育出版社,2004:121.

子受到的教育那么可怜。办法只能是译洋人的书籍,引来别样的色泽。青年们在单色调的世界里,收获的也只能是单色调的果实。

前几年学界就中学语文教材应如何编写,有过不小的争论。看双方的争论,知道彼此的落脚点不同,价值观是有差异的。那一场争论也导入误区,好像都要确立精神上的核心,除此之外别无他路。我的看法却是如果可能,不妨多编几套语文教材,各坚持各自的立场,彼此共存,让学校和孩子们去选择。据说日本的教材有多种版本,中国也不妨百花齐放,不必大一统,使独异的存在失去空间,优胜劣汰,乃自然规律。竞争的结果,便使个性化的文本留存下来,孩子们庶几不再为单色调的阅读发呆了。①

让人稍感意外的是,温家宝总理也曾对教材编写发表过看法。他在北京三十五中听了半天课后,对地理教材的编写发表了如下看法:

"第四堂听的是地理课。老师用提问的方法,问学生暑假到过哪些地方。我真没想到学生到过那么多地方,不仅是国内,而且到过国外。我仔细翻了课本。这门课把我们过去的地理与自然地理合并了,甚至扩展到把地理、地质、气象、人文结合起来,是一本综合教材,可能现在学地理的时间要比过去少了。但是讲华北一下子我就听糊涂了,因为课本讲的既不是自然分界,又不是经济分区,也不是行政分区,华北怎么把陕西、甘肃和宁夏包括进去了?课本对中国区域划分的依据不足,无论是自然的、经济的还是历史沿革的划分都没能讲清楚,有的是错误的。此外,课本关于中国的区域差异一章就讲了中国的五大区域,即华北、青藏、沿海、港澳和台湾,这就更不全面了。我赞成把地理、地质和气候结合起来,这就如同把人与自然、环境结合起来一样。过去大学的地质地理系就包含这三个方面。已故的刘东生院士之所以在研究黄土高原方面取得很大成就,获得国家最高科技奖,主要是两方面原因:一是因为中国有世界上最厚、面积最大的黄土层,这给他提供了有利的研究条件;另一个原因是他对地理、地貌、地质和气候的关系,特别是黄土的成因以及黄土形成与气候变化的关系研究得很深。我赞成编写教材时把这几方面结合起来,但要把基本概念讲清楚。现在孩子们见识很广,他们到过很多地方,老师讲得也很好。课本要保持严谨规范和学术的百家争鸣,使学生从本质上理解地理学真正的科学内涵。"②

温家宝总理讲话一向以含蓄、委婉而著称,由于"听糊涂了",于是他先后用"依据不足""没能讲清楚""有的是错误的""更不全面了"等评价,直截了当地表达了对教材编写的意见。他希望教材编写"要把基本概念讲清楚,课本要保持严谨规范和学术的百家争鸣,使学生从本质上理解地理学真正的科学内涵。"

实事求是地讲,温家宝总理的批评是有道理的。教材是教学的基本依据,如果我们的教材编写"依据不足""没能讲清楚""有的是错误的""更不全面了",焉能教给孩子们科学的知识?

教材编写不同于一般的书籍撰写,教材编写需要准确无误、严谨规范、字斟句酌、精雕细刻。一套好的教材,往往需要几代人的传承接力,积累积淀,才能形成教材的独特风格。然而,在本次基础教育课程改革中,几乎所有的教材出版单位都被"科学探究"之风吹昏了头,纷纷抛弃几十年所形成的教材编写风格,另起炉灶。不仅在科学类教材编写中进行科学探究,而且在语文学科等教材的编写中也进行科学探究,这实在是"吴王好细腰,宫中多饿死"的今生再现,让人忍俊不已。这也就难免会出现调查中江苏一位语文老师所言"小学教材并无多少新意,文字拙劣"的评价。

查有梁先生指出:"'探究'的方法,适合于科学课程,但并不适合于其他课程。语文和外文的主

---

① 孙郁.美国的语文书[J].法制博览,2008,(8):53.
② 温家宝.教育大计 教师为本[N].人民日报,2009-10-12(02).

要学习方法是'阅读和背诵',而不是'探究';数学的主要学习方法是'思考与练习';艺术课程的主要学习方法是'鉴赏和创作';技术课程的主要学习方法是'设计和制作'。'探究'的方法也是较高层次的学习方法。在基础教育中,难以普遍推行'探究'的方法。"[1]笔者以为,这样的见解,同样适合于教材编写。

五、基础教育课程改革的讲授教学

基础教育课程改革以来,由于"新课程理念"的无知、偏执与误导,致使讲授法声名狼藉。一些地方教育部门和学校明文规定教师的课堂讲授时间不得超过20分钟,甚至不得超过10分钟。在课堂教学中,教师竞相压缩讲授时间,有的地方甚至完全把课堂教学时间交给学生,教师几乎彻底放弃了讲授法。一时间,讲授法成为众矢之的,似乎没有存在的必要,大有被彻底抛弃的可能。这就是讲授法面临的存在性危机。

面对基础教育课程改革中这种言必称"科学探究"、言必称"合作、自主、探究"而绝口不提讲授的状况,一些教育学者发出了自己的声音。

北京师范大学的丛立新教授指出:"讲授法作为教师使用最早的、应用最广的教学方法,在今天的中国似乎正在失去合法性,这是值得忧虑也是值得研究的教育现象。然而基础教育的基本事实是,直到今天,从教师个人而言,教学能力的高下之分在很大程度上仍取决于对讲授法的驾驭;从基础教育整体而言,教育教学水平的质量仍然与这一方法的实际运用水平密切相关。"

尽管存在种种局限,讲授法在今天仍然是具有足够合理性的教学方法,并且仍然是最为重要的教学方法。讲授法今天在学校中的主要地位,并不是某个人、某些人的意愿或偏好,而是社会和教育进程的历史选择。简单地说,因为社会与科学的进步,才有了系统的科学知识;才需将这些系统的科学知识不间断地一代代传递下去,才需要普及教育,才需要有高效率的教学形式和方法来完成这种任务。自从人类进入现代社会,这种任务已经成为社会发展的基本条件。直至今日,只有以讲授为主,与班级授课制、学科课程联袂,才能完成这一任务。

今天对待讲授法的科学态度是,认识它的合理性,承认它的合法性,坚持它在诸多教学方法中的主导地位。当然,在这样的前提,更要不断地在实践中探讨和提高它的科学化水平。如果只是满足于对于它的简单批评甚至排斥,则可能动摇甚至取消讲授法的前述主要和基本的地位,那么,基础教育的教学质量和水平几乎必然地遭受牺牲,学校则难以承担它对于社会的使命。[2]

王策三教授同样认为:"关于讲授是最主要方法,对于中小学而言,这是绝对的。因为讲授主要为语言活动,不同于一般动手操作的感性活动。如果不主要依靠它,就不能培养和发展学生的高级心理能力、特别是抽象思维能力;如果不主要依靠它,学生就无法面对庞大的知识体系,不可能在十来年内学习完几十本教科书。当下讨论、争论的问题是:在学校教育的教学方法中,从原则上或整体上说,哪个为主?讲授为主还是'探究'为主?讲授法的地位能否动摇并由'探究'取而代之?如此等等。"[3]明确回答了在学校教育的教学方法中,是讲授为主还是"探究"为主?讲授法的地位能否动摇并由"探究"取而代之的问题。

其实,早在20世纪,美国著名的心理学家奥苏贝尔就为讲授法的合理性进行了辩护。"讲授法从来就是任何教学法体系的核心,看来以后也有可能是这样,因为它是传授大量知识唯一可行和有效的

---

[1] 查有梁. 新课程改革实施中出现的新问题[EB/OL]. http://blog.sina.com.cn/s/blog_5c9982c80100h2o9.html. 2010-1-19.
[2] 丛立新. 讲授法的合理与合法[J]. 教育研究. 2008.(7):64—72.
[3] 王策三. 对"新课程理念"介入课程改革的基本认识[J]. 教育科学研究. 2012.(2):5—15.

方法。"①

在对学校教学的基本看法上,奥苏贝尔认为,"虽然学校也要发展学生在各种领域内应用所获得的知识去系统地、独立地和批判地解决特殊问题的能力,学校的这种功能尽管可以构成教育的合法目标,但同它传授知识的功能相比,远不能处于中心地位。"②"就个人的正式教育来说,教育机构主要是传授现成的概念、分类和命题。总而言之,发现教学法几乎不能成为一种高效的传授学科内容的基本方法。"③基于这样的立场,奥苏贝尔不仅为讲授法进行了如上辩护,也对这种方法进行了多方面的研究,如有意义学习所需要的条件、概念同化的不同形式、先行组织者,等等。

综上所述,奥苏贝尔的研究结论是:讲授法比发现法更为高级。因为它可以脱离具体情境的限制,从而使教学突破了个人生活的局限。④

为什么讲授法在基础教育课程改革中存在着危机?从根本上看,首先是由于我国教育长久以来对讲授法的藐视与不屑;其次是负责基础教育课程改革的某些教育学者对讲授法的无知与误导。

2005年,上海交通大学的晏才宏老师因肺癌去世,终年57岁。犹可感慨又令人无法释怀的是,这样一位身后被千人怀念、颂扬的老师,至死还只是一位讲师。对此,上海交大负责人的解释是:"大学要求教学、科研并重,教师既要传播知识,又要创新知识,两者不能偏废。以此衡量,晏才宏就不够全面。"作为一般的道理,上述的理由当然成立。但是如晏才宏老师一般把传播知识当做毕生事业,又能以出众的智慧、高尚的人格,引领学生进入人类知识殿堂者,其对学生、对学校、对社会的存在意义,早已超出是否"全面"的层面。

在上海交大电子信息与电子工程学院,晏才宏的教学水平有口皆碑。他的电路课,在学生网上评教活动中,以罕见的满分居全校之首。他上课已达到了这种境界:一杯茶、一支粉笔随身,从不带课本和教学参考书,知识早已烂熟于胸,例题信手拈来,讲课条理清晰、自成体系。加上一手俊秀的板书、洪亮的嗓音,他的电路课被誉为"魔电",几乎场场爆满,座无虚席。

学生在校园BBS的悼文中说:"他的课充满了激情,从头到尾都扣人心弦,简直像一部精彩的电影。""书本上那些枯燥的字句,到了他嘴里就像活了一样,那些原本晦涩难懂的公式、定理,经过他的讲解,就变得非常简单明白。""理论讲述深入浅出,分析解题信手拈来,备课讲义自成体系,真是'魔电啊魔电'。"在所有追思晏才宏老师的文字中,下面的一句感人最深:"不知道天堂里是不是也会有人学习电路呢?如果有,他们真的很幸运。"如果不是痛入肺腑,写不出来这样充满诗意的凄美文字。

这样一位深受学生喜爱的教师为什么至死连个副教授也评不上?表面看来,主要原因是他没有论文。根据高校现行考核体制,教师评职称主要看科研论文的数量,而晏才宏几乎没有发表过一篇"像样"的学术文章。但在更深层次上,则是对教师讲授技能的鄙视。对于讲课,许多人内心的潜台词通常是:"讲课,不就是说话吗?只要会说话,人人都会讲课。"这实在是对教学技能的一种深深的误解。

事实上,讲课与说话是完全不同的。教学语言作为一种独白语言,与对话语言不同的是,独白语言需要严格的逻辑连续性、结构完整性和修辞正确性。与书面语言不同的是,独白语言不允许修改,不能失言和长时间停顿。对于教学语言的要求是:

(1) 清晰性。教师的语言应清晰入耳,要求用普通话讲课,发音准确、吐字清晰、音量适中。

---

① 奥苏贝尔.教育心理学[M].北京:人民教育出版社,1994,666.
② 奥苏贝尔.教育心理学[M].北京:人民教育出版社,1994,28.
③ 同上.
④ 王策三.教学论稿[M].北京:人民教育出版社,1985,95—97.

（2）逻辑性。教学语言必须符合逻辑、语法，叙述连贯、有条理。

（3）准确性。对基本概念和原理表述准确，正确使用专有名词和术语，注意所教学科的特点，引用史料和数据要准确无误。

（4）简明性。简明扼要的语言好懂易记，且可节省学生的精力。语句太长、重复啰唆使教学失去感染力，引起学生厌烦。

（5）语速适中，有适当的停顿，便于学生理解和记录。语速过慢，信息量过小，不利于学生集中注意力；语速过快，使学生来不及理解，即使理解了，印象也很肤浅。

（6）生动性。教师的语言应鲜明生动，富于感情，有感染力。

已有研究表明：教师用高亢型语调讲课的班级，学生容易表现出烦躁、厌倦的情绪，作业正确率平均为68%；教师用抑制型语调讲课的班级，学生很快表现出神情冷漠、注意力不集中的情绪，作业正确率平均为59.4%；教师用平缓型语调讲课的班级，学生表情平淡迟缓，作业正确率平均为81.8%；教师用变换型语调讲课的班级，学生情绪兴奋，注意力集中，反应灵敏，作业正确率平均为98%。

不仅如此，教学语言技能还具有构成要素。包括：

（1）发音。吐字发音正确是指教学要使用普通话语言，要符合汉语普通话的读音规则。最低要求：普通话测试二级乙等。

（2）语速。语速是指讲话的平均速度。中央广播电台播音员的语速为每分钟350字左右。课堂口语的速度还要慢，以每分钟200字左右为益，过快或过慢都会影响听课效果。

（3）音量。教学语言必须有一个合理的音强。音量过大，学生反而听不真切，还容易造成听力疲劳。上课，以中等强度音量为易，教师讲的不吃力，学生听起来也轻松。音量也不易过小。应使最后一排学生在不吃力的情况下也能听清楚，但又不使前排的学生感到震耳。音量还要有变化。教师在教学过程中，为了适合教学内容的需要和交流时情感变化的需要，要善于变化自己的音量，以及音高和音长。

（4）语气。语气指语句中的声音高低、快慢、强弱、虚实的变化，用以表现不同的思想感情。

（5）节奏。教学语言的节奏，指的是在一个相对完整的表述中，其语速的快慢、语音的强弱变化而形成的语流态势。换句话说，这些由语音的长短和停顿的长短所构成的快慢变化，伴随相应的语音强弱的大小变化就是节奏。在一节课里，应该多种节奏交错使用。

（6）语汇。语汇是指教学语言中的词汇和语法。教师应具备较丰富的词汇量，并能正确熟练地运用于教学中。教师在教学中用词要准确，能用恰当的词汇表达一个意思，表达客观事物。

同样，教师的讲解技能也具有构成要素。包括：

（1）讲解的结构。讲解的结构是教师在分析学生的情况和教学内容的基础上，对讲解过程的安排。它是将讲解的总任务分解为若干个部分，每一部分都有一个明确的阶段性目标，并根据各部分讲解内容之间的逻辑意义和学生认识过程的规律，将各部分讲解内容安排成一个序列，并在讲解实施中正确清晰地表现这一序列。

（2）语言清晰流畅。语言清晰流畅的教学行为是讲解紧凑、连贯，语言准确、明白，语音和语速适合讲解内容和情感的需要。

（3）使用例证。举例说明是讲解的重要构成要素，例证可将熟悉的经验与新的知识概念联系起来，使新知识在已经消化了的知识中抛锚。

（4）进行强调。强调是成功讲解中的一个核心成分。一个有经验的教师能够运用强调将重要的关键信息从背景信息中突出出来，帮助学生集中保持重要的方面，减少次要因素的干扰，同时建立讲解中核心内容之间的联系。

（5）形成连接。讲解的结构是由系列化的关键问题和相应的阶段性目标构成的。在这些问题之间并不是彼此孤立的，它们将构成一个有机的整体。清楚连贯的讲解是由新旧知识之间、例证和概念规律之间、问题与问题之间恰当的逻辑意义连接构成的。在讲解中仔细安排各步骤的先后次序，选择起连接作用的词语说明上述关系，使讲解形成意义连贯的完整系统是"形成连接"这一技能要素的教学行为。

（6）获得反馈。观察学生的表情、行为和操纵方式；留意学生的非正式发言；提出问题，使学生回忆或运用所讲知识；给学生提问题的机会，让他们提出自己的看法或感到困难的地方。

对于当前中学教师的讲授，温家宝总理在"农村教师大会上的讲话"中曾有一段论述，他说："提起中学教育，我前年在北京三十五中听了半天课，我发现老师对当前的逻辑教育重视很不够。其实逻辑思维对一个学生的成长非常重要，为什么孩子们有的听了教师一个报告，能够很快地把它概括出来，看到一件事物，能够很快地、深刻地分析出来，并且表达出来。我说这就是逻辑思维。只有知识、经历加逻辑，这个人才能成为真正的演说家，如果这三点缺一点都不可能，这些往往在课本上是都没有的。"[①]

温家宝总理的专业是地质构造，他虽从未直接从事过教育教学工作，可都能听出中学教师讲课中"对逻辑教育重视很不够"的问题。这足以说明我们的教师讲授是存在问题的。难道不应当引起我们的高度警觉和重视？

从专业教学技能角度分析，"老师对当前的逻辑教育重视很不够"，根本原因在于教师没有真正掌握教学技能的精髓与真谛。一般而言，教学技能分为教学语言技能和教学动作技能。前者包括语言技能、讲解技能、提问技能、导入技能和结束技能，后者包括演示技能、板书技能、变化技能、强化技能和探究技能。每一项技能都包含若干要素与要求，这要求教师不仅需要掌握教学技能的理论知识，而且需要进行必要的规范训练。而这些，恰恰是许多教师在师范大学就读时所严重缺失的。

众所周知，相声讲究"说、学、逗、唱"，戏曲讲究"唱、念、做、打"，中医讲究"望、闻、问、切"，中药讲究"君、臣、佐、使"，那么讲授讲究什么？恐怕基本上就没有人说得出来，而这恰恰正是本次基础教育课程改革特别忽视的重要问题。试想，如果我们每一个教师都能如晏才宏老师一般，讲课"充满激情，从头到尾都扣人心弦，简直像一部精彩的电影""理论讲述深入浅出，分析解题信手拈来，备课讲义自成体系"，那么，何愁不能解决温总理所说"老师对当前的逻辑教育重视很不够"的问题，何愁基础教育课程改革不会成功？

因此，在基础教育课程改革中，我们必须清醒地认识到："讲授法不是万能的，但没有讲授法是万万不能的。"[②]

六、基础教育课程改革的教师教育

基础教育课程改革与教师教育有何干系？在笔者看来，干系甚大。在一定意义上说，教师教育是基础教育课程改革成功的源泉与保证。没有真正先进的教师教育提供大量优秀的教师，基础教育课程改革就不可能取得成功。

教师教育的灵魂何在？张奠宙先生有一段论述。他说："教师教育要使教师具备的知识由专业

[①] 温家宝. 一定要把农村教育办得更好——在农村教师大会上的讲话[EB/OL]. http://www.moe.edu.cn/publicfiles/business/html-files/moe/moe_176/201109/124042.html 2011-8-28。
[②] 丛立新. 讲授法的合理与合法[J]. 教育研究. 2008.(7)：64—72.

学科知识、一般教育知识和学科教育知识三个部分组成。专业课程只管第一项,教育课程只管第二项,第三项知识被忽视了。但是,研究学科教育需要具备'学科'和'教育'两类知识,并且能对两者加以融合。这种边缘学科,研究起来难度很大。"①善哉斯言!

笔者认为:在教师具备的专业学科知识、一般教育知识和学科教育知识三部分中,学科教育知识最为重要,也就是说,教师教育的灵魂就在于学科教育。甚至可以说,没有学科教育就等于没有教师教育。缺少了学科教育,教师教育无异于"行尸走肉"。遗憾的是,"教师教育的灵魂就在于学科教育"的重要性始终没有被教育界所认识。相反,则是在师范院校的发展中,出现了愈来愈淡化学科教育、愈来愈边缘化学科教育的状况,甚至出现了"师范不师又如何"的观点。

2009年,四川大学王东杰教授在《南方周末》撰文"师范不师又如何?",认为"今日国中师范教育体制确实是问题不小,却不在什么'师范不师'上。"他认为"这里有一本末问题。基础教育关系整个国民素质的提升,故应特别注重培养学生求知的趣味和习惯,俾其一生受用不尽,将来不管做何职业,均能胜任愉快(由于某个老师教得特别好,引起学生对其所授学科的兴致进而走上专业道路,不过是末节而已)。然'教得特别好'者,除了教法的新颖有趣外,根本还在教师对自己所授学科有着深厚的感情和深入的了解,方可依据本学科知识的特征,设计出引人入胜的教学方案。又或者也根本就没有什么设计,却在举手投足间焕发出长期的学术修炼养就的奇光异彩,则对学生的影响已超出单纯的知识之外,而具有精神的力量了。这不是要求老师把自己知道的全部教给学生,然知识底蕴的厚薄,于无声处仍能熏染到青少年那虽幼稚而敏锐的心灵。""事实上,现行中国高等师范教育的根本危机正是由于绝大多数师范院校过多地强调教育技术、忽视了其与基础文理诸科的内在关联所导致的。因此,其能否提高自身专门学术水准才是最重要的解决之道。不此之求,舍本逐末,'师'又如何,'不师'又如何!"②

笔者认为,王东杰教授以综合大学教师之身份,跨界论述师范大学存废之学理,其勇气可嘉,但难免有"不着边际"之嫌疑。他以为"教师对自己所授学科有着深厚的感情和深入的了解,就可依据本学科知识的特征,设计出引人入胜的教学方案",甚至"又或者也根本就没有什么设计,却在举手投足间焕发出长期的学术修炼养就的奇光异彩,则对学生的影响已超出单纯的知识之外,而具有精神的力量了",明白无误地反映出他根本不懂得教师教育的基本规律。所得出的"现行中国高等师范教育的根本危机正是由于绝大多数师范院校过多地强调教育技术、忽视了其与基础文理诸科的内在关联所导致的。因此,其能否提高自身专门学术水准才是最重要的解决之道"之结论,是典型的"无照行医"之处方。

2008年,笔者赴台湾进行学术交流,谈及师范教育的发展,台湾师范大学科学教育研究所的资深教授李田英博士对于台湾开放综合性大学进入师范生培养而导致师范教育混乱的状况痛心疾首。她告诫我们,大陆一定要认真汲取台湾师范教育发展的经验教训,一旦放开,就难免形成"覆水难收"的局面,其后果难以评估。

其实,现行中国高等师范教育的专业学科知识课程设置水平已可谓不低,已然超过中学教学内容两个层次。以物理学科为例,高中物理教学内容包括力学、电磁学、热学、光学、原子物理学,对应的大学普通物理同样开设了力学、电磁学、热学、光学、原子物理学,进一步,与之对应的更高级课程包括理论力学、热力学与统计物理学、电动力学、量子力学、固体物理。可以说,大学的教学内容已经远远超越了中学教学内容。如果按照王东杰教授所言,"教师能否提高自身专门学术水准才是最重要的解决

---

① 张奠宙. 学科教育:教育发展的战略重点[J]. 教育科学研究. 2011.(8):5—9.
② 王东杰. 师范不"师"又如何?[N]. 南方周末. 2009-07-23.

之道",那么还应该向什么高度提高?

"事实上,目前中小学学科教育中存在的最关键的现实问题,并不是不知道什么是先进的教育理念,什么是有效的教法,而是不知道如何深刻理解和把握学科知识内容,以及如何具体地将这些理念落实到课堂上。以为教学方法可以由某种'理念'产生,从某一文件的规定'空降'到课堂,那是神话。教师教育如果不落实到学科教育上,培养的教师如果连某一门课都教不好,教师教育就失去了重心。"①

正如张奠宙先生所言,"目前中小学学科教育中存在的最关键的现实问题,是教师不知道如何深刻理解和把握学科知识内容,以及如何具体地将这些理念落实到课堂上。"②对此,笔者深有同感。前不久,笔者应邀评审北京市某区青年初中物理教师说课比赛。在"内能"的教学中,每一位教师都按照教材的编写指导学生通过"科学探究"得出改变物体内能的两种方式——做功和热传递。当笔者询问"为什么改变内能的方式只有两种?有没有第三种或第四种方式?"没有一位教师能够回答出来。他们基本上是照本宣科,教学中没有思想、没有观点,不能把所讲的知识与相关的物理学理论联系起来,导致他们的教学没有启发、没有逻辑联系,而是"硬生生"的"探究"。绝大部分青年教师在说课比赛中只知道讲物理知识"是什么",不知道讲物理知识的"为什么"。他们不能把改变内能的两种方式与热力学第一定律联系起来。而根据热力学第一定律,改变内能的方式有且只有两种。事实上,热力学第一定律分别在高中物理、普通物理以及理论物理课程中三次涉及,而他们却不知道改变内能的方式只有两种。

对于学科教育,张奠宙先生认为:"学科教育的研究任务,当然要运用一般教育学的原理。但是,不同学科内容的要素不同,学生的思维和教师的教学均具有其特殊性。因此,学科教育研究不能简单地'自上而下'。满足于'一般教育学 + 学科例子'的做法,而是必须植根于学科本身,'自下而上'地深入研究学科本质对学生思维发展的影响,揭示各门学科教与学的'个性',发现和提炼各个学科教育的特定规律。"③

"现在有一种看法,以为学科教育可以从一般教育学由上而下地'演绎'出来,即把教育学原理当做'大前提',然后加上学科知识的'小前提',就可以推出学科教育了。这种观点,不仅扼杀了学科教育,同时也否定了课堂教学的丰富实践,抹杀了广大学科教师的创造性。"④

"一般的教育学原理,是从认识论的角度,按照认知心理学的观点,阐述学生的学习过程,并据以提出一般的学习论和教学论。学科教育学当然要运用这些科学成果,但是不能简单地套用。如,语文教育就不能完全按照认知心理学的规律来进行教学。语文是一门'心灵'的学科,它不仅是知识。不能将语文当作'语知'让学生来认识,而要'以心会文','以情感悟'。叶圣陶先生认为,感比知深一层。'知'是我与事物对立,从我'知'彼,'感'是我与事物相融合,彼此不分。再如,数学教育的原则就不能停留在一般教育学原则上,还要服从以下原则:学习数学化的原则、适度形式化的原则、问题驱动的原则和渗透数学思想方法的原则。"⑤笔者以为,张奠宙先生才是真正明了师范教育真谛的学者。

目前师范大学对于学科教育的重视程度如何呢?表2-9是我国西北地区某师范大学物理教育专业的本科课程设置。

---

① 张奠宙.学科教育:教育发展的战略重点[J].教育科学研究.2011.(8):5—9.
② 同上.
③ 同上.
④ 同上.
⑤ 同上.

表2-9　某师范大学物理教育专业本科课程设置

课程名称	学分	课程名称	学分
马克思主义基本原理	3	教育科学研究方法	2
大学体育Ⅰ	1	教师信息技术基础	2.5
大学语文	2	大学体育Ⅳ	1
大学计算机基础	4	Fortran 程序设计	3
线性代数	3	力学	4
高等数学Ⅰ	4	光学	4
大学英语A级Ⅰ	4	数学物理方法	3
军事理论	2	模拟电路	4
思想道德修养与法律基础	3	普通物理实验Ⅳ	2
大学体育Ⅱ	1	化学起源与发展	2
近现代中国历史讲座	2	学习心理	2
Visual BASIC 程序设计	4	班主任工作的理论与实践	2
高等数学Ⅱ	5	青少年心理健康及辅导	2
电路分析	4	国际比较教育	1
电路分析实验	2	信息化教学	2.5
大学物理Ⅰ	4	普通物理实验Ⅰ	2
大学物理实验Ⅰ	2	原子物理学	4
大学英语A级Ⅱ	4	数字电路	4
中国近现代史纲要	2	理论力学	3
教育学概论	2	数值计算方法	3
发展心理学	2	专业英语	2
大学体育Ⅲ	1	大学生就业指导	1
复变函数与积分变换	3	中学学科教学与课程设计	3
概率论与数理统计	2	中学学科课程标准与教科书研究	3
普通物理实验Ⅲ	3	普通物理实验Ⅱ	3
热学	4	近代物理实验	2
电磁学	4	量子力学	3
电工学	4	电动力学	3
环境与人体健康	2	非线性物理	2
环境与保护概论	2	物理前沿讲座	2
大学英语A级Ⅲ	4	教育社会学	2
毛泽东思想与中国特色社会主义理论	4	修读课程学分：172	

分析上述学业课程设置，可以发现，在172学分中，学科教育类课程只有6学分，约占全部学分的1/30；物理课程为72学分，约占全部学分的2/5；教育类课程为15学分，约占全部学分的1/12；其余课程为79学分，约占全部学分的1/2。这样一种师范大学的课程设置，既是我国目前师范大学课程设置的一个缩影，也在一定程度上反映了目前师范院校对于学科教育类课程的轻视程度。可以毫不夸张地说，幻想用只占全部学分1/30的学科教育类课程就能培养出合格的教师，无异于痴人呓语。

前不久，教育部公布了《教师教育课程标准(试行)》，其中，中学职前教师教育课程设置如表2-10。

表 2-10　中学职前教师教育课程设置

学习领域	建议模块	学分要求	
		三年制专科	四年制本科
1. 儿童发展与学习 2. 中学教育基础 3. 中学学科教育与活动指导 4. 心理健康与道德教育 5. 职业道德与专业发展	儿童发展；中学生认知与学习等。 教育哲学；课程设计与评价；有效教学；学校教育发展；班级管理等。 中学学科课程标准与教材研究；中学学科教学设计；中学综合实践活动等。 中学生心理辅导；中学生品德发展与道德教育等。 教师职业道德；教师专业发展；教育研究方法；教师语言；现代教育技术应用等。	最低必修学分 8学分	最低必修学分 10学分
6. 教育实践	教育见习；教育实习。	18周	18周
教师教育课程最低总学分数(含选修课程)		12学分+18周	12学分+18周
说明：(1) 1学分相当于学生在教师指导下进行课程学习18课时，并经考核合格。 (2) 学习领域是每个学习者都必修的；建议模块供教师教育机构或学习者选择或组合，可以是必修也可以是选修；每个学习领域或模块的学分数由教师教育机构按相关规定自主确定。			

这样一种国家层面的中学职前教师教育课程设置，明白无误地反映出对于教师教育学科教育课程重要性的无知。张红霞教授曾经指出："从课程理论研究与学科教育研究相脱离的现象看，我国的课程研究与国际水平还有很大差距。学科教育是课程与教学研究的基础，是对知识的理解的基础，是进行'负责任的研究'的基础。"①以这个观点来审视，不难发现，上述中学职前教师教育课程设置的研究是一种典型的"不负责任的研究"，原因在于，该课程标准缺乏学科教育研究的基础。

《中学职前教师教育课程设置》在《中学学科教育与活动指导》学习领域的建议模块为：中学学科课程标准与教材研究；中学学科教学设计；中学综合实践活动等。冒昧地问一句：中学学科教学方法课程呢？中学学科教学技能课程呢？这些课程是中学职前教师教育课程的必备课程，如果连这些常识性的道理都不知道，是不是显得太业余了？这样的中学学科教育与活动指导课程难道能培养出合格的中学教师吗？笔者以为，恐怕上帝来了都不会相信。

七、结束语

本章依次从评价总揽、指导理论、教学方式、课程内容、训练形式、研究范式、教学走向、国情反思、理论基础、课程目标、能力培养、教学评价、两岸比较、因材施教、思维训练、教材编写、教师讲授、教师教育等十八个方面，抽丝剥茧，去枝拂蔓，真实还原了我国基础教育课程改革的真相，并得出结论：我国基础教育课程改革已经成为一个方向迷失的危险之旅。

无论是王策三教授的"认真对待'轻视知识'的教育思潮"，还是查有梁教授的"新课程改革的软着陆"；无论是郭华教授的"新课改与穿新鞋走老路"，还是笔者的"新课程改革方向迷失的危险之旅"，我们都像捧着烛火一样捧着课程改革的"真相"，在群论汹汹之际坚持独立的立场；我们虽然只能发出荧荧之光，却也有崇高之意。这不是因为我们身在高位，也不是因为我们聪明绝顶，只是因为我们是一介知识分子，领取了纳税人的税款。因此，说出真话，便成为我们的职责之所在，便成为我们的道义之

---

① 维克多·特纳.仪式过程[M].北京：中国人民大学出版社，2006，142.

所在,便成为我们的良心之所在。所以,我们不能耳语,而要朗声合唱;我们不能犬儒,而要成为诤士;我们不能旁观,而要参与。这就是为什么我们不只赞美课程改革,也批评它的恣意妄为;这就是为什么我们既不随波逐流,也不凌空虚蹈;这就是为什么我们既要仗义执言,也要点出"皇帝新装"。因为扪心自问之时,我们发现自己对国家的爱无可置疑,对教育的爱无可置疑,对孩子的爱无可置疑。

越是望向未来,我们越是坚定。是的,我们要毫不游移地支持课程改革中的学术论争,让不同观点进行公正博弈;我们要呼吁课程改革超越个人利益,让课程改革惠及每一个孩子;我们要继续支持深化课程改革,让违反教育规律的课改方向彻底扭转。以达到不误国家、不误人民、不误孩子之目的。我们正在为此而努力并将继续为此而呐喊,我们坚信这一天终将到来。

思考与讨论

1. 如何评价建构主义对课程改革的影响?
2. 如何正确理解探究式学习与传授式学习的关系?
3. 为什么讲授法在基础教育中应占有主要地位?
4. 新课程改革的研究范式存在哪些缺失?其原因是什么?
5. 如何理解课程改革与国情之间的关系?
6. 如何正确确立基础教育课程改革的理论基础?
7. 基础教育课程改革的课程内容存在哪些缺陷?
8. 试辨析科学探究的"要素"与"步骤"。
9. 教师教育课程应以何种内容为主?

第三章 物理教学过程研究

本章导读

教学过程是什么过程?从来就是一个"仁者见仁,智者见智"的问题。由于教育学研究的特点,使得这一问题无从得以根本解决,从而在一定程度上影响着人们对教学的认识。当然,也在相当程度上影响着物理教育工作者对物理教学过程的认识。

基于协同学理论,本书提出了一个新的教学过程理论——教学过程的自组织转变理论。教学过程的自组织转变理论,是一种动态理论,它关注教学过程的转变,并且认为,教学过程的被组织阶段不仅是重要的,而且是必需的,是自组织的必经阶段。只有当教学系统的被组织状态达到临界值时,才有可能转变为自组织结构。如此,我们就可以提出一个教学口号:把学生送到教学过程转变的临界区域去!

当建立了新的教学过程理论后,一切都云开雾散,豁然开朗。状态转变理论的提出就水到渠成,而教育学关于教学主客体关系的争论也戛然而止。根据我们提出的教学主客体关系理论,由于教师在教学被组织阶段起决定性作用,因此,教师必须进行必要的教学,这就从理论上为教师教学的必要性寻找到了根据。同样,因为学生在教学自组织阶段起决定性作用,因此,知识最终必须由学生自己来建构,这也从理论上为学生自我建构知识建立了依据。最后,由于系统从无序到有序的转变需要非线性相互作用,因此,就从理论上为教师与学生之间的协同与交互作用奠定了基础。

正如著名心理学家勒温所指出的,没有任何一个东西比好的理论更加实用。

第一节 教学过程的自组织转变理论

一、教学过程的理论思考

在我国,教学过程的研究从来就是"仁者见仁,智者见智"。最典型的是以哲学认识论为方法论,将教学过程视为一种认识过程并论证教学过程的特殊性,由此而有"认识说""认识-实践说";以价值论为方法论,将教学过程视为一种追求教育价值目标实现的过程而有"价值增值说";从心理学和多学科的角度分析教学过程,又有"发展说"和"层次类型说";从教学发展史考察而有教学过程的"传递说""学习说"及"统一说";以实践活动论为指导,把教学过程作为实践来看待,又有"实践说";从教学过程的社会性、人际关系、师生互动或教学存在的本体论来分析,又有"交往说",等等。

当人们谈论教学过程的时候,只要有过一定教学经验的人都会多多少少有自己的看法。然而,大多数理论的提出所根据的是什么?这些理论是不是多处于对问题的描述阶段?又有多少深入到本质的层次?这样,就引出了关于教学过程理论的科学基础这一严肃的话题。探求事物和现象的本源,深入到事物的内部寻觅现象的本质,是科学最重要的特征。作为把"教学看做一门教与学的学问来探索"的领域,教学论有所发展的正是它将有效教与学的研究深化到了探索其科学基础的程度。教学自其存在之日起,就绝非只是形而下的问题。在柏拉图《米诺篇》中,苏格拉底所为之努力的,不仅仅是我们通过对话所能直观的那些,也不仅仅是后人所归纳的具体"产婆术",更重要的还有在一系列形式背后的、深藏于苏格拉底教学艺术之中的对教学深刻、完整的理解。

教学过程的研究,在教学论理论体系中,属于形而上的部分。它所要解决的核心问题,是教学究竟是什么的问题。显然,这是一种既关乎所有教学活动又远离一切具体教学过程的思索,并且这种思索是以相信存在着教学本质这样的信念为前提的。然而,这种本质的东西却难以寻觅。究其原因,苏联的 B.II.拉普梅钦斯卡娅认为:众多学派的研究结论"有时缺乏彻底性"、不够"完善",其"主要障碍"就是"缺乏科学的方法论基础"。① 在国内,王策三认为是由于"在理论上没有搞清楚。"② 我们认为,这是一个客观的评价。

因此,在教学过程的研究中,其理论思路就显得至关重要。这种理论思路,主要是指整个教学过程理论建立的出发点和基本路线。只有具有正确、充分而周密的理论构思,遵循清晰的理论思路,才能建立起正确的教学过程理论,从而更有效地引导教学活动,并在进行这种活动的同时,总结出更具普遍意义的教学过程理论。正如著名心理学家勒温所指出的,没有任何一个东西比好的理论更加实用。③ 而忽视理论的指导,满足于经验式的照抄照搬,那么教学过程理论的建构将是十分肤浅和具有局限性的,教学过程理论就很难得到发展。

在教学过程的研究中,由于面临更为复杂的情境和多种因素的交互影响,因此,理论思维就尤为重要。对于理论思维,恩格斯曾明确指出:"经验自然科学积累了如此庞大数量的实证知识材料,以至于在每一个研究领域中系统地和依据内在联系把这些材料加以整理,就简直成为无可避免。建立各个知识领域相互间的正确联系,也同样成为无可避免。因此,自然科学便走进了理论领域,而在这里,经验的方法就失效了,只有理论思维才能有所帮助。"④ 这样,恩格斯不但强调了在相同领域内对材料加以系统整理的必要,而且提出了一个重要思想——认为需要在不同知识领域之间建立相互联系,而这种联系又只有通过理论思维来实现。

在教学过程研究中,人们常常有意无意地运用静态或动态的理论观点。前者把教学过程看成一种提供系统知识的活动,强调现有知识、理论、假设和原则,并设法在此基础上增加新的知识。后者承认现有知识的重要性,但主要把它作为进一步研究的基础,强调理论和相互关联的概念图式,并以此开展进一步研究。

采用静态还是动态观点进行研究,会直接影响教学过程研究的思路和效果。以静态观点从事研究,就比较忽视对以往研究的总结和理论基础的构建,缺乏清晰的理论思路,其结果往往是只满足于对某些教学现象的描述和解释,既忽视自身的理论发展,又不重视同一研究领域中有关研究之间的比较与沟通,因而缺乏效度。而动态观点则注重理论基础的构建,并在以往研究基础上形成进一步研究的明确思路,从而使所建构的理论具有较高的效度。

基于这种思路,我们认为,目前教学过程理论的不够"完善",原因之一就是对过去几十年来科学领域所发生的、对教育教学工作影响深远的发展变化知之甚少。在这方面,不少处于科学研究金字塔塔尖的物理学家给我们的启示是深刻的。其中,最应该提到的就是赫尔曼·哈肯(Hermann Haken)。对于哈肯,人们熟知的是他终生"在物理学的最前沿拼杀""总是选择木板中最厚的地方钻孔"的物理学巨匠风格,但要知道,他其实也是一位杰出的教师,他对人类认识过程的本质,对科学的文化教育价

---

① 王策三.教学论论稿[M].北京:人民教育出版社,1990:30.
② 同上.
③ 王重鸣.心理学研究方法[M].北京:人民教育出版社,1990:30.
④ 恩格斯.自然辩证法[M].北京:人民出版社,1971:321.

值都有很深的思考和深切的关注。尤其是他创立的协同学,更是为打开教学过程理论之门,提供了一把金钥匙。

二、教学过程:从被组织到自组织的转变

1977年,德国斯图加特大学物理学教授哈肯在研究由大量子系统构成的、相互间存在着复杂非线性相互作用的开放系统时,提出了协同学理论。

协同学采用序参量来描述一个系统的有序度,刻画系统从无序向有序的转变。一个系统有许多变量,如何确定哪些变量是决定系统有序度的序参量呢?哈肯分析了不同变量在临界点的行为:绝大多数参量在临界点附近阻尼大、衰减快,对系统状态的转变进程影响不大,这类参量称为快参量;一个或少数几个参量在临界点附近阻尼小、它不仅不衰减(或衰减极慢),而且始终左右着系统演化的进程,这类参量称为慢参量。快参量在系统的状态稳定性受到影响时,总是企图消除干扰,使系统重新恢复到稳定状态,所以对系统形成有序结构作用不大;慢参量在系统受到干扰时,总是使系统离开稳定状态,走向非稳定状态,同时又主宰着系统的演变过程,所以慢变量是决定系统向有序转变的"序参量"。

具有自组织结构的系统,其协同作用是通过内部各个子系统之间的相互影响和相互作用,各个序参量之间的相互协同和相互竞争来实现的。一般来说,各个子系统既存在着无规则的独立运动,又存在着有序的关联运动。在外界控制参量处于某一范围、子系统的独立运动占主导地位时,系统处于无序状态;而当关联运动占主导地位时,系统进入有序状态。在临界点附近,有时系统同时具有几个序参量,每个序参量对应于一种宏观有序结构。如果它们的衰减速度相同,处于势均力敌的状态,彼此便自动协调,共同形成某一有序结构;但是,随着外界控制参量的变化,序参量之间的竞争将被激化;当控制参量达到临界值时,某一序参量将会取胜,其他序参量便会迅速衰减乃至消失,最后出现一个由阻尼系数小的序参量单独主宰系统演变的局面,形成相应的有序结构。

协同学创建以来,不仅在自然科学和社会科学上得到了广泛应用,而且被很多心理学家应用于语言、视觉、运动和脑等方面研究的实验设计和结果分析。[①] 在脑和行为方面的研究中,协同学和其他非线性科学一样,研究的是大脑的相(系统不同的内部组合状态)和相变(相之间的转变)。由于非线性系统的相变往往表现为一种跳跃过程,因此,近年来运用超导量子干涉仪对大脑的研究正在实践和理论上检验和分析这种相变过程。[②~⑤]结果表明,尽管大脑是复杂和多样性的结构,但它仍然表现出相变、新模式的形成等特征,并可以用协同学的概念和方法加以很好的描述。[⑥]

基于协同学的广泛适用性,特别是心理学家在脑、行为和认知方面研究的成功范例,我们认为,在教学过程理论的建构中引入协同学是一个较新的理论思路。

一般认为,构成教学过程的要素包括学生、教师、教材和环境。其中教材是教学的客体,学生是教

---

① 郭治安等编著.协同学入门[M].成都:四川人民出版社,1988,3.
② 庄建成,张侃.协同学在脑和行为研究方面的一些应用[J].心理学动态,1997;(2).6—10.
③ Kelso J. A. S. ,Bressler S. L. ,Buchanan S,DeGuzman G. C. ,Ding M. ,Fuchs A. ,Holroyd T. *Cooperative and critical phenomena in the human brain revealed by multiple SQUIDS*. In: D. Duke, W. Pritchard ed. *Measuring Chaos in the Human Brain*[J]. Singapore: World Scientific, 1991; pp.97—112.
④ Kelso J. A. S. ,Bressler S. L. ,Buchanan S,DeGuzman G. C. ,Ding M. ,Fuchs A. ,Holroyd T. *A phase transition in human brain and behavior*[J]. Physics Letters,1992,A169: pp. 134—144.
⑤ Fuchs A. ,Kelso J. A. S. *Pattern formation in the human brain during qualitative chanes in sensorimeter coordination*[J]. World Congress on the Neural Networks,1993,(4): pp. 476—479.
⑥ Jirsa V. K. ,Friedrich R. ,Haken H. ,Kelso Kelso J. A. S. *A theoretical model of phase transition in the human brain*[J]. Biological Cybernetics,1994,71: pp. 27—35.

学的主体,而教师起主导作用。实际上,教学过程就是教学系统发展演化的过程,而该过程的主要子系统——学习系统(学生)的演化规律决定了教学系统发展的走向。

学习系统的核心是人的大脑。由于人脑约有 1000 亿个神经元,每个神经元与其他神经元的连接多达 1000 条。[①] 此外,每个神经元本身也是一个错综复杂的系统,这些神经元以高度复杂的方式联系在一起,能主动接受输入的信息,不断改善自身的结构和功能,实现与环境的协调,所以,学习系统属于自组织系统的范畴。因此,基于协同学理论,我们提出了一种新的教学过程理论:教学过程是一个学生、教师、教材和环境相互协同的过程,是学生在教师引导下完成对教学内容掌握的同时其认知系统从被组织向自组织转变的过程。

教学系统作为一个系统,它既可以是被组织系统,又可以是自组织系统。所谓被组织,是指"该组织只有在外界干预下才能进行演化。它的组织化,不是自身的自发、自主的过程,而是在外部驱动力下的组织过程或结果。"[②]

长期以来,我国的教学基本上是被组织过程。对此,赵凯华指出:"现在有一种普遍的提法:作为一个好的教师,应当'课堂上解决问题',把所教内容都'讲深讲透',不给学生课后留下疑难。所以我国教师都习惯于把知识组织得井井有条,对课程内容的每个细节作详尽的解说,对学生可能发生的误解一一予以告诫。"[③]"这种教学方法的最大弊病在于,它把一个年轻人维持在小孩子的状态,老师要他怎么学,他就怎么学。"[④] 显然,这是一种典型的被组织状态。

解决这个问题的办法就是把教学过程从被组织向自组织转变。按照哈肯的定义,所谓自组织,是指"如果一个体系在获得空间的、时间的或功能的结构过程中,没有外界的特定干涉,我们便说该体系是自组织的。"[⑤]

教学过程的自组织是指:在教师的引导下,学生的知识、技能和方法等参量之间进行相互协同和竞争,当学生的大脑进入从无序到有序的临界区域时,导致只有少数序参量支配学生的认知系统,最终实现学生的认知从无序变为有序,达到"教是为了不教的目的"。

教学过程的自组织转变理论,体现了一种新的教学观。在这种过程中,教师的角色从"讲深讲透"向"画龙点睛"的引导转变,学生对教学内容的理解也从教师"讲"明白向自己"悟"出来转变,从死记硬背、机械训练向亲身体验、主动参与转变,从被动接受式学习向主动获取式学习转变,从而实现教学方式的根本转变。由于学生经历了一个由教师讲授到自我建构的过程,结果就使得学生"不但掌握住知识、定理和公理的意义、精神及其重要性"[⑥],而且知道"其中有的东西是重要的,有的东西是美妙的,有的东西是值得跟人辩论得面红耳赤而不放手的。"[⑦] 表现在解决问题时,各种各样的策略就能够迅速检索而无须搜肠刮肚地对照做过的题型,在处理前一个步骤时就能在大脑中预感下一个步骤,根本无须暗暗回忆各种题型再思量其意义。即使进行创造性活动,也能凭直觉而非经验去探索正确的解决途径。所以,正是在这个意义上,我们认为教学过程的自组织转变不仅能使学生更好地掌握知识,而且也能很好地培养能力。

[①] H.哈肯著,郭治安,吕翎译.大脑工作原理——脑活动、行为和认知的协同学研究[M].上海:上海科技教育出版社,2000:6.

[②] Haken H. *Information and Self-Organization: A Marcroscopic Approach to Cpmplex Systems*[M]. Berlin & New York: Oxford University Press Inc. 1988.6:11.

[③] 赵凯华.我国高等学校物理教育的现状及改革的思考[J].物理,1995,(11):663—665.

[④] 杨振宁.杨振宁文集[M].上海:华东师范大学出版社,1998:839.

[⑤] Haken H. *Information and Self-Organization: A Marcroscopic Approach to Cpmplex systems*[M]. Berlin & New York: Oxford University Press Inc. 1988,6:11.

[⑥] 杨振宁.杨振宁文集[M].上海:华东师范大学出版社,1998:408.

[⑦] 同上.

教学过程的自组织转变理论，是一种动态理论，它关注教学过程的转变，并且认为，教学过程的被组织阶段不仅是重要的，而且是必需的，是自组织的必经阶段。只有当教学系统的被组织状态达到临界区域时，才有可能转变为自组织结构。

三、方法：教学过程的序参量

如何实现教学过程从被组织到自组织的转变？根据协同学理论，需要找出教学系统演化过程中的序参量。

事实上，协同学中的序参量可以被赋予不同的意义，用来描述各种非平衡态系统。如果它表示速度和密度，就可以描述流体力学中的各种有序现象；如果它表示不同种类的分子浓度，就可以描述化学中的各种震荡反应；如果它表示生物学中的物种数目，便可以描述生物进化中的自然选择与生存竞争。

怎样合理确定教学过程中的序参量？这需要理论思维。一般来说，系统内的子系统自我排列，自我组织，似乎有一只"无形手"在操纵着这些成千上万的子系统；另一方面，正是通过这些大量子系统的协同作用才导致了这只"无形手"的产生，这只"无形手"就是序参量。根据协同学理论和林崇德"教育与发展"的教学实验[1]，我们提出：教学过程的序参量就是方法。

方法是人们在认识和改造客观世界的实践活动中总结出来的正确的思维方式和行为方式，是人们认识和改造自然的有效工具。作为一种基本的研究途径和方式，它与概念、规律等一些知识的东西是相平行的，包含在科学的范畴之中。方法中的思维方式主要包括分析、综合、抽象、概括、判断和推理等。而方法中的行为方式则主要包括一些具体的方法，比如教学中常用的比值定义法等。

按照现代教育观，作为人类认识结果的知识固然重要，但探求结果的方法则为更重要。知识本身并不是教育的目的，而是建立方法的工具和手段。因此，现代教育更关心怎样使传授知识的过程成为掌握方法、开发学生智慧的过程。如果学生学习了一门学科，但没有掌握其方法，那么，充其量只能说他们学过了这门学科，而不是掌握了这门学科。

我们认为，把方法作为教学过程的序参量，充分反映出了教学过程的特征，反映出了知识、方法和能力的关系。事实上，每一学科的方法就是该学科的逻辑语言或符号规则，是使本学科多种事实和原则互相联系起来，使该学科动作起来的手段和桥梁。各种方法综合起来就形成了探讨该门学科有效途径的方法论。经验证明，掌握了某一领域的研究方法，就能使学习者在这一领域内的能力按一定程序不断增长。对于教学来说，方法就是教学过程演化的灵魂。可以说，教学效果的好坏，在很大程度上取决于是否使学生学到了科学的思想和方法。

从知识结构形成的角度看，方法作为一种基本的研究方式，它纵横交错、贯穿于整个知识领域之中，把不同的知识相互联系起来从而形成知识结构。从认知结构形成的角度看，只有通过方法的参与，才能使客观存在的知识结构转化为学生头脑中的认知结构。学生通过对新知识的加工、组织、简化、记忆、系统化重建及应用等过程，原有的认知结构会演变为更加清晰牢固的新的认知结构。所以，在教学中，学生如果没有学会通过方法在自己的头脑中把大量的知识编织成一个层次清晰、逻辑严密的结构或网络，就无法不断接收、容纳新的信息，也就无法不断完善自己的知识结构。

从学科教学实践角度看，近年来我国课程教学改革实践也充分支持这一观点。比如，浙江省教育厅教研室从1989年开始，积极推动广大中学物理教师结合教学实践，开展方法教育的研究。经过多年的探索，他们得到的结论是："方法是通向能力的桥梁，能力既依赖于知识，更依赖于方法。在某种

---

[1] 林崇德.教育与发展[M].北京：北京师范大学出版社，2002：548.

意义上,方法本身是能力的一部分。能力培养可以从强化方法教育入手。"[1]上海市总结近年来物理课程改革经验得出的结论是:"能力与方法是密切联系的。一般地说,人们完成某方面任务能力的强弱,是与掌握完成这方面任务的方法的自觉程度与熟练程度密切相关的。可以认为,方法是能力的'核心',是对能力起决定性作用的因素。"[2]这从学科教学实践的角度佐证了方法的序参量性质。

哥德尔定理证明,一种足够丰富和前后一贯的理论,是不能由它本身,或者比它本身更不完善或更"弱"的手段来证明自身的无矛盾性;一个理论体系如果仅仅以自身的手段为工具去证明自己,就必定会导出一些不能决定其真伪的命题来。因此,任何一个理论体系就其自身来说总是不完备的。一个理论体系要证明自身的无矛盾性,就必须借助另一个比它更完善或者说更"强"的理论。[3] 教学过程的转变理论,由于把理论建构置于协同学这一坚实的基础之上,从而使所建构的理论不仅具有较高的内部效度,而且也具有较高的外部效度。

教学过程转变理论的基本思想,集中于教学过程中学生、教师、教材和环境的多向性协同作用,并且认为,在这种协同作用中学生、教师、教材与情境是相互依存而非单方面所决定的。其基本观点有下述四方面:① 教学行为是学生、教师、教材与所处情境之间多方向的连续的协同作用的结果;② 在相互协同作用的情境方面,情境对于教学过程的转变是基本因素;③ 在相互协同作用的教师方面,教师的引导是教学过程转变的重要因素;④ 在相互协同作用的学生方面,序参量的出现是教学过程转变的决定因素。

教学过程的转变理论,为真正从教学本质的角度对教学过程作出描述、解释和预测,提供了理论和方法方面的指导,特别是对教学过程机制的研究提供了较系统的分析手段,为教学过程理论的进一步研究提供新的视角和有益的启示。

四、教学过程自组织的实现条件

实现教学过程从被组织到自组织的转变,需要满足以下四个条件。

(一)教学过程必须开放

这是因为,一个系统只有开放才能有序。有序的结构需要输入物质、能量或信息,并与外界进行交换才能维持,封闭的系统无法进行有效的交换,因而最终变为混沌。

教学过程的开放,关键是要有真实的交流。所谓真实的交流,就是学生自己产生问题,不是教师提出问题,更不是为了提问题而进行的虚假交流。在这个问题上,中外教育有很大差异。1999年,美国科学教育协会代表团访问上海,在一所著名中学听课,任课教师是一位特级教师。其教学内容精当,层次清楚,节奏紧凑,学生活动充分,教师的提问设计精心,学生的回答清晰明了。可是美方反映却很平淡,他们说,课堂上都是教师提问,学生回答,既然学生都能回答了,这堂课为什么还要上呢?上课应该是学生有问题,学生提问,教师回答,师生相互交流、共同讨论。这不仅反映了两种根本不同的教学思想,而且教学过程的开放与封闭,一目了然,令人深思。

(二)教学过程必须远离平衡态

根据自组织理论,非平衡是有序之源。在平衡态,系统处于稳定状态,系统朝着均匀、无序和简单的方向发展,不可能产生自组织结构。当系统远离平衡态时,才有可能进入有序状态,形成新的有序结构。教学过程远离平衡态,才能够使学生原来的认知状态被远离平衡态的刺激所打破,发生"协同"

---

[1] 浙江省教育学会中学物理教学分会.高中物理方法教育研究[M].杭州:浙江教育出版社,1995:6.
[2] 张民生.中学物理教育学[M].上海:上海教育出版社,1999:140.
[3] 雷永生.皮亚杰发生认识论述评[M].北京:人民出版社,1987:19.

或更深刻的"竞争"过程,使认知结构得到充实或变革,达到新的水平和新的平衡。布鲁纳认为,"为了促进学生的思维状态处于非平衡态,教师必须努力启发他们自由灵活地思考问题。"①即要求学生不满足已有的理论和知识体系,具有怀疑的态度和批判的精神。

(三)促进教学过程非线性相互作用的发展

协同学理论指出,只有在系统内各要素之间存在着非线性相互作用的情况下,才能形成自组织结构。因为非线性相互作用,使各个要素之间产生相干效应和协同作用。从本质上讲,任何线性系统不会有进化和质变,所以,哈肯认为,"控制自组织的方程本质上是非线性的","这些非线性项起着决定的作用"②。

我国教学的优良传统是教学的内在联系紧密,条理清晰,逻辑严密。然而,在教学实践中,人们"总觉得我国的教学中还缺少点什么。我国学生每当遇到问题时,总是一开始便埋头用系统的理论工具按部就班地作详尽的计算。"③我们认为,所缺少的不是别的,正是直觉思维和科学洞察力。

在教学过程中,直觉思维作为一种非线性思维,其特点在于它既不受"时间顺序"的束缚,又不受"逻辑顺序"的束缚,具有跨越时间和空间的性质,可以在事物细节尚未分明的情形下对整个事物进行感知。为了促进教学过程从被组织向自组织的转变,必须重视发展学生的直觉思维。这样,就应当根据学生的知识水平,选择恰当的内容,有计划地训练学生从整体出发,用猜测、跳跃的方式,直接而迅速地寻找解决问题的方案,如果得出荒谬或与事实不符的结论,则重新进行,直至解决问题。

(四)通过随机涨落促进教学过程从被组织向自组织转变

涨落是指系统的某个变量对系统状态统计平均值的偏离。在远离平衡态的非线性区,系统中一个随机的微小扰动或涨落,通过非线性相干和连锁效应被迅速放大,形成整体的宏观巨涨落,导致系统发生突变,形成新的有序结构。

"涨落导致有序"。因此,教学中教师应当创造自由民主的课堂教学氛围,鼓励学生大胆提出见解,引导学生深化各种各样的想法而不去追究产生的理由,通过学生与教师和其他学生进行对话、争论乃至辩论,在思维的交流与碰撞中闪现出智慧的"火花"。教师还应当通过科技史的介绍使学生了解"涨落导致有序"的必然性,为学生重视涨落奠定心理基础。

杨振宁先生在多次谈话中比较了中美两国的教育方式。他提到中国传统教育提倡"透彻式"的教学方法,认真的学习态度,这有利于学生打下扎实的根基,但相对来说,缺少创新意识;美国则提倡"渗透式"的教学方式,其特点是学生在学习的时候,对所学内容往往还不太清楚然而就在这过程中已经一点一滴地学到了许多东西,培养出来的学生有较强的独立思考能力和创造能力,易于很快进入科学发展的前沿,但不如前者根基扎实。他认为中美两种教育方式各具特色,长短互补,若将能将两者的优点和谐地统一起来,在教育方法上无疑是一个突破。

由于我国学生总是学习教科书(系统封闭),听老师的话(处于平衡态),认为科学就是逻辑(线性相互作用),不善于提出新的想法(缺乏涨落),这就造成了我国学生根基扎实但"缺少创新意识"的问题。因此,我国"透彻式"的教学在很大程度上属于被组织范畴。而美国学生总是进行广泛的学习(系统开放),怀疑和否定权威(远离平衡态),异想天开(非线性相互作用)和标新立异(注重涨落),这就形成了美国学生根基不够扎实但创造能力较强的状况。所以,美国"渗透式"的教学则更多地归于自组织范畴。

---

① 庞海波.论创造性思维的自组织机制[J].心理科学,2000,(2):250—251.
② 同上.
③ 赵凯华.我国高等学校物理教育的现状及改革的思考[J].物理,1995,(11):663—665.

怎样改变传统的教学方式？杨振宁先生认为，"这涉及整个社会风气，因而是件困难的事。这件事如果做成功，也是一种革命。这是个比在一门学问里创造新的学问还要难得多的事。"[①]这启示我们：教学改革，任重而道远。

第二节 物理认知状态转变理论

物理教育理论是物理教育实践的重要基石。先进的物理教育理论不仅对物理教育实践具有重要的引领与导向作用，而且对教师的教学与学生的学习都具有非同寻常的促进意义。本节在对概念转变理论深入分析的基础上，提出了物理教育的状态转变理论，这在一定意义上为物理教育理论的发展提供了有益的启示。

一、概念转变理论述评

概念转变理论最早由美国康乃尔大学的潘斯纳（G. J. Posner）等人提出。1982年，他们在《科学教育》杂志联名发表了《科学概念的顺应：建立概念转变理论》一文。[②] 在这篇开拓性论文中，潘斯纳等人试图回答科学教育中一个悬而未决的问题：学生的科学概念是如何发生变化的？他们的基本观点是：学习是一种理性的活动。从根本上说，学习就是领会和接受观念（ideas），因为人们认为这些观念是可理解的、理性的。在学习过程中，学生必须根据已有的证据作出判断。由于学习所关注的是概念、观念的结构及其证实它们的证据，因此，他们反对行为主义的学习观，即把学习看做是习得一系列正确的反应、词汇或各种行为的活动。他们所关注的问题是，学生在新的观念和新的证据影响下概念是如何发生变化的，亦即试图解释概念转变或学习的机制问题。

潘斯纳等人提出的概念转变理论不是针对"同化"现象的，而是关注激进的概念转变——"顺应"。依据科学哲学理论，这个问题涉及两个方面：一是顺应可能发生的条件，二是影响新观念选择的观念生态的特征。换句话说，概念转变理论试图从哲学入手找到概念转变的机制。为此，他们首次提出了一个应用于科学学习的"概念转变的一般模式"[③]。这个模式主要是由促使概念转变的四个条件以及促使概念转变的"概念生态"构成的。

概念转变理论的另一个理论基础建立于认知科学关于儿童概念的经验研究。

20世纪70年代，国际科学教育界对概念转变的基本观点是：学生原有的概念（即非科学概念）必须被消除并代之以正确的科学概念。然而许多研究证实，学生的"旧"观念在特定情境里依然"存活"。通常，科学教育取得的结果是"边缘性概念转变"，即部分最初的观念与部分新观念结合起来形成某种混合观念。[④] 此外，消除已有观念不仅是不可能的，也是不可取的。学生的许多日常观念在科学教育中是有效的和有价值的。因此，概念转变理论认为，科学教育的目的不是要以科学概念或理论代替日常观念或以前的知识，而是要让学生意识到，在一定的情境里科学概念比他们原有观念或以前的知识更加有效。

概念转变理论由两个主要部分组成。一是个体经历概念转变所需要的条件，二是个体的观念生

---

① 杨振宁. 杨振宁文集[M]. 上海：华东师范大学出版社，1998：469.
② Posner, G. J., Strike, K. A., Hewson, P. W. & Gertzog, W. A. Accommodation of a scientific conception: toward a theory of conceptual change[J]. Science Education, 66(2), 1982: pp. 211—227.
③ Strike, K. & Posner, G. A revisionist theory of conceptual change In R. Duschl, & R. Hamilton (Eds), Philosophy of Science, Cognitive Psychology, and Educational Theory and Practice Albany. [M]NY: SUNY. 1992: pp. 147—176.
④ Duit, R.. & Treagust, D. F. Learning in science-from behaviorism towards social constructivism and beyond. In Barry J. Fraser & Kenneth G. Tobin (Eds.). International Handbook of science Education. [M]Dordrecht: Kluwer Academic Publishers, 1998: p. 11.

态对其概念转变的影响。促进概念转变的四个条件是：① 必须对已有观念产生不满；② 新的观念必须是可以理解的；③ 新的观念乍看起来必须是真实的；④ 新的观念应当揭示丰富的研究纲领的有效性。除了上述条件外，观念生态也起着重要的作用。所谓观念生态，是指个体当前已有的概念及其相互关系。观念生态影响着对新概念的选择与吸收。观念生态越丰富多样，就越有利于促进观念的转变。

综上所述，概念转变理论的基本特征归纳如下[①]：

（1）概念转变理论是一种规范理论。这一理论主要关注的是认识论问题。它涉及确定理论转变或选择的充足理由是什么。

（2）概念转变理论假定，在所有层次上知识的增长都具有很多相似的地方。在科学前沿的概念转变与学生在学习科学时所经历的概念转变是类似的。

（3）概念转变理论假定，学习者的观念生态与新知识是互动的。观察、对证据的评估和对相同事例的理解都依赖于学习者当前的知识状况。

（4）概念转变理论认为，学习科学是一种文化习得的过程。科学概念是社会性获得的。学习科学的过程就是适应科学共同体的概念、解释和认知方式。

对于概念转变理论，人们认为与以往的学习理论相比，更为有效地解释了学习（尤其是科学学习）发生的机制问题。概念转变理论吸收了官能心理学统觉理论、行为主义理论、皮亚杰的认知发展心理学理论、布鲁纳的发现学习理论以及奥苏贝尔的有意义接受学习理论的合理内核，又从科学哲学中借鉴了概念转变和观念生态为理论基础，结合认知科学关于错念的研究，更为有效地阐明了儿童掌握科学概念不仅仅是已有观念与新观念的连接和整合的问题，而是有一个从原有观念（包括经验和已经获得的知识）到新的科学概念的转变问题。在科学教学中，为什么有那么多的学生学业成绩差？一个主要原因在于学习者没有从原有的概念转变到科学的观念上来。个中原因固然很复杂，但科学教学没有解决概念转变问题则是许多矛盾中的主要矛盾。从这个意义上来说，概念转变理论是学习理论中的一个突破。[②] 这一理论在科学教育乃至其他教育领域中都"非常受欢迎、非常有用"[③]，在许多国家科学教育中得到了广泛应用。

我们认为，对于概念转变理论，人们有意无意地夸大了它的价值与意义。事实上，包括潘斯纳等人自己都认为："我们提出的理论并非认知发展的一般理论。它只是尝试说明，被教学证明难以改变的概念是如何转变的。我们的理论不是建立在任何经验证据之上的。它们没有描述学生心理的典型活动或任何学习定律，它们也没有预测如何很具体的学习结果。"[④]虽然修森等学者进一步提出了为概念转变而教的指导原则，并且概括出概念转变的教学策略[⑤]，但无力改变这一理论的苍白和乏力仍然是不争的事实。

二、状态转变理论的提出

研究表明，概念转变理论存在着较大的缺陷与不足。基于此，我们在系统科学原理的背景下，构

---

① Kelly, G. J. *Research traditions in comparative context: a philosophical challenge to radical constructivism*. [J] *Science Education*, 1997 (81): p.358.
② 丁邦平. 国际科学教育导论[M]. 太原：山西教育出版社, 2002: 230.
③ Pintrich, P. R. Marx, R. W. & Boyle, R. A. *Beyond cold conceptual change: the role of motivational beliefs and classroom contextual factors in process of conceptual change*[J]. *Review of Educational Research*, 6, 1993: pp.167—199.
④ Strike, K. & Posner, G. *A revisionist theory of conceptual change In R. Duschl, & R. Hamilton (Eds), Philosophy of Science, Cognitive Psychology, and Educational Theory and Practice Albany*. [M]NY: SUNY. 1992: pp.147—176.
⑤ See Heson, P. W. Beeth, M. E. & Thorley, N. R. *Teaching for conceptual change*. In B. J. Fraser and K. G. Tobin(Eds) *International Handbook of Science Education*[M]. Dordrecht: Kluwer Academic Publishers, 1998: pp.199—218.

建了物理教育的认知状态转变理论。

状态,用物理学的术语来讲,就是相。最初人们把物质存在的固、液、气状态称为三种相,以后把"相"的概念加以推广,把具有相同成分及相同物理、化学性质的均匀物质称之为"相",把物质各相之间的相互转变称为"相变",如铁磁体的磁化前后。更广义的"相"概念则泛指自然及社会系统的不同状态,比如,社会从渐进的演变到革命的爆发就经历了一个相变的过程,群体对某种社会问题的态度也会有突变,即在某个时期大量本来持中立态度的个体突然转为赞成或反对。从这个意义上讲,认知状态转变也就是认知"相变"。

状态转变理论认为,在物理教育过程中,学生的认知存在着两种状态:一种是被组织状态,另一种是自组织状态。学习是学生在学习物理知识的过程中其认知由被组织状态向自组织状态的转变活动。所谓被组织状态,是指"该组织只有在外界干预下才能进行演化。它的组织化,不是自身的自发、自主的过程,而是在外部驱动力下的组织过程或结果。"①所谓自组织状态,是指"如果一个体系在获得空间的、时间的或功能的结构过程中,没有外界的特定干涉,该体系是自组织的。"②

状态转变理论的理论基础之一是协同学理论。协同学是一门研究远离平衡态的系统如何通过自己组织产生时间、空间或功能结构的横断科学。所谓横断,是指所研究的结构并不限于传统的某门学科,自然界或人类社会中的各种结构原则上都是其研究对象。

协同学被看做是最先进的自组织理论,这样就可以把大脑作为协同系统(synergetic system),认为大脑是通过自组织作用的。状态转变理论认为:学生的学习过程是一个连续与突变相结合、独立与关联相结合、协同与竞争相结合、控制与自发相结合、必然与偶然相结合的过程。在学习过程中,当学生的认知系统未进入临界区域,控制参量控制着系统,此时系统处于被组织状态。而当控制参量达到临界值时,系统内的子系统自我排列、自我组织,似乎有一只"无形手"在操纵着这些成千上万的子系统;另一方面,正是通过这些大量子系统的协同作用才导致了这只"无形手"的产生,这只"无形手"就是序参量。也就是说,子系统的协同作用导致了序参量的产生,而所产生的序参量又反过来支配着子系统的行为。这种"鸡"与"蛋"式关系的交叉、发展、放大,形成了最后的有序结构,这就是协同学的使役过程。

状态转变理论的另一个理论基础是生态学理论。生态学是19世纪末在生物科学中成长起来的一门科学,它的研究对象是生物个体、种群、群落和生态系统。其研究任务是探索有机体与环境之间相互作用的规律及机理,研究生物的生存条件以及生物与其生存环境之间的相互关系。在研究方法上,生态学家一般采用描述性分析方法,即先对现象进行描述,而后再做分析。

如何实现物理教育中学生的认知状态从被组织向自组织转变?根据协同学理论,可以通过三种途径实现。③

1. 依靠控制参量的改变引起自组织

在物理教育中,当教师的讲授、引导(控制参量)等未使学生的认知系统达到临界值之前,学生的认知系统处于稳定状态,也即被组织状态。当教师的讲授、引导等使学生的认知系统达到临界值后,学生的认知系统处于不稳定状态。如果此时学生的大脑中产生了几个序参量,每个序参量则对应于一种宏观有序结构。当它们处于势均力敌时,彼此便自动协调,协同一致地向有序结构方向演化。随着外界控制参量的进一步变化,序参量之间的竞争将被激化,某一序参量将会取胜,其他序参量便会

---

① Haken H. *Information and Self-Organization: A Marcroscopic Approach to Cpmplex Systems*[M]. Berlin & New York: Oxford University Press Inc. 1988: pp.6,11.
② 同上。
③ H.哈肯著,郭治安译,赵惠芝校.高等协同学[M].北京:科学出版社,1989:68—70.

迅速衰减乃至消失,最后出现一个序参量单独主宰系统演变的局面,形成相应的有序结构,从而实现学生的认知状态从被组织向自组织转变。

2. 组分数目、耦合方式改变引起自组织

在物理教育中,除了教师的讲授、引导等控制参量会引起学生认知系统的自组织,学生学习的知识、方法、技能等在头脑中的组分数目、耦合方式的改变,也会引起自组织现象。这是因为,根据协同学理论,系统中各个子系统的运动状态由子系统的独立运动和子系统间关联引起的协同运动所决定。当子系统之间的关联能量小于子系统独立运动能量时,子系统的独立运动占主导地位,不能形成一种整体的规律运动特征,系统便处于无序状态。当子系统之间的关联能量大于子系统独立运动能量时,子系统的独立运动便受到束缚,它要服从由关联形成的协同运动,此时,认知状态便显示出有序的特征。

3. 瞬变引起自组织

在物理教育中,除了依靠控制参量的改变和系统组分数目、耦合方式改变引起自组织外,还有一种重要的方式可以引起系统产生自组织,这就是瞬变。瞬变就是学生认知状态的突变。当控制参量趋近阈值,认知状态进入临界区域时,关联尺度增加迅速,系统中局部子系统间的各种可能涨落非常活跃,每个涨落都具有特定的内容,代表着一种新的结构或组织的"胚芽"状态,涨落的出现是偶然的,但只有适应系统认知状态的某些涨落得以放大,从而将认知状态推进到一种新的结构状态。

状态转变理论由两个主要部分组成。一是个体经历状态转变所需要的条件,二是个体学习情境的生态化对其状态转变的影响。

促进状态转变的条件是:① 学习过程必须开放——这是因为,一个系统只有开放才能有序。有序的结构需要输入物质、能量或信息,并与外界进行交换才能维持,封闭的系统无法进行有效的交换,因而最终变为混沌。② 学习过程必须远离平衡态——根据自组织理论,非平衡是有序之源。在平衡态,系统处于稳定状态,系统朝着均匀、无序和简单的方向发展,不可能产生自组织结构。当系统远离平衡态时,才有可能进入有序状态,形成新的有序结构。③ 学习过程必须有非线性相互作用——协同学理论指出,只有在系统内各要素之间存在着非线性相互作用的情况下,才能形成自组织结构。因为非线性相互作用,使各个要素之间产生相干效应和协同作用。从本质上讲,任何线性系统不会有进化和质变。④ 通过随机涨落促进学习过程从被组织向自组织转变——涨落是指系统的某个变量对系统状态统计平均值的偏离。在远离平衡态的非线性区,系统中一个随机的微小扰动或涨落,通过非线性相干和连锁效应被迅速放大,形成整体的宏观巨涨落,导致系统发生突变,形成新的有序结构。

除了促进状态转变的条件外,状态转变情境的生态化也起着重要作用。所谓情境生态化,是指个体当前面临的情境是真实的。情境生态化影响着学生认知状态的改变,情境生态化越丰富多样,就越有利于促进认知状态的转变。

通过借鉴教育生态学的思想,我们提出了物理教育情境生态化的基本观点:① 物理教育活动不是孤立的,而是与物理现象有机地联系在一起的,处于一个复杂的关系之中;② 物理教育活动既受到自身内部因素的影响,又受到外部因素的影响;③ 物理教育活动应当在科学生态环境与社会生态环境中进行,以揭示真实、自然条件下学生的心理活动规律与物理教育规律;④ 物理教育活动应注重研究学生与其所处环境之间的相互作用;⑤ 物理教育活动应注重研究学生在与其所处环境相互作用过程中的主动性。

综上所述,状态转变理论的基本特征归纳如下:

(1)状态转变理论是一种规范理论。这一理论主要关注的是认知状态问题。它涉及确定认知状态转变的条件是什么以及状态转变情境生态化的作用。

（2）状态转变理论假定，在所有层次上知识的增长都具有很多相似的地方。在物理现象中发生的状态转变与学生物理学习中所经历的状态转变是类似的。

（3）状态转变理论假定，学习者的情境生态化与新知识是互动的。掌握知识、应用知识的水平依赖于学习者当前的认知状态以及认知情境生态化的程度。

（4）状态转变理论认为，学习物理是一种认知状态的转变过程。而且这一过程是一个连续与突变相结合、独立与关联相结合、协同与竞争相结合、控制与自发相结合、必然与偶然相结合的过程。

三、物理教育理论的深入反思

众所周知，物理教育困难的原因主要源于物理知识的累积性、经验性和逻辑性。物理知识是近代科学家智慧的结晶，由于课时的限制，教师不可能把物理知识的产生过程都重复一遍。物理知识的经验性是对物理教育的又一挑战。物理学习强调亲身体验，在"做中学"。同样是由于课时的限制，物理教育没有足够的时间让学生去进行"探究"。物理知识的逻辑性也给物理教育带来了困难。物理知识体系是建立在严密的逻辑联系之上的，而逻辑是不能用通常的感觉器官去体验，它是一种特殊的心理体验，通过它可以将新旧经验和新旧知识连接起来。

怎样解决物理教育面临的上述困难？概念转变理论提出了"为概念转变而教"的指导原则，包括以下三方面。

（一）学生和教师的概念要明确成为课堂话语的一部分

在为概念转变而教的物理教育中，必须让与课题有关的不同观点都有机会表达出来。这些观点既要有教师的贡献，更要有学生的贡献。在此过程中，学生就会意识、理解并可能接受那些他们以前不曾听过或未曾认真考虑过的概念。

（二）促进学生元认知的发展

元认知是个体对自己认知过程和结果的认识，是对自己学习的了解、意识和控制。为什么要推崇元认知的价值呢？首先，它极大地促进其他学科的教学；其次，它在概念转变过程中具有内在性；再次，元认知是学生借以提出他们习得的观念的地位的唯一途径，据此教师可以用一种独特而有效的方式监控学习过程。

提高学生的元认知水平以促进其概念转变的教学策略包括，要求学生对某次前测验自己做出书面解答进行思考，或者直接提问，使学生反思他们的学习经验。

（三）确定概念的地位

一个概念的地位表示拥有这一概念的人了解它、接受它和感到它有用的程度。因此，旨在提高某些特定概念地位的教学活动就应当在物理教育中成为为概念转变而教的一部分。如教师举例说明某些概念，把这些概念应用到其他情境中去，以不同的方式思考它们，把它们与其他概念联系起来，等等。

我们认为，"为概念转变而教"的指导原则并未有效地解决当前物理教育面临的困难。这是因为，物理教育困难的主要原因是认知（cognition）问题而非概念问题。从根本上看，是由于概念转变理论缺乏真实的理论基础。虽然有研究指出科学哲学和认知科学是其理论基础，但显然这些所谓的理论基础是作为"标签"被贴上的而非真正意义上的理论基础。事实上，建构主义理论同样宣称是建立在行为主义心理学、信息加工理论、奥苏贝尔的有意义学习理论，皮亚杰的发生认识论以及维果斯基的"最近发展区"理论基础之上的。这种在许多不同种类"根"上长出一棵"树"的现象，在教育学理论的建构中比比皆是。这也许可以解释为，当一个新的理论具有很多理论基础时，就意味着这一理论原本就没有理论基础。

与之相对比,状态转变理论则较好地解决了物理教育面临的上述困难。

(1)"依靠控制参量的改变引起自组织"强调了物理教育中教师的讲授与引导,这有效解决了物理知识的积累性所带来的困难。因为作为一种简约化的科学活动,物理教育要求教师必须进行必要的讲解,于是,讲授法便应运而生。

(2)"组分数目、耦合方式改变引起自组织"重视了物理教育的经验性。通过练习等教学方式能使学生学习的知识、方法和技能相互组合、沟通,从而增加学生的经验并实现认知状态的自组织,这有效地改变了物理知识的经验性所造成的困难。

(3)"瞬变引起自组织"深化了物理教育中知识的生成性问题。客观存在的知识结构是怎样转变为学生头脑中的认知结构的?概念转变理论对此语焉不详。状态转变理论对此作了较为明确的回答。物理学习固然具有逻辑性,但逻辑性的最后,必然要到达"瞬变"状态,出现"啊哈"(aha)这种突然明了的认知现象。显然,这有效地解决了物理知识的逻辑性所导致的困难。

值得深思的是,长期以来,我国物理教育较少重视学生认知状态的转变,在促进学生的认知发展上,通常沿用维果茨基的"最近发展区"理论。

维果茨基认为,教学必须符合学生的年龄特征,必须以学生的成熟或准备性为基础,这是"可接受性原则"的基本要求。但在确定发展过程时,至少要了解学生的两种发展水平:第一种指学生目前已达到的发展水平,即学生在独立活动中达到的解决问题水平;第二种指学生现在仍处于形成的、正在发展的水平,即学生在教师的帮助下所达到的解决问题水平。所谓最近发展区是指两种水平之间的差距。维果茨基进而认为"教学应当走在发展的前面",其含义是教学的重要任务是创造最近发展区。这要求在教学中不仅能依据学生现有的认知水平进行教学,而且要预见学生今后的认知发展并有效地影响这种发展。

我们认为,维果茨基"最近发展区"理论所阐述的两种认知发展水平只有量的变化而没有质的区别,它所强调的是认知的水平而不是认知的状态。水平有高低之分而无性质区别,比如水的温度从30℃上升到80℃。而状态无高低之分却有性质差异,比如100℃的水变成了100℃的水蒸气。从这个角度来审视认知发展,状态转变理论就较好地解决了这个问题。

我国大中学生的认知状态只有少部分是自组织状态,大部分还处于被组织状态,不能实现自发的转变。对此,饶毅教授从中西方比较教育的角度评价道:"到国外留学的研究生,很多在创新能力方面有明显不足,常常是只能在别人指导下做研究而不能独立工作,或领导一个实验室开创自己的方向和领域。也就是说,由中国中小学教育提倡、培养和选拔出来的'好学生'的心态、思维习惯和行为模式到进入科学研究前沿时,就暴露出很大问题。"[①]显然,"不能独立工作",就说明这些留学生的认知状态大部分处于被组织状态。所以,促进学生认知状态的转变就成为当前物理课程与教学改革的重要任务。

因此,在物理教育中,强调促进学生从现有认知水平向最近发展区发展,这是正确的。但在实际教学中,我们还应当明确,不仅要促进学生认知水平的发展,更重要的是,还要促进学生认知状态的转变。教师应当了解和鉴别学生的认知状态,根据学生的认知状态实施教学。应该改变原来那种忽视学生的认知状态,仅根据认知水平和经验进行教学的情况。教学是针对学生的,每个学生都有各自不同的认知状态,教学只有适合学生的认知状态时,才能取得好的教学效果,才能有效地实施因材施教,才能更好地促进每一位学生的全面发展。

---

① 饶毅.健全人格与创新精神[N].北京:人民日报,1999-04-17,5版.

第三节　教学主客体关系研究

教学主客体关系既是教学理论中的重要问题，又是长期以来没有得到很好解决的问题。由于这一问题具有深远的意蕴，因此，一个世纪以来，人们对这一问题进行了大量深入而细致的研究，展开了热烈的讨论，观点林立，精彩纷呈，在一定意义上推动了教学理论的发展。追溯近现代教育史不难发现，人们对于师生地位的认识始终在"教师中心"与"学生中心"之间徘徊，对这一问题的不同取向，导致了学科与活动、灌输与启发的对立，构筑了传统教育与现代教育的分水岭。近年来，伴随着我国基础教育的不断推进，关于课程与教学改革的一些理论问题，日益引起教育界乃至全社会的关注，并由此展开了激烈的争论，更加凸显了教学主客体关系的重要性。

一、教学主客体关系研究概述

在我国，教学主客体关系问题缘于对凯洛夫教育学的批判而展开。在教育教学实践中，人们逐渐发现，长期以来信奉的"主导主动说"在理论上不能合理地解释师生的地位问题，在实践上容易落入"教师中心"的窠臼，从而影响着人们对课程、教学的认识，也影响到课堂教学模式的选择。

在长期研究中，对于教学主客体关系，人们逐渐形成了一些代表性的观点：

（1）教师主体论观点。此观点认为，教师是教育活动的主体，而学生作为教育活动的客体，这是由教育的本质属性所决定的。

（2）学生主体论观点。此观点认为，教学过程中的主体只能是学生而不是教师。学生的活动及自身的发展都是在教师指导和帮助下完成的，但教师不能成为教学活动的主体，教师只是不可缺少的指导者。

（3）双主体论观点。此观点提出教学过程中教师和学生都是主体，两个主体同时并存。

（4）主导主体论学说。此学说主张教学过程中教师是主导，学生是主体，其含义为：学生是认识的能动主体，教师则为认识的客体；教师（教）是矛盾的决定方面，学生（学）便成为矛盾的被决定方面。

除了以上影响较大的四种观点外，还有三体说、复合主客体说、过程主客体说、层次主客体说、主客体否定说等。各种观点林立、对峙，至今争论之声不绝于耳，成为我国教学论研究的一道景观。

怎样认识教学主客体关系研究中存在的问题？对此，我国教学论学者认为，现有的研究在方法上存在着以教与学两个过程代替教学过程、以经验描述代替理论思辨、以静态考察代替动态分析、以马列原理代替问题研究等不足。这导致了以教与学两个过程代替教学过程是在人为割裂教学主客体关系；以经验描述代替理论思辨是把教学主客体关系作了庸俗的理解；以静态考察代替动态分析是僵化了这种关系；以马列原理代替问题研究则是否定了这种关系。[①]

我们认为，上述分析并未触及问题的本质。准确地说，教学主客体关系研究存在的最大问题是，这一研究始终缺乏真实的理论基础。哥德尔定理证明，一种足够丰富和前后一贯的理论，是不能由它本身，或者比它本身更不完善或更"弱"的手段来证明自身的无矛盾性；一个理论体系如果仅仅以自身的手段为工具去证明自己，就必定会导出一些不能决定其真伪的命题来。因此，任何一个理论体系就其自身来说总是不完备的。一个理论体系要证明自身的无矛盾性，就必须借助另一个比它更完善或

---

① 李定仁，徐继存主编．教学论研究二十年[M]．北京：人民教育出版社，2001：110．

者说更"强"的理论。① 因此,缺乏真实理论基础的理论,人们常常不能判明其真伪,以致教学主客体理论长期存在着"公说公有理,婆说婆有理"的状况。

出现这种现象的原因,除了理论建构缺乏真实理论基础外,还由于教学主客体关系研究往往与教学过程研究相脱离。事实上,教学主客体关系理论不是孤立的,而是与教学过程理论息息相关的,只有把两者有机结合起来进行研究,才有可能真正认清教学主客体关系的本质。

进入新的世纪,教学主客体关系研究逐渐呈现出了"高原现象"②,理论发展因缺乏活力而踯躅不前。因此,反思以往研究的不足,开拓新的研究领域,寻找真实的理论基础,对于教学主客体关系的研究就显得尤为重要。

二、教学主客体关系研究的新视域

在我国,从总体看,教学主客体关系的研究在不断向前发展。然而,现实中不少研究者对教学主客体关系的意义和复杂性缺乏真正的理解。很多人没有真正认识到,如何科学有效地、在智力和文化的意义上理智地把学科知识传授给下一代不仅是一门真正意义上的学问,而且是一门比学科要更加复杂的科学。有鉴于此,我们提出,运用协同学理论研究教学主客体关系。

1977年,联邦德国斯图加特大学理论物理学教授赫尔曼·哈肯(Hermann Haken)在研究由大量要素(子系统)构成的、相互间存在着复杂的非线性相互作用的开放系统时,提出了协同学理论。

协同学提出,系统的协同作用是通过内部各个子系统之间的相互影响和相互作用,各个序参量之间的相互协同和相互竞争来实现的。一般来说,各个子系统既存在着无规则的独立运动,又存在着有序的关联运动。在外界控制参量处于某一范围、子系统的独立运动占主导地位时,系统处于无序状态;而当关联运动占主导地位时,系统进入有序状态。在临界点附近,有时系统同时具有几个序参量,每个序参量对应于一种宏观有序结构。如果它们的衰减速度相同,处于势均力敌的状态,彼此便自动协调,共同形成某一有序结构;但是,随着外界控制参量的变化,序参量之间的竞争将被激化;当控制参量达到临界值时,某一序参量将会取胜,其他序参量便会迅速衰减乃至消失,最后出现一个由阻尼系数小的序参量单独主宰系统演变的局面,形成相应的有序结构。

协同学发现,虽然各个子系统(比如原子、分子、动物、植物、细胞、人乃至社会团体等)千差万别,但这些系统的相变条件和规律并不是子系统特点的反映而是子系统间协同作用的结果,从宏观演化上遵从着相同的数学规律。进一步,协同学把系统的变量分为受外界作用的控制变量和表示系统状态的状态变量。在系统未进入临界区域之前,控制参量的改变引起系统状态的平滑(量的)改变,控制参量控制着系统,只有当控制参量达到临界值时系统才能发生相变。当系统到达临界区域时控制参量的"控制"作用失效。

虽然,系统在进入临界区域前和进入临界区域后都是系统内大量子系统之间协同的结果,但两种方式存在明显区别。前者称为被组织系统,后者称为自组织系统。在被组织系统中,各个子系统如何动作和协调是靠外部指令操纵的,控制参量对系统能否发生相变的"控制"起决定性作用。而在自组织系统中,系统中形成的有序结构主要是系统内部因素自发组织起来建立的。

协同学是一门研究远离平衡的系统如何通过自己组织产生时间、空间或功能结构的横断科学。横断是指所研究的现象并不限于传统的某一门学科,自然界或人类社会中的各种现象原则上都是其研究对象。基于协同学的广泛适用性,特别是心理学家在脑、行为和认知方面研究的成功范例,我们

---

① 雷永生.皮亚杰发生认识论述评[M].北京:人民出版社,1987:19.
② 王艳芹,李正元.教育过程主客体关系的主要观点及反思[J].黑龙江高教研究,2006(5):18—21.

认为,采用协同学可以较好地描绘教学过程的机理,从而更科学地理解学习过程的规律性,并完备地认识教学主客体关系的真正意义。

如何看待教学过程中教师的作用？根据协同学理论,教学过程从无序到有序的转变可以分为被组织和自组织两个阶段。在教学过程的大部分时间里,系统都处于被组织阶段。在这一阶段,教师的讲授、引导、启发属于系统的控制变量,控制变量对系统能否发生相变起决定性作用,如果系统没有到达临界区域,就根本没有出现相变的可能性。因此,协同学认为：外界条件对于系统能否发生相变有着决定性的意义。从这里,可以清楚地看出,在教学过程的被组织阶段,只有通过教师的教学活动,才能使学生的学习系统向临界区域过渡,才能促使各个子系统完成量变的积累并最终达到质变。因此,我们认为,在教学过程的被组织阶段,教师起主导作用,是教学过程的决定性因素。

怎样看待教学过程中学生的作用？同样,依据协同学理论,当教学过程进入从被组织向自组织转变的临界区域时,教学过程的转变不再需要外部指令。在这一阶段,只有通过学生的自主学习活动,才能使学生大脑中的大量子系统自行组织起来。此时,系统中一个随机的微小扰动或涨落,借助于非线性相干和连锁效应被迅速放大,表现为整体的宏观巨涨落,导致系统发生突变,使学生的大脑越过临界区域,形成新的有序结构,从而完成对知识的真正掌握。因此,我们认为,在教学过程的自组织阶段,学生起主导作用,成为教学过程的决定性因素。

从协同学的观点看,教学过程的主要子系统——学习系统(学生)的演化规律决定着教学的主客体关系。因此,只有学生才是教学的主体,教师、教材和环境都是教学的客体。对这一观点的正确理解是：教师是客体并不等同于只起非决定性作用,学生是主体也并不意味着都起决定性作用,它们在教学过程的不同阶段分别起决定性作用。这一观点的重要意义不仅在于确定了教师与学生之间的主客体关系,而且在于确定了双方在教学过程不同阶段的决定性作用。如表3-1所示。

表 3-1

教学过程	教师(客体)	学生(主体)
被组织阶段	决定性作用	非决定性作用
自组织阶段	非决定性作用	决定性作用

植根于协同学的教学主客体关系理论,除了肯定师生双方在教学过程不同阶段的决定性作用外,还强调师生双方的协同作用。根据协同学理论,在系统从无序到有序的转变过程中,系统内的子系统自我排列、自我组织,似乎有一只"无形手"在操纵着这些成千上万的子系统,这只"无形手"就是序参量。即子系统的协同作用导致了序参量的产生,而产生的序参量又反过来支配着子系统的行为。[①] 序参量的支配行为正是非线性系统特有的相干性的表现,整体多于组成部分之和就是相干性的结果。实验表明,人的双眼视敏度比单眼高6～10倍。也就是说,1+1≠2,1+1=6～10,双眼的视觉功能大大超过两只单眼视觉功能的线性叠加。[②] 因此,教学中必须建立民主型的师生关系。师生之间、同学之间都可以展开讨论、争鸣,可以毫不相让,争持不下。一个原则,就是"真理面前人人平等"。正确终归要战胜谬误。重要的不是结果,而是通过师生双方的协同达到教学目的。

基于协同学的教学主客体关系理论,与我国传统教学理论是一致的。传统教学理论认为,教学过程包括"博学之,审问之,慎思之,明辨之,笃行之"。博学,要求老师要传授；审问与明辨,要求师生要互动；慎思与笃行,要求学生要自己建构与应用知识。可以表示为表3-2。

[①] H.哈肯著,郭治安,吕翎译.大脑工作原理——脑活动、行为和认知的协同学研究[M].上海：上海科技教育出版社,2000：4.
[②] 仪垂祥.非线性科学及其在地学中的应用[M].北京：气象出版社,1995：98.

表 3-2

被组织阶段	协同与交互	自组织阶段
博学之	审问之,明辨之	慎思之,笃行之
老师讲授知识 学生接受知识	师生互动	学生自我建构、应用知识

根据上述理论,由于教师在教学被组织阶段起决定性作用,因此,教师必须进行必要的教学,这就从理论上为教师教学的必要性寻找到了根据。同样,因为学生在教学自组织阶段起决定性作用,因此,知识最终必须由学生自己来建构,这也从理论上为学生自我建构知识建立了依据。最后,由于系统从无序到有序的转变需要非线性相互作用,因此,就从理论上为教师与学生之间的协同与交互作用奠定了基础。

三、教学主客体关系研究对基础教育改革的启示

为什么在基础教育课程与教学改革背景下强调对教学主客体关系进行更为深入的讨论?这是因为,教学主客体关系作为教育学理论中的一个核心问题,绝不仅仅是一个事实问题,一个知识问题,更多的是一个价值问题,一个社会历史问题,它植根于教学实践之中并以促进学生的全面发展为归宿。当前,对这一问题的认识正确与否,直接影响着基础教育课程与教学改革的方向,在一定意义上,决定着改革的成败与否。就当前课程与教学改革中的理论之争来看,事实上就是对教学主客体关系不同认识的投射。概括起来,主要有两种观点。

(一) 第一种观点

第一种观点主张借鉴西方哲学、教育学、心理学研究的一些新成果,建立以后现代主义、建构主义为核心的国际视野,以此来指导中国中小学课程与教学改革。其要点包括:

(1) 在教育目的上,反对理性主义,忽视文化传承,轻视知识习得和智能发展,主张回归生活世界,张扬个性和人性,尤重情感、态度、价值观的发展。

(2) 在课程上,主张以儿童的个人经验为取舍标准,关注其兴趣和需要的满足,倡导综合课程、经验课程。

(3) 在教学模式上,反对接受教学,主张探究教学、合作学习,强调学生获得直接经验、自主建构知识和意义,重视探索、操作、交流、感悟等教学形式。

(4) 在师生关系上,主张学生中心论,强调学生主体作用的发挥,否定教师主导作用,反对教师权威。

(5) 在教学评价上,主张个性化标准,重视评价的发展性功能,否定知识的客观确定性和教学评价的发展性功能。

显然,这种观点对教学主客体关系的认识存在着一定的问题,因为它虽然强调了发挥学生的主体作用,但否定了教师在被组织阶段的决定作用,实际上就否定了教师的职业价值。根据协同学理论,教师的讲授、启发属于控制变量,对系统能否发生相变具有决定性作用。因此,否定教师的作用,过分强调学生的自主学习,必然重蹈前人的曲折认识过程,导致学习效率低下,最终不能达到自组织状态,陷入"儿童中心论"的桎梏。

伴随着激进建构主义思潮在我国的膨胀,其批判、怀疑的态度以一种偏激的形式渗透到教育学的各个领域,并且开始对教学主客体关系产生了复杂的不良影响。比如,"提倡学生建构自己的知识,不提倡教师传授现成的知识;提倡教师是学生学习的指引者,不提倡教师是知识的传授者"[①]的观点便

---

① 中华人民共和国教育部.普通高中物理课程标准(实验)[S].北京:人民教育出版社,2003:72.

是"学生中心论"的体现。

我们认为,根据基于协同学的教学主客体关系理论,基础教育首先应当重视教学过程的被组织阶段。因为没有被组织阶段,就不可能有自组织阶段。因此,"传授-接受教学"作为实现基础教育课程目标的重要方式仍然需要给予足够的重视。从这个观点出发,就必须强调教师"教"的作用。应当指出的是,教师的"教"不是灌输,而是把学生引领到从被组织向自组织转变的"临界区域"。当学生到达"临界区域"时,教师的"教"也就完成了任务,从而达到"教是为了不教"的教学目的。所以,教师"教"的时间长短、"教"的知识多寡等都要以学生是否到达"临界区域"作为参考。这就要求教师在教学中要了解理论、了解学生、了解知识,才能在教学中审时度势,收放自如。

而基于"学生中心论"的观点去指导教学,必然对教学主客体关系进行"自主建构"式的理解。目前,在我们的某些建构主义课堂上,运用"让学生自己探究"的方法,甚至比西方的课堂上还要多。因此,已经"存在着一些不容忽视的问题……具体表现在'四个满堂''四个虚假'上。'四个满堂'即'满堂问''满堂动''满堂放''满堂夸'。'四个虚假'即'虚假地自主''虚假地合作''虚假地探究''虚假地渗透'"。这种教学,表面上看是为了让学生自主建构,但实际上不少人盲目行事,把学习的困难全部丢给学生。尤其在学生"自主探究"遇到困难的时候,如果教师还任其"自主"发展,势必会影响学生知识结构的形成,并最终影响学生能力的发展。

(二) 第二种观点

第二种观点的主要思想是:

(1) 在教育目的上,主张以促进个人全面发展为总目标,全面提升学生主体性,重视基本知识和基本技能的学习,并要求在文化知识学习的基础上和过程中发展智能、完善人格、锤炼个性。

(2) 主张依据社会发展、文化发展和教育规律的综合要求来变革课程,在课程内容上处理好基础性和现代性、科学性和教育性的关系,把握好学科逻辑与心理逻辑的关系,建立综合多样的课程体系。

(3) 在教学模式上,主张遵循教学认识的基本规律,建立多样综合、有主有从的教学策略,尤其要处理好间接经验与直接经验、接受学习与探究学习的关系。

(4) 在师生关系上,主张教师主导,学生主体,充分发挥师生双方的积极作用,分工合作,努力形成教育合力。

(5) 在教学评价上,认为知识标准具有客观确定性,既要发挥好教学评价的发展功能,又要注意完善和发挥其管理功能。

上述观点对教学主客体关系的认识有很多可取之处。比如强调"处理好间接经验与直接经验、接受学习与探究学习的关系""充分发挥师生双方的积极作用"等都有重要意义,但仍存在着一些问题。这表现为:虽然主张"充分发挥师生双方的积极作用,分工合作,努力形成教育合力",但如何分工?怎样形成教学合力?虽然倡导"遵循教学认识的基本规律,建立有主有从的教学策略",但谁为主,谁为从?为什么为主,为什么为从?这种观点都语焉不详,实际上并未解决长期以来教学主客体研究中悬而未决的问题。

基于协同学的教学主客体关系理论,较好地回答了教学主客体关系理论研究中长期悬而未决的问题。明确地回答了教学中"谁为主,谁为从?为什么为主,为什么为从?什么阶段为主,什么阶段为从?"等教学主客体关系研究中的重大问题,旗帜鲜明地提出教师必须进行必要的讲授,学生自我建构知识需要在教师传授、引领下到达"临界区域"才能实现的观点。这样,既明确了教师的职责与价值,又界定了学生的作用与任务。对于澄清当前基础教育课程与教学改革中存在的若干理论与实践上的混乱观念,具有正本清源的作用。

由于对教学主客体关系本质认识不清楚,当前教学中存在的另一问题是:教师缺乏把学生引领到自组织转变临界区域的教学意识与教学行为,致使学生缺乏思维达到一定阈值(即分叉点)后"豁然开朗"或"突然明白了"的突变感受与体验。包括高考在内的考试,往往要求学生在短时间内完成几十道题目,这就使解题过程变成条件反射式的机械记忆与模仿,根本无法使学生的大脑充分开放,使随机的小涨落变为巨涨落并最终到达自组织状态。因此,教师虽然进行了精心讲授,但如果不把学生引领到自组织转变临界区域,学生的认知就始终处于被组织状态,从而造就了大批高分低能的"好"学生。

根据协同学理论,导致系统产生自组织的一种重要方式是瞬变。瞬变就是学生认知状态的突变。当控制参量趋近阈值,认知状态进入临界区域时,关联尺度增加迅速,系统中局部子系统间的各种可能涨落非常活跃,每个涨落都具有特定的内容,代表着一种新的结构或组织的"胚芽"状态,涨落的出现是偶然的,但只有适应系统认知状态的某些涨落得以放大,从而将认知状态推进到一种新的结构状态。[①]

因此,基础教育除了应当重视教学过程的被组织阶段外,还应当重视教学过程的自组织阶段。也就是说,既要重视学习过程中量的渐进积累,也要重视学习过程中质的"突变"和"飞跃"。心理学家杨治良曾用人工概念——汉字笔画和英文字母组成假设检验模型,探索了成人概念形成的过程。他通过制作文生曲线和直线回归发现:成人概念形成过程的总趋势是一个渐进—突变过程,既先渐进,后突变。[②] 母小勇在成人与中学生学习科学概念的实验中发现,科学概念的形成过程依次为振荡渐进期,高原期和突变期,说明科学概念学习是一个自组织活动。[③] 这在一定意义上说明了学习过程中学生从认知被组织状态向自组织状态转变的过程与特点。

我们认为,目前的基础教育课程与教学改革理论并未有效地解决基础教育面临的困难。从根本上看,是由于课程与教学改革理论缺乏真实的理论基础。虽然有研究指出这些课程与教学理论是建立在行为主义心理学、信息加工理论、奥苏贝尔的有意义学习理论,皮亚杰的发生认识论以及维果斯基的"最近发展区"理论基础之上的。但显然这些所谓的理论基础是作为"标签"被贴上的而非真正意义上的理论基础。这种在许多不同种类"根"上长出一棵"树"的现象,在教育学理论的建构中比比皆是。这也许可以解释为,当一个新的理论具有很多理论基础时,就意味着这一理论原本就没有理论基础。

协同学视野下的教学主客体关系理论,是一种新的教育理论。从理论上看,它以协同学为理论基础,从实践上看,它以别洛索夫—扎布金斯基反应(一种化学振荡中的自组织现象)为实验基础。根据哥德尔定理,这一理论就具有坚实的基础。它有效改变了教学主客体关系研究中师生地位在"教师中心"与"学生中心"之间徘徊的局面,正确地阐明了教学主客体关系中师生双方的地位与作用,清晰地界定了教师与学生在教学过程不同阶段的决定性作用。如此,将使教学主客体关系理论具有更大的包容空间和普适性,使我们在教学主客体关系理论建构中的思维方式发生重大转变。

目前,我国中小学生超过 2 亿,运用正确的课程与教学理论来教育孩子们,就显得尤为重要。因此,基础教育课程与教学改革必须正确认识教师"教"的作用,正确认识学生"学"的规律,正确认识教师与学生"协同与交互"的价值。这不仅还原了教学主客体关系理论的真实面貌,彰显了教学主客体关系的理论本质,而且洋溢了教学主客体关系理论的辩证思想。

---

① H.哈肯著,郭治安译,赵惠芝校.高等协同学[M].北京:科学出版社,1989:68—70.
② 杨治良.概念形成渐进—突变过程的实验性探索[J].心理学报,1986(4).380—387.
③ 母小勇.成人与中学生科学概念形成过程的四个对比实验[J].心理科学,2002(5).569—572.

思考与讨论

1. 我国传统的教学过程理论有哪些？分别存在哪些缺陷？
2. 为什么可以用协同学来解释教学过程？
3. 教学过程的"序参量"是什么？
4. 教学过程"自组织"的实现条件是什么？
5. 科学教育中的被组织阶段与自组织阶段的内涵与关系是什么？
6. 概念转变理论对科学教育的解释存在哪些优势与不足？
7. 分析状态转变的内涵与机制。
8. 我国历史上对教学主客体关系主要有哪些观点？其缺陷和不足有哪些？
9. 在协同学视角下如何解释教学主客体关系？对教学有哪些启示？

第四章 物理教学设计研究

本章导读

物理高端备课是指以物理课程与教学理论为指导,采用"备课"的形式,研究既符合物理学内在逻辑,又符合物理教学规律,同时符合学生学习规律并接受课堂教学实践检验的教学设计,体现从"物理知识传授到物理方法教育,再到物理思想形成"的核心理念。在此基础上,构筑一线物理教师参与的教学研究交流平台,从而达到物理教育理论与实践真正结合,促进教师专业提升与学生认知发展向高水平跨越的物理教育研究活动。

物理高端备课是在教学过程自组织转变理论、物理能力理论、科学方法中心理论和原始物理问题教学理论等理论指导下的物理教学设计,借助于物理直觉、科学洞察力和丰富的想象,挖掘物理教学本质,显化科学方法,体现教学逻辑,从而展现出面貌一新的物理教学设计。

在机械能守恒定律、楞次定律、密度和欧姆定律的高端备课中,本章一一展现了关于隐性控制与分离变量科学方法的显化、教学结构的高度概括、比值定义法的真正诠释,以及从"电导"出发导出欧姆定律的"顺向"逻辑。这样的物理高端备课,才能彰显物理教学论特有的理论色彩,表达物理教学论独有的逻辑力量,散发物理教学论应有的迷人芬芳。

第一节 物理高端备课研究

我国传统物理备课工作的"教材分析""教案撰写"等范畴强调经验的继承,强调对物理教材的整体感知和把握,但其固有的封闭性在相当程度上造成了"闭门造车"倾向。相当一部分教师的教案都写成了"师生问答"的线性模式,缺失了开放性和深度思考。而基于信息加工理论的教学设计范式限于其早期目的和理论基础的局限性,使得它受到形式逻辑规则的约束和信息加工系统中假设特征的制约,表现出外部效度或生态效度不高的缺陷。[①]

基于此,我们依据科学方法中心理论[②]和原始物理问题教学理论[③~⑨],提出了物理高端备课的观点,以表达物理教学的基本逻辑,力图使教师的课程准备最大限度地实现学生心理逻辑与物理学科逻辑的统一,从而构建体现物理教学本质并彰显中国特色的高端备课研究范式。

---

① 邓铸.问题解决的表征态理论与实证研究[D].南京:南京师范大学,2002:33.
② 邢红军,陈清梅.从知识中心到方法中心:科学教育理论的重要转变[J].首都师范大学学报(自然科学版),2011,32(6):20—26.
③ 邢红军,陈清梅.论原始物理问题的教育价值及其启示[J].课程·教材·教法,2005,25(1):56—61.
④ 邢红军,陈清梅.从习题到原始问题:科学教育方式的重要变革[J].课程·教材·教法,2006,26(1):56—60.
⑤ 邢红军.原始问题教学:物理教育改革的新视域[J].课程·教材·教法,2007,27(5):51—57.
⑥ 邢红军,陈清梅.原始物理问题测量工具:编制与研究[J].课程·教材·教法,2008,28(11):59—63.
⑦ 邢红军.自组织表征理论:一种物理问题解决的新理论[J].课程·教材·教法,2009,29(4):60—64.
⑧ 邢红军.从数据驱动到概念驱动:物理问题解决方式的重要转变[J].课程·教材·教法,2010,30(3):50—55.
⑨ 邢红军,罗良,林崇德.物理问题解决的影响因素研究[J].课程·教材·教法,2012,32(6):91—96.

不仅如此,物理高端备课也为教师专业发展在大学教育专家与中学教师之间构筑起了联系的桥梁,使之成为 U-S 合作发展的新方式。以上这些,都使得高端备课研究兼具理论与实践的双重意蕴,并为当前教师专业发展提供一种方法论的有益启示。

一、物理高端备课视角下的教材分析

对教材和现有教学的理论分析是物理高端备课的启始环节。我们发现,传统的物理教材编制提出了体现本土特色的"突出重点,分散难点"观点。这些研究为我国物理教学和物理教材编写提供了有效的理论指导。然而,随着课程改革的深度推进与教材建设的长足发展,以传统观点为支撑的"重点难点"理论已经不能满足师生对特色教材需求的增长。近年来就有学者称:"相当多的教师已经把'课堂教学就是主要为了疏通难点,突出重点'当做了教学信条。他们习惯于把教学内容经验性地分割成孤立的一个个的难点、重点和非重点难点,并据此来设置教学策略、编写教案、实施教学。学生则根据这样的考点布局来准备考试。""重点难点"也往往被庸俗化为"考点"与"非考点"。[1] 对此,我们认为,虽然传统的教材重点难点理论基本把握了教材结构中主次矛盾的辩证关系,并在实践中彰显了有效性,然而这种衍生自传统经验的"篇、章、节、点"的教材结构观却亟待超越,"就教材,说教学"的传统教材分析也亟需改进,这就必然要对教学准备运用高端备课的理论思维。

"生活中的圆周运动"一节作为高中物理"曲线运动"一章的最后一节,体现了该章知识的一次综合应用。由于其前承新授课概念、规律的巩固,后启新章节的认知,自身又担负着提高学生知识应用能力的任务,所以,对该节教学的逻辑与内涵进行深入研析就有着十分特殊的意义。

现行人民教育出版社教材选择了"铁路的弯道""拱形桥""航天器中的失重现象""离心运动"等四个专题作为该节的基本内容。[2] 总体而言,教材采用了一种简单化的处理方式,但是大多数教师都会用不止一个课时讲完该节。这是因为该节既是该章内容的一次"小综合",同时也是后续"大综合"的基础。例如与天体运动、复合场中的圆周运动、单摆等知识都有复杂的综合关系。

然而,面对该节教学的重要地位,教材却只为每个专题提供了个别的、甚至单个的实例,并且仅有个别专题给出了简单的定量解析。例如"铁路的弯道"部分,缺少定量推证的文字描述使得该部分更近似科普读物,而非心理学化的教材。具体而言,其中蕴涵的诸如受力分析等科学方法内涵都没有得到凸显,其与知识的联系也处于隐晦状态。而现行诸多教参教辅由于质量参差不齐,客观上存在着把教辅编成"习题集"的倾向。在缺乏读书指导的情况下,该导向很容易使学生陷入"题海战术"的机械训练而不自知。"就题论题"没有注意结论物理意义的诠释,更没有顾及科学方法的显化。在这种情况下,知识与方法都很难内化。所以,在这种教材指导下学生的学习效率是不高的。

或许上述批评反映了教材与教参这类教学媒体的固有缺陷,然而,当我们将教材逻辑等同于教学逻辑的时候,这种缺陷也就不可避免地被"复制"到了课堂教学之中。由此,也就往往导致知识应用教学的零碎、无组织化。以至于虽然课时开满、习题足够,但是学生面对陌生问题时仍显吃力,即长期以来一线教师所谓"开生题"能力的欠缺,这对学生的应考与能力发展都是一个难以逾越的障碍,其解决需要在理论思维的指导下做出仔细的研究。

我们认为,本节教学的有序与无序、统筹与放任,是通向优质教学与题海战术的岔口。同时,鉴于本节作为一个典型知识应用课型,以及在整个高中物理阶段的重要地位,剖析本节的高端备课就有着典型意义和示范价值。

---

[1] 大学物理课程报告论坛组委会.大学物理课程报告论坛文集2007[M].北京:高等教育出版社,2008:200.
[2] 人民教育出版社,课程教材研究所,物理课程教材开发中心.物理2(必修)[M].北京:人民教育出版社,2010:26—30.

二、物理高端备课的展开

物理高端备课是指以物理课程与教学理论为指导,采用"备课"的形式,研究既符合物理学内在逻辑,又符合物理教学规律,同时符合学生学习规律并接受课堂教学实践检验的教学设计,体现从"物理知识传授到物理方法教育,再到物理思想形成"的核心理念。在此基础上,构筑一线物理教师参与的教学研究交流平台,从而达到物理教育理论与实践真正结合,促进教师专业提升与学生认知发展向高水平跨越的物理教育研究活动。

高端备课不同于传统教学设计基于信息加工理论的流程描述,而是在符合物理学特色的物理教学理论指导下,对最具体的物理教学问题做出合乎物理教学逻辑的引领。据此,如何在本节纷繁复杂的问题情境与培养学生能力的迫切要求之间辨明教学的逻辑通道并找到坚实可靠的路径,就成为"生活中的圆周运动"高端备课的核心任务。

我们认为,教师的教学不能"想到哪里讲到哪里",亦不能贸然呈现偏难题或易错题,而应站在一定的高度,系统地谋划该节的整体结构以彰显物理内涵。就该节而言,我们选择火车转弯、汽车转弯、圆锥摆、自行车转弯四个不同情境,并以习题或问题的形式组织了一个有结构的变式组,以此展开水平面内圆周运动的高端备课。

(一)火车转弯:典型化的教学起点

从何入手、如何"破题",正是一个关乎物理教学逻辑的问题。事实上,科学研究从最普遍、感性的现象做起,而物理教学则须从抽象、典型的特殊例子开始。所以,"典型化"就是这一逻辑问题的答案,其中蕴涵的是一个建立物理模型的过程。"火车转弯"这一问题大部分学生都有生活体验,所以具有一定的典型性。通过理想化方法,将火车抽象为一个良好的模型并设置数据之后,就获得了这一典型的物理习题:

火车转弯:质量为 m 的火车在转弯处,若向心力完全由重力 G 和支持力 F_N 的合力提供,则铁轨不受轮缘的挤压,此时行车最安全。请推导此时火车的速度 v。

首先,第一步教学从学生熟悉的情境开始,符合典型化的要求;其次,从情境中提取出这样一个问题不是可有可无的,因为学生从具有一定抽象性的模型开始学习,有利于知识的概括化和迁移水平的发展[①];最后,学生需要教师在科学方法上给以示范,即要引导学生分析题中什么条件为主,什么条件为次,从而体会模型的特征以及构建方式,这是物理模型教育的本质要求。[②]

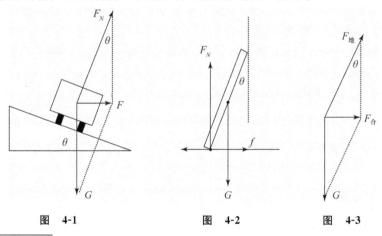

图 4-1　　　　　图 4-2　　　　　图 4-3

---
① 邢红军.论物理教学与学生迁移能力的培养[J].物理教师,1994(12):1—3.
② 邢红军.论科学教育中的模型方法教育[J].教育研究,1997(7):53—56.

对火车进行运动分析和受力分析是解决问题的第一步,由受力分析图(图 4-1)可见,在没有侧向摩擦力的临界条件下,向心力恰好由重力与垂直于斜面的支持力的合力提供,由几何关系得

$$mg\tan\theta = m\frac{v^2}{R}, 即 \tan\theta = \frac{v^2}{gR};$$

"临界速度"为

$$v = \sqrt{gR\tan\theta}。$$

进一步,可以临界速度为节点,探讨火车速度在不同区间内铁轨所受压力的方向和大小。并探讨行车速度、转弯半径、铁轨倾角之间的关系,以此训练控制变量的方法。如果有条件,还可以找到具体的参数,进行核实、讨论。通过这样多维度的探讨,就可以理解这一结论背后丰富的物理意义。

(二)汽车转弯:及时显化科学方法

以上对第一个问题透彻、全面的分析仍不足以保证应用物理知识能力的提高,关键问题是解决上述问题过程中的何种因素需要被重视并贯穿于后续的变式之中。我们认为,这一解决问题的核心因素就是科学方法,由此,我们安排了以下变式。

汽车转弯:某高速公路转弯处,弯道半径 $R=100$m,汽车轮胎与路面间的动摩擦因数为 0.23,路面要向圆心处倾斜,汽车若以 15m/s 的设计速度行驶时,在弯道上没有左右滑动趋势,则路面的设计倾角应为多大?($g=10$m/s^2)

第二个问题与火车转弯相比只改变了问题情境的个别要素,并对相关物理量赋予了具体的数值,体现了对问题解决能力要求的提高。但仍然离不开受力分析、运动分析的科学方法。由图 4-1 所示,经分析,同样可得

$$\tan\theta = \frac{v^2}{gR}, 即 \theta = arc\,tan\,\frac{v^2}{gR};$$

代入相关数据,得 $\theta=arc\,tan\,0.225$。

这一环节需注意的是,由于问题情境已经发生了变化,所以教学就不能止步于"就题论题",而应在与前一问题的比照中及时显化临界法、受力分析、计算法等科学方法。舍此,整个变式组的教学也就由于没有顾及相互联系和概括化而有名无实。

(三)圆锥摆:促进科学方法迁移

在呈现典型问题、显化科学方法之后,采取什么教学措施仍然取决于此时微妙的教学时机。为此,我们设置了"圆锥摆"这一变式。

圆锥摆:小球在水平面内做圆锥摆运动。设小球的质量为 m,摆线长为 L,半顶角为 θ,求小球做匀速圆周运动的角速度为多大?

对于圆锥摆问题,水平面内圆周运动的向心力由重力和摆线张力的合力提供。类比可见,摆线提供的拉力与轨道(或路面)提供的支持力是完全等效的,使用等效法同样可得 $\tan\theta=\frac{v^2}{gR}$ 这一关系,又 $R=L\sin\theta, v=\omega L\sin\theta$,联立即得

$$\omega = \sqrt{\frac{g\sin^2\theta}{\cos\theta}}。$$

其中,体会摆线张力与上述情境中支持力的等效性是深化对结论内涵理解的关键一步,这对促进科学方法的迁移有极大促进作用,而这也正是本环节教学的核心宗旨。

在以上变式中,作图法、几何方法、三角函数法贯穿解题的全过程,而临界条件分析法、类比法和等效法则是几种特殊的物理方法。事实上,学生对临界、瞬时这种有别于定量思维的条件还颇不熟

悉,所以需要着意训练,从而才能使学生掌握它们并使思维由有限走向极限,由模糊走向精密。这体现了物理方法与思维方法教学的统一性。

科学方法作为心理学意义上的"强认知方法",其价值正在于超越个别问题的对照,而能在各种陌生情况下体现良好的可迁移性。据此,圆锥摆这一环节的教学为了促进方法的内化和迁移,就应妥善做到"收放有度",即对科学方法不应再精细地讲解,而要启发、引导学生自主使用方法,甚至放手让学生在自主解决问题中使用刚学到的方法。这是因为学生能够在不同的问题情境中迁移使用,正是方法被掌握的标志。而实践证明,教师如果仍然越俎代庖地"精讲"下去,学生们则很容易产生逆反和反感心理。[①]

(四) 自行车转弯:落脚于生态化的原始物理问题

平面内圆周运动变式教学的落脚点应该是在生态化的情境中放手让学生自主建立模型,自主设置物理量并解答。一道关于自行车转弯的原始物理问题就成为了本次变式教学的落脚点。

自行车转弯:人骑自行车在水平地面上运动。请自主设置数据,推出一个表达式,计算若自行车以一定速度安全转弯时自行车的倾角应为多大?

这一原始物理问题由于没有提供数据,所以需要先用思维方法给以分析,理解物理本质,在自主建立恰切的模型的基础上设置数据解答。

自行车转弯的时候,需要将自行车抽象为直杆模型。通过受力分析可见(如图4-2):一方面,提供向心力的是地面对自行车的侧向摩擦力(指向弯道圆心);另一方面,自行车不发生转动,若选重心为转动轴,由合力矩为零得,地面作用于自行车的合力 $F_{地}$ 必过重心。取自行车和人的总质量为 M,自行车速度为 v,转弯半径为 R,由此做出矢量关系图(如图4-3),同样有关系:$mg\tan\theta = m\dfrac{v^2}{R}$,即

$$\tan\theta = \frac{v^2}{gR}, \theta = \text{arc tam} \frac{v^2}{gR}。$$

这类原始问题的优势在于能够充分调动学生头脑中物理方法的参与并有效训练思维方法,对物理知识应用水平的提升有着很强的效力。自行车转弯的原始物理问题从现象出发,体现了物理教育的生态化。[②] 如果教学仅局限于抽象习题的演练或在各种情境之间无序地跳跃,结果是学生或许会收获一些零碎的经验,而对于科学方法、物理本质都缺少深入的洞察和认识。而从"火车转弯"到"自行车转弯"的上述4个情境化问题,就组成了一个有着共同物理本质的、结构化的变式组(如图4-4所示)。

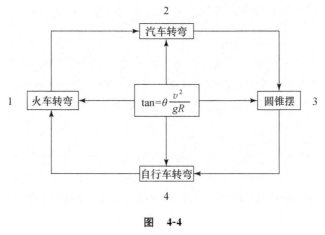

图 4-4

[①] 袁芳.高中物理课堂教学中的微扰与反思[J].中学物理教学参考,2013,42(4):48—50.
[②] 邢红军.物理教育的生态化及其对物理课程改革的启示[J].教育科学研究,2010(1):59—64.

显然，$\tan\theta = \dfrac{v^2}{gR}$ 作为一根"绳子"，拴住了 4 只"蚂蚱"，这充分彰显了物理高端备课的神奇之处。

三、物理高端备课的启示

我国传统的物理备课工作亟待改进，近来就有论者总结了如处理教材缺乏创造性、制定目标过于笼统、以学定教流于形式、设计教案简单化、教学反思空洞、教案与教学分离等六大备课痼疾。[①] 其核心问题还在于备课工作与教师对教学的理解未能做到真正结合，而根本原因则是缺乏科学理论的指导。物理高端备课则要求备课者超越传统的教材分析、教案撰写以及教学设计的局限，不仅要明确"做什么""如何做"，还要基于深度的理论思考，在教学中论证"为什么要这样做"，并在高端备课的过程中呈现这些思考。这种工作构筑了专业沟通与学术批判的桥梁，对促进学科教师专业发展以及我国学科教育研究水平的跃升可以发挥"蝴蝶效应"的功效。

对"生活中的圆周运动"一节而言，"从物理到物理"的教学思路实际上绕过了教学过程的安排与研究，经验的描摹也由于缺少了科学教学理论的整体考量而失之琐碎与功利。纵览以上高端备课过程，我们得到了几点启示。

（一）在高端观点下透视备课的本质与结构

现实中，无论是教师个人备课还是集体备课都曾提出了"超前性"的要求，然而这一要求也往往局限于超出课堂教学进度的一到两个单元或章节，这就使得这种"超越"未能达到对教学理解的质性飞跃。而高端备课则要求教师需要站在理论思维的观点下，不仅从宏观的物理教学过程，而且从微观的物理教学心理洞悉备课的本质与结构，由此实现充分、有力而又简约的教学逻辑。

生活中的圆周运动一节容纳的四个变式组，不同问题情境的背后有着共同的物理本质"$\tan\theta = \dfrac{v^2}{gR}$"。而教师要把握这一本质就不能满足与单个问题的解答与对话，而应对倾角、临界速度、圆周半径等参量用物理思想统而御之，即全面、敏锐地洞察各个物理量的变化与制约关系。在问题情境的每次变化之间，也需要教师基于对物理本质的把握，体会变式之间的同与不同、变与不变，从而才能将课程内容结构化、灵活而全面地呈现给学生。也只有这样，才能在教学中做到胸有成竹、高屋建瓴。总而言之，彰显本质、凸显结构就是物理高端备课高端观点的集中体现。

（二）以显化的科学方法表达物理教学的逻辑

在确定该节的本质与结构之后，就聚焦到了如何合理地落实教学过程的问题，这同样是一个教学逻辑的问题。

其实，获得应用能力的关键就是科学方法的习得，一线教师所谓学生不会"开生题"，都是源于科学方法教育的缺失。然而科学方法有其独立于物理知识的表达体系，并往往隐藏在知识背后，所以如何显化并开展传授就是一个难题。[②] 如图 4-5 所示，变式组物理本质"$\tan\theta = \dfrac{v^2}{gR}$"的得出和逐步深化并不是默会或顿悟而来，而必须经由临界法、作图法、计算法等科学方法导出，并在不同变式组的变化中不断领会。在有序的比照和迁移中，学生对科学方法才能逐渐产生敏感、意识，进而掌握并自觉地使用它们。

事实上，科学方法作为有序的时空次序可以有力地表达教学逻辑，所以必须采用显化的方式进行科学方法教育。这不仅需要明示科学方法的名称，还要在规范的操作过程中准确拿捏时空次序的呈

[①] 陈华忠. 年轻教师备课中的问题与建议[EB/OL]. http：//www.edu.cn/blog_654/20080916/t20080916_325476.shtml. 2008-09-16.
[②] 陈清梅，邢红军，李正福. 论物理课程改革背景下的科学方法教育[J]. 课程·教材·教法，2009(8)：52—56.

现和讲解。所以,对教师的功底不啻为一种艺术化的要求。而前述两个教学环节中提出的"及时显化""收放有度",都可以说是科学方法教学的特殊要求。这种教学不仅显化了科学方法教学的逻辑,还是对课程本质与结构的有效落实,更对学生物理知识应用能力的发展大有裨益。

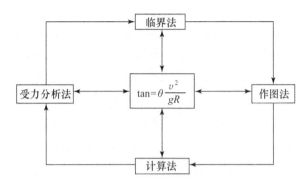

图 4-5 生活中的圆周运动科学方法结构图

(三)以高端备课有效促进教师专业发展

片面描摹经验是我国当前教师专业发展面临的最大困局,其根本原因在于教师专业发展理论与实践的脱离。而高端备课研究立足"备课"这一联系教学理论与实践的枢纽环节,为一节课具体的设计工作构筑了同理论与实践双重答辩的良好平台。其沟通理论与实践的功能,成为了理论与实践的双重生长点。而教师专业发展也找到了高端备课这一用来聚焦的"透镜"。在这种聚焦下,教师专业发展的途径得以落实,而学科教育专家与一线教师也找到了聚焦问题并分析问题的研究领域与实践框架。也正是在这个意义上,高端备课研究才对教师专业发展展现出了方法论的启迪。

这种方法论的启迪在于对问题空间的界定以及教学逻辑这一核心概念的提出。就物理学科而言,由于面对物理学丰富的物理意义、系统的逻辑结构,以及学生的认知水平,所以尤其需要对每个教学环节的逻辑做出理论论证与正确导引。然而遗憾的是,足以论证这种教学逻辑的理论又鲜有可用。这是由于能够兼顾学科逻辑与学生心理逻辑并体现学科本质的教学理论仍然是匮乏的,某种程度上处于当前教学理论与实践之间的"灰色地带",所以对其研究往往面临着特殊的困难。对此,我们的研究则为这种学科教学逻辑理论初步概括出了高端备课这一问题域,而聚焦这一领域就能为教学逻辑的研究不断开拓新路。

第二节 高中物理高端备课

案例一 机械能守恒定律的高端备课

一、问题提出与分析

"机械能守恒定律"在现行物理教材中被单列一节,它是在学生掌握功、动能、势能以及动能定理之后,为学生理解能量守恒定律奠定基础。由于机械能守恒定律内涵的抽象性、条件的复杂性以及应用的多样性,一直以来都是教学的重点和难点。历史上诸多论者都对本节课展开讨论,然而思路清晰、逻辑合理的教学设计尚未涌现,有鉴于此,我们展开了系统的研究。

现行人教版教材"机械能守恒定律"一节首先揭示了机械能的概念:"动能、重力势能、弹性势能统称为机械能",随即提出问题:"动能和势能的相互转化是否存在某种定量的关系?"然后以物体沿光滑曲面滑下为例,讨论只有重力做功时的情况。并运用动能定理、重力做功与重力势能变化的关系,推导得出"在只有重力做功的情况下,机械能总量保持不变"的规律。最后,教材总结了得出机械能守恒定律的条件和内容。①

我们认为,教材的编排存在三个问题。其一,推导过程采用的物理符号不够明朗。其二,对于动能和重力势能的相互转化,教材所举"物体沿光滑曲面滑下"的例子只涉及了重力势能转化为动能的情况,而对动能转化为重力势能的情况却没有包含,因此教材呈现的只是完整物理过程的一半。其三,教材编写并未能阐述机械能守恒定律推导的来龙去脉,对机械能守恒定律推导中隐藏的科学方法没有阐述,从而导致学生对机械能守恒定律缺乏真正理解。本节高端备课通过阐明机械能守恒的条件,建立重力做功与机械能转化的联系,并力图按照科学方法显化的思路去诠释教学的逻辑,以期对机械能守恒定律的教学有所启示。

二、教学设计与阐释

如图 4-6 所示,我们提出的教学设计由以下三个环节组成:

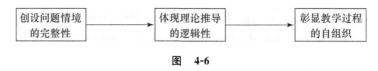

图 4-6

我们希望通过三个依次递进又相互关联的教学环节,为机械能守恒定律的教学开辟一扇新的窗口。

(一)创设问题情境的完整性

如前所述,现行教材对问题情境的创设采取了"物体沿光滑曲面滑下"的形式,然而这与传统教材②采用"自由落体"的情境一样,并没有体现机械能守恒定律中能量转化双向性的特点,即仅有重力势能转化为动能,而没有动能向重力势能的转化。鉴于此,我们创设了光滑且对称的曲面内小球运动的情境,如图 4-7 所示。

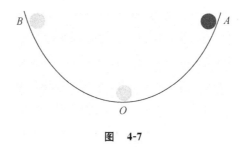

图 4-7

图中:A 为初始位置,O 为最低点,B 为小球上升到的最高点。

在呈现这一情境后,即可引导学生聚焦问题:小球从初始位置 A 下滑至最低点 O 的过程中,机械能转化有何定量关系?从最低点 O 继续爬升至最高点 B 的过程中,机械能转化又有何定量关系?为解决这一问题,教师应引导学生自主设置解决问题所需的物理量。可设小球质量为 m,运动速度为 v,

---

① 人民教育出版社 课程教材研究所,物理课程教材研究开发中心.物理2 必修[M].北京:人民教育出版社,2006.
② 人民教育出版社物理室.高级中学课本 物理 第三册(选修)[M].北京:人民教育出版社,1997.

高度用带角标的 h 表示(选取 O 为参考平面)。

(二)体现理论推导的逻辑性

从理论上推导得出机械能守恒定律是本节的核心内容,这一环节的教学应体现出推导的逻辑性。

现行教材的推导采用了"E_p""E_k"符号,这一做法并不符合学生的物理认知水平。其原因不仅在于"E_p""E_k"的相似性使初学者容易混淆,更在于这两个符号过于抽象,使学生在学习过程中难以将物体动能与重力势能的变化与推导过程联系起来。因此,我们认为推导应使用学生熟悉的物理量,即将重力势能表达为"mgh",将动能表达为"$\frac{1}{2}mv^2$"。这样可以避免符号的"转译"过程,使学生在学习过程中更为直接地理解物理本质。

机械能守恒定律推导的核心在于推导的思路。虽然所研究的问题情境非常简单——只有重力做功,物体的动能与重力势能之间进行相互转化,但其中推导的核心思想多年来一直未能揭示,从而导致学生在学习中始终处于"知其然而不知其所以然"的状态。

我们的研究表明,在机械能守恒定律的推导中,重力扮演着一个非常微妙和隐蔽的角色,并且非常难以被觉察。即重力扮演着一个"一力二用"的角色:一方面,重力做功使物体的动能增大;另一方面,重力做功又使物体的重力势能减小。这一过程虽然在同一时刻发生,但在机械能守恒定律的推导过程中却需要采用"分离与控制变量"的方法,对动能的变化和重力势能的变化分别加以研究。这一关键的教学思想需要在教学中明确向学生讲解。具体实施步骤为:

在重力做功时,只考虑动能的变化而不考虑重力势能的变化,于是引导学生运用动能定理列出方程:

$$mgh = \frac{1}{2}mv_o^2 - \frac{1}{2}mv_A^2 \cdots\cdots \qquad ①$$

在重力做功时,只考虑重力势能的变化而不考虑动能的变化。在列方程时,教材的依据是"重力做功与重力势能的关系",而实际上从对称性的角度看,这一关系其实应该称为"势能定理",于是有:

$$mgh = -(mgh_o - mgh_A) \cdots\cdots \qquad ②$$

传统教材与现行教材在推导机械能守恒定律表达式中,明确使用了描述动能变化的"动能定理",而在描述重力势能变化时虽然也使用了重力做功与重力势能的关系,但是没有明确地将其上升为一条定理的地位。这一问题貌似微小,然而却不容忽视。学生不禁会问:为什么不能像动能定理一样将其定义为"势能定理"?

事实上,由于本部分内容涉及物理学中最核心部分的结构与内涵,因此,有必要使学生充分认识不同物理规律在理论推导中的地位和作用。由于上述推导没有将重力做功与重力势能的关系对应地上升为一条"定理",因而也就没有能体现出动能转化与重力势能转化的对应与对称关系,从而影响了推导的逻辑性,并最终影响学生知识结构的完善。

我们认为,教材有必要在之前"重力势能"一节将"$mgh = mgh_1 - mgh_2$"提升到"势能定理"的地位,并明确其物理意义:物体重力做的功等于物体重力势能的减少量。如此,在机械能守恒定律一节就可以直接采用这一结论进行推证。

将①②两式联立,得

$$mgh_A - mgh_o = mgh = \frac{1}{2}mv_o^2 - \frac{1}{2}mv_A^2 \cdots\cdots \qquad ③$$

③式表明,小球重力势能的减少量等于重力做的功,又等于小球动能的增加量。这个表达式充分体现了重力做功"mgh"作为机械能转化量度的作用和地位,凸显了功是能量转化量度的特征。

最后，经过简单的移项即得机械能守恒定律的表达式：

$$\frac{1}{2}mv_o^2 + mgh_o = \frac{1}{2}mv_A^2 + mgh_A \cdots\cdots \quad ④$$

④式表示，重力做功是引起机械能转化的原因，机械能转化是重力做功的结果，并可用功的大小去量度能量转化的多少。而在一个没有外力做功和非保守内力做功的保守系下，联系任意两个状态，系统的机械能发生不同形式的转化，但是总量保持不变。

（三）彰显教学过程的自组织

为了使学生更深刻地理解机械能守恒定律中能量转化的双向性，在教学的这一环节，教师可以设计学生自主推导小球从最低点 O 到 B 点运动过程中重力势能与动能之间转化的关系，以巩固学生对机械能守恒定律推导的掌握。

如果说在教学的前几个环节，学生还处于认知状态的"被组织"阶段，需要教师积极引导，那么本环节教师就要大胆放手，让学生自己思考、酝酿、尝试，通过自主推导完成认知状态的转变，到达认知状态的自组织阶段。[①]

三、研究总结与启示

纵览以上高端备课过程，我们得到以下三点启示：

（一）注意物理符号的心理效果

物理学作为一门大量运用数学语言的科学，绝大部分物理量都以符号表达，物理教学当然要使学生学会理解符号、运用符号并用符号来分析问题，然而在教学过程中，还要充分注意物理符号对信息传递的影响。在机械能守恒定律的教学中，应尽力降低学生的认知负荷，避免使用"E_p""E_k"等抽象的物理符号，而要采用物理意义更加明朗的"mgh""$\frac{1}{2}mv^2$"参与推导，这样才能使学生更好地理解推导的过程与结论。

（二）创设简约完备的物理情境

本节高端备课启示我们，物理教学情境的选择不能随心所欲，而应使物理情境有助于学生在头脑中形成正确而清晰的物理表象。在机械能守恒定律的传统教学中，采取了自由落体运动或物体沿光滑曲面滑下的情境，由于没有体现动能与重力势能转化的双向性，因此存在一定的缺陷。而我们创设的情境就充分体现了机械能转化的双向性，体现了物理过程的完整性。进一步，从更加精细的层面考虑，虽然单摆也能够体现物理情境的"双向性"，但由于含有摆线这一无关因素，就会影响物理本质的凸显，因此采用碗状的光滑曲面更加合适。由此可见，情境细节所体现的信息对教学的影响也是需要仔细考虑的。

（三）彰显重力做功的物理意义

在机械能守恒定律教学中，重力做功促使重力势能与动能相互转化，表明一种形式能量的增长总是伴随着另一形式能量的消减，而且二者在数量上也存在着确定的等量关系，表现为物体系统机械能总量保持不变。本节高端备课充分体现了这一内涵，展现了重力做功在能量转化过程所中起到的"桥梁"作用。这不仅深刻诠释了"功是能量转化的量度"这一重要的物理思想，而且能够使学生深入理解机械能守恒定律的物理本质。除此之外，高端备课对于隐蔽的"分离与控制变量"方法的挖掘也堪称点睛之笔，从而使重力做功的物理意义得到淋漓尽致的展现。

[①] 邢红军，林崇德.论教学过程的自组织转变理论[J].课程·教材·教法，2006；26(11).

案例二　楞次定律的高端备课

楞次定律作为高中阶段最为抽象的一个物理规律,长期以来都是物理教学的一个"老大难"问题。为解决这一难题,已经积累了可观的研究资料。但如何以高端备课的研究观点,立足物理学科的本质与学生的学习规律,系统地研究楞次定律教学的物理内涵并给出符合逻辑思维脉络的教学设计还未涌现。鉴于此,本文试图就楞次定律的教学设计论述我们的观点,诚望方家指正。

一、传统教学的困局

现行人民教育出版社的教材"楞次定律"一节,从条形磁铁相对螺线管运动的实验出发,引导学生将"感应电流的磁场"作为"中介",通过填表比较,归纳出楞次定律的表述:"感应电流具有这样的方向,即感应电流的磁场总要阻碍引起感应电流的磁通量的变化。"[①]

这种传统的教学安排,涉及原磁场方向、感应电流方向、线圈绕向、感应电流的磁场方向、磁场的变化方向等众多要素,早已受到了"现象多、过程复杂,效果不够好"的评价。[②] 对此,我们认为,正是本节演示实验存在的问题造成了长期以来的困境。理由如下。

(1) 学生不能够直接从"螺线管四组实验"判断出感生电流的方向。这是因为,由"磁铁插入、拔出线圈"和"灵敏电流计指针摆动"两个仅有的实验现象判断感生电流的方向,需要经过(灵敏电流计接线柱的电流)"正进负出"和线圈绕向两个思维环节,使得思维链条过长。这有违物理教学的简单性原则。

(2) 实验把感生电流方向和感生电流的磁场方向两个变量同时呈现,没能使用"分离与控制变量"的科学方法,使教学陷入复杂之中。

(3) 由实验不能判断出感生电流的磁场方向。

因此,正是实验的选取不当造成了教学逻辑的繁冗。所以,这种方式必须予以改变。当然,教材在"楞次定律的应用"部分呈现了如下方框图,还是为我们提供了一定的启示(如图 4-8 所示)。[③]

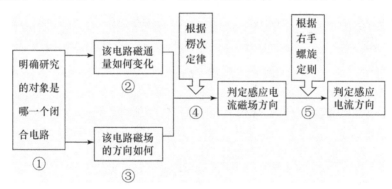

图 4-8

该图虽然初步体现了较为清晰的脉络,然而启始部分仍然显出繁复的情势。图中②、③部分从"磁通量"和"电路磁场的方向"两个抽象的内涵入手,有违直观性原则。因为磁场的通量和方向都并

[①] 人民教育出版社,课程教材研究所,物理课程教材开发中心.物理(选修 3-2)[M].北京:人民教育出版社,2006:9—14.
[②] 许国梁,束炳如.中学物理教学法(第二版)[M].北京:高等教育出版社,1993:323.
[③] 人民教育出版社,课程教材研究所,物理课程教材开发中心.物理(选修 3-2)[M].北京:人民教育出版社,2006:9—14.

不能通过该实验确定。④部分是对楞次定律名称的直接搬用,以至于整个方框图未能展示出楞次定律具有可操作性的具体内涵。

二、彰显定律内涵的教学设计

基于以上认识,我们选用"楞次环"实验作为基本的出发点和突破口。实验装置如图4-9所示,A、B都是铝环,其中A环闭合,B环断开,横梁可以绕中间的支点转动。实验时,用条形磁铁的一极垂直插入、拔出环,可观察到仪器绕支点的转动。

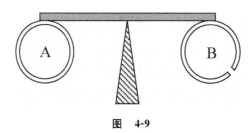

图 4-9

该实验的优势在于:① 实验装置简单、实验现象直观,可以直接判断出感生电流的磁场方向。至于感生电流的方向,则可由右手螺旋定则判断给出。② 可以控制和分离变量。感生电流的方向与感生电流的磁场方向就被分离了开来。所以,传统教学急于寻找磁场这一"中介"并选用繁复且不能体物理现象的"螺线管四组实验"实验其实是舍本逐末并徒增吃力的。

基于上述理由,我们对楞次定律展开了如下的教学设计,教学逻辑图如下。(如图4-10所示)

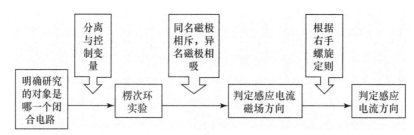

图 4-10

显而易见,这一教学逻辑图更加符合教学的逻辑。教学过程如下。

(1) 判断感生电流的磁场方向。实验时,当使条形磁铁的N极垂直并插向A环,发现A环向远离磁铁方向运动,呈现一种"拒斥"现象;再使条形磁铁的N极垂直并离开A环时,却发现A环向磁铁方向追进运动,仿佛是对磁铁的"挽留"。而对B环却没有这种现象。之后,换用S极并多次实验后发现仍然呈现以上现象,"来拒去留"是对其最为直观形象的描述。这种直观、简约的实验现象不仅剥离了线圈绕向等多重因素,而且分离了感生电流方向这一因素。

在实验中体验到的"拒"与"留"正是铝环中感生电流磁场与原磁场相互作用的宏观表现,根据"同名磁极相互排斥,异名磁极相互吸引"的基本规律易判断感生电流的磁场方向。进一步可以引导学生从物理本质上进行归纳:当铝环中的磁通量增加时,感生电流的磁场方向与原磁场方向相反;而当铝环中的磁通量减少时,感生电流磁场方向与原磁场方向相同。因此,可以用"增反减同"概括。

(2) 判断感生电流的方向。已知感生电流的磁场方向,根据安培定则就很容易得出感生电流的方向。至此,感生电流方向的判断完成,楞次定律也得以自然地被总结出来。以上实验结果记录在如下记录表中(如表 4-1 所示)。

表 4-1

		实验现象	磁通量	感生电流磁场方向与原磁场方向
N 极	靠近	排斥	增加	相反
	远离	吸引	减少	相同
S 极	靠近	排斥	增加	相反
	远离	吸引	减少	相同
		来拒去留	增反减同	

最后,为了验证这一定律,可以将电流传感器接入不闭合铝环,用条形磁铁重复上述实验,传感器显示铝环中有电流产生并且与定律判断的方向一致。

三、对教学设计的反思与启示

我们认为,教学设计不是一项实用主义导向的活动,而是基于物理教学理论的系统思考。在以理论为导引与实践答辩的双重作用下,教学设计活动才能成为沟通教学理论与实践的枢纽。从上述教学设计过程中,我们得到了如下启示。

(一)物理教学实验的选取应以简单性为原则

纵观以上教学设计可见,正是选用简单、显性的"楞次环"实验代替了"螺线管四组实验",才使整个教学思路豁然开朗。传统教学安排的实验是显然不符合这种"简单性"要求。麦克斯韦曾经说过:"这些实验的教育价值,往往与仪器的复杂性成反比,学生用自制的仪器,虽然经常出毛病,但却会比用仔细调整好的仪器学到更多的东西。仔细调整好的仪器学生易于依赖,而不敢拆成零件。"这很好地说明了简单仪器特有的教育价值。

(二)分离与控制变量是教学逻辑的基本要求

"分离与控制变量"在初高中物理教学多次出现,甚至是出现频次最高的方法,然而许多人却没有意识到,教学的逻辑也需要由科学方法来表达。我们的实验及教学设计成功地剥离了多个变量的干扰,通过隐性地控制变量,不仅使教学脉络简单、层次分明,并且体现了科学方法的效力与内涵。

事实上,我国物理教学研究的历史上也一直有着对"物理教学逻辑"的零星研究。如传统教材编写就提出了"逻辑轻快"的原则。然而,所谓"教学的逻辑"却并不只包含这一单一化的条框,而是有着丰富的内涵可供研究。这些对教学逻辑的研究都意在使学生在教学中体验到一种微妙的逻辑感,由此,"教学的逻辑"才能实现与"思维的逻辑"的互动。然而遗憾的是,目前对物理教学逻辑的研究还很不够,在"逻辑轻快"原则之后未能持续地深入下去。以上我们的教学设计则体现了:分离与控制变量不仅是物理学习的重要科学方法,更应作为物理教学逻辑展开的一条基本要求。这是对"物理教学逻辑"内涵的重要发展与充实。

(三)直观与抽象是物理教学中的一对基本矛盾

物理教学既须满足直观性的教学原则,又须面对抽象而丰富的物理意义,因此,如何处理直观与抽象的关系就成了物理教学的一对基本矛盾。其中,物理教学的直观性是定律本质、认知特点以及物理教学基本思想的共同要求。这意味着物理教学不能泛谈、空谈"直观",而应明确为什么直观、如何直观。这需要对物理概念、规律内涵的深刻把握才能揭示。"楞次环"实验就是在仪器简单性以及描述定律力学特征的双重思考下选用的。这种直观性有助于学生形象思维能力的培养,关乎整个物理教学的基本思想,因为物理学的本质是现象而不是推演。①

本节直观性与抽象性矛盾的核心是对定律中"阻碍"一词的诠释。传统教学设计在学生没有明晰整个教学脉络且没有形成一个完整、形象的物理图景的前提下就引入了抽象内涵,或将"来拒去留"弃之不用,或将"增反减同"等同于"阻碍",或是对三者的名词进行简单的罗列,凡此种种,就在于没有把握住抽象与直观之间的层次关系与心理逻辑。而梳理整个教学设计,就可以为"阻碍"这一抽象的物理意义找到直观的阐释(如图 4-11)。

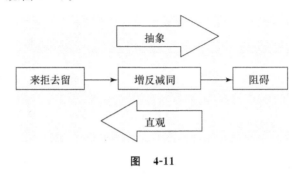

图 4-11

教学从"来拒去留"到"增反减同",再到"阻碍",是由现象到模型、再到本质的完整抽象次序,不仅符合认知规律,也为"阻碍"的内涵阐明了层次。具体说来,"来拒去留"描述的是感生电流的磁场与原磁场的相对位置,是看得见、摸得着的东西,因此最为直观;而"增反减同"说的是磁通量,是看不见、摸不着的东西,需要学生在教师的引导下进行想象才能理解;而"阻碍"则说的是楞次定律的本质,是对"来拒去留"与"增反减同"的高度概括。可见,"阻碍"作为最高程度的概括,包含了"来拒去留"与"增反减同"的所有意义。它既容纳了微观的、理论的、数学的含义,更描述了电磁感应一种宏观的、现象的、力学的特征。正是在这个意义上,"阻碍"一词在本节中是最为抽象且不可替代的。

第三节　初中物理高端备课

案例三　密度的高端备课

密度作为初中物理引入最早、抽象程度较高的概念,一直以来都是传统教学的重点和难点。因此,如何以更宽广的视野透视密度教学的内涵,并彰显其物理本质与教学逻辑,就成为物理高端备课研究的重要内容。

一、现行教材的逻辑偏误

现行人教版教材(2012版)密度(density)一节安排在质量概念之后。教材首先通过举例提出假设:"同种物质的质量与它的体积成正比吗?"旋即安排了实验:"探究同种物质的质量与体积的关系",以铝块为例,取大小不同的铝块分别测量质量和体积,将数据填表并绘制图线(如表 4-2 和图 4-12 所示)。由此,引导学生得出铝块质量与体积成正比的结论,并推广至其他物体。在此基础上,教材提出:"同种物质的质量与体积的比值是一定的,物质不同,其比值一般也不同,这反映了不同物质的不同性质。"就此得出密度概念:"某种物质组成的物体的质量与它的体积之比叫做这种物质的密度",

---
① 邢红军.论物理教育中的直观性与学生形象思维能力的培养[J].教育研究,1993(9):54—56.

并进一步给出了密度的公式。① 教材编写所传达出的信息就是,密度概念得出的原因就是质量与体积的"比值一定"。

表 4-2

	m/g	V/cm³
铝块 1		
铝块 2		
铝块 3		
铝块 4		
……		

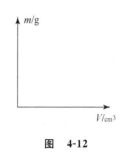

图 4-12

教材的这种处理方式主要存在三个问题。第一,教材编写的逻辑谬误在于,完全回避了比值定义法而试图得出密度概念。第二,它忽视了密度教学中的一个关键问题——为什么要用质量与体积相比来定义密度。只回答是什么(比值是常量),而不回答为什么(为什么要比)②,这反映了教材对密度概念引入的理解缺陷与生硬处理。第三,通过描点、画图,用图线的斜率得出密度概念并不必要,已经偏离了密度概念得出的逻辑路线。

我们认为,密度概念教学困难的原因在于,教材对物理概念教学基本逻辑的忽视,突出表现为密度教学中比值定义法未被显化,这不仅造成了概念引入的逻辑颠倒,而且使得教材没能处理好"变"与"不变"的关系。即没能回答各个物理量为什么变?为什么不变?使得学生无法理解这三个物理量之间的关系。这将导致学生只会背密度公式,但对密度概念并没有深刻理解的教学结果。

事实上,现行所有的初中物理教材对密度概念教学的深刻内涵以及面临的特殊困难都缺乏清醒的认识。就密度概念教学而言,由于它是将学生引入经典物理体系的一个"关键概念"和"节点概念",并且还要面对学生头脑中存在的大量关于密度的日常观念或直觉意识。③ 所以,一旦不能恰当地处理,就很容易导致逻辑失序,并使学生的大量前概念裹挟、夹杂进来。由此就为后续的物理学习埋下隐患,遑论给学生打好坚实基础,分化和学习困难现象就在所难免。

二、彰显教学逻辑的高端备课

现行教材之所以未能合乎逻辑、水到渠成地得出密度概念,归根结底还是因为没能解决为什么要用两个量相比来定义密度这一核心问题。因此,由"比值一定"导出密度概念,就必然导致逻辑上倒果为因的错误而浑然不觉,由此引发的教学偏向也就可想而知。对此,我们认为只有依据比值定义法的内涵,才能展现本节课的教学过程并有力地表达密度教学的逻辑。以下是我们设计的"密度"概念高端备课的四个教学步骤。

(一)有心栽花花不成:直接比较两个不同物体的质量

事实上,权衡、掂量不同的物体是人们对经典物理世界最朴素、最本原的感知④,因此,在明确质量这一描述物体量化属性的物理量之后,如何比较不同物体的质量就是一个需要解决的问题了,而密

---

① 人民教育出版社课程教材研究所,物理课程教材研究开发中心.物理(八年级上册)[M].北京:人民教育出版社,2012:113—116.
② 邢红军.按照比值定义法的本质改进高中物理概念的编写[J].物理教师,2004,25(4):5—7.
③ 吴娴.中小学生密度概念发展及其影响因素的研究[D].桂林:广西师范大学,2003:12.
④ 曹则贤.物理学咬文嚼字之十一:质量与质量的起源[J].物理,2008,37(5):355—358.

度概念的教学就应立足于"比较"物体"谁轻""谁重",这种本原的、朴素的动机。所以我们提出,教材应该将长期以来用作引入密度的"鉴别物质"思路转变为"权衡轻重"的思路。这既与源于学生日常经验与深层意识,具有良好心理驱动作用的认知倾向相一致,又符合比值定义法的核心思想与本质内涵。所以,密度概念引入的后续操作都应在这一思想引领下展开。据此,可以引导学生提出:通过直接比较两个不同物体的质量来判断物体的"轻""重",从而得出密度的表达式。根据作文起、承、转、合的章法,这一教学环节由直接比较物体轻重发端,谓之"起"。

图 4-13

选择一小块铁(质量 $m_1 = 39.5 \times 10^{-3}$ kg,体积 $V_1 = 5.0 \times 10^{-6}$ m³)与一大块石头(质量 $m_2 = 357.5 \times 10^{-3}$ kg,体积 $V_2 = 130.0 \times 10^{-3}$ m³)进行比较(如图 4-13 所示)。然而,直接比较却无法得出符合学生日常经验的结论。因为石头比铁更重!针对这一困惑和认知冲突,教师可以引导学生分析原因:导致直接比较出现错误的原因是没有选取相同的标准。于是,解决问题的方法就是在比较时选取相同的标准。

(二)栽花不成选标准:选取相同的标准继续比较不同物体的质量

据此,需要将物体的体积变成一样,即选择同样体积的铁块和石块,这意味着将体积选作了标准。然而这并非要对物体采取切割、弥补等手段,而是利用除法这一数学工具,把质量与体积相除,使体积这一标准化为"1 立方米"。用除法得到比值 $\frac{m}{V}$ 后,就可以有效地进行比较了。这一比值的形式也与公式"$\rho = \frac{m}{V}$"顺理成章地初步建立了联系。

按照这一思路,得到铁块的比值 $\frac{m_1}{V_1} = 7.9 \times 10^3$ kg·m⁻³,石块的比值 $\frac{m_2}{V_2} = 2.75 \times 10^3$ kg·m⁻³。虽然比值的大小契合了学生的日常经验(铁比石头重),但却与我们的研究思路并不一致(直接用物体的质量大小来衡量物质的轻重)。这一比值为什么不同于"权衡物体轻重"的初衷?比值的含义是什么?由此就需要展开第三步的教学环节。本环节我们谓之"承"。

(三)无心插柳柳成荫:诠释比值的物理意义

在本环节,我们选择多组不同的铁块与石块进行测量、比较,用来解答上述两个问题并通过量化分析研究比值的内涵与变化趋势,测量与计算结果如表 4-3 所示。

表 4-3

	铁 块			石 块		
	质量/kg	体积/m³	比值/(kg/m³)	质量/kg	体积/m³	比值/(kg/m³)
1	39.5×10^{-3}	5.0×10^{-6}	7.9×10^3	357.5×10^{-3}	130.0×10^{-6}	2.75×10^3
2	117.7×10^{-3}	14.9×10^{-6}	7.9×10^3	96.3×10^{-3}	35.0×10^{-6}	2.75×10^3
3	162.74×10^{-3}	20.6×10^{-6}	7.9×10^3	14.0×10^{-3}	5.1×10^{-6}	2.75×10^3

研究多组数据发现,比值同物体的质量和体积均无关系。至此,研究思路发生了重大变化。因为

我们原本是要比较质量大小,结果却出现了一个与质量与体积均无关系的常量。如果说,第二环节是"有心栽花花不成",那么第三环节的结果就可谓"无心插柳柳成荫"。这一步的教学经历了研究结论从"有心栽花"到"无心插柳"的微妙变化,谓之"转"。

至此,比值"$\frac{m}{V}$"更深层次的物理意义才被顺利得出,即比值是物质的疏密程度,它把物体量的差异进一步抽象到了致密度这一更深、更抽象的层次上[①],它反映了物质本身的一种属性,我们将其称为物质的"密度"。在这一环节结束之后才给出"密度"的称谓,充分体现了高端备课的精妙逻辑要求。

(四) 世事洞明皆学问:联系学生的生活经验理解比值定义法

比值定义法不是一整套机械的操作,而是有核心思想的驱动与思维方法的调控。具体而言,比值法不是抽象的,而是有深刻的物理内涵。所以,第四个教学环节就要联系学生朴素的生活经验,增加对比值定义法的体认,使学生对科学方法的认识更加丰满。

实际上,比值定义法有着广泛的日常经验基础,认为其抽象是因为不理解这一方法的基本逻辑,即只知道比,而不知道为什么要比。而"比较要选取相同的标准",这种思想与学生已有的经验是一致的,进一步教师可以举出这样的例子:小明的爸爸下班,走到小区门口,买了 4.2 斤橘子,花了 16.38 元。小明的妈妈下班,走到小区门口买了 5.7 斤橘子,花了 21.09 元。问小明的爸爸和妈妈谁买的橘子更便宜?在这里,学生很容易理解,比较选取相同的标准就是 1 斤橘子的价钱。奥苏贝尔认为,有意义学习就是符号代表的新知识与学习者认知结构中已有的适当观念建立了非任意的和实质性的联系[②],显然,这种举例与奥苏贝尔的理论具有一致性。

除的概念非常抽象,而这一环节的教学意义在于它很好地表达了密度概念是用学生已经拥有的"比较要选取相同标准"的思想来解决这一问题的,从而使学生产生成功的体验。因此,该教学环节就并非画蛇添足,而是锦上添花。这一教学环节我们谓之"合"。

三、对教学的启示

物理高端备课不仅要明确"做什么""如何做",还要基于深度的理论思考,在教学中论证"为什么要这样做"。物理教育家乔际平先生曾指出:物理教学法只回答了教学过程中"是什么"的问题,而没有从根本上清楚明确地回答物理教学中的"为什么"的问题,而物理教学论则要对物理教学过程中的各种问题作出"为什么"的回答。[③] 从这个意义上讲,密度概念教学的高端备课事实上是从物理教学论的视角诠释了密度概念引入的教学逻辑。正是基于这种视角,我们展开了密度概念教学的四个逻辑步骤(如表 4-4 所示)。

表 4-4

序号	教学逻辑	教学环节	教学操作
1	起	有心栽花花不成	直接比较两个不同物体的质量
2	承	栽花不成选标准	选取相同标准比较两个不同物体的质量
3	转	无心插柳柳成荫	比值与质量无关,反映了物质的固有属性
4	合	世事洞明皆学问	联系学生的生活经验理解比值定义法

[①] 曹则贤. 物理学咬文嚼字之十一:质量与质量的起源[J]. 物理,2008,37(5):355—358.
[②] 陈琦,刘德儒. 当代教育心理学[M]. 北京:北京师范大学出版社,2007:165.
[③] 乔际平. 物理教育学[M]. 南昌:江西教育出版社,1992:3.

纵览密度概念的起、承、转、合四个教学逻辑环节,我们得到了三点启示。

(一) 深入理解物理教学的逻辑

物理教学对逻辑性有着特殊的要求,课程的模块、探究的步骤都无法代替对物理教学逻辑的认识。这种教学逻辑要求教师不仅要讲出"是什么",还要讲出"为什么",即每一个教学环节和行为都应有整体考量下的充分依据。这样才能使教学环环相扣、逐步深入。本节中,只有厘清比值定义与密度之间的逻辑关系,才能使教学有序深入、渐入佳境。否则学生只能掌握密度的表面特征,而不能明晰其来龙去脉,从而造成学生在现象上打转而不能深入到本质。

(二) 充分显化物理教学中的科学方法

科学方法显化教育的意义不仅在于科学方法的应用价值,还因为科学方法独特的动因、内涵与逻辑。这些都显示了科学方法独立于知识的表达体系,也显示了科学方法作为表达并落实教学逻辑的主线与关键。在密度概念教学中,学生大多都有关于密度的前概念,但是经由科学方法得出的定量的概念还未建立。正是充分洞察并显化了比值定义法的内涵与操作,物理高端备课才使整个密度教学环节清晰、豁然开朗。学生的思维发展也找到了有力的、系统化的逻辑通道。

(三) 洞察并联系学生的朴素认识

初中物理由于面对初学物理的学生,所以特别需要注重学生的前概念和朴素认识。因此,初中物理教学就需要对学生给予一种特殊的关照,这种特殊的关照是指,通过体察入微的教学设计在教学过程中使学生确证自己在教学中的主体地位。而教学"权衡轻重""无心插柳"等环节都在潜移默化中彰显了这一考量,并在第四环节联系买橘子的日常经验中给予解释。第四环节看似冗余,实则体现了关注学生的教学理念,其核心内涵在于要让学生感受到密度概念是与自己的经验相一致,并且比值定义法的逻辑也是基于自己的知识和自己的努力思考而"想通"的。由此学生的主体地位也得以确立,从而使整个高端备课的教学最终达到水到渠成之境界。

案例四 "欧姆定律"的高端备课

一、问题提出与分析

在初中物理教学中,欧姆定律长期以来都是一个重点、难点。其内涵的抽象性、关系的复杂性等都使教学上的困难异常巨大。有鉴于此,我们进行了系统的梳理。

现行人教版[1]、北师大版[2]等教材都将"欧姆定律"单列一章,先介绍电流、电路、电压、电阻、变阻器等相关概念与仪器,而后在欧姆定律一章内则主要安排了①探究电流、电压与电阻的关系;②欧姆定律;③电阻的测量;④欧姆定律的应用等小节。这种章内与章外的安排作为一种"分散难点、螺旋上升"的考量,是适当且必要的。

在教学逻辑上,教材都普遍采用通过"探究"的方式得出欧姆定律。例如人教版教材先后安排了"探究电流与电压的关系"与"探究电流与电阻的关系"两个实验,分别在确定的电阻与确定的电压下,通过测量多组数据并用图像方式分析,试图归纳另外两个物理量的关系,即:在电阻一定的情况下,通过导体的电流与导体两端的电压成正比;在电压一定时,电流与电阻成反比。基于这两条结论,从而给出了欧姆定律的表达式:"$I=\dfrac{U}{R}$"。

---

[1] 人民教育出版社 课程教材研究所,物理课程教材研究开发中心. 物理九年级全一册[M]. 北京:人民教育出版社,2013:78—79.
[2] 本书编写组. 物理 九年级[M]. 北京:北京师范大学出版社,2012:84—89.

到目前为止,无论教材编写如何变革,似乎都绕不开"控制变量法"与"比例系数法"的运用,即先由实验数据得出"$I\propto U$"与"$I\propto \dfrac{1}{R}$",然后由比例系数法得出"$I=\dfrac{U}{R}$"。由于学生第一次接触到与某物理量成反比的表达形式,这种表述往往会使学生混淆电流、电压、电阻三个物理量之间的"正比""反比"关系。即不理解公式中哪些物理量变,哪些不变,因此在应用过程中往往犯错。我们认为,这主要与欧姆定律的教学逻辑与表述方式有关。

其原因在于:电阻概念定义的推理方式有悖于学生熟悉的顺向逻辑,而是体现为"电阻越大、电流越小"的逆向逻辑,这就导致了初中学生的理解困难。其次,在欧姆定律的得出过程中,联合使用控制变量法与比例系数法,这种情况就使整个教学逻辑成了一个"多变量组合"过程,由此导致欧姆定律的内涵往往被忽视。

鉴于以上原因,对本节教学就有必要进行深刻而全面的研究。

二、教学设计与阐释

基于上述分析,我们试图对初中欧姆定律做出合乎教学规律的革新。在课程内容上,建议在讲解欧姆定律之前不设置"电阻"一节;在教学逻辑上,采用如前所述的"正向"的思维方式,用"电导"代替"电阻"展开教学;在教学方式上,摒弃传统的控制变量法与比例系数法,而是依据比值定义法展开教学设计。

(一)直接比较通过两导体电流的大小来定义电导

本节教学的突破口设定为:通过直接比较导体导通电流的大小来定义电导。

取一段铜导线(导体1)与一段镍铬合金导线(导体2),分别接入两直流稳压电源(电压可调),由电流表可显示通过两导体的电流,电压表可显示导体两端的电压。读数如表4-5所示:

表 4-5

导　　体	电压/V	电流/A
导体1(铜导线)	2	0.4
导体2(镍铬合金)	8	0.8

显然,通过直接比较流过两导体的电流大小来衡量两导体的导电性并不符合学生日常经验。因为通过铜导线的电流比通过电阻丝的电流更小,似乎表明铜导线比镍铬合金的导电性更差。针对这一困惑,教师可以引导学生分析原因:导致直接比较出现错误的原因是没有选取相同的标准(电压)。于是,解决问题的方法就是在比较时选取相同的标准(即选取相同的电压)。

(二)选取电压为标准继续比较通过两导体电流的大小来定义电导

教师引导学生将电压选为比较的"标准",继续比较流过两导体电流的大小。这意味着需要利用除法这一数学工具,将流过导体的电流与加在导体两端的电压相除,用除法得到比值"$\dfrac{I}{U}$"后,就可以有效地进行比较了。按照这一思路,两导体的比值如表4-6所示。

表 4-6

导　　体	比值 $\dfrac{I}{U}$
导体1(铜导线)	0.2
导体2(镍铬合金)	0.1

对照两比值可见,导体1的比值大于导体二的比值,与"铜的导电性强于镍铬合金"的日常经验是一致的,但却与我们的研究思路并不一致(直接用通过导体的电流大小来衡量导体的导电性)。这一比值为什么不同于"比较电流大小"的初衷?比值的含义是什么?由此就需要展开第三步的教学环节。

(三)诠释比值的物理意义

在本环节,选择多组不同的电压—电流数据进行测量、比较,用来解答上述两个问题,并通过量化分析研究比值的内涵与变化趋势,测量与计算结果如表4-7所示。

表 4-7

	导体1(铜导线)			导体2(镍铬合金)		
	电压/V	电流/A	比值/(A/V)	电压/V	电流/A	比值/(A/V)
1	2	0.4	0.2	2	0.2	0.1
2	4	0.8	0.2	4	0.4	0.1
3	6	1.2	0.2	6	0.6	0.1
4	8	1.6	0.2	8	0.8	0.1
5	10	2.0	0.2	10	1.0	0.1

研究多组数据发现,比值与加在导体两端的电压与通过导体两端的电流均无关系。至此,研究思路发生了重大变化。因为我们原本是要比较电流大小,结果却出现了一个与电流和电压均无关系的常量。

至此,比值"$\frac{I}{U}$"更深层次的物理意义才被顺利得出,即比值反映的才是导体导通电流性质的强弱,它反映了导体本身的一种属性,我们将其称为导体的"电导",用字母G表示,公式为$G=\frac{I}{U}$。其意为"所加单位电压时通过某导体电流的大小"。

在这一环节,除了要合乎逻辑地得出电导的表达式外,还需强调电导作为导体本身固有性质的确定性和稳定性,以期在学生心理层面造成必要的"确定感",进而通过这一突破口,准确把握电导是反映导体导电性能物理量的特点。

在完成以上教学任务后,教师可以说明:由于历史与习惯原因,现在生产生活中表征导体导电属性的是"电阻",由此教师引入"电阻(R)"的概念,即$R=\frac{1}{G}$,为电导的倒数。并同时说明:电阻反映了导体阻碍电流性质的强弱,同样反映了导体本身的一种属性。

(四)欧姆定律的得出

如前所述,对初中生来说,准确把握电路中的三个基本概念是不容易的,而我们选取"电导→电阻"概念为突破口,意在使学生获取必要的确定性。然而,前述的过程仅仅是通过比值定义法得出电阻这一概念的过程,如何才能由物理概念过渡到物理规律的获得呢?

事实上,将电阻的定义式经过数学变化,即直接得到欧姆定律的表达式:$I=\frac{U}{R}$。相应的文字表述遵从我国教材的常规表述:"导体中的电流,跟导体两端的电压成正比,跟导体的电阻成反比。"至此,欧姆定律得出。

这种处理方式可能引起的疑虑是:对电阻定义式数学变形而得到欧姆定律的表达式,是否罔顾了物理意义?因为定律中各概念"变"与"不变"的性质、"正比"与"反比"的关系都是复杂的,并且如前所述,学生也总是对此混淆不清。

我们认为,这种数学变形并不会影响对公式物理意义的理解,因为欧姆定律描述的是一种状态关系,而非过程关系。换言之,对于每个"工作点",$I=\dfrac{U}{R}$都是成立的,而这与定律文字表述中的"正比"、"反比"也并不冲突。因为"比例"并不等于连续的比例函数,而仅是一种比例上的对等关系。欧姆定律描述的关系则是离散的,而非连续的。以往教学中,师生往往在有意无意间将辨析文字表述优先于理解数学公式,并将"正比""反比"理解为连续的过程而非状态,诸多困扰由此而生。

三、研究总结与讨论

(一)教学思路的顺向与逆向问题

之所以将电阻换为电导,并以此作为本节教学的突破口,是因为前述"顺向"与"逆向"思路的区分。初中学生的认知水平绝大多数处于具体运算阶段,根据物理教学心理学的研究,学生在接触陌生知识与情境时,认知水平会退化到更低层次。所以,学生在学习本部分内容的时候,认知水平就容易退化,而体现出前运算阶段的特点。原有讲法采用"电阻越大、电流越小",这种将"大"与"小"联系起来的逆向逻辑使学生接受起来感到纠结。而我们的教学设计采用"电导越大、电流越大"的正向逻辑,充分显出"正向思维"的特征,从而减少了学生思维的困难。显然,这种处理方式就很好地体现了对学生认知水平的恰当关注。

(二)科学方法教育的问题

欧姆定律高端备课的最大改变在于,它采用比值定义法直接得出了欧姆定律,从而改变了传统教材编写一直采用控制变量与比例系数法的做法,这在初中欧姆定律教学设计中有重要的进展。这样的教学设计不仅符合欧姆定律教学的本质,而且降低了学生的认知负荷,并且突出了电阻的来龙去脉,从而抓住了欧姆定律的核心。因此,这样的教学设计才真正体现出了物理知识教学的本真,体现出了科学方法教育的真谛。

(三)定律物理意义的问题

显然,在由电阻定义式"$R=\dfrac{U}{I}$"经过数学变换而得到欧姆定律"$I=\dfrac{U}{R}$"的过程中,体现出了由"不变"到"变化"的认知方式。在$R=\dfrac{U}{I}$中,R是不变的,U与I虽然变化,但它们是同时变大、同时变小的。而当由$R=\dfrac{U}{I}$变形为$I=\dfrac{U}{R}$后,R是可以变的,I和U也不再受"同时变大,同时变小"的约束。换言之,$R=\dfrac{U}{I}$作为电阻概念的描述是具有特殊性的;而$I=\dfrac{U}{R}$作为一条物理规律则具有普遍性,其意在描述电路中的电流I与电压U和电阻R两个因素的关系,对不同的电阻、电压都适用。由此,学生的认识就经历了由特殊(电阻不变)到一般(对不同电阻都成立的定律)的一次认知飞跃。

思考与讨论

1. 我国传统教学设计观点存在哪些缺陷?
2. 物理高端备课的内涵是什么?
3. 传统的机械能守恒定律教材有什么缺陷?高端备课的改进方式是什么?

4. 传统"楞次定律"教学中使用的"螺线管四组实验"有什么缺陷？
5. 楞次定律高端备课的核心思想有哪些？在教学设计中是如何体现的？
6. 为什么物理教学实验的选取应以简单性为原则？
7. 如何帮助学生理解楞次定律中的"阻碍"？
8. 传统密度教学存在哪些偏误？
9. 用比值定义法进行密度教学主要有哪些步骤？各自的内涵是什么？
10. 初中欧姆定律高端备课的主要思路是什么？

第五章 物理科学方法教育

本章导读

物理科学方法教育是物理教育研究中一个历久弥新的研究课题。一般认为包括三部分内容。一是物理科学方法教育的价值,即为什么要进行科学方法教育;二是物理科学方法教育的内容,即科学方法教什么;三是物理科学方法教育的方式,即科学方法如何教。

对于第一个问题,通常人们认为,科学方法是能力的核心,是对能力起决定性作用的因素,因此,科学方法中心论就应运而生;第二个问题是物理科学方法教育的核心问题。因为如果不解决科学方法的教育内容,科学方法教育就成为无米之炊。而解决这个问题的前提,是对科学方法进行正确分类。我们把科学方法分为物理方法与思维方法。这一分类不仅与心理学中的强认知方法与弱认知方法分类相一致,而且符合科学方法性质的逻辑。因为物理方法是客观的,可以通过传授使学生掌握,而思维方法是主观的,是大脑的功能,需要通过训练才能使学生掌握。当解决了科学方法的分类问题后,就可以把《物理课程标准》中的科学方法显化,从而确定出科学方法的教育内容;第三个问题是科学方法的教育方式,目前看来还有大量的工作要做。这是因为科学方法的教育方式与科学知识的教育方式具有不同的特点,而且由于物理方法与思维方法始终是交织在一起的,这就决定了科学方法的教育方式并不是一个简单的问题。

第一节 科学方法中心理论

一、科学知识中心论

我国的科学教育,长期以来一直存在着鲜为注意的重大缺陷——这就是只重视科学知识教育而忽视科学方法教育。我们认为产生这种现象的根本原因在于,科学教育一直禁锢于"知识中心"的教育理念,对于科学知识与科学方法的关系、科学方法的教育功能等科学教育中的重大理论问题缺乏深入的思考,导致科学教育长期处于低水平而踟蹰不前。因此,在基础教育课程改革的深化阶段,认真探讨科学教育中存在的问题,切实加强科学方法教育的深入研究,就显得尤为紧迫和重要。

当然,目前科学教育中存在的问题,并不在于根本没有进行科学方法教育,问题在于:第一,不清楚科学方法在科学教育中所具有的特殊意义,甚至可以说是独特的、不可取代的意义,而仅仅将科学方法作为知识教学的引入条件或附庸;第二,科学方法与科学知识常有脱节现象,就是说,科学知识本来应当运用科学方法合乎逻辑的推导出来,然而,学生并未能感受到这种逻辑力量;第三,不重视科学方法的巩固,一旦进入概念、规律教学,尤其是进入解题,科学方法往往就被置之不顾了;第四,科学方法的运用能力非常薄弱,如何帮助学生运用科学方法解决实际问题也未得到深入研究。

其实,早在20世纪30年代,科学学的创始人贝尔纳就一针见血地指出了科学教育的"先天不足"。贝尔纳认为"科学教育的目的有二:提供已经从自然界获得的系统知识基础,并且有效地传授过去和将来用来探索和检验这种知识的方法。"①贝尔纳指出,不幸的是,科学教育"正在后一个方面失败的最为明显。"②科学教育长期以来没有完善地实现传授给学生科学思维的方法和培养他们创造能力的目的,而且由于这两个目的是相互关联的,结果也就无法使学生"充分了解现有科学知识的全貌。"③

新近出版的国际著名期刊 Science,刊登了 Baolei 教授等人所做的中美两国学生物理概念理解和一般科学推理能力的研究成果。他们采用 FCI、BEMA 和 LCTSR 等国际广泛使用的测验工具,对四所美国大学和三所中国大学科学与工程专业的大一新生进行了测试。结果如图 5-1～图 5-3 及表 5-1 所示。④

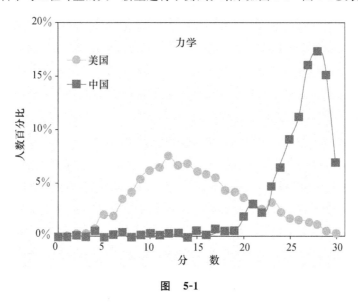

图 5-1

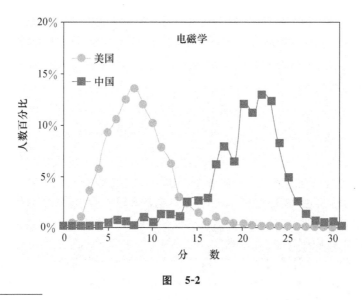

图 5-2

---

① J.D.贝尔纳,陈体芳译.科学的社会功能[M].北京:商务印书馆,1982:340.
② 同上.
③ 同上.
④ Lei Bao, Tianfan Cai, Kathy Koenig, Kai Fang, Jing Han, Jing Wang, Qing Liu, Lin Ding, Lili Cui, Ying Luo, Yufeng Wang, Lieming Li, Nianle Wu. Learning and Scientific Reasoning[J]. Science, 2009:323,586—587.

图 5-1 为 FCI(力学知识理解测验)的结果,显示美国学生的力学知识成绩在中等分数段分布较广,由于中国学生在 8—12 年级 5 年时间完成了近乎相同的广泛物理课程,这种教育背景导致了中国学生力学知识成绩的狭窄分布,成绩在分数段的 90% 附近达到峰顶。图 5-2 为 BEMA(电磁学知识理解测验)的结果,显示美国学生的电磁学成绩围绕着稍高于分数段的 20% 分布,而中国学生的成绩围绕着分数段的 70% 分布。

FCI 和 BEMA 的测试结果显示,初高中多样、缜密的物理课程直接影响了中国学生物理知识的学习,使得中国学生在这些测验中表现出相当高的水平,而美国学生的成绩则远低于中国学生。

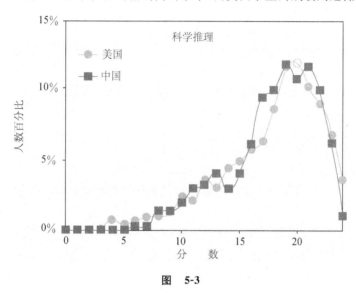

图 5-3

表 5-1 测验分数

TEST CORES(%)			
TEST	China(n)	USA(n)	效果量
FCI	85.9±13.9(523)	49.3±19.3(2681)	1.98
BEMA	65.6±12.8(331)	26.6±10.0(650)	3.53
LCTSR	74.7±15.5(370)	74.2±18.0(1061)	0.03

LCTSR(一般科学推理能力测试)则显示出完全不同的结果(图 5-3)。中美学生成绩分布几乎相同。表 5-1 为测试结果的分析,统计显示,中美学生在 FCI 和 BEMA 测验上的差异达到了显著性水平,而在 LCTSR 测验上几乎没有差异。对测验结果的解释是:美国和中国的中小学知识教育之间的巨大差别并没有导致学生推理能力的不同。这一结果说明,目前中国的科学教育和评价原则上往往对官能回忆的强调胜过了对科学推理的深入理解。

一般认为,中国学生比西方学生多花费两到三倍的时间做练习,掌握了良好的"基本知识和基本技能"(简称双基)。但是,中国学生的科学素养却明显与所花费的时间不成比例。Baolei 教授等人的研究提醒我们,在科学学习中,学生除了掌握知识,还需要掌握知识以外的东西。

怎样看待我国学生知识掌握水平远远超过美国学生,但科学推理水平却与美国学生完全相同的事实?也许,爱因斯坦的话可以为我们指点迷津。他说:"学校始终应当把发展独立思考和独立判断的一般能力放在首位,而不应当把取得专门知识放在首位。如果一个人掌握了他的学科基础,并且学会了独立思考和独立工作,就必定会找到自己的道路,而且比起那种其主要训练在于获得细节知识的人来,他会更好地适应进步和变化。"[①]显然,在爱因斯坦看来,独立思考和判断能力应当放在学校教育的首位,而知识教育则只能放在次级位置。

LCTSR测验包括比例推理、归纳和演绎推理、控制变量、概率推理、相关推理、假设评估等项目,这种测验不属于科学知识测验而是科学思维能力测验,它包含了强认知方法(strong cognitive methods)和弱认知方法(weak cognitive methods)的测验。强认知方法是特定专业领域的独特认知方法,往往与专业知识紧密结合,不容易区分。弱认知方法是可以被运用到各种问题解决过程中的一般策略和方法,与一般智力因素有着更为密切的联系。LCTSR测验中的比例推理、控制变量、概率推理和相关推理属于强认知方法,而归纳和演绎推理以及假设评估等项目则属于弱认知方法。因此,LCTSR测验实际上是一种有关科学方法方面的测验。

科学方法是人们在认识和改造客观世界的实践活动中总结出来的正确的思维方式和行为方式,是人们认识和改造自然的有效工具。在科学发展史上,作出创造性贡献的科学家,除了具有博大精深的理论知识外,还掌握了先进的科学方法。

科学课程整体上是由科学知识和科学方法组成的,通过科学方法揭示科学知识的获得和应用过程,并对科学知识在科学技术发展中的作用进行解读,有利于学生了解人类对自然界的认识,扭转传统科学教育由于缺乏科学方法而展现给学生被歪曲的科学世界图像,从而实现学生智力发展与知识体系建构之间的平行和同步。

近年来,随着新一轮基础教育课程改革的开展,人们的科学教育理念发生了变化,把"过程与方法"作为课程目标写入基础教育课程标准,体现了从重视知识向重视科学方法转变的科学教育思想。然而遗憾的是,重视科学方法的教育思想并未深入下去而是止步于理念层面不再前行。这表现在:基础教育各个学科课程目标中虽然都有"过程与方法"维度,但课程标准中却只有科学知识却没有相应的科学方法,这就使得科学方法教育成为"无源之水,无本之木"。也就是说,我国科学教育重视科学方法的观念只在表面上实现了转变,但本质上依然没有发生改变。

二、科学方法的认识功能

在我国,由于受凯洛夫教育学的影响,多年来在教学中比较偏重知识传授而忽视学生的发展。近年来,不少教育工作者在教学中努力体现"传授知识立足于发展能力,寓能力培养于传授知识之中",在促进学生能力发展方面积累了不少宝贵的经验。但由于对科学方法的重要性认识不够,理论上一直不能突破知识中心的禁锢,教学效果仍然难尽人意。

科学方法与科学知识虽然在本质上是统一的,但严格说来,两者又有不同的特点。科学方法与科学知识不同,它所涉及的不是物质世界本身,而是人类认识物质世界的途径与方式,是高度抽象的。科学方法也不直接由科学知识来表达,而是有它自己独特的表达方式,它往往隐藏在知识的背后,支配着知识的获取和应用。因此,它就具有科学知识所不具有的独特认识功能。

(一)导源功能

科学方法的导源功能是指科学方法作为独立存在的理论体系,对科学理论的形成起开源作用。这就是说,科学研究方法一旦形成,就会对科学理论的发展起着决定性的作用。未被发现的科学理论犹如地下矿藏,而科学方法就是探矿的钻机。

---

① 许良英,李保恒,赵中立译.爱因斯坦文集[M].北京:商务印书馆,1977,284.

杨振宁教授在对爱因斯坦的研究中发现，在狭义相对论建立以前，物理学的发展是由实验到方程、规律乃至整个理论体系，如经典力学、电磁学、热力学等都是遵循这样的发展途径，这是实验归纳的科学方法。在狭义相对论建立以后，这个过程被倒转过来，物理学家们首先是建立方程、理论框架，然后再回到实验，由实验来验证理论的真伪。如狭义相对论、广义相对论、量子力学、粒子物理学等都是这样，这是实验验证的科学方法。这个倒转意味着物理学研究方法的巨大进步，也标志着人类对自然的探索进入了一个新的更深入的层次。可以说，正是爱因斯坦率先采用的实验验证法改变了20世纪物理学的面貌，同时也生动地说明，科学方法对于物理学发展起到了导源作用。

（二）突破功能

科学方法具有突破功能。科学发展的历史表明，科学中任何重大的进展和突破，都是在正确的方法论指导下，使用科学方法突破的。物理学发展史上著名的黑体辐射公式的得出很好地说明了科学方法的突破作用。

19世纪，人们由实验得出了平衡时辐射能量按波长分布的曲线。许多人企图用经典物理学来证明这种能量分布规律，推导与实验结果符合的能量分布公式，但都未成功。这个问题在当时甚至被称为物理学的"紫外灾难"。普朗克在1900年通过假设引入了量子概念，并使用内插法得出了与实验结果符合很好的经验公式。他的工作是近代物理的一个里程碑，重大突破的关键之处在于，他成功地运用了两种科学方法——假设法与内插法。

（三）中介功能

科学方法作为科学认识活动的中介物，是连接知识和现实的纽带，在科学理论的发展中起了桥梁作用。客观现实中的规律只有科学方法参与，才有可能上升为知识形态，才能把科学认识中的概念、判断、推理与经验事实组织起来，形成逻辑严密的认识体系，进而揭示自然界的事实和知识之间内在的、必然的本质的联系。可以说，科学方法是感性认识通向理性认识的桥梁。比如，人类对光的本质的认识到光学理论的产生，就是在光学实验的基础上，经过长达二三百年光的波动模型与粒子模型的不断竞争、修正、丰富而逐步完善建立起来的。

（四）建构功能

科学方法是科学知识的脉络，它具有把科学知识联系起来并形成结构的功能。这是因为，科学方法作为基本的研究途径、方式和方法，与自然科学的概念、规律等一些知识的东西是相平行的，包含在自然科学的范畴之中，而且它是一种比概念、定理、定律、公式这类知识更稳定和更广泛的东西，它纵横交错，贯穿于整个知识领域之中，把不同的知识相互联系起来。如果把科学比喻为一条珍珠项链，科学知识是珍珠，那么科学方法就是连接珍珠的细线。缺少了细线的珍珠项链就不能称之为项链，而是变成了一捧散珠。"牵一发而动全身"，这很好地说明了科学方法的建构功能。

科学的本质是什么？物理学大师、诺贝尔奖获得者费恩曼教授有着独树一帜的见解，对于科学是什么这样一个命题，费恩曼直截了当地说："科学是一种方法，它教导人们：一些事物是如何被了解的，不了解的还有些什么，对于了解的，现在又了解到什么程度（因为任何事物都没有被绝对了解），如何对待疑问和不确定性，依据的法则是什么，如何思考问题并作出判断，如何区别真理与欺骗，真理与虚饰……在对科学的学习中，你学会通过试验和误差来处理问题，养成一种独创精神和自由探索精神，这比科学本身的价值更巨大。还要学会问自己：'有没有更好的办法来做？'"[①]为什么费恩曼不认为科学是一种知识而认为是一种方法？这是因为，在费恩曼看来，科学的核心或者说全部就是科学方法。换句话说，科学方法比科学知识更重要。

---

① 约翰·格里宾，玛丽·格里宾著；江向东译.迷人的科学风采——费恩曼传[M].上海：上海科技教育出版社，1999：156.

我们目前的科学教育完全没有把科学方法置于特别重要的位置,这表现在《课程标准》、教科书、课堂教学等诸方面。这就使得我们的学生虽然掌握了某一学科的许多知识,却不懂得该门学科的科学方法及其价值,这种现象甚至在大学里也同样存在。

前不久,来自台湾清华大学教授程曜,在期末考试时向学生提了一个问题:"什么是科学方法,物理学和你就读的学科方法有何不同?"令程曜吃惊的是,"竟然有一个生物系的学生回答,物理有很多要背,生物也有很多要背,非常不容易同时记住。"程曜教授感叹:"我宁可相信他在和我开玩笑,不然我如何自处,到底是怎么教的。"①与程曜教授一样,我们每位教师不妨自问:自己所教学科的独特科学方法是什么?有哪些?恐怕大多数人未必能回答上来。这种情况就很有可能导致我们的学生虽然学习了一门学科,但却没有掌握科学方法。因此,这样的科学教育充其量只能说是学生学过了这门学科,而不是掌握了这门学科。

众所周知,许多学生经过多年苦读,学习了大量科学概念、规律,做了许多习题,却不能有效地提高科学素养。他们的科学学习如同开了中药铺子,科学知识都被分散放在药柜上不同的小匣子里,由于缺少科学方法而不能形成一个有机的整体。这导致他们在面临科学问题时不能迅速判断,稍一动笔就错误百出。在理解科学问题的机制方面也是除了简单的分析外,不能准确表达自己的思想,不能完整地解决问题。许多人靠加倍的努力来改善这一状况,结果却是在药柜上开了更多的匣子。

三、科学方法中心论

怎样认识科学知识与科学方法的关系?长期以来,科学教育界一直对这个问题进行深入探讨并逐渐形成了知识中心教育观。其中,理科课程结构图是其中一种有代表性的观点,如图5-4。②

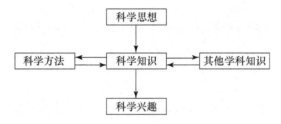

图5-4 理科课程结构图

理科课程结构图形成了上(科学思想)、下(科学兴趣)、左(科学方法)、右(其他学科知识)、中(科学知识)五个区域。这种观点认为,科学知识处于"中心"地位。这里的"中心",并不是说只强调科学知识而忽视其他,而是说其他要素的落实都要通过科学知识的教与学来进行,而不能另搞一套。③

仔细分析理科课程结构图,我们发现,这一结构既不符合科学发现认识论的基本法则,又不符合科学教育的逻辑顺序。科学发现认识论认为,现象是科学的根源,在科学发现过程中,科学现象与科学理论并不存在直接关系,科学现象要借助于科学方法的参与才能进一步形成科学理论。同样,科学理论的应用也不是直接完成的,它需要科学方法介入才能成功解决问题,科学教育同样也是如此。因此,我们建构了基于"科学方法中心"的知识-方法结构图,如图5-5所示。我们认为这样的结构图才能准确地反映出科学知识与科学方法的关系。

---

① 程曜.除了考试,他们不会推理,不敢提问题,不愿动手[N].新华每日电讯,2005(7):10.
② 郑长龙.国际理科课程改革的思考[J].外国教育研究,2002(6):23—31.
③ 同上.

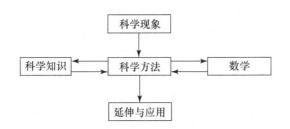

图 5-5 知识-方法结构图

图 5-5 表明,知识-方法结构图主要包括五个部分:科学现象,科学知识,科学方法,数学以及延伸和应用。科学方法处于结构图的中心,分别与其他四个部分相联系。图中的箭头表示了不同部分之间的相互关系,不同部分之间也会发生联系,但这种联系须经由科学方法才能实现,科学方法起到桥梁和纽带的作用。从科学教育的实践来看,科学教育过程主要体现在知识-方法结构的两个认识途径上。

首先,在科学教育中,从科学现象出发,必须经过科学方法的加工整理才能获得科学知识,科学方法是科学现象通达科学知识的必经之路,既不可或缺,也无法逾越。这一认识途径反映了科学知识的获得过程,可以表示为:科学现象→科学方法→科学知识。这就是说,科学方法是获取科学知识的重要手段,学生只有掌握了科学方法,才能更快捷地获取科学知识。教学中只有借助于科学方法,才能使教学活动得以顺利进行。比如牛顿第二定律的建立,就需要应用实验法、控制变量法、图像法、曲线改直法、比例系数法等科学方法。显然,科学方法与科学知识形成了"源"与"流"的关系。

通过对科学方法的不断了解、积累和熟练,就能使学生形成一种借助于科学方法获取科学知识的心理定势。这样,学生就能够以较快的速度去获取知识,进而在头脑中形成认知结构,深刻地领会和掌握知识,牢固地记住知识。还可以使学生产生对问题的一种敏感性,并能够用科学方法迅速地抓住问题的要害,找出解决问题的途径。这样一种心理定势,就是学生能力的表现。掌握科学方法,与学生能力的发展直接有关。[①] 因此,科学知识只有借助于科学方法才有生命力,才能显示出其内涵、色彩,格调,才能显示出其内在的理由、作用和功能,学生学习过的知识才能真正活起来,这样才能提高学习效率。

不仅如此,学生要理解科学知识的内容,同样离不开科学方法。比如,许多物理量是通过比值法来定义的,如 $\rho=m/V$。这种定义方法只给出了物理概念之间的量的关系,没有明确这些概念中有哪些因果关系。只有进一步从本质上弄清比值定义法的内涵,才能使学生真正明白密度只决定于物质本身固有特性的性质。不把握好这一点,就容易得出"物质的密度与质量成正比,与体积成反比"的错误理解,这是初学物理的学生常犯的一个错误。只有了解了不同科学方法的本质、区别与联系,了解这些方法得以使用的条件,才能弄清科学知识的内涵以及不同层次知识之间的关系,从而形成知识的网络,达到对知识的真正理解。[②]

其次,科学方法还是科学知识应用的重要手段,是实现科学知识智力价值的桥梁。进一步说,从科学知识出发,必须通过科学方法这一中介才能解决实际问题。这一认识途径反映了科学知识的应用过程,可以表示为:科学知识→科学方法→延伸与应用。仍以牛顿第二定律为例,在应用该定律解

[①] 高凌飚.在物理教学中应重视科学方法教育[J].物理教师,1992(4):1—4.
[②] 同上.

决实际问题时,就需要用到整体法、隔离法、正交分解法、图像法等科学方法。

科学教育中的知识应用认识途径表明,科学的概念、定律等知识,是人们赖以进行科学思维的基本细胞,没有科学知识,所谓智能活动就成为没有内容的空壳,是不可能存在的。但是,只有知识还不行,还必须有一定的方法或途径,使这些知识与科学的问题相互沟通,对知识进行选择、组合、运用,才能解决问题,形成智力活动。教学中学生如果没有学会通过科学方法在自己的头脑中把大量的知识编制成一个层次清晰、逻辑严密的结构或网络的话,就无法不断接收、容纳新的信息,就无法不断完善自己的知识系统。借助于科学方法,当学生解决实际问题时,各种各样的认知策略才能够迅速检索而无须搜肠刮肚地对照做过的题型,才有可能在处理前一个步骤时就在大脑中预感下一个步骤,根本无须暗暗回忆各种题型再思量其意义。即使学生进行创造性活动,也能凭直觉而非经验去探索正确的解决途径。

最后,科学方法作为科学的思维方式和行为方式,还蕴涵着能力价值。学生一旦将科学方法内化为自己的思维方式和行为方式,就能很好地促进能力的发展。浙江省教育厅教研室从1989年开始,积极推动广大教师结合教学实践,开展科学方法教育的研究。经过多年的探索,他们得到的结论是:"方法是通向能力的桥梁,能力既依赖于知识,更依赖于方法。在某种意义上,方法本身是能力的一部分。能力培养可以从强化方法教育入手。"[1]上海市总结近年来课程改革经验得出的结论是:"能力与方法是密切联系的。一般地说,人们完成某方面任务能力的强弱,是与掌握方法的自觉程度与熟练程度密切相关的。可以认为,方法是能力的'核心',是对能力起决定性作用的因素。"[2]这充分说明了科学方法在科学教育中处于中心地位。

综上所述,把知识本身还是把知识成为工具和手段以掌握科学方法作为教学目标,这体现了两种完全不同的教育思想。按照现代教育观,作为人类认识结果的知识固然重要,但探求结果的科学方法更加重要。因此,现代教育更关心怎样使传授知识的过程成为掌握科学方法、开发学生智慧的过程。[3] 因此,从知识中心向方法中心转变,是科学教育理论与实践发展的必由之路。

四、科学方法教育的实施

如何在科学教育中实施科学方法教育?我们提出如下建议。

(一)课程标准应当把科学方法作为课程内容

课程标准是编写教材的指导性文件。在制定中,除了要考虑科学的基本概念、基本规律、基本实验以外,还应当把科学方法作为课程内容之一摆到重要的地位。这既是科学教育规律的必然要求,同时也是课程标准制定中课程目的与课程内容相互对应的逻辑体现。

科学方法虽然与科学知识相互依存,但又有一定程度的相对独立性。科学方法与科学的概念、规律等科学知识一样具有独立的体系。因此,科学方法是客观存在的,具有客观实在性,也就毋庸置疑地成为科学课程内容。

科学方法教育既需要潜移默化的熏陶,又需要着意训练。在当前科学教育普遍忽视科学方法的情形下,尤其应当给予科学方法以特别的重视,在制定知识教学目标的同时,制定出相应的科学方法教育目标。要明确不同阶段科学方法教育的重点、难点,对于不同的科学方法,提出不同的要求并结合学生的认知水平和具体的教学内容制订出可操作的培养计划。

---

[1] 浙江省教育学会中学物理教学分会.高中物理方法教育研究[M].杭州:浙江教育出版社,1995(2).
[2] 张民生.中学物理教育学[M].上海:上海教育出版社,1999:32.
[3] 袁振国.反思科学教育[J].中小学教育,1999(12):2—4.

(二) 教材编写应当显化科学方法

教材作为一个教学基本内容的书面材料系统，对于安排教学过程以形成学生的认知结构、能力结构和品格结构，具有知识载体、教学指导和实用参考的作用。可以说，教材体系以什么为核心，在最基础的层次上决定着教育的质量。

受到科学知识中心论的影响，长期以来，我国的科学教材通常对科学知识采用显性处理，而对科学知识的内在关系和科学方法采用隐性处理，即不在课文中写明。这种处理方式的出发点是让学生在学习过程中自己去感悟，但实际上由于科学方法的隐蔽性特点，很多教师尚且不能充分了解教材中科学方法的全貌，更遑论处于学习阶段的学生。因此，教材的隐性处理方式就造成了科学方法教育的放任自流，从而影响了其效果。

教材编写显化科学方法，并不是说脱离开具体的知识而只讲方法，而是说应当强调、突出科学方法，按照科学方法所展示的路子去编写教材。采用科学方法的显化方式来编写教材，逻辑明确，脉络清晰，容易使学生在学习中建立良好的认知结构，并形成有序的知识结构。这样培养出来的学生往往具有很强的分析问题和解决问题的能力，这正是素质教育所追求的目标之一。

(三) 按照科学方法的逻辑设计教学程序

我们目前的教学，往往是从传授知识的角度来设计教学的程序。这样做虽然也能使学生从中学到一些科学的方法，但学生对科学方法的理解往往是表面的、肤浅的并且是零星的、不连续的，收效甚微。

如果按照科学方法的逻辑去组织教材，安排教学进程，即把方法教育作为教学活动的核心，则情况就大不一样。比如，"欧姆定律"的教学可以这样设计：如何研究问题（实验法）→如何实验（控制变量法）→如何分析实验数据（图像法）→如何得出定律的表达式（经验公式法）。显然，科学方法贯穿于整个教学的过程。

这样来进行"欧姆定律"的教学，把科学方法体现在知识的认知过程中，按照学生的认知模式进行教学，使学生清楚地了解到教学的过程，进而引导学生去经历这一过程，使学生真正领略到科学方法和科学知识的内涵，得到能力的提高。

(四) 让学生应用科学方法解决实际科学问题

在科学教育中进行科学方法教育，必须结合实际问题进行。这是因为，科学方法的真正掌握，必须要在探索和发现之中进行，这正是科学方法与科学知识的不同之处。

科学知识既可以运用接受学习模式又可以运用发现学习模式进行教学，而科学方法必须运用发现学习模式才能使学生真正掌握。学生不亲自经历运用科学方法进行发现的探索，就很难发现科学方法的关键与要素，更难于体会科学方法某些可以意会，难以言传的奥妙之处。而这种探索的过程，正是学生将科学方法内化为自己认知图式的过程。一旦学生完成这一过程，科学方法便成为学生认知结构中的"信息"单元，就可以随时调用，得到能力的发展。

因此，为了使学生掌握科学方法，在科学教育中，必须创设良好的认知情境，让学生主动地观察、讨论、思考、实验，并对学生的探索进行指导，使其沿着科学的思路与方法去探索，在不知不觉之中掌握其中所运用的科学方法。

第二节 课程改革背景下的物理科学方法教育

科学方法教育，如同物理教学中的其他基本问题一样，总是随着人们对其本质认识的深入而逐步发展的。物理教学的历史表明，人们重视科学方法，正是由于它在物理教学中所具有的独特、甚至是不可取代的重要作用。特别是新一轮物理课程改革把"过程与方法"作为课程目标以来,人们对科学方法给予了更多关注。然而,尽管这项改革一直在进行,可是人们对于科学方法教育的争论,却一直未曾止息过。

科学方法教育,可以说是物理教学中最不清楚的问题之一。自从伽利略首创实验、科学思维和数学演绎三者巧妙结合的科学方法以来,人们一直把科学方法作为物理学的基础加以研究。但是,在物理教学领域,科学方法的教育价值、科学方法的教育内容以及科学方法的教育方式问题,人们却有意无意地忽略了。这种情况到目前为止,可以说基本上没有什么改变,虽然许多物理教育工作者在这方面作了一些工作,推进了这项研究的发展。然而,还应当清醒地认识到,当前我国物理课程改革的重要基础之一,即科学方法教育问题,依然未能得到很好解决。

我们这个研究工作的目的,就是一方面从科学方法教育研究的已有成果出发,重新审视科学方法教育存在的问题;另一方面,尝试从新的理论视角,揭示科学方法教育的规律,以期对当前物理课程改革以有益的启示。

一、科学方法的教育价值

为什么要在物理课程改革中强调科学方法教育?对此,普通高中和义务教育《物理课程标准》均并未给出明确回答。当前对这一问题的认识,主要体现在《物理课程标准》的有关解读中。

《物理课程标准》解读指出:"物理能力是顺利解决物理问题的个体心理特征。物理能力的基本要素是物理知识和物理技能,对知识的深刻理解和对技能的熟练运用从而形成知识和技能的广泛迁移,即成为能力。学习物理学的方法对物理能力的形成具有积极的作用。"[1]显然,这就把科学方法排除在物理能力要素之外,而只是认为对物理能力的形成具有积极作用。应当说,这种观点不仅对科学方法教育价值的理解存在偏差,而且与我国物理教学改革实践所得出的结论也不一致。

浙江省教育厅教研室从1989年开始,积极推动广大物理教师结合教学实践,开展科学方法教育的研究。经过多年的探索,得到的结论是:"方法是通向能力的桥梁,能力既依赖于知识,更依赖于方法。在某种意义上,方法本身是能力的一部分。能力培养可以从强化方法教育入手。"[2]上海市总结近年来物理课程改革经验得出的结论是:"能力与方法是密切联系的。一般地说,人们完成某方面任务能力的强弱,是与掌握方法的自觉程度与熟练程度密切相关的。可以认为,方法是能力的'核心',是对能力起决定性作用的因素。"[3]这充分说明,科学方法应当作为物理能力的要素。

科学方法不仅是物理能力的要素,同时还是物理课程的重要内容。科学方法作为人们认识和改造客观世界的实践活动中总结出来的正确的思维方式和行为方式,作为一种基本的研究途径、方式,它与物理学的概念、规律等一些知识的东西是相平行的,包含在物理学的范畴之中。与知识不同的是,科学方法涉及的不是物质世界本身,而是人们认识物质世界的途径与方式,是高度抽象的。因此,科学方法并不直接由物理知识内容来表达,而是有它自己独特的表达方式。可以说,科学方法也是一种"知识",而且是一种比概念、定理、定律、公式这类知识更加抽象和隐蔽的"知识"。因此,作为与物理知识相平行的"知识",科学方法就毋庸置疑地成为物理课程的内容。

明确把科学方法作为物理课程内容具有重要意义。既然是物理课程的内容,科学方法就应当有明确的教学目标与教学要求,包括:教什么,教多少,教到什么程度,如何评价教学效果,等等,这就把

---

[1] 廖伯琴等编著.中学物理课程改革的目标与实施[M].北京:高等教育出版社,2003:73.
[2] 浙江省教育学会中学物理教学分会.高中物理方法教育研究[M].杭州:浙江教育出版社,1995:2.
[3] 张民生.中学物理教育学[M].上海:上海教育出版社,1999:32.

科学方法教育引向了深入。

科学方法不仅是物理课程的内容,还是获取物理知识的途径和手段,是理解物理知识的纲领和脉络,是应用物理知识的桥梁。从知识结构形成的角度看,科学方法作为一种基本的研究方式,它纵横交错、贯穿于整个知识领域之中,把不同的知识相互联系起来从而形成知识结构。从认知结构形成的角度看,只有科学方法的参与,才能使客观存在的知识结构转化为学生头脑中的认知结构。通过学生对新知识的加工、组织、简化、记忆、系统化重建及应用等过程,原有的认知结构会演变为更加清晰牢固的新的认识结构。因此,物理教学效果的好坏,在很大程度上取决于是否使学生学到了物理学的思想和方法。

按照现代教育观,作为人类认识结果的知识固然重要,但探求结果的科学方法更加重要。因此,现代教育更关心怎样使传授知识的过程成为掌握科学方法、开发学生智慧的过程。如果学生学习了一门学科,但没有掌握科学方法,那么,充其量只能说他们学过了,而不是掌握了。

二、科学方法的教育内容

科学方法的教育内容,是当前物理课程改革中被忽视的另一个重要问题。

物理课程整体上是由物理知识和科学方法组成的。也就是说,物理知识与科学方法在物理课程体系中的表现形式应当是一致的。然而,《物理课程标准》对于物理知识与科学方法的处理却不如此。比如,高中《物理课程标准》中有174个知识点,初中《物理课程标准》中有114个知识点,数量清楚,内容与要求一目了然。但初高中《物理课程标准》中却没有科学方法的相关内容。

为了进一步研究这个问题,我们分析了高中《物理课程标准》,其"过程与方法"的课程目标是:

(1) 经历科学探究过程,认识科学探究的意义,尝试应用科学探究的方法研究物理问题,验证物理规律。

(2) 通过对物理概念和规律的学习,了解物理学的研究方法,认识物理实验、物理模型和数学工具在物理学发展过程中的作用。

(3) 能计划并调控自己的学习过程,通过自己的努力能解决学习中遇到的一些物理问题,有一定自主学习能力。

(4) 参加一些科学实践活动,尝试经过思考发表自己的见解,尝试运用物理原理和研究方法解决一些与生产和生活相关的实际问题。

(5) 具有一定的质疑能力,信息收集和处理能力,分析、解决问题能力和交流、合作能力。

进一步来说,在《物理课程标准》的内容中,也只有知识而无科学方法。以高中物理共同必修模块的物理1的"相互作用与运动规律"的内容标准为例:

通过实验,探究加速度与物体质量、物体受力的关系。理解牛顿运动定律,用牛顿运动定律解释生活中有关问题。通过实验认识超重和失重现象;通过实验测量加速度、力、质量,分别作出表示加速度与力、加速度与质量的关系图像,根据图像写出加速度与力、质量的关系式。体会探究过程中所用的科学方法。

"探究过程中所用的科学方法"是什么?显然,《物理课程标准》并未给出。这种对科学方法的处理方式在《物理课程标准》中比比皆是。

该情况就导致长期以来我国物理教材一直对知识采用显处理,即明确表达出来,而对科学方法则采用隐处理,即不明确表达出来。因此,教师在科学方法教育中更多地采用隐性方式,不明确指出科学方法的名称,不明确揭示科学方法的内涵,不明确展开科学方法的过程。由于隐性教育不能使学生获得对科学方法的理性认识,不能使学生有意识地学习科学方法,不能让学生自觉地以科学方法为指导来加深对知识的理解,因此,就容易使"过程与方法"维度虚化并导致科学方法教育的方式不甚明朗。

我们认为,产生这种现象的根本原因就在于科学方法的隐性教育方式。

由于科学方法往往隐藏在物理知识背后,支配着物理知识的获取。因此,每一个物理概念、规律的得出,都离不开科学方法的参与。换句话说,科学方法是"因",而物理知识是"果"。所以,科学方法与物理知识之间就客观存在着一种"对应"关系。正是基于这种"对应",才使得我们可以把科学方法教育内容"显化"。

"对应"原则的基本思想是:由物理知识合乎逻辑地分析出相应的科学方法,即从物理知识→科学方法。根据对应原则,我们把高中《物理课程标准》中所涉及的主要科学方法加以统计,结果表明:应用次数较多的科学方法有如下8种,如表5-2所示。

表 5-2

序号	科学方法	频数	序号	科学方法	频数
①	演绎推理法	36	⑤	控制变量法	10
②	实验归纳法	24	⑥	乘积定义法	10
③	理想化方法	16	⑦	比例系数法	5
④	比值定义法	13	⑧	近似方法	2

上表中的科学方法是高中物理教学中的主要科学方法。显然,教学中应该着重加强这些方法的教育。需要指出的是,上表中的方法只是科学方法教育内容的一部分,还有另一部分科学方法并未涉及。

长期以来,对于科学方法,人们往往把强认知方法(strong cognitive methods)与弱认知方法(weak cognitive methods)混为一体。强认知方法是特定专业领域的独特认知方法,往往与专业知识紧密结合,不容易区分。弱认知方法是可以被运用到各种问题解决过程中的一般策略和方法。这种情况就造成了科学方法分类的混乱,使科学方法教育内容问题迟迟得不到解决。比如,《物理课程标准》解读提出:物理课程中经常涉及的物理方法有:观察方法、实验方法;比较与分类方法、分析与综合方法、抽象与概括方法、归纳与演绎方法;类比方法、理想化方法、对称方法;数学方法;公理化方法、假设方法等。显然,这就把强认知方法与弱认知方法混淆起来了。

我们认为,在物理教学中,强认知方法就是物理方法(如上表中的方法),这类科学方法往往需要通过传授才能使学生掌握;而弱认知方法就是思维方法(包括分析、综合、抽象、概括、判断、推理、假设、分类等),这类科学方法则需要训练才能使学生掌握。显然,只有从理论上厘清科学方法的不同种类,才能在教学中有针对性地进行科学方法教育。

三、科学方法的教育方式

新一轮物理课程改革为了对学生进行科学方法教育,增加了一些基本的探究实验活动,使学生有更多的机会去经历探究活动以获得对知识的深入理解,掌握解决问题的方法。因此,《物理课程标准》强调通过科学探究,使学生经历基本的科学探究过程,学习科学探究方法,发展初步的科学探究能力,形成尊重事实,探索真理的科学态度。但怎样把科学方法作为物理知识的脉络去组织教材,安排教学进程,让学生在不知不觉之中沿着科学的思路去感知、品味、体验、思考科学方法,领略到其中所应用的科学方法,大多数物理教师并不清楚。

当然,目前物理课程改革中存在的问题,并不在于根本没有进行科学方法教育,而是在于:第一,不清楚科学方法的教育价值。导致在物理教学中,教师不能有意识地对学生进行科学方法教育,甚至完全忽略了科学方法;第二,不清楚科学方法的教育内容。以致教师在教学中不知道应当向学生传授多少科学方法,传授哪些科学方法;第三,不清楚科学方法的教育方式。第四,不清楚科学方法的内涵。例如,很多物理教师不清楚比值定义法的本质。对于为什么要用两个物理量相比来定义一个新的物理量,几乎很少有物理教师能正确回答出来。

我们认为,解决学生科学方法素养低的有效措施就是进行科学方法显性教育。显性教育方式是在进行科学方法教育时,明确指出科学方法的名称,说明科学方法的原理,揭示科学方法的本质与科学方法的操作过程。教师有意识地公开宣称进行科学方法教育,学生处于有意识地接受科学方法的状态。

基于此,我们尝试寻找一种恰当的教育方式,在显化科学方法的同时,进行科学方法教育方式的创新,使学生对科学方法的了解是切中要害的。这就是结合科学方法的物理概念与规律教学。

概念与规律既是物理教学的核心,又是学生物理学习的起点。从核心着手贴近教学本质,从起点出发符合认知顺序。事实上,物理知识与科学方法本来就是一种水乳交融的关系,每一个概念与规律的得出,都自始至终贯穿着科学方法。因此,只有通过结合科学方法的物理概念、规律教学,只有使学生在每一个物理概念、规律得出过程中真切体会科学方法的作用,物理知识才能真正被学生所掌握。

在物理概念、规律教学中,把物理知识与科学方法相"结合"从而实施科学方法教育,是科学方法教育方式的创新。由于物理概念与规律的得出不仅与物理方法密切相关,而且与思维方法密切相关,并且两种方法通常交织在一起,因此,这种"结合"就既表现为与物理方法结合,又表现为与思维方法结合。仍以高中物理"相互作用与运动规律"为例,如果进行科学方法的显化教育,则内容标准中就应当既包括物理知识又包括科学方法。

通过实验,探究加速度与物体质量、物体受力的关系(控制变量法)。理解牛顿运动定律,用牛顿运动定律解释生活中的有关问题(隔离体法)。通过实验认识超重和失重现象;通过实验测量加速度、力、质量,分别作出表示加速度与力、加速度与质量的关系图像(作图法,曲线改直法),根据图像写出加速度与力、质量的关系式(经验公式法)。体会探究过程中所用的科学方法。

显然,这种处理方式就使"探究过程中所用的科学方法"从"隐性"变为"显性"。把物理概念和规律与"显化"的科学方法结合在一起,就既凸显了科学方法的内涵、色彩、格调,又凸显了科学方法内在的理由、作用和功能,这样学生学习过的物理概念和规律才能真正活起来。正是在这个意义上,我们认为把物理知识与"显化"的科学方法相结合,不仅能使学生更好地掌握物理知识,而且也能很好地对学生进行科学方法教育。

进一步,教师还要讲授其中所运用的思维方法,包括假设、分析、综合、推理等。因为思维方法是建立在严密的逻辑联系之上的,而逻辑是不能用通常的感觉器官去体验的东西,它是一种特殊的心理体验,通过它可以将新旧经验和新旧知识连接起来,而这种连接往往需要教师讲解才能使学生逐步体会。

在科学方法教育研究中,我们致力于科学方法教育的深化研究,尝试在"能力要素"取向的基础上形成对科学方法教育价值的新认识,在"对应原则"取向的基础上形成对科学方法教育内容的新认识,在"显化教育"取向的基础上形成对科学方法教育方式的新认识。以关注"知识生成"、回归"方法本质"的方式重新思考和理解科学方法教育,尝试提出物理科学方法教育的理论观点,希望成为物理科学方法教育重要的理论和实践生长点。

第三节　高中《物理课程标准》中的科学方法显化研究

一、高中《物理课程标准》对科学方法的理解

科学方法教育已在高中《物理课程标准》中明确提出，并将"过程与方法"作为重要的课程维度，细观高中《物理课程标准》，其中多处提到要进行科学方法教育，比如在"课程基本理念"中有如下叙述："高中物理课程旨在进一步提高学生的科学素养，从知识与技能、过程与方法、情感态度与价值观等三个方面培养学生，为学生终身发展、应对现代社会和未来发展的挑战奠定基础。"在"课程模块说明"中的"共同必修"一节中有如下叙述："在该模块中，学生通过学习运动、相互作用及运动规律、能量等物理学的核心内容，经历一些科学探究活动，初步了解物理学的特点和研究方法……"以及"课程总目标"中："学习科学探究方法，发展自主学习能力，养成良好的思维习惯，能运用物理知识和科学探究方法解决一些问题。"在"课程具体目标"中更有对于"过程和方法"的要求大致说明。[①] 这些都使教师在理念上注意到科学方法教育，提醒教师在具体教学工作中渗透科学方法。

目前高中物理科学方法教育不到位的原因主要有以下几点：

首先，高中《物理课程标准》中并没有明确回答"物理课程中增加科学方法教育的意义是什么"这个问题。在高中《物理课程标准》中仅将科学知识看成物理能力的组成部分，却将科学方法看成是附加的"催化剂"的观点无形中降低了科学方法的教育价值，最终导致教师在教学中不重视科学方法教育。

其次，虽然在高中《物理课程标准》中，明确了三维课程目标，包括"知识与技能"、"过程与方法"、"情感、态度和价值观"，但相比较"知识与技能"有详细的规定，且各个模块都详列了"知识与技能"方面的各个目标，"过程与方法"却没有对各个模块进行目标的详列。

最后，高中《物理课程标准》缺乏对科学方法的具体详述，教师在实际教学中难以把握科学方法教育的深度，只能笼统地"一把抓"，科学方法教育缺乏整体协调性，不能体现出科学方法整体结构的逻辑关系，更无法做到针对学生心理特征有条理地教学。

二、对科学方法的理解

对于"方法"的定义，目前尚没有一个明确的解释。我们认为，方法有别于具体操作，它首先应该是一类操作的统称。当然，在不同的层次看，依然能得到不同的方法，那么还需要规定"方法"的另一种属性，即"具有推广性"，这使得在遇到一个类似情境的时候，能够将"方法"迁移到另一个情境中去。

将方法的这两种属性添加至原来对"方法"的定义中去，我们可以得到一个相对合理的方法定义："人们为实现达到认识客观世界和改造世界等目的而采用的，并且可以将它应用于其他类似情境中的某一类手段或途径的统称。"

科学方法既已定义为"某一类手段或途径的统称"，那么它与使用具体科学理论的操作之间应当有所区别。具体科学理论往往建立在单一模型的基础上，科学理论的规律由这一模型所特有，因此，想要将它运用到别的模型上去时，受限于规律不同，该方法往往很难再次使用。

在物理学科中，物理研究方法包括两方面的内容：一是科学方法，二是思维方法。有时，科学方法与思维方法也不太容易区分。其中科学方法与物理学科本身联系紧密，结合了数学物理基础及对

---

① 中华人民共和国教育部.高中物理课程标准（实验）[S].北京：人民教育出版社，2003.

应的操作过程,因此具有较强的可操作性,在教学中可以明确地传授给学生,学生亦能够根据科学方法的操作过程具体解决物理问题。而思维方法与物理学科本身的联系相比科学方法来说并不紧密,它只在思维层面上说明了解决问题的基本思路,而没有给出具体的、可操作的步骤,因此它不具有较强的可操作性,在教学中不能很好地传授给学生,也不利于学生利用思维方法解决实际物理问题或物理习题。将这两种方法仔细区分,能更加系统而有针对性地将科学方法传授给学生。

科学方法看似纷繁复杂,实则有迹可循。物理学的主要内容有实验、概念、规律以及应用四个方面,每个方面都有一定的操作过程,不同的过程,操作上有很大区别,因此科学方法上的区别也很明显。根据物理学的四个方面,我们可以划分出方法的五个类别:一般科学方法、实验方法、概念定义方法、规律总结方法和规律应用方法,其中一般物理学方法指在整个物理学中贯穿的物理学方法,一般以一定的物理学思想为基础,并贯穿于物理学的始终。

依据这样的分类,我们可以建立关于物理学的科学方法的层次结构如图5-6所示。

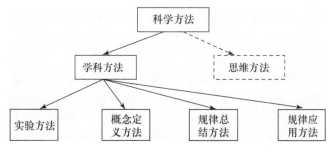

图 5-6　科学方法层次结构图

在确定了科学方法的层次结构框架的基础上,便可以确定具体科学方法的内容。然而目前对具体科学方法的命名并不统一,因此我们对科学方法做详细的补充约定。

确定具体的科学方法的出发点有以下几点:准确、全面、相互不交叉(即不出现一种具体的操作被归入两个科学方法的情况)、规范定义、方便理解。基于以上出发点,我们可以将高中物理经常出现的一些科学方法总结如下:

(1) 一般科学方法。包括理想化模型、等效方法、对称性方法、实验验证法等。
(2) 实验方法。包括理想化实验、控制变量法、补偿法、观察法、放大法等。
(3) 概念定义方法。包括乘积定义法、比值定义法、分类法、比例系数法、直接定义法等。
(4) 规律总结方法。包括实验归纳法、演绎推理法、类比法、图形图像法等。
(5) 规律应用方法。包括整体法、近似估算法、极限法等。

这样,我们便确立了高中物理科学方法的总体结构。

根据我国的教育国情,教育部将学生内化学习的教学目标写成高中《物理课程标准》,而将学生外显应用的培养目标写成《考试大纲》,因此,我们对于科学方法的研究也据此分为两部分,对于高中《物理课程标准》的科学方法研究,我们目前仅限定于学生内化学习过程中所遇到的主要科学方法,即"一般科学方法""实验方法""概念定义方法"和"规律总结方法"。

三、科学方法教育内容的确立

玻恩说过:"我荣获1954年的诺贝尔奖,与其说是因为我所发表的工作里包括了一个自然现象的发现,倒不如说是因为那里面包括一个关于自然现象的新思想方法基础的发现。"[①]这和赵凯华先生的一席话在一定程度上体现了物理大师们对物理学知识与物理学方法关系的看法:知识在物理学中是一个一个散乱的点,将知识联系起来的纽带正是那些科学方法。当一个知识推向另一个知识的时候必然伴随着一定的方法才能完成,这也成为了乔际平先生提出对应原则的基本出发点。

乔际平先生的对应原则归纳起来有如下几条。

(1)联系性。在物理学中科学知识的得出总是与一定的科学方法相联系的,这就是从其基本出发点得到的一条性质。

(2)稳定性。物理学知识网络的建构是依赖于物理方法的。物理知识之间的联系很明确,因此所利用的物理方法相对比较稳定,这给我们显化高中物理科学方法提供了基本保障。

(3)广泛性。由于科学知识和科学方法的联系性,不难看出,对于任意的知识点间相互联系,都有一定的科学方法做支撑,也就是说,对于每一个知识点,都有一种或多种相应的物理方法与之相对应。

我们可以顺着这样的思路,将高中《物理课程标准》中各个模块中的对物理学知识的描述概括出知识点,并且根据对应原则,将各个知识点所对应的科学方法显化出来并进行分模块统计,根据高中《物理课程标准》的教学安排,高中实行必修与选修结合的方式,在共同必修(必修1和必修2)完成后,再在选修1系列(选修1-1和选修1-2)、选修课2系列(选修2-1、选修2-2和选修2-3)及选修3系列(选修3-1、选修3-2、选修3-3、选修3-4和选修3-5)中任选一个系列,完成该部分所规定的学习任务即可。为了能区分修习不同选修系列的学生需要学习的科学方法内容情况,我们进而将这些统计数据按照共同必修和各个选修系列进行汇总,我们发现,在这些科学方法中,"对称法"、"补偿法"两种科学方法的总计数为0,我们将这两项从高中物理所涉及的科学方法中剔除,将剩余的科学方法再次按照总计数[②]排序,并用 A_0、A_1、A_2、A_3、A 分别来表示该种科学方法在共同必修、选修1系列、选修2系列及选修3系列中所涉及的次数。在对科学方法教育内容的统计中,我们已经发现了所有16种科学方法的四种不同特点。通过定量的划分,就可以将这16种科学方法明确地归入不同的类别中,为此,我们做如下定义:

仅在共同必修中少量出现,不足合计数的1%,而在选修系列中并未涉及的科学方法,称为Ⅰ类科学方法,数学表述为:$\frac{A}{\sum A} < 1\%$。主要集中在共同必修及选修一系列中出现,即在共同必修及选修系列中出现次数和占总计数的50%以上,称为Ⅱ类科学方法,数学表述为:$\frac{A_0 + A_1}{A} > 50\%$。主要集中在选修三中出现,即在选修三系列中出现次数的总计数占合计数的1/3以上,并在共同必修之中少量涉及的科学方法,称为Ⅲ类科学方法,数学表述为:$\frac{A_3}{A} > 33\%$。大量应用于各个系列中,总计数超过合计数的10%的科学方法,称为Ⅳ类科学方法,即 $\frac{A}{\sum A} > 10\%$。

按照以上定义可以明确地将高中《物理课程标准》中涉及的16种科学方法归入不同的类别中,如表5-3所示。

[①] 张宪魁等. 物理学方法论[M]. 杭州:浙江教育出版社, 2007(3).
[②] 下文将用"总计数"特指某种科学方法在所有系列中所涉及次数之和,即表中的 A 值。

表 5-3 根据出现次数的不同,可将科学方法进行分类

科学方法	$\dfrac{A}{\sum A}$	$\dfrac{A_0+A_1}{A}$	$\dfrac{A_3}{A}$	类　别
放大法	0.32%	0%	0%	Ⅰ
理想实验法	0.65%	0%	0%	Ⅰ
比例系数法	0.97%	0%	0%	Ⅰ
观察法	1.94%	50%	50%	Ⅲ
乘积定义法	2.26%	14%	57%	Ⅲ
控制变量法	2.58%	38%	50%	Ⅲ
图形图像法	3.87%	75%	25%	Ⅱ
等效法	3.87%	25%	33%	Ⅲ
直接定义法	3.87%	58%	17%	Ⅱ
实验验证法	4.52%	93%	7%	Ⅱ
类比法	5.16%	19%	63%	Ⅲ
比值定义法	5.81%	33%	44%	Ⅲ
分类法	7.42%	30%	39%	Ⅲ
演绎推理法	16.45%	0%	0%	Ⅳ
理想化模型	16.77%	0%	0%	Ⅳ
实验归纳法	23.55%	0%	0%	Ⅳ

在表 5-3 中共计列出 16 种科学方法,涉及次数合计为 310 次。

不同的学生选修不同的系列,根据这些系列中所涉及的科学方法的统计表格上,我们可以看出以上 16 种科学方法涉及频数主要具有四种不同的特点:① 较少出现,且仅在共同必修中少量出现;② 有所体现,但主要集中于共同必修或者选修 1 系列中;③ 较常出现,且主要出现在选修 3 系列中,并多次出现在共同必修中;④ 大量出现,且分布较广泛,在共同必修及各选修系列中均有大量涉及,在选修 3 系列中有所偏重。

由于不同的选修系列是针对不同的学生群体,因此我们可以将这样的特点作为基准点,制定一定的标准,并按此标准划分不同类别的科学方法,为不同类别的科学方法制定不同的科学方法教育目标。这些目标将区别不同的学生,为不同的学生充分发挥其特长优势提供条件。

四、科学方法教育目标的确立

我们参照安德森认知目标分类学认知过程维框架给出的六类要求,从物理科学方法教育的实际现状与目前高中生的认知水平出发,讨论我国高中《物理课程标准》适用的科学方法教育目标。

高中《物理课程标准》中涉及的科学方法都是概念规律在形成过程中所体现出的科学方法,相对比较稳定与统一,"评价"与"创造"涉及的可能性很小。而且对于高中学生来讲,科学方法框架尚未明了,要做到"分析""评价"与"创造"相对于他们目前的认知水平是比较困难的任务。因此,我们取目标分类的前三项:"记忆""理解"与"应用"作为高中《物理课程标准》的科学方法教育目标的三级层次,在推广应用上应该是具有可行性的。

根据表 5-3 中的分类,放大法、理想实验法、比例系数法为 Ⅰ 类科学方法,由于主要在共同必修中

出现且出现次数较少,故目标要求为"记忆",在第一学年内①完成。图形图像法、直接定义法、实验验证法为Ⅱ类科学方法,由于主要在共同必修及选修1系列中,且相对Ⅰ类科学方法要多,因此将它们的目标要求定为"理解"层次,并且在均在第一学年内完成,在后续的学习中遇到时加以必要的强化训练,但目标要求仍为"理解"层次不变。观察法、乘积定义法、控制变量法、等效法、类比法、比值定义法、分类法为Ⅲ类科学方法,由于主要在选修课3系列中较多出现,而在共同必修中较少出现,因此可在第一学年将目标要求设定为"理解"层次,部分学生在选修3系列的学习过程中,该目标即提高至"应用"层次。演绎推理法、理想化模型、实验归纳法为Ⅳ类科学方法,由于这类科学方法大量应用于高中物理学中各学习阶段,因此这类科学方法可在第一学年将目标要求设定为"理解"层次,所有学生在后续选修系列的学习过程中,该目标即提高至"应用"层次,如表5-4所示。

表 5-4 各类科学方法教育目标对应表

	Ⅰ类	Ⅱ类	Ⅲ类	Ⅳ类
第一学年	记忆	理解	理解	理解
第二、三学年	记忆	理解	学理学生:应用 学文学生:理解	应用

按照科学方法出现次数设定教育目标,这符合安德森认知目标分类学的基本思想,也符合目前中学生认知能力发展的特点和规律。并且根据这些科学方法出现的不同选修系列制定不同的科学方法教育目标要求,也符合高中《物理课程标准》的基本思想与要求,是与高中《物理课程标准》中科学知识的教学进度与要求是一致的。因此,这样会更有利于物理教学中科学方法显性教育的推广,有利于科学方法教育在高中《物理课程标准》中的规范化,有利于教师在物理教学实践中进行科学方法教育和学生在物理学习过程学习科学方法。

五、高中《物理课程标准》吸纳科学方法教育内容的建议

本节的研究将高中物理教育中涉及的科学方法明确出来,在此基础上与物理知识一一对应。因此,将科学方法纳入物理教学内容在理论上是可行的。

科学方法教育不是一朝一夕的事情,应该是一个融入科学知识教育,贯穿于科学知识教育整个过程中的事情,因此它与科学知识教育一样,也需要一个长远的计划,并且分层次进行教学。

从科学方法在不同选修系列中的分布可以发现,科学方法的重复率是很高的,有些在反复使用,这样,教师可以有计划地分步骤来教学。如果把科学方法教育复杂化了,会打击学生的学习兴趣,也起不到良好的科学方法的教育效果。

其次,由于不同的科学方法教学目标有所差异,因此高中《物理课程标准》可以合理地安排教学教学内容,使之更适合学生学习,并注意与科学知识的结合,让学生在学习科学知识的时候,用具体的知识内容去体会科学方法的应用过程,这样才更容易理解科学方法。但同时又要避免陷入具体的科学知识当中去,使得学生将科学方法具体化为某一种知识的应用。

在高中《物理课程标准》中显现科学方法教育的相关内容之后,教材如能相应地将渗透于科学知识当中的科学方法显化出来,将对教师进行科学方法教育教学提供翔实的文字指导,令高中科学方法教育更有章可循,更关键的是,可以为学生的学习提供良好的帮助,在科学方法教育方面提供了一个更好的平台,方便学生掌控自己的学习。

---

① 按照课程标准,第一学年应当完成共同必修的2个模块的教学。因此"第一学年"即学习必修系列过程。下同。

第四节 科学方法纳入《课程标准》研究

2001年教育部颁布《基础教育课程改革纲要(试行)》(下称《纲要》),由此拉开了我国基础教育课程改革的序幕。《纲要》将"知识与技能""过程与方法""情感态度与价值观"作为课程目标,体现了课程改革的理念。但进一步的研究发现,科学方法并没有纳入各学科《课程标准》中,这就使得科学方法仅仅成为课程目标的"标记"而未成为课程内容。

为什么课程改革会出现如此疏漏?造成这种现象的原因是什么?为什么这一问题始终未能得到有效解决?围绕着对这一重大理论问题的追问,就构成了本节所要研究的主旨。

一、科学方法纳入《课程标准》的内禀研究

何谓科学方法?有一种观点认为:"过程与方法的含义有3条,指某一学科的探究过程与探究方法;指达到教学目的或获得所需结论而必须经历的活动程序;指学生接受知识,以及发现问题、分析问题和解决问题的过程。"[①]细究这种观点我们发现,这种表述仍然停留在对"过程与方法"的同意反复中,未能给出清晰、明确且可操作的界定。

科学方法是人们认识和改造客观世界的实践活动中总结出来的正确的思维方式和行为方式。[②] 作为一种基本的研究途径、方式,科学方法与科学的概念、规律等一些知识性内容是相平行的,包含在科学的范畴之中。与知识不同的是,科学方法涉及的不是物质世界本身,而是人们认识物质世界的途径与方式,是高度抽象的。因此,它并不直接由学科知识内容来表达,而是有它自己独特的表达方式,而且比概念、定理、定律、公式这类知识更加抽象和隐蔽。[③] 由于科学方法的这些特点,当前对课程目标的研究就不能再停留于一般性的课程论层面或心理学层面,还需要从学科教学的实践出发,给"过程与方法"课程目标以富有实践力的关照。因此,以学科教育的视角审视,科学方法作为基础教育各学科的重要课程内容,理当成为"过程与方法"课程目标的核心内容。

这是因为,科学的概念、定律等知识,是人们进行科学思维的基本细胞,没有科学知识,所谓智能活动就成为没有内容的空壳,是不可能存在的。但是,只有知识仍不足,还必须有一定的方法或途径,通过方法对知识进行选择、组合、运用,使这些知识与科学的问题相互沟通,才能解决问题,形成智力活动。[④] 在这个意义上,科学方法可谓是人们赖以进行科学思维的神经细胞,是支配科学概念、定律等科学思维基本细胞的"细胞"。在这个意义上,科学方法对于基础教育课程的重要性由此可见一斑。

近年来国际上的研究指出:科学素养作为国际科学教育的核心目标,科学方法是其重要内容。[⑤] Soroka等认为,"科学方法价值是显而易见的,它能引起学生兴趣,激发创造力,让他们更好地理解科学是什么,科学能干什么而又不能干什么。它让学生明了人们如何使用科学来解决问题。教育学生识别迷信等伪科学。但是在科学教育实践中却存在很多不足。"[⑥] 著名科学哲学家皮尔逊多次强调:"科学方法是通向整个知识区域的唯一门径。"他说:"科学方法是我们能够借以达到知识的唯一道

[①] 朱慕菊.走进新课程:与课程实施者对话[M].北京:北京师范大学出版社,2002:117.
[②] 涂艳国.简论科学教育的基本要素[J].教育研究,1990,(9):63—66.
[③] 高凌飚.中学物理课程论[M].上海:上海教育出版社,1999:138—150.
[④] 高凌飚.中学物理课程论[M].上海:上海教育出版社,1999:138—150.
[⑤] Kosso,P. *The Large-scale Structure of Scientific Method*[J].SCIENCE & EDUCATION.2009;(18).33—42.
[⑥] Soroka,Leonard G. *The Scientific Method at Face Value*[J].The Science Teacher,1990(9):57,8.

路。其他方法可能处处导致像诗人或形而上学家那样的幻想,导致迷信或信仰,但永远不会产生知识。"①所以,当今许多国家和地区在制订课程目标时,都将科学方法列为目标之一。②

在科学教学中,把知识本身作为目的,还是把知识作为工具和手段以掌握科学方法为目的,这是两种完全不同的教育思想。科学并不是简单地对自然规律的揭示,更重要的是要找到研究自然规律的方法,或者可以说,一门学科如果不能形成自己的科学方法,就不可能称其为科学。不同学科构建符合自身研究对象特性的形式、符号和数学模型的方法,就是这门学科特有的思维方法和工作方法。③

目前的基础教育完全没有把科学方法放在特别重要的位置,科学方法至今没有纳入各学科《课程标准》中,便是这种现象的典型例证。这就使得学生虽然掌握了某一学科的许多知识,却不懂得该门学科的科学方法和这种方法的价值,这种现象甚至在大学里也同样存在。由此,我们每位教师不妨自问:自己所教学科的独特科学方法是什么?有哪些?如果学生学习了一门学科,却没有掌握这门学科的科学方法,那么,充其量只能说学生学过了这门学科,而不是掌握了这门学科。④

按照现代教育观,作为结果的知识固然重要,但探求结果的方法更加重要。知识本身并不是教育的目的,而是建立科学方法的工具和手段。因此,现代教育观更关心的是怎样使传授知识的过程成为掌握科学研究方法、开发学生智慧的过程。⑤

早在课改早期,白月桥先生就曾指出:"《纲要》明文规定:要使学生掌握适应终身学习的'基本方法'。因此各科《课程标准》也需体现《纲要》的这一规定。然而,某些《课程标准(实验稿)》却没有在课程目标中纳入方法和方法论的内容,这是一个缺漏。笔者认为,方法、方法论以及能力同属于课程目标体系的第二个层面的目标。各学科课程标准实验稿,总体来看大都缺乏有关本门学科的或普通的方法和方法论的条目内容,这很不利于学生能力的培养,应当总结吸纳我国各学科长期以来丰富的教学法研究成果,把学生可接受的方法和方法论纳入课程目标体系之中。"⑥我们认为,这一观点是正确的,而本文正是"把学生可接受的方法和方法论纳入课程目标体系之中"思想付诸研究的系列工作。

二、科学方法纳入《课程标准》的分类研究

《课程标准》缺失科学方法的实质是什么?在回答这个问题之前,我们先引用诺贝尔物理奖获得者杨振宁教授讲过的一则寓言,大抵可以明了《课程标准》缺失科学方法后"过程与方法"课程目标的性质。

杨振宁教授的这则寓言,讲述的是现代数学家和物理学家之间不同思考方式的故事。

一天晚上,一帮人来到一个小镇。他们有许多衣服要洗,于是满街找洗衣房。突然他们见到一扇窗户上有标记:'这里是洗衣房'。一个人高声问道:'我们可以把衣服留在这儿让你洗吗?'窗内的老板回答说:'不,我们不洗衣服。'来人又问道:'你们窗户上不是写着是洗衣房吗?'老板又回答说:'我们是做洗衣房标记的,不洗衣服。'⑦

杨振宁教授所讲的故事是一则深刻的寓言,其意在于说明数学圈外的人对于数学家"只做标

---

① 皮尔逊.科学的规范[M].北京:华夏出版社,1999:25,54.
② 洪长安.初中化学教学中科学方法教育研究[D].桂林:广西师范大学,2004:4.
③ 袁振国.反思科学教育[J].中小学教育,1999(12).
④ 袁振国.反思科学教育[J].中小学教育,1999(12).
⑤ 袁振国.反思科学教育[J].中小学教育,1999(12).
⑥ 白月桥.课程标准实验稿课程目标制定的探讨[J].课程·教材·教法,2004(9).
⑦ 杨振宁.杨振宁文集[M].上海:华东师范大学出版社,1998:745.

记,不洗衣服"的做法是不赞成的。而当用这则寓言来审视《课程标准》缺乏科学方法的状况时,我们发现这则寓言仿佛是为"过程与方法"课程目标量身打造的,因为正如寓言所寄寓的,目前基础教育"科学方法"课程目标已经成为一种"只做标记,不洗衣服"的"洗衣房"。

为什么基础教育课程改革中各学科《课程标准》均未纳入科学方法?我们认为,造成这一现象的根本原因在于:目前学科教育界始终没有从理论上弄清楚科学方法的分类,从而导致不能确定科学方法内容。比如,《物理课程标准》解读就曾提出:物理课程中经常涉及的物理方法有:观察方法、实验方法;比较与分类方法、分析与综合方法、抽象与概括方法、归纳与演绎方法;类比方法、理想化方法、对称方法;数学方法;公理化方法、假设方法等。[①] 显然,这就混淆了不同类型的科学方法。因为分析与综合属于思维方法,而实验则属于物理方法。

当然,目前科学方法研究中已经有了不同的分类形式。例如,一种分类方式把科学方法分为实验观察方法、逻辑思维方法、数学方法以及非常规方法。[②] 这种分类方法全面,但层次不够明显,例如逻辑思维方法中理想化和和假说法与其他逻辑思维方法是不在同一个层面上。另一种方式把科学方法分为两个层次,第一个层次有观察实验法、思维方法及数学方法,第二个层次是对第一个层次中的思维方法的具体化。[③] 这种分类的长处是层次分明,而且明确了各层次之间的关系,但不足之处在于把数学方法和观察实验法与思维方法排在同一层面是不妥的。总之,已有的科学方法分类共同的不足之处是缺乏明确的分类标准,而科学方法分类的不清就使得科学方法界定混乱,从而给各学科《课程标准》中纳入科学方法造成了无法逾越的障碍。

在明确了科学方法分类的重要性之后,对科学方法进行合理分类就成为在《课程标准》中纳入科学方法的关键环节。我们认为,与其他教育工作一样,科学方法分类也要遵守教育性原则,即无论任何领域的内容、方法、结构一旦被引入教育领域,都应尊重教育的规律、服从教育的目标。经过"教育性"这个筛子的过滤,从而彰显其教育功能。所以,已有依据科学方法内部特点加以分类的方式不宜采用,科学方法的分类需要采取教育性的分类方式。基于以上研究,我们从科学方法的来源出发,做了思维方法和学科方法的第一级分类。其中前者是主观的,是大脑的功能,需要训练才能使学生形成与掌握,后者是客观的,不是大脑的功能,需要传授才能使学生习得与掌握。

把科学方法分为思维方法和学科方法与心理学的研究结果是一致的。[④] 显然,学科方法就是强认知方法,例如地理学的调查法、历史学的文献法。这类科学方法指的是某学科所特有的、充分体现学科特点的方法,可迁移性弱。思维方法就是弱认知方法,例如分析综合、抽象概括。这类科学方法是大脑的功能,贯穿于各门学科之中,可迁移性强。可见,这种科学方法的分类方式不仅来源清晰,而且与教育方式在逻辑上是自洽的。它有效避免了将思维方法与学科方法混为一体的分类方式,使科学方法教育内容的研究豁然开朗。[⑤]

科学方法的第一级分类解决了科学方法中思维方法与学科方法的混淆问题,而要在《课程标准》中纳入科学方法还需要对其进行第二级分类。根据课堂教学过程与科学方法使用的时空条件,学科方法又分可为获得知识的方法和应用知识的方法。思维方法依据其性质,又可分为逻辑思维方法与非逻辑的思维方法两种。按照这一研究思路,我们得到了系统化的科学方法分类结构体系(如图5-7所示)。

[①] 廖伯琴等.中学物理课程改革的目标与实施[M].北京:高等教育出版社,2003:53.
[②] 张宪魁.物理科学方法教育[M].青岛:青岛海洋大学出版社,2000:23—22.
[③] 张民生.中学物理教育学[M].上海:上海教育出版社,1999:32.
[④] 邓铸.问题解决的表征态理论与实证研究[D].南京:南京师范大学,2009:108—109.
[⑤] 陈清梅,邢红军,李正福.论物理课程改革背景下的科学方法教育[J].课程·教材·教法,2009.(8).

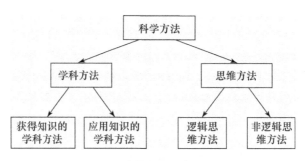

图 5-7 科学方法分类结构图

这种分类不仅使科学方法教育内容进一步明确,并且也使科学方法内容的显化顺理成章。

三、科学方法纳入《课程标准》的实证研究

在具体的学科教育层面,正是对科学方法分类的混淆造成了科学方法教育的虚化。尽管如此,学科教育工作者仍在努力践行科学方法纳入《课程标准》的研究工作。比如,有化学教育学者对普通高中化学新《课程标准》必修课程和选修课程模块"内容标准及活动与探究建议"中有关科学方法的内容作了统计和对比,见表 5-5。

表 5-5 高中化学《课程标准》中常用科学方法运用分模块列表

科学方法	化学1	化学2	化学反应原理	有机化学基础	物质结构基础	化学与生活	化学与技术	实验化学	汇总	占总百分比/(%)
参观、观察法	2	—	1	4	2	—	6	1	16	9
实验法	11	8	10	10	3	4	3	7	56	29
调查、文献法	6	11	8	2	4	14	8	1	54	28
比较、分类法	3	1	—	4	8	—	—	—	16	9
归纳、演绎法	1	1	2	1	4	1	—	—	10	5
模型法	1	2	—	1	4	—	1	—	9	5
假说法	1	—	—	—	—	—	—	—	1	1
常用数学方法	2	—	1	—	—	1	1	—	5	3
化学学科方法	2	3	—	4	—	1	2	9	21	11

对于表 5-5,作者分析得出四点结论:① 高中化学科学方法教育主要采用参观、观察法,调查文献法及实验;② 数学方法采用较少;③ 化学方法采用偏少;④ 有利于培养学生创造性思维的科学方法运用较少。

我们认为,作为一种科学方法纳入《课程标准》的探索,上述工作是值得肯定的。但由于其科学方法教育内容体系的建构基于哲学方法、各门科学的一般研究方法、学科特殊的具体的研究方法,这就导致其科学方法分类不清。同时,表 5-5 中有关科学方法内容的统计和对比工作也缺乏依据。这将导致"由于科学方法教育的目标和内容体系不确定,实施缺乏计划性、系统性和层次感,使得科学方法

教育的随意性和盲目性较大,实效性很差。"①

针对这一现状,我们认为,在已有"两级分类"的基础上,采用恰当的显化原则就可以确定《课程标准》中科学方法的内容。老一辈学科教育家乔际平先生最早提出:科学知识的得出总是与一定的科学方法相联系的。② 我们汲取了这一"对应"思想的内核,针对获得知识的科学方法,提出了方法显化的"对应原则"。即每个知识的获得总是对应于获得过程中使用的一系列物理方法。依据这一思路,我们以初中物理为例,显化了初中《物理课程标准》中获得物理知识的物理方法 8 种(如表 5-6 所示)。③

表 5-6　初中获得物理知识的物理方法

物理方法	次数	物理方法	次数
直接定义法	30	实验归纳法	14
比值定义法	11	乘积定义法	5
控制变量法	5	等效法	2
演绎推理法	3	理想化方法	2

对于知识应用过程中的科学方法,由于同一种知识可以对应无数问题情境,不同的情境需要用到不同的方法,所以"对应原则"就不再有效。有鉴于此,我们提出了显化应用知识过程中科学方法的"归纳原则",即通过对应用知识的情境与解决问题所使用的科学方法进行归纳,从而显化科学方法的内容。依据这一研究路径,我们同样以物理课程为例,显化了初中应用物理知识的科学方法 13 种(如表 5-7 所示)。④

表 5-7　初中应用物理知识的物理方法

物理方法	次数	物理方法	次数
演绎推理法	30	假设法	7
隔离法	14	等效法	7
理想模型法	13	转换法	6
比例法	9	图示法	5
整体法	8	极值法	3
控制变量法	8	对称法	3
图像法	8	类比推理法	2

根据以上研究,我们以初中物理"声和光"为例,阐述科学方法纳入《课程标准》的具体方式。如表 5-8 所示。⑤,⑥

---

① 濮江,樊敏.高中化学科学方法教育的内容、现状及实施建议[J].教育科学研究,2011.(1).
② 乔际平,张宪魁.初中物理教材的选择与分析[M].北京:高等教育出版社,1993:99.
③ 付洪艳.初中物理科学方法教育内容的研究[D].北京:首都师范大学,2009:15—21.
④ 乔通.初中物理知识应用过程中的物理方法教育内容研究[D].北京:首都师范大学,2012:20—25.
⑤ 付洪艳.初中物理科学方法教育内容的研究[D].北京:首都师范大学,2009:15—21.
⑥ 乔通.初中物理知识应用过程中的物理方法教育内容研究[D].北京:首都师范大学,2012:20—25.

表 5-8

序号	物理知识	物理方法	
		获得物理知识的方法	应用物理知识的方法
(1)	声音的发生及传播 乐音及噪声	实验归纳法、直接定义法	控制变量法、转换法
(2)	光的直线传播 光的反射 光的折射	简单枚举归纳法、实验归纳法	理想模型法、作图法、类比推理法、比例法
(3)	平面镜成像 透镜对光的作用 凸透镜成像及应用	实验归纳法、几何作图法	理想模型法、作图法、对称法、隔离法

上述研究不仅说明了科学方法教育内容显化的有效性,而且说明在各学科《课程标准》中纳入科学方法教育内容是可行的。如此,就使得"过程与方法"课程目标成为与"知识与技能"课程目标在课程内容上平行的课程目标。这样,在《课程标准》层面上为科学方法教育提供了理论前提,从而为进一步贯彻落实科学方法教育提供了政策化的保障。

与学科方法不同的是,思维方法往往体现在探索与发现科学知识与学科方法之中,不亲历这种过程,就难于体味其中"只可意会,难以言传"的奥妙之处,而这正是学科方法可以采用传授教学方式,思维方法必须对学生进行训练的道理之所在。由于思维方法是大脑的功能,是生成性的,因此,不宜将学科方法纳入《课程标准》的方式简单地迁移到思维方法上,而需要以一种更加恰当的方式将思维方法纳入《课程标准》之中。

有学者指出:"无论是专门的思维课程还是已有的学科教学,如果要使思维教学得到大规模的推广和普及,尤其是使思维能力的培养真正成为教育教学的核心目标和最终追求,并贯彻落实在课程教学的实施过程中,就必须在国家课程文件中明确培养学生思维的总体目标和阶段性目标,并在各学科的课程目标和教学大纲中详细列出各种思维能力培养和发展的学段和操作性要求。"[①]笔者认为,这一观点无疑是正确的。

四、科学方法纳入《课程标准》的应用研究

在明确科学方法的教育内容并将其纳入《课程标准》之后,探讨科学方法的教学方式就成了关乎科学方法课程目标能否真正落实的关键问题。以下分别从教材编写、教学模式、教学过程三个层面进行探讨。

(一)科学方法的教材编写

教科书编写是科学方法教育异常重要的层面。教材作为一个教学基本内容的书面材料系统,对于安排教学过程以形成学生的认知结构、能力结构和品格结构,具有知识载体、教学指导和实用参考的作用。基于科学方法的显化理论,我们提出了科学方法融入教材编写的显化观点。[②]

所谓显化,是指在教材编写时,应当明确指出科学方法的名称,传授科学方法的内容,揭示科学方法的形式,挖掘科学方法的内涵,说明科学方法的使用。亦即把科学方法视为知识的脉络,按照科学

---

① 郅庭瑾. 国外中小学思维教学研究:争议与启示[J]. 教育研究,2010.(12):98—102.
② 李正福,李春密,邢红军. 从隐性到显性:物理科学方法教育方式的重要变革[J]. 课程·教材·教法,2010.(12).

方法的逻辑去组织教材内容,形成知识的逻辑链条,进而形成知识结构。这样进行教材编写,才能使学生学会通过科学方法在自己的头脑中把大量的知识编制成一个层次清晰、逻辑严密的结构或网络,才能不断接收、容纳新的信息,从而不断完善自己的知识系统。

我国传统教材编写通常对知识点的逻辑联系采用显处理,而对知识的内在关系和科学方法,特别是对科学方法采用隐处理,即不在课文中写明,而是让学生在学习过程中自己去领悟。[1] 但是对于"悟"什么,则语焉不详。

遗憾的是,到目前为止,人们对于教材编写的认识仍然停留在知识中心的层面。这种观点认为:多数教科书都是以知识为线索来规划全书的,章节的设置大都按知识体系排列而成。在一节课中,教学内容的逐步展开,很多情况下也是以知识为线索的。方法则不是针对一个具体事物的,它是从许多同类事物中概括出来的。然而,方法的存在依赖于具体的事物,如果没有具体问题的支撑而空谈方法,这些"方法"只能是空洞的条文。因此,我们不能撇开知识,以"方法"作为展开教学的线索。

教材编写显化科学方法,并非脱开具体的知识而只讲方法,而是说应当强调、突出科学方法,按照科学方法所展示的路子去编写教材。采用科学方法的显化方式来编写教材,逻辑明确,脉络清晰,容易使学生在学习中建立良好的认知结构,并形成有序的知识结构。这不仅有助于培养学生分析问题和解决问题的能力,而且焕发着科学理性的文化意蕴,这正是素质教育所追求的目标。[2]

(二)科学方法的教学模式

教学模式是指在一定教学思想指导下,以实践性为特征,为完成特定的教学目标而围绕着某一主题形成相对稳定且简洁的教学结构及其具体操作的范式。简言之,就是在一定的教学思想指导下所建立起来的比较典型和稳定的教学程序或阶段,具有系统功能性与目标指向性两种基本品质。教学模式作为教学理论与教学实践的媒介或桥梁,都是在一定的教学理论指导下,通过教学实践构建起来的。[3],[4]所以,科学方法教学模式的构建就需要基于科学方法教育理论与教学实践的融合。

依据教学模式建构的路径与逻辑,我们提出了凸显科学方法的"一知多方"与"一方多知"两种教学模式。所谓"一知多方",是指某个知识的获得过程总是经由一系列科学方法的运用而完成的。例如,"牛顿第二定律"知识的获得过程,主要使用的方法有:实验验证法、控制变量法、图形图像法、曲线改直法和比例系数法。如图5-8所示。

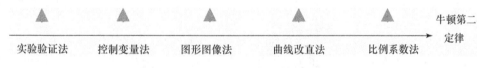

图 5-8 科学方法"一知多方"教学模式图

按照这种教学模式,在某个知识的教学中,就要按照所用科学方法的次序合理、明确地导出所教知识。同时阐明所用科学方法的名称、内涵、使用条件。这样,知识就不再是孤立的散点,而是发挥了"知识线"的作用,将科学方法贯穿起来,即使学生明确了各种科学方法的来源与内涵,更有利于牢固地把握知识。[5]

"一方多知"教学模式则体现了科学方法中心的观点。所谓"一方多知",意即一种科学方法可能

---

[1] 乔际平,续佩君.物理教育学[M].南昌:江西教育出版社,1992:99.
[2] 邢红军,陈清梅.从知识中心到方法中心:科学教育理论的重要转变[J].首都师范大学学报(自然科学版),2011.(6).
[3] 赵艳波.主体参与型物理教学模式的研究[D].北京:首都师范大学,2006:26—28.
[4] 管建祥.对物理教学模式构建的理性思考[J].通化师范学院学报,2007.(4).
[5] 陈清梅.论物理科学方法教育的教学模式[J].中国现代教育装备,2011.(24).

在多个知识的得出或应用过程中使用。例如物理学中的比值定义法,就在如密度、速度、加速度、压强等多个概念的导出中使用。如图5-9所示。

图5-9　科学方法"一方多知"教学模式图

这种模式使得科学方法发挥了"方法线"的功能,将各个知识点用科学方法的逻辑归结起来。①该模式首先要求教学必须同时呈现两个以上的知识情境。并且科学方法的概括性越高,越要提供更多的例子。其次,还要提供变式练习的机会并注意层次性,避免机械重复。因为要使认知结构充分优化,必须进行足够数量的变式。但是,变式并不是重复,要着眼于例子的变化精心设计。其中,体现科学方法需有正确的依据,要避免追求烦琐的、旁门左道式的技巧;情境性则要从抽象到生态化逐步过渡。

(三) 科学方法的教学过程

在教学中,学科方法的传授与思维方法的训练总是交织在一起的。研究指出,科学方法教育具有明显的智力发展价值。"科学思维是科学活动中特定的思维,它虽然也遵循人类的思维的一般规律,要经过分析、综合、比较、抽象等基本过程,但是它却表现出高度的创造性,代表了人类思维的最高水平,集中体现了思维的各种优秀品质。"②因此,正确处理学科方法与思维方法教学的统一关系,是科学方法教育得以深入下去的重要环节。

已有研究指出,学科方法是由思维方法所操纵的。所以习得、使用学科方法过程本身也是对思维方法的有效训练。没有思维方法的参与,学生就无法将客观的学科结构内化为认知结构。因此,学科方法的教学不仅要点明学科方法的内涵、步骤,更要讲明每个步骤的过程和学科方法的本质。换言之,只有在讲授学科方法的同时积极调动思维方法的参与,才能实现有意义教学,从而避免学科方法成为一堆散乱的步骤而失之琐碎与功利。例如比值定义法的教学,就不能仅仅停留于"选取相同标准""两者相比"的步骤叙述,还要介入比较、分析、综合等思维方法,这样才能触及到比值定义法的科学方法本质。

因此,思维方法的教学就需要一种特殊的时空次序,这种"时空次序"则常常被表达为"教学的逻辑",它不仅包括教学语言的逻辑性,还包括教师的教学设计、举手投足、演示的节奏、板书的结构、活动的安排等。目的都是使学生生成对思维方法的心理体验,并在此基础上体会到一种微妙的逻辑感。由此,思维方法的教学才能名至实归。然而,目前我们对于思维方法内涵的关注还很不够,在很多情况下还没有充分认识到,思维方法作为一种特殊的心理体验与可以传授的学科方法具有很大的不同,所以常常在教学中有意无意地忽视了思维方法的训练。温家宝总理曾在"农村教师大会上的讲话"中指出:"提起中学教育,我前年在北京三十五中听了半天课,我发现老师对当前的逻辑教育重视很不够。其实逻辑思维对一个学生的成长非常重要,为什么孩子们有的听了教师一个报告,能够很快地把它概括出来;看到一件事物,能够很快地、深刻地分析出来,并且表达出来。我说这就是逻辑思维。"③

---

① 陈清梅. 论物理科学方法教育的教学模式[J]. 中国现代教育装备,2011.(24).
② 王文青. 国外科学教育期刊中科学方法教育研究现状的统计与分析[D]. 重庆:重庆师范大学,2010:49.
③ 温家宝. 一定要把农村教育办得更好——在农村教师大会上的讲话[EB/OL]. http://www.moe.edu.cn/publicfiles/business/html-files/moe/moe_176/201109/124042.html,2011-8-28.

细究温总理的论述,所谓"逻辑教育"所指的就是"教学的逻辑",更进一步地说,表现为教师教学过程中对学生思维体验的关注与训练。

综上所述,科学方法作为"过程与方法"维度的课程目标,是基础教育课程的重要内容之一,具有重要的课程价值与教育价值。通过对科学方法进行正确分类,把"学生可接受的方法和方法论纳入课程目标体系之中"是可行的,进一步通过在教科书编写中显化科学方法,在教学中恰当选择教学模式,细化教学过程,从而可以把"过程与方法"课程目标真正落到实处。

回顾科学方法纳入《课程标准》的研究历程,我们发现,"三维目标"本是我国课程改革的亮点与革新,然而,"过程与方法"维度却由于未被纳入各科《课程标准》而在事实上被架空,这种缺失极大消解了课程改革的公信力与课程文本的合法性,并且直接关乎课程改革的成败得失。本研究立足于纠正这一重大疏漏,在明确科学方法内涵与教育价值的基础上,根植于科学方法教育的深厚土壤,结合学科教育心理的研究,明确提出了科学方法纳入课程标准的分类标准与纳入方式,从而为"过程与方法"维度的落实做出力所能及的工作。笔者相信,随着科学方法教育研究的持续推进,基础教育课程改革中《课程标准》只有知识而无科学方法的现状,不久应该会改变的。

第五节 物理科学方法显化教育

本节在吸收和借鉴国际科学教育研究成果的基础上,对物理科学方法教育方式进行梳理,分析不同教育方式的内涵及其产生的原因,提出科学方法显性教育的观点,以期对物理科学方法教育以有益的启示。

一、隐性教育方式——重在"渗透"

采取何种方式进行科学方法教育,与人们对科学方法属性的定位密切相关,对科学方法属性的认识不同,选取的教育方式就存在差异。通常人们认为,科学方法与一般的物理知识不同,它所涉及的不是物质世界本身,而是人类认识物质世界的途径和方式,是隐藏在知识背后的东西,是高度抽象的。同时,科学方法支配着物理知识的获得和应用,是形成知识结构的纲领和脉络。基于这些认识,物理科学方法教育逐渐形成了隐性教育方式。

所谓隐性教育方式,就是在科学方法教育过程中,隐蔽地发挥科学方法的导向作用,使学生受到科学方法的熏陶,一般在教学过程中不出现科学方法的名称,也不对科学方法的内容进行解释。其主要特点是通过知识教学渗透科学方法,也就是在知识教学过程中,同时渗透研究问题的方法,或按照研究问题的方法、思路展开知识教学,使科学方法教育和知识教学有机结合在一起,以达到整体优化的目的。[①] 在这种教育方式指导下,物理教学中出现了许多科学方法教育的具体途径,比如结合物理概念、规律进行科学方法教育,通过物理学史渗透科学方法教育,挖掘物理实验中的科学方法因素,等等。可以说,科学方法隐性教育方式的提出,客观上促进了物理科学方法教育的推广。

虽然科学方法隐性教育考虑到学生的知识基础,强调渗透和铺垫,追求学生在潜移默化的熏陶中,水到渠成地体会和领悟科学方法。然而,隐性教育方式在物理教学实践中并没有取得理想的效果。其原因在于,从理论上看,教育的一个主要特点就是有意识、有目的影响人,而隐性教育恰恰忽视了这一点。对学生而言,多年的学习已经习惯于教师讲什么就学什么,教师强调什么就注意什么,教师没有明确强调的内容就不去思考,形成了紧跟考试大纲的意识。在这种情况下,期望学生能够意识

---

① 周国强.物理方法教育与物理教材改革[J].课程·教材·教法,1996(6):10—14.

到隐藏在知识背后的科学方法、体会到教师良苦用心渗透的科学方法,只是一种一厢情愿的想法。从学习规律上看,学生没有意识到的内容根本无从谈及思维的积极加工。进一步,由于科学方法隐藏在知识背后,比知识更难以理解,知识教学尚需显化,需要详尽地讲解、练习、巩固,科学方法教学如若含而不露、点而不破的话,结果可能是徒增科学方法教学的难度,降低科学方法教育的效果。

受隐性教育观点的影响,一些科学方法教育的基本理论问题没能得到深入探讨。这导致在教学实践中,很多物理教师对科学方法了解甚少,不清楚科学方法的教育内容,不知道科学方法的内涵和意义,不懂得科学方法的使用条件和步骤。教学中要么蜻蜓点水般简单掠过,要么根本就没有进行科学方法教育。

对于科学方法的隐性教育,国际科学教育研究得出的结论是:从隐含的印象中得出的认识将是混乱不清和一堆零散的概念。① 从这种观点出发,我们认为,隐性教育方式对于教学可能起积极影响,也可能起消极影响。事实上,认识和理解科学方法的关键一步就是"显性化",只有认识到这一点,才能够对目前物理教育中的科学方法教育方式加以检讨、修正或应用。实际上,从教学论的观点看,一方面教学过程是传递、掌握和批判显性知识的过程;另一方面,教学过程也可以说就是一个使缄默知识显性化并得到检讨、修正和应用的过程。② 由此看来,隐性教育不仅在科学方法的教育效果上表现不佳,在理论上也缺乏坚实的基础。希望通过隐性教育方式来进行物理科学方法教育,其效果在很大程度上是事倍功半的。

二、隐性-显性方式——追求"融合"

针对隐性教育方式的不足,并考虑到物理科学方法教育的特殊内容和目的,一种隐性-显性教育的教学方式逐渐形成。所谓隐性—显性教育方式,就是在教学过程中对科学方法先隐性渗透,后显性提出。具体来说,就是教师按照一定的教学程序进行知识教学,把科学方法隐藏在知识背后而不明确宣讲其逻辑结构,在知识教学之后,提出所用科学方法的名称,引导学生体味和反思科学方法。

隐性-显性教育方式不同于隐性教育方式的最大特点就是渗透科学方法之后追求显化,追求多个角度、多个层面的"融合"。"融合"在这里有多层含义:一是方法与知识的融合,知识在方法的操作下得出,方法在知识的推导中得以体现,科学方法教育要与知识教学相结合;二是科学方法之间的融合,任何一个定律或者理论的得出都是多个科学方法共同作用的结果,各个环节的科学方法要相互照应,不同层面的科学方法之间也要相互支撑;第三层意思就是隐性和显性各有所长,在教学中需要将两者融合起来,在不同阶段采取不同的教育方式,发挥各自的优势,使学生能够真正理解科学方法。教学实践中,隐性-显性教育方式主要有两种:一种是隐性为主,显性为辅,显性教育的关键是隐性渗透,只有在教学过程中把隐性教育的文章作深、做透,才能在最后显性教育时水到渠成、顺理成章,才能使学生真正理解其实质③;另一种是将科学方法教育分为隐性化学习阶段和显性化教学阶段,前一阶段学生运用了所要学习的特定方法,但学生处于无意识状态,后一阶段引导学生发现该方法的表现形式及相应的运用条件,并结合自己的实际运用经历,增强对科学方法的理解。④ 隐性-显性教育方式,试图将科学方法的渗透和明了结合起来,既重视引导学生做好准备和铺垫,又强调讲清楚科学方法的内涵、意义、特点和步骤,应当承认,这在一定程度上促进了学生对科学方法的理解和掌握。

---

① Bell, R. L., Lederman, N. G., and Abd-El-Khalick, F. Implicit versus explicit nature of science instruction: An explicit response to Palmquist and Finley[J]. *Journal of research in science teaching*, 1998(35): 1057—1061.
② 石中英.知识转型与教育改革[M].北京:教育科学出版社,2005:239.
③ 刘力.新课程理念下的物理教学论[M].北京:科学出版社,2007:187.
④ 陈刚,舒信隆.新编物理教学论[M].上海:华东师范大学出版社,2006:101.

虽然隐性-显性教育方式关注到隐性教育的不足,并试图将科学方法的显性教育与之融合,但从根本上说,这种脱胎于隐性教育的方式,其本质上依旧是隐性教育。隐性-显性教育方式强调隐性教育的铺垫和渗透,视隐性教育为科学方法教育的关键,追求隐性教育之"水"达成到显性教育之"渠",仍然将科学方法教育的重点放在隐性教育上。而显化阶段,只是在隐性阶段"做足"后,才总结出科学方法的名称,反思科学方法的特点,这样的处理更多的是让学生记住一些科学方法的名称,却无法使学生深刻理解科学方法。比如在高中电场强度的教学中,教材虽然明确提到了用电场力 F 和电荷量 q 的比值定义电场强度 E,甚至给出了比值定义法的名称,但由于不能显性化地进行科学方法教育,结果学生仍不明白为什么要用两个物理量相比来定义电场强度。这样看来,在隐性教育之后添加某种程度显化的做法充其量只能算是隐性教育的一种延伸,一种变通,隐性教育的思路从根本上并没有多少实质性地改变。

隐性-显性教育不仅体现在教育方式上倚重隐性,而且在科学方法教育内容上表现为缺乏明确的教学内容和教学要求。这就导致了以下后果:① 长期以来,人们对科学方法教育缺少系统深入的研究,表现之一就是物理课程标准中至今没有明确的科学方法教育内容;② 在进行科学方法教育时,教师不清楚该教哪些科学方法、教到何种程度,甚至没有进行科学方法教育,学生也不清楚怎样去学习科学方法;③ 许多科学方法教育方式的研究往往脱离教育内容而展开,由于教育方式应当与教育内容相匹配,因此,这样的研究往往是空中楼阁,一般经不起推敲。

当然,如果以发展的眼光看待隐性-显性教育方式,把它视为一种沿着显性方向继续前行的过渡,那么科学方法教育的显性方式就应运而生。

三、显性教育方式——强调"明了"

针对物理科学方法隐性教育的不足,我们提出,物理科学方法教育应当采用显性方式。所谓显性教育,是指进行科学方法教育时,明确指出这种科学方法的名称,传授有关该方法的知识,揭示方法的形式,挖掘方法的内涵,说明方法的使用条件。也就是说,教学中教师公开进行科学方法教育,学生有意识地接受科学方法训练,方法教育的形式是外显的,所以称为显性教育方式。

科学方法的显性教育明显区别于隐性教育。隐性教育重视渗透,显性教育强调明了。显性教育针对以往科学方法教育中存在的模糊、随意等弊端,旗帜鲜明地要求科学方法的名称、形式、内涵、条件、步骤等都必须明确地传授给学生。这种教育方式认为进行真正的科学方法教育,就必须按照方法教学和方法训练的要求,在教学内容与方式、教学准备与条件、学习发生与熟练等方面开展明确、系统、细致的教学,让学生一开始就明确学习任务、清楚学习过程,围绕方法内容展开学习,在练习和应用中不断加深对科学方法的理解和认识。

教育内容决定教育方式,因此,进行显性教育必须确定教育内容。从一定意义上来说,全部课程的问题就是内容问题,课程的设计、目的、评价以及实施,都可以理解为围绕着课程内容的安排及其结果展开的。[1]

基于此,我们提出,物理科学方法的教育内容主要包括三部分:思维方法、物理方法和科学方法观。思维方法是物理智力活动的核心,主导着科学思考,在物理知识中具有较强的逻辑力量,成为组织教学过程和构建物理知识网络的经脉。物理方法是物理知识建构中特有的方法,如比值定义法、理想模型法等,这类方法具有较强的加工功能,是物理教学历来重视的内容。科学方法观是人们对于科学方法的一些认识,在提高人们的科学素养方面具有重要的意义。这三部分内容关注科学方法教育

---

[1] 丛立新. 课程论问题[M]. 北京:教育科学出版社,2007:286.

的不同侧面,都是其应该包含的内容,它们的特点各异,因此,显性教育的具体方式也就有所不同。以下分别进行阐述。

(一) 训练思维方法,培养思维能力

思维方法是在人脑内进行的操作过程和方式,主要包括抽象、概括、判断、推理、比较、分析、综合等方法。思维是大脑的功能,思维方法在头脑中对研究对象进行加工和处理,是大脑的功能的表现。由于思维方法应用广泛,不需要特定的知识,所以思维方法属于弱认知方法。

由于思维方法的生理基础是人的大脑,因此思维方法的掌握必须通过训练来得到强化。事实上,无论是物理现象的观察、物理数据的测量、物理模型的抽象、物理概念的形成、物理理论的建立,还是应用物理理论解决实际问题,都离不开思维方法。这就充分说明在物理教学中训练思维方法,离不开物理知识的发现和建构,思维方法的训练要与物理知识相结合,要在各种物理活动中促进思维方法的发展。比如"人骑自行车转弯需要倾斜多大角度"问题的解决,就需要学生通过分析、综合、抽象、概括等思维活动建构物理模型,同时需要结合力矩平衡原理、圆周运动公式等物理知识才能顺利解决问题。

在物理教学中进行思维方法的显化教育,就是要进行公开的、系统的训练。要深刻理解思维方法的内涵,而不是局限于思维方法的肤浅表面;要深入挖掘物理知识蕴涵的思维方法,而不是将两者剥离开来;要将思维方法的训练与物理知识的建构联系起来,而不是抛下思维方法只顾物理知识的构建。唯有如此,才能将思维方法显化教育落在物理教学的实处,才能使学生的物理能力得到真正的发展。

(二) 传授物理方法,发展物理能力

物理方法是思维方法与物理知识相结合而产生的物理学特有的研究方法,属于强认知方法。强认知方法的学习与弱认知方法不同,它需要更多的专业知识,这就要求需要外部信息的直接输入和大量存贮,即需要传授。

一般来说,物理方法具有一定的逻辑顺序,转化为操作就是较为固定的步骤,按照这些步骤不仅可以获得正确的知识,而且可以体验到知识背后的逻辑力量。传授物理方法,就是要将思维方法和物理知识相结合,按照一定的逻辑顺序,采取一定的步骤,对物理知识进行加工,在获得知识的过程中,展示物理方法的内涵、意义、条件、步骤,并逐步引导学生发现、体会、掌握物理方法。比如牛顿第二定律的建立,就需要应用控制变量法、化曲为直法、比例系数法等科学方法。显然,教学中教师应该向学生进行这些科学方法的显性教育。

在应用物理知识教学中进行物理方法教育,同样要突出物理方法的显化,务必讲清楚应用物理方法的条件、步骤和意义,引导学生深刻理解应用物理方法的每一个环节,把握住每一步骤的操作要领,使学生能够从头脑中提取出物理方法,运用于物理问题解决中,真正获得物理能力的提升。仍以牛顿第二定律的教学为例,在应用该定律解决问题时,就需要用到另外一类物理方法——隔离法、整体法等科学方法。教学中教师应当明确向学生讲清楚这些方法的特点与使用范围,从而让学生得到这些科学方法的训练。

(三) 积淀科学观念,形成科学素养

科学方法观是人们对科学方法的一些观念和认识。与科学方法其他教育内容不同,科学方法观关注更多的是科学方法的哲学思考,而不是如何探索自然界本身。科学方法是科学本质的核心,有效的教育必须恰当地集中精力,针对具体的受众,要直接明了地提出,不能是隐晦和含糊的。[①] 所以,科

---

① Hugh G. Gauch,Jr.著,王义豹译.科学方法实践[M].北京:清华大学出版社,2006:304.

学方法观的显化方式,与思维方法和物理方法不同,主要采用教师引领的方式,并组织学生进行讨论。

物理学史和社会生活中存在着许多大事件,有些事例对自然科学产生过重大的影响,其中蕴涵着丰富的科学方法观,都是进行科学方法观教育的鲜活素材和绝佳途径。教师在教学中要明确地宣讲相关的科学方法观,讲清楚它们的价值取向、内涵以及现实意义,并组织学生结合具体事例进行讨论,以引发感悟、加深理解,引导他们形成正确地科学方法观。

物理科学方法显性教育,着眼于学生科学素养的形成,植根于方法教育内容的确定,落脚于学生科学方法的掌握。这就使得显化教育成为一种理论上自洽,实践上可行的科学方法教育方式。因此,有理由相信,随着科学方法教育研究的不断深入,显性教育将会得到越来越多的共鸣,将会在物理教育实践中发挥越来越大的作用。

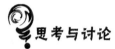
思考与讨论

1. 什么是科学方法?科学方法有哪些认识功能?
2. 科学方法与科学知识存在怎样的关系?
3. 为什么要以科学方法为教学的中心?如何做到以科学方法为教学的中心?
4. 科学方法教育应该如何实施?
5. 科学方法隐性与显性教育的内涵与关系是什么?
6. 科学方法显化教育的价值与意义是什么?
7. 如何对科学方法进行合理的分类?
8. 显化科学方法的教育内容有哪些原则?
9. 如何在教学过程中显化科学方法?

第六章　物理实验教学研究

本章导读

在我国物理教育发展中，实验教学始终是一个薄弱环节，究其原因，主要还是来自中国传统文化中一些根深蒂固的观念。在中国古代，长期占统治地位的儒家文化视科学技术为"奇技淫巧"，孔子就曾说过："君子耻于器。"这种思想尤其歧视那些具体动手的人，以致今天，中国的社会、家庭，甚至舆论导向都普遍存在着这种倾向。

本章依次介绍了物理实验的作用与意义、物理演示实验的教育功能、高中物理实验的科学方法教育内容、高中物理探索性物理实验的设计思想与原则、教育目标以及设计范例，意图通过系列化的物理实验理论，来展现物理实验教学研究的视角、方式与方法。

一般而言，在物理实验教学研究中，操作层面的研究居多，而理论层面的研究稍显不足。由于物理教学论需要从理论层面来研究，因此，在实验教学研究领域，从理论角度进行深入研究，就显得尤为重要，本章正是在这个方面进行了有益的尝试。

第一节　物理实验的作用与意义

物理学发展的历史表明，以伽利略首创实验、物理思维和数学演绎三者巧妙结合的科学方法为标志，物理学才真正从古代与中世纪自然哲学过渡到经典物理学。将观察与实验、物理思维和数学工具结合起来的方法，一直到今天还显示出其强大的生命力。也正是从伽利略开始，物理实验才真正成为物理学的基础。

纵观国内外物理教学的动态，可以看出，在一些发达国家，实验在物理教学中的地位已明显地得到重视和加强。例如，英国牛津大学教育学院20世纪70年代一份研究资料介绍，欧洲国家中学最后二年（即预科）的学生物理实验所占比重越来越大。如英国约占每节课教学时间的25%～50%，在中学低年级可占每节课教学时间的70%～80%。学生对物理课程的学习，几乎完全是在手脑并用的情况下完成的。杨振宁也认为："对人类来说，科学毕竟有百分之九十是实验活动，科学的基础是实验。"

从以上国内外中学物理教学改革的动态可以看出，物理教学已经初步形成了坚持以实验为基础的指导思想；在实验教学要求上，加大学生实验的比重，着重实验能力的培训；在实验类型上，注意由验证性实验逐步向探索性实验过渡，以顺应当前物理教育正朝着强调探究性方向发展的趋势；在教学形式上，更多地趋于采用边教边实验的方法，物理教学的课堂向专用教室发展；在实验设备条件上，重视采用简单仪器做实验，同时注意应用现代化实验手段；在实验活动范围上，注意课内与课外相结合。总之，实验教学正逐步走向健康、正规的发展道路。

与世界发达国家相比较，我们国家物理学的研究水平、发展速度与发展规模总的来说是不高的。原因之一在于我国物理学的实验基础还不够牢固，实验人才的成长与培养还比较缓慢，大中学校的物理实验教学长期以来未受到应有的重视而相对薄弱,以至于实验物质条件不足,实验教学人员匮乏等等结果。要从根本上改变这一状况,加强实验教学,就需要我们为实验教学的基础地位而大声疾呼,并进一步确立实验在物理教学中的应有地位。

什么是物理实验？物理实验是人们根据研究和学习的目的,利用物理仪器和设备,人为地控制或模拟物理现象,排除各种偶然、次要因素的干扰,抓住主要因素,在有利的条件下重复地去研究物理现象及其规律的活动。在物理学研究中,物理实验是建立和检验物理理论的基础和有力武器,是物理学工作者的一种重要研究方法。在物理教学中,物理实验是教师教学的一种重要手段,是学生学习物理知识的一种基本方法和途径,同时还是学生学习的内容之一。

综上所述,物理实验在物理教学中的意义,可以归纳为：实验既是物理教学的手段(途径),又是教学的目的(内容)。如图6-1所示。

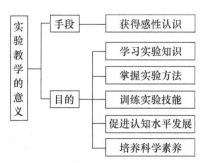

图6-1 物理实验在物理教学中的意义

这告诉我们,在物理教学中,必须树立"物理教学应当以实验为基础"的基本观点。

一、实验教学能为学生提供符合认识规律的环境

在学习物理过程中,要形成物理概念和认识物理规律,首先必须要有一定的感性认识。这种感性认识可以来源于学生的生活环境,也可以来源于实验提供的物理事实。通常,从生活中得到的感性材料多来自复杂的运动形态,力、热、电、光现象交织在一起,本质、非本质的因素交融在一起。因此,仅通过这种途径来使学生建立概念和认识规律有时会遇到很大困难。运用实验则可以提供精心选择的、简化和纯化的素材,它能够使学生对物理事实获得明确、具体的认识。例如,人们生活在空气的海洋里,却很难感受到大气压强的作用。做一个覆杯实验或马德堡半球模拟实验,大气压存在的物理事实就展现在学生眼前,他们对这个概念就易于理解和掌握。又如,学生对物体所受静摩擦力的方向常常难以辨认,其主要原因是进行抽象思维活动时,头脑中缺少表象的支持。运用实验的方法,将有助于学生形成表象,以克服学习中的难点。

二、实验教学有助于培养学生手脑并用的能力

实验是手脑并用的实践活动。学生通过理解实验原理、观察实验现象、操作实验仪器和分析实验结果等活动,使观察能力、操作能力和思维能力都得到初步的锻炼。在实验过程中,为了进行正确的思维活动,学生必须认真观察,而要认真观察,又必须有思维的指导。同样,为了顺利地动手操作,也必须有思维的指导。在这里,有一个基本思想应当明确。即观察、实验决不能视为一种孤立的过程或事件,它们在本质上不可能是中性的,而是与思维密切相关。实验操作过程固然是一种动作,思维同样也是一种动作;并且二者相伴而行,密不可分。皮亚杰、杜威和布里奇曼认为,思维本质上也是一种

动作。思维动作既可以是物质性的,运用物理工具在实物上进行,也可以是精神性的,运用符号工具在头脑中进行。即物质思维与精神思维都是动作,在这个意义上知与行是统一的。无论是物理学研究还是物理教学,忽略了操作与思维的关系,都将事倍功半,物理学发展史上的电磁感应的发现过程生动地说明了这一点。

1825年,科拉顿用一块磁铁插进螺线管,他希望从一只与线圈串联的灵敏电流计中看到指针的偏转,从而能产生电流,但他担心磁铁会对电流计的偏转产生干扰,于是他把螺线管与电流计分别放置在两个房间里,用长导线把螺线管与电流计连接起来。由于没有助手,当他把磁铁插进线圈后,再跑去观察电流计,这时已错过了看到指针偏转的机会,从而与这一伟大的发现擦肩而过,其原因是由于没有将操作与思维结合起来。由此可知,物理实验是一种综合能力的训练。实验教学应当强调动手能力的训练,但不应当把它仅仅看做是单纯地操作训练与技能训练,而必须从实践与思维、动手与动脑的相互联系与相互结合角度,来认识实验对学生实际动手能力与思维能力的培养作用。

三、实验有助于训练学生掌握科学方法

实验不仅是科学的知识,同时还是一种基本的科学方法。因此,在实验教学中,教师除了教给学生有关的实验原理、操作方法等实验知识外,还要有意识地向学生指出实验中蕴涵的科学方法,从而在对学生进行科学知识教育的同时,进行科学方法教育。

一般来说,科学实验与教学实验的基本方法大致可以分为如下四类。

(一) 实验验证法

这是一种推理、判断在前,实验验证在后的研究方法。物理学家常常在已知物理理论的基础上,经过推理,作出假设和预言,建立新的物理理论,而后通过实验的检验,从而判定理论的真伪。这种方法在物理学的发展中以狭义相对论的建立为标志,而在近代物理学的研究中占有重要的地位。

杨振宁教授在对爱因斯坦的研究中发现,在狭义相对论建立以前,物理学的发展是由实验到方程、规律乃至整个理论体系,如经典力学、电磁学、热力学等都是遵循这样的途径;在狭义相对论建立以后,这个过程被倒转过来,物理学家们首先是建立方程、理论框架,然后再回到实验室,由实验来验证理论的真伪性。如狭义相对论、广义相对论、量子力学、粒子物理学等都是这样。从方法论的角度看,这个倒转意味着物理学研究方法的巨大进步,也标志着人类对自然的探索进入了一个新的更深入的层次。例如,杨振宁和李政道提出了在弱相互作用下宇称不守恒理论。理论是否成立?1957年,吴健雄用实验验证了这一理论,为此,杨振宁与李政道获得了1957年的诺贝尔物理奖。

目前在实验教学中,普遍采用的是验证性实验。其目的是在验证学生所学知识的同时,让学生懂得科学"演绎"的方法,以便将其认识能力推向更高的水平。

然而遗憾的是,在教学中采用验证性实验,往往没有突出其真实的教学目的。例如,这类实验一般是在学过理论之后进行的,由于学生对于所学物理知识的正确性确认无疑,因而缺乏再进行实验验证的愿望,尤其是经过作业练习之后,在理论知识较为巩固的情况下,再做验证性实验,更会觉得没有必要,有的学生为了完成实验任务,甚至于根据理论知识拼凑数据,以至于使实验流于形式。因此,近年来,人们越来越注意改进验证性实验的教学方法,注意按照科学实验中的验证性实验方法的本来面目,把验证性实验与理论教学有机地结合起来,使学生真正从验证性实验中学到科学的物理实验方法。

(二) 实验归纳法

这是一种由个别到一般的实验方法。物理学家常常根据研究目的,人为地控制条件,从大量的实验事实中找出普遍特征,形成规律。例如,理想气体三定律、法拉第电磁感应定律,都是从大量的实验

中归纳出来的。

实验归纳的方法形成于17世纪中叶,在当时,形成两类不同方法论的科学家:一类主要从事实验,崇尚实验归纳方法,如帕斯卡、波义耳、马略特和胡克;另一类以笛卡尔、费马、莱布尼兹为代表,他们崇尚理性演绎。即使是科学巨匠牛顿,在科学方法上,也是以培根的实验归纳方法为基础,吸收了笛卡尔的数学演绎体系,才形成比较全面的科学方法论基础。

实验归纳法,也是物理教学中常用的实验方法。例如,在欧姆定律的教学中,需要通过学生分组实验,采用控制变量的方法,分别测出电流强度与电压的关系和电流强度与电阻的关系,然后,才能归纳出欧姆定律的表达式。

(三) 理想实验法

理想实验是在人们头脑中想象所进行的实验。它以真实的科学实验为基础,以科学事实为依据,运用逻辑推理和理论分析的方法,突出主要因素,排除次要因素,进而在思想上构成理想过程,用以得出理想条件下物理规律的实验方法。理想实验的方法始于伽利略,对此爱因斯坦评价道:"伽利略的发现以及他所应用的科学推理方法,是人类思想史上最伟大的成就之一。标志着物理学的开端。"

理想实验在物理学的研究中有着重要的作用。例如,爱因斯坦建立狭义相对论时设计了关于同时性的相对性实验;在建立广义相对论时,设计了在自由下落的升降机里一束光因受引力作用发生弯曲的实验等都是理想实验。这些理想实验,既以真实实验为基础,又高于真实实验,并更深刻地反映现象的本质,揭示物理规律的内在联系,在物理学的发展过程中,起着重要的作用。

理想实验在中学物理教学中也常常用到。例如,在研究电场强度时,设想在电场中放置不会引起电场改变的点电荷,考察它在各点的 $\frac{F}{q}$ 值;研究电势时,考察点电荷在各点的 $\frac{W}{q}$ 值等都属于理想实验。在物理教学中运用理想实验的方法,不仅可以培养学生的推理能力,而且还能发展学生的想象能力。因此,理想实验的方法具有不可忽视的科学意义与教育价值。

(四) 实验探索法

实验探索法是指采用实验的方法去探索未知物理规律的方法。这种方法的特点是实验在前,结论在后。

物理学发展史上不乏通过实验探索物理规律的例子。库伦发现库仑定律、奥斯特发现电流的磁效应、法拉第发现电磁感应定律等等,无一不是通过实验探索而发现的。

由于历史的原因,目前在中学物理教学中,普遍采用的验证性实验,探索性实验的教学并未在实验教学中占有应有的地位,这在一定程度上也是导致实验教学不受学生欢迎的一个重要原因。

四、实验教学能促进学生认知水平的发展

如前所述,皮亚杰将儿童的认知发展水平划分为四个发展阶段,即感知运算(0~2岁)、前运算(2~7岁)、具体运算(7~11岁)和形式运算(11~15岁)阶段。儿童的智慧发展就是在同化和顺应的过程中,这种认知阶段的进化,在较初级的阶段,儿童主要通过身体的接触和物质手段与环境进行相互作用,以后逐渐发展到较高级阶段,并脱离物质实体而表现为精神活动或动作,即抽象的逻辑运算。按照这一理论,"动作是一切知识的源泉,而且以逻辑和数学为最高形式的智力活动本身(即智力运算)也是真正的动作,运算性精神动作是从物质动作中产生转化而来的。"

因此,对中学生,毫无疑问,必须给予他们充分的活动机会,使他们有足够的与环境直接相互作用的机会,促进其认知水平的发展。这样,物理实验就是一种极好的活动形式。学生在物理实验中,不仅可以学到物理知识,而且在与物理现象的相互接触中,有了充分的活动机会,手脑并用的机会。尤

其，当他们在实验中面临新的问题与情景时，往往需要进行认知上的同化与顺应，需要进行假想、推理等从而探索物理现象的本质规律，因而在这一过程中，物理实验对学生认知水平发展就起到了积极的促进作用。

五、实验教学能培养学生的科学态度和科学精神

实验既是科学知识又是科学方法。因此，进行物理实验就要求有科学的态度和精神。所谓科学态度，包括有思想解放、尊重事实、审慎从事、勇于探求等品质。在中学物理教学中，这也正体现了中学物理教学的要求。中学物理教学要求要重视科学态度和科学方法的教育，这很好地说明了这一点。

在实验教学中培养学生的科学态度和科学精神，必须融会贯通于实验教学之中。在演示实验中，教师全神贯注地操作实验，学生被实验现象所吸引，尤其是学生为实验的成功与挫折而惊喜和焦急，无不潜移默化地影响着学生对实验的态度，对于他们科学态度与科学精神的培养有着最直接的影响。

物理学发展史上物理学家们大无畏的科学态度与科学作风也常常能对学生产生很好的影响。比如，二次大战期间，美国搞了一个代号为"曼哈顿工程计划"的原子弹试制计划，这个计划的实验装置是：在导轨上放两个半球形铀块，用两把螺丝刀在导轨上将两个半球形铀块对合起来，使之刚好达到临界质量，观察链式反应，并根据情形及时将铀块分开，以免发生核爆炸。承担这一试验任务的是年轻的加拿大物理学家斯罗廷。在将近一年的时间里，他多次进行实验，每次都顺利完成。

1946年5月，斯罗廷在一次实验中偶然失手，螺丝刀滑掉了，两个半球形铀块滑到了一起，达到了临界体积，顿时整个房间闪烁着可怕的眩光，周围的人呆若木鸡，一场无可挽救的核爆炸眼看就要发生。此时，斯罗廷以惊人的勇气用双手掰开了临界质量，从而避免了一场核灾难。斯罗廷由于受到了致命的核辐射，九天后献出了年轻的生命。正是由于斯罗廷具有为科学献身的精神，临危不惧，挺身而出，才能够化险为夷，避免这场核灾难。

总之，通过实验培养学生的科学态度和精神，将有利于学生科学世界观的形成，其意义是深远的。可以说，科学态度与科学精神的培养，既是智育任务，又是德育任务，同时，也体现了科学性与思想性相统一的教学原则。

六、实验教学能够激发学生学习物理的兴趣

兴趣是产生学习动力的重要条件，学生对物理学产生兴趣，才会积极主动地进行学习。物理实验在激发学生学习兴趣方面扮演着重要的角色。

物理实验作为一种特殊形式的知识载体，它本身就具有直观、生动、形象和有趣的特点。通过三棱镜将一束太阳光折射成七色光，可以使无数初入物理学殿堂大门的中学生如痴如醉，这不正是物理实验无可比拟的魅力与价值吗？

物理实验之所以能够激发人们的兴趣，其原因还在于实验本身所具有的无穷魅力。许多物理学家为探索物理规律进行长达几十年的艰苦劳动，其动力正是来源于实验本身的魅力。比如开普勒对于第谷天文观测的数据非常感兴趣，他认为在这些数据中一定隐藏着美妙的物理规律与数学关系。为此，他进行了艰苦的探索。当他最终发现了开普勒三定律之后，他写道："这正是我十六年以前就强烈希望要探求的东西……。为此目的，我参加了第谷的工作……现在我终于揭露出它的真相，认识到这一真理，这是超出我最美好的期望的……。我不顾一切热诚满腔为了神圣的理想，人们原谅我就高兴，人们发怒我会忍让。大局已定，这本书已写好了，是现代还是后世的人或者一百年后才会有人读，就像上帝等了六千年才有人礼赞一样，这我就管不着了。"科学探索成功后的喜悦感溢于言表，感人至深。

在物理实验教学中,教师要注意因势利导,使学生的兴趣逐步由直接兴趣发展为间接兴趣,从暂时性兴趣转化为持久兴趣。许多物理学家,当他们对物理学的发展做出巨大贡献而闻名于世的时候,常常会情不自禁地回忆起将他们初步引入物理学殿堂之门的生动实验。可见实验的趣味性对于一个人的成长确实起着重要的作用。

第二节 物理演示实验的教育功能

物理演示实验的教育功能,如同物理教学中的其他基本问题一样,总是随着人们认识的深入而逐步发展的。物理教学的历史表明,人们重视物理演示实验,正是由于它在物理教学中所具有的独特、甚至是不可取代的重要作用。与之相伴随,演示实验的教育功能也愈来愈为物理教育工作者所重视。尽管这项研究一直在深入进行,可是人们对于演示实验教育功能理论解释的争论,却一直未曾止息过。

许多教育工作者在教材的知识结构,教学的方式方法等方面做出了很好的工作,推进了物理教学研究的发展。然而还应该清楚地认识到,整个物理教育工作的基础之一,即演示实验的教育功能,至今还未得到很好的解决。

我们这个研究工作的目的,就是一方面从历史和科学哲学的角度去阐明物理演示实验教育功能研究和发展的历史与现状,另一方面,尝试从现代认知心理学已有的成果出发,从认知心理学的角度去重新认识物理演示实验的教育功能。初步的工作分为以下四部分。

(1) 物理演示实验教育功能的研究方法与现状
(2) 物理知觉与演示实验
(3) 物理表象与演示实验
(4) 物理概念与演示实验

一、物理演示实验教育功能的研究方法与现状

物理演示实验的教育功能,既是物理教育中一个古老的问题,又是一个崭新的研究课题。20世纪80年代初期,演示实验的教育功能在一些经典的物理教学法教科书被如下定义。

演示实验由教师在课堂上结合教学内容进行。通过演示实验,可以指导学生观察和分析物理现象,获得生动地感性认识,从而更好地理解和掌握物理概念和定律。还可以培养学生的观察能力、分析与综合能力和逻辑思维能力。演示实验可以使教学过程生动活泼、注意力集中,对物理现象获得深刻的印象,好的演示实验有时可以使学生长期不忘,引起学生浓厚的兴趣。此外,教师的演示对学生实验能力的培养往往起着示范的作用。

上述结论是20世纪80年代我国物理教育工作者对演示实验教育功能研究结论的总结,它对于指导人们的进一步研究起到了很好的作用。分析其研究方法,我们不难看出,它所遵循的正是马克思主义认识论的基本观点,即首先给学生提供丰富的感性知识,进而实现认识上的两次"飞跃"。这与物理教学的实践相吻合,也正是对物理演示实验教学实践经验的归纳与总结。

随着这项研究的深入发展,人们觉得有必要更加精细地研究这个问题,这是因为,虽然我们对如何进一步提高演示实验效果所采取的措施和方法提的不少,实际工作中也不乏成功的范例,但总的来说,物理演示实验教育功能的理论基础并不十分明确,对于演示实验本质的认识还显得有些简单、笼统,因而在指导实践时就显得有些乏力。

在上述研究工作的基础上,近年来国内一些师范院校的研究生相继涉足了该领域,进行了一些新

的探索，从而推动了这项研究工作的发展。

有关研究表明：传统的研究并未从本质上认识到观察与理论的有机联系，而只是片面地强调观察为理论提供感性基础，未能将观察本身视为理论的过程。这些研究对观察、实验的本质考察研究所得出的结论是：观察、实验绝不能视为一种孤立的过程或事件，它们本质上不可能是中性的，而是与理论密切相关的过程。这些研究还表明了上述结论是由于理论向观察的渗透。并指出：美国著名哲学家汉森在20世纪50年代就提出了"观察渗透理论"，因为观察不是中性的，它不可避免地要受到理论的"污染"。由于主体认知图式的作用，观察的结果也就是主题原有的认知结构中的知识，观念等因素向观察渗透的结果，使得观察过程和观察陈述充满了理论的内容。

我们的研究表明：尽管上述研究将演示实验对观察本质解释的理论基础从一般认识论上升到认知理论的高度，并指出要深入研究观察的认知机制这一方向，但这一研究课题的本质仍需进行深入探讨。

物理演示实验的本质在于它提供了学生观察的对象与机会，而观察又是一种知觉。因此，要研究观察的本质，就要抓住感觉，知觉来讨论，这正是我们这项研究的突破口。

二、物理知觉与演示实验

在确定我们研究方法之前，我们从科学哲学的角度认真地研究了皮亚杰创立发生认识论的方法。皮亚杰正是看到了传统认识论只研究成人的认识过程，而不研究认识的发生这一缺陷，才创立了发生认识论。他说："传统认识论只顾及到高级水平的认识，换言之，即只顾及到认识的某些最后结果"。从这个意义上讲，传统认识论不仅是不完备的，而且它对高级水平的认识所作回答也就必然缺乏部分的（却是必要的）基础。

与此相类似，物理演示实验教育功能的研究也是重复着与之相同的现象。在研究观察的机制时，往往开宗明义地谈到观察是一种有目的、有计划、比较持久的知觉。但接下去却往往丢开知觉而另觅捷径。这就导致了物理演示实验教育功能的研究缺乏应有的真实理论基础，以致影响了教学的发展。

当然，目前教学中存在的问题，并不在于根本没有利用演示实验。问题在于：第一，不清楚演示实验所具有的特殊意义，而仅仅将演示实验作为教学的引入条件或附庸。第二，不重视感知操作和表象等认知成分的巩固，一旦进入概念教学，尤其是进入解题，这两种成分就置诸不顾了。第三，演示实验的感知操作和表象成分与概念规律常有脱节现象。就是说概念、规律应从感知操作和表象成分中合乎情理的推导出来，然而学生并未经常地感受到这种逻辑的力量。第四，从表象到概念的运动实质不清楚，如何帮助学生自觉地从感知到自觉形成表象和运用表象以形成概念也未能得到具体研究。这一切缘于演示实验的教育功能没有得到很好的研究。

按照皮亚杰的理论，认识起源于主客体之间相互作用的活动之中，他所说的活动是指"主客体之间的相互作用"。它是"身体本身和外界事物之间的接触点，是主客体之间最初的中间物"。感知运动活动一方面以内在遗传图式为依据，积极地作用于客体，同时又通过内在的同化和顺应以及平衡和自我调节作用建构了真正的后天感知运动图式。这个过程循环往复，直至产生形式运算图式。

皮亚杰敏锐地抓住了这一点，从发生学的水平考察了知觉与感知运动活动的关系，指出，知觉与感知运动图式乃至后来的运算图式都出于同一源——感知运动活动。这一主张是皮亚杰理论的基本前提，在这一前提下，我们就不难得出：知觉并不是认识的源泉，知觉与感知运动图式不过是同一活动产生的认识过程的两个不同方面。

在物理演示实验中，观察常被定义为一种知觉。根据皮亚杰的知觉理论，这至少是不确切的。应该说观察本身是一种活动，它连接了主体（学生）与客体（实验装置与现象）并产生了相互作用（学生看到了实验现象）。观察活动既在学生头脑中产生了物理知觉，同时又在头脑中产生了感知运动图式。

观察活动产生的物理知觉在学生的认识中起什么作用呢？这是目前物理演示实验教育功能研究中尚未很好解决的一个问题。我们认为，知觉的作用有两个方面：一是它的某些不可演绎性可以打破结构的平衡，促使学生的认知结构产生新的顺应；二是为运算结构提供一个近似的象征性草图。对第二点我们作一说明，运算形成了一定的认知结构，主体用这种结构同化现实，并由此形成转变结构。知觉在这一过程中的作用就是为这种同化提供客体此时此地的状况，使主体从形象上了解客体的造型及外部特征，并使客体有效地进入主体的同化架构。

感知运动活动产生的感知运动图式对知觉又有什么影响呢？根据皮亚杰的知觉理论，认知图式对知觉的作用不是直接的，它只能通过间接的方式（如形成转换系统等）影响知觉，使知觉在图式的参与下内化为表象。

综上所述，物理演示实验中的观察作为一种活动，一方面产生了物理知觉，另一方面产生了感知运动图式。知觉不仅促进了感知运动图式的发展，而且它本身在感知运动图式的作用下不断丰富和发展，最后内化为物理表象，为主体建立物理概念打下基础。

三、物理表象与演示实验

演示实验产生的物理知觉是怎么样内化为物理表象的？这一过程在演示实验教学中如何实现？这是演示实验教育功能研究中需要进一步深入探讨的问题。

首先，应当了解知觉与表象的关系。按照皮亚杰的观点，表象并不是知觉的简单派生物，表象的产生实际上包含了知觉所不具有的新建构，这一建构不是从知觉中简单抽象，而是由认知图式及图式控制下的信号性功能（如讲解）和运算活动促成的。这即是说，表象的结构不是从知觉中抽象出来的，而表象的内容还是从知觉中产生的。所以表象至少受两种力量的制约：一种是知觉所提供的客体材料，另一种是思维形式。

其次，我们来研究知觉内化为表象的过程。按照皮亚杰的理论，表象的形成直接依赖于信号性（或象征性）功能。在演示实验教学中。我们认为这种信号功能主要是语言，即教师的讲解及要求学生回忆、概述和复述实验研究，以便通过语言活动将知觉内化为表象。需要强调指出的是：教师的讲解虽然起很重要的作用，但这种感性材料（物理现象）必定要来自演示，而不能满足于语言直观。另一方面，信号性功能（教师的讲解）还受思维，尤其是认识主体的认知图式的制约，即物理表象的产生只有在认识主体的认知图式发展到一定水平才会出现。总之，物理表象的产生既依赖于知觉所提供的感性材料，依赖于信号功能，更依赖思维形式的建构。

从理论上弄清楚知觉与表象的关系，以及知觉内化为表象的过程，对于演示实验教学具有重要的价值。当前教学中存在的问题是：由于不清楚表象的内容来自知觉，而知觉又是学生观察（活动）的结果之一，以及学生的认知图式在知觉内化为表象中的作用，因而过分地相信讲解（语言直观）。以为通过语言直观就能使学生建立物理表象，这就是为什么目前在教学中，以讲实验（甚至背实验）代替做实验的现象屡禁不止的原因。

为什么在演示实验教学中特别强调自觉表象活动呢？有研究认为：由于表象具有动摇性、模糊性，就要通过自觉表象活动去提高它的品质，以期表象更加丰富和稳定。我们的观点是：由于在知觉（思维的形象方面）内化为表象的过程中，认识主体的认知结构（思维的形式方面）也在与之平行地向前发展，且主体的认知结构才是知觉内化为表象的决定因素。因此，自觉表象活动就有了两重作用。一方面，形成并巩固表象；另一方面，促使主体认知结构的进化与发展。

苏刚教授曾就演示实验的认知自觉"内化"进行过系统的研究。他发现在水平相同的3个初中二年级（A班、B班、C班）进行阿基米德定律教学时，虽然做同样的演示实验，但若在 A 班有意不注意学生的认知自觉"内化"和自觉"外化"(解决问题);而在 B 班注意认知的自觉"内化",但不注意认知的自觉"外化";在 C 班对两者都给予注意,实验结果相差甚为显著。

三周后进行测验,结果如下:A 班平均 62 分;B 班平均 80 分;C 班平均 87 分。这就更进一步地说明了在演示实验教学中由知觉上升为表象时自觉表象活动(或认知自觉"内化")的重要性。

因此,我们得出结论:在物理演示实验教学中,认知主体的知觉内化为表象的过程是演示实验的第二个基本教育功能(同时伴随主体认知结构的进化与发展),教学中省略或忽略这个重要环节,将会使演示实验的教学效果大打折扣。

四、物理概念与演示实验

进一步探讨演示实验的教育功能,还需要继续研究演示实验与物理概念的关系。

如前所述,目前用演示实验进行概念教学存在的主要问题是:演示实验的感知操作和表象成分常有脱节现象以及不清楚从表象到概念的运动实质。而这种缺陷往往又被一些简单的物理概念教学现象所掩盖。比如,在"密度"教学中,利用有关实验适当引导后很容易就使学生形成了正确的概念,因而许多物理教师认为物理概念的建立并不涉及学生头脑中的认知结构。其实,这是一种误解。因为"密度"概念在学生头脑中的建构早已在日常生活中不知不觉地完成了。当进行"比热容"教学时,尽管也使用演示实验,但难度就远大于前者,其原因在于学生必须在课堂上于头脑中建构其认知结构。进一步,像"惯性"概念,它们在有些学生的经验中,早已有了与亚里士多德"力是维持运动的原因"的观念。当学生在课堂上经过观察演示及教师的讲解学习了"惯性"的概念之后,往往把这个概念纳入到自己原有的认知结构中,"惯性"因此成了"原动力"的代名词。

因此,"惯性"概念的教学,必须在学生头脑中引发认知冲突和危机,以促使其原结构的解体和新结构的建构。否则,当他们遇到诸如在匀速向前行驶的汽车里竖直向上抛钥匙等问题时,他们总是回答钥匙不能落在手中而是落在手后面。因为他们认为汽车在行驶,而钥匙抛出后不再向前运动了。

综上所述,我们认为物理概念并不是由物理知觉、物理表象产生的,而是由学生的观察活动及观察活动建构起来的认知图式所产生。这样,在物理演示实验的教学中,无论是教师的演示、讲解,还是学生的自觉表象活动,以及正例反例的运用,提供变式与比较等活动,这一切都是为了促使学生认知图式的建构。学生头脑中物理概念的真正建立必然对应于其认知图式的建构,学生头脑中正确而牢固的物理概念必然植根于认知结构的沃土之中。

本节研究了物理演示实验的教育功能。我们认为,物理演示实验的教育功能应由以下三个互相衔接的部分组成:① 通过观察感知活动形成物理知觉;② 通过自觉表象(或认知自觉"内化")活动使物理知觉上升为物理表象;③ 通过认知同化或顺应(发生认知冲突)促进认知图式的发展,并由主体的认知图式产生物理概念与物理规律。而目前国内的物理演示实验教学却在相当程度上忽视了后两个环节,这不仅违反物理实验教学的规律,同时也违反学生的认知规律。这应当引起我们每一位物理教育工作者的深思。

第三节　高中物理实验科学方法教育内容研究

当前,物理科学方法教育存在的一个重要问题是,教师对科学方法教育的意义认识不够清楚,在教学实践中表现为要么没有进行科学方法教育,要么讲解不到位。造成这种现象的原因在于,受隐性教育观的影响,科学方法教育内容在《物理课程标准》和物理教材中均未明确显现出来,需要教师在教学中自己挖掘,而往往由于理解不同且缺乏客观标准,导致所挖掘出的科学方法存在较大差异,[①]这种"无法可依"的情况在高中物理实验教学中更为突出。因此,在实验教学中显化物理方法教育内容就显得尤为重要。

一、高中物理实验教学中物理方法教育内容显化

目前关于科学方法的显化研究大多集中在理论方法,这些研究初步显化了获得知识[②]和应用知识[③]的物理方法教育内容,给高中物理科学方法教育提供了依据。但是,有关实验方法的显化研究却较少涉及。有鉴于此,本节就高中物理实验教学中的物理方法教育内容进行显化研究。

依照科学方法研究的分类原则,物理实验过程可分为测量过程和数据处理过程,其中测量过程所涉及的主要物理方法有等效法、控制变量法、转换法等。数据处理过程中常用的物理方法有图像法、曲线改直法等。

物理学的知识体系离不开方法的支撑,方法是联系知识的纽带,由此,乔际平先生提出对应原则,即物理学中科学知识的得出总是与一定的科学方法相联系。依据对应原则的思想,我们认为既然物理学知识的建构依赖于物理方法,那么,实验过程中的每一个操作也应"有法可依"。也就是说,对于每一步实验过程,都有一种或多种物理方法与之对应。由此,我们细化所选取的重要实验过程,把其中的操作与物理方法对应,将隐含的物理方法显化出来。

本文的研究对象取自新课标教材中学生分组实验以及考试大纲中所要求的重要实验,总计17个,显化结果如表6-1所示。

表6-1 高中物理实验教学中重要实验所对应的物理方法

实验名称	测量过程中的物理方法	数据处理过程中的物理方法
1. 研究匀变速直线运动	留迹法	图像法、平均值法、逐差法
2. 探究加速度与力、质量的关系	控制变量法	图像法、比例系数法、曲线改直法
3. 探究求合力的方法	等效法	图像法
4. 探究弹力和弹簧伸长的关系	转换法	图像法
5. 探究动量中的不变量	等效法、留迹法	平均值法
6. 研究平抛物体的运动	留迹法	平均值法
7. 探究功与速度变化的关系	等效法、留迹法	图像法、平均值法、曲线改直法
8. 验证机械能守恒定律	留迹法	平均值法
9. 用单摆测定重力加速度	转换法、累积法	图像法
10. 用油膜法估测分子的大小	油膜法、累积法	估算法
11. 用描迹法画出电场中平面上的等势线	等效法	描迹法
12. 测定金属的电阻率	转换法、伏安法	平均值法
13. 描绘小电珠的伏安特性曲线	伏安法	图像法
14. 把电流表改装成电压表	半偏法	比较法
15. 测定电源的电动势和内电阻	伏安法	图像法、外推法
16. 测定玻璃的折射率	转换法、插针法	图像法、平均值法
17. 用双缝干涉测光的波长	转换法、累积法	平均值法

---

① 李正福,李春密,邢红军.物理教学中的科学方法显性教育[J].教育科学研究,2011(1).
② 肖骁,邢红军.高中《物理课程标准》中的科学方法显化研究[J].首都师范大学学报(自然科学版),2011(4).
③ 赵维和,邢红军.知识应用过程中的物理科学方法研究[J].物理教师,2010(10).

我们将主要物理方法及其出现次数进行统计，如表 6-2 所示：

表 6-2　高中物理实验教学中主要物理方法统计

物理方法	出现次数	物理方法	出现次数
等效法	4	图像法	9
控制变量法	1	平均值法	8
转换法	5	曲线改直法	2
留迹法	5	描迹法	1
累积法	3	比例系数法	1
伏安法	3	逐差法	1
插针法	1	外推法	1
油膜法	1	比较法	1
半偏法	1	估算法	1

为了更直观呈现物理方法及其出现次数，将其转化为频率图，如图 6-2 所示：

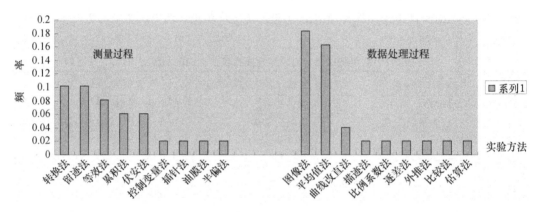

图 6-2　高中物理实验教学中主要物理方法频率图

分析统计图表可知，高中物理实验教学中出现频次较高的物理方法有：留迹法、等效法、转换法、图像法和平均值法，因此，在高中物理实验教学中，应着重显化这些科学方法。

二、高中物理实验教学中科学方法教育内容的界说

在实验教学中，使学生学习并掌握好基本的实验方法，可指导其设计实验方案，选择测量手段，提高科学实验和研究的能力。上述研究初步明确了实验方法的教育内容，且统计了主要物理方法出现的频次，为实验教学提供了理论依据，下面对两类实验方法进行界说。

（一）测量过程中的实验方法

物理实验都离不开定量的测量和分析，明确测量过程中基本的实验方法，才能更好地进行实验。以下对测量过程中出现频次较高的实验方法进行界说。

（1）留迹法。把瞬间即逝的物理量（位置、轨迹、图像等）记录下来，如通过纸带上打出的小点记录小车的位置；用描迹法画出平抛物体的运动轨迹；用沙摆显示振动的图像等。

(2) 等效法。对一些复杂问题采用等效方法,将其变换成理想的、简单的、已知规律的过程来处理,常可使问题的解决得以简化。如"碰撞中的动量守恒"实验中,用小球的水平位移替代小球的水平速度;画电场中的等势线的分布时用电流场模拟静电场。

(3) 转换法。在实验中,有很多物理量由于其属性关系,很难用仪器或仪表直接测量,或者因条件所限无法提高测量的准确度。此时可以根据物理量之间的定量关系和各种效应把不易测量的待测量转换成容易测量的物理量进行测量,如测定金属的电阻率,测定当地的重力加速度等。

(4) 伏安法。通过利用欧姆定律 $R=U/I$ 来测出电阻值,这种方法测电阻虽然精度不很高,但所用的测量仪器比较简单,而且使用也方便,是最基本的测电阻的方法。

(5) 累积法。把某些难以直接准确测量的微小量累积后测量,提高测量的精确程度。如测单摆振动的周期,应测量单摆多次全振动的时间除以全振动次数,以减少因操作者个人反应时间而造成的误差。

(二) 数据处理过程中的实验方法

数据处理是对原始实验记录的科学加工。通过数据处理,往往可以从一堆表面上似乎毫无联系的数据中找出难以察觉的、内在的规律。下面对处理数据过程中出现频次较高的几种实验方法进行界说。

(1) 图像法。图像法处理实验数据是物理实验中最常用的方法之一。选取适当的坐标系,用图像法找到变量间的函数关系。图像法的优点是直观、简便、有取平均值的效果。由图像的斜率、截距、包围的面积等可以研究物理量之间的变化关系,找出规律。

(2) 平均值法。平均值法是为了减小偶然误差常用的数据处理方法。平均值法的基本原理是:在多次测量中,由偶然因素引起的正、副偏差出现的机会相等,故将多次的测量值相加时,所有偏差的代数和为零。

(3) 曲线改直法。作图时经常设法使图线线性化,即"将曲改直"。例如:在验证牛顿第二定律的实验中,将 $a\text{-}m$ 图像改画成 $a\text{-}\dfrac{1}{m}$ 图像后,就可将不易看出的二者关系的曲线改画成了关系明朗的直线。

根据上述界说,显然,教师应在物理实验教学中恰当显化这两类实验方法,引领学生在实验中探究方法本质,领悟方法内涵,促进学生对实验方法的掌握,提高物理实验能力。

三、高中物理实验教学中物理方法教育内容显化的意义

(一) 确立分类原则,使实验方法教育有章可循

物理方法属于程序性知识,学生掌握了程序性知识,才能在具体问题面前知道"怎么办""如何做"。按照程序性知识的性质和特点,可以把程序性知识分为智慧技能、认知策略和动作技能。[①] 依据分类原则,将高中物理实验过程分为测量过程和数据处理过程,其中,实验中的测量属于动作技能,数据处理属于智慧技能。按照操作过程将实验方法教育内容进行分类就为科学方法教育提供了一套可操作的步骤,即先明确测量过程中的实验方法,再学习数据处理过程中的实验方法,分别依据动作技能和智慧技能的特点有针对性地进行教学,从而给学生提供了一条学习和使用实验方法的途径,使实验方法教育有章可循。

---

① 张大均主编. 教育心理学[M]. 北京:人民教育出版社,2003:148.

(二)明确教学目标,使科学方法教育有的放矢

在高中物理实验教学中,多数教师对于"知识与技能"维度的教学目标比较清楚,但对于教授哪些科学方法并不清楚,这样就使实验教学的"过程与方法"维度虚化。在教师不能明确给出方法目标的情况下,学生很难具备学习科学方法的意识,也就不利于科学方法的学习和掌握。因此,显化实验教学中的物理方法教育内容势在必行。高中物理实验教学中物理方法教育内容显化能够为教师的"教"和学生的"学"指明方向,使教师在科学方法教学中有的放矢,同时把学生置于方法学习的问题情境中,从而更好地激发学生的学习动机,进而促进实验方法教育更好地开展。

(三)确定教育内容,使实验方法教育有据可依

目前我国科学方法教育存在的问题之一,就是在教学层面上科学方法教育的可操作性较差,究其原因在于科学方法的隐蔽性,以至于中学《物理课程标准》和各个版本的中学物理教材中基本没有实验方法的内容。鉴于此,高中物理实验教学中物理方法教育内容的确定就显得尤为重要和紧迫。我们依据《物理课程标准》,把其中隐藏的主要科学方法明朗化、显性化,从而提出科学方法教育的主要内容,使物理实验教学中的科学方法教育有据可依,真正落到实处。因此,在高中物理实验教学中,必须创设良好的认知情境,对学生的探究进行指导,让学生主动地观察、思考、实验、讨论,使之沿着科学的思路在不知不觉中掌握其中的实验方法。

第四节 高中物理探索性实验的设计思想与原则

随着中学物理教学研究的不断深入和发展,探索性实验的作用越来越为人们所认识。探索性实验作为近年来崭露头角的一种新型实验,它在激发学生学习兴趣、训练动手操作能力,特别是在培养学生创造性思维能力方面有着很好的作用,因而引起广大物理教育工作者的关注。有关这方面的研究成果不断涌现,说明探索性实验的研究正在逐步走向深入。

然而从总的情况看,目前探索性实验的研究仍然是初步的,还有一些理论和实践上的问题有待探讨。比如,实验的教学功能有哪些?如何设计这种实验?显然,这些问题都是高中物理探索性实验研究中尚需深入探索的领域。

本节在前人研究的基础上,总结作者多年来高中物理探索性实验设计的具体实践经验,结合现代认知心理学理论,从实验设计这个探索性实验最基本的环节入手,对高中物理探索性实验的设计进行了初步的研究,试图从理论上初步形成高中物理探索性实验的设计指导思想、设计原则,从而给探索性实验的进一步研究以新的启示。

我们对探索性实验的定义是:由教师给出实验课题,提供实验器材,提出实验要求,让学生自己拟定实验方案,制订实验步骤,独立地通过实验的观测和分析去探索研究,从而发现"新"的物理现象,并通过建立物理模型来解释实验现象,总结出学生原来并不知道的规律性认识的实验。

一、高中物理探索性实验设计的指导思想

探索性实验作为物理实验的一种形式,它既有别于测定性实验,又有别于一般的验证性实验。探索性实验的目的在于使学生获得物理实验研究方法的训练,让学生接触探索、发明、发现的过程和方法。在探索发现的过程中,发展学生理性、批判的思想方法,体验学者研究的苦衷和愉悦,培养他们的发现、探究能力。而要达到这种目的,首先要求教师树立正确的设计指导思想。那么,探索性实验的设计应该具备什么样的指导思想呢?瑞士心理学家皮亚杰的发生认识论理论可以给我们以很好的启示。

皮亚杰认为，人的行为具有一种定向性的平衡。本来处于平衡状态的图式，由于人与新事物的相互作用而破坏了平衡状态，出现了非平衡化。为此，人再进行反应又恢复平衡，这种重新达到平衡状态的心理反应过程，称为平衡化。平衡化又可分为同化和顺应两种形式。同化是主体面临新的情境时，总是将新的知觉要素或刺激整合到原有的图式中，引起主体原有认知结构量的变化，以加强和丰富主体的动作。而当主体的图式不能同化客体时，主体只有改变原有图式或建立新的图式，引起主体认知结构发生质变才能适应或容纳新的刺激，这叫顺应。正是在同化、顺应的交替转换过程中，新的认识不断整合为更高级复杂的认知结构。

学生的心理发展，就是这种认知结构从平衡到不平衡再到新的平衡的过程。皮亚杰认为引起儿童认知上的冲突，引起最佳或最大限度的不平衡，才能激发儿童的求知欲和好奇心。按照他的平衡学说，冲突是认知结构重新组织和随后发展的基础。

探索性物理实验作为学生的一种积极主动地认识建构手段，其目的和作用不仅仅只是作为一般的建构手段，而是作为学生建构逻辑结构的手段。要达到这种目的，就要使学生在进行探索性实验时发生认知冲突。这要求探索性实验设计首先要足够"新颖"，正是这种"新颖"的刺激，才会激发学生对探索的兴趣，才能引起学生探索的欲望，才使得它与主体原有的"定势"相矛盾、相对立，才能产生认识上的不协调和冲突。比如，我们设计的"测定没有系统误差存在时，干电池的电动势和内电阻"实验，要求学生自己设计电路、得出数据，并求出没有系统误差存在时干电池的电动势与内电阻，这比高中教材上的实验"新颖"。

那么，设计的"新颖"要达到什么程度呢？这涉及一个"度"的问题，太弱的刺激由于不能引起认知上的不平衡，因而也就不能引起同化和顺应。相反，如果外部刺激超过主体认知结构同化的范围，那么同化和顺应都无法进行，主体的反应也无从谈起。这正如皮亚杰所说的那样："一个人既不注意太熟悉的东西，因为已经司空见惯了，他也不注意太不熟悉的东西，因为和他图式中的任何东西都没有联系。"[①]

为了引起学生认知上的冲突，引起最佳或最大限度的不平衡，探索性实验的设计还要遵循"适度"原则。"适度"是指设计既要与学生已有的知识经验有一定联系，同时又要有一定的难度。这样的设计如同树上的果子一样，学生必须"跳一跳"才能摘下来，这样就最大限度地激发了学生的求知欲和好奇心。当他们依靠已有的知识解决了一个新问题时，往往会在紧张的智力劳动之后带来精神上的满足。这种求知欲满足后，又会产生新的刺激，激励他们进一步去探索新的课题，从而转化为学习上的一种内驱力。

概括以上两个方面可知，探索性实验的设计指导思想应该是"新颖、适度"。

二、高中物理探索性实验的设计原则

根据探索性物理实验的设计思想，结合多年具体设计中的体会与经验，我们认为有必要进一步制订探索性实验的设计原则。这是因为，设计指导思想的确立能使我们从总体上把握设计的方向，而设计原则的制订则会对设计的指导更臻于具体，并对探索性实验的设计选题、设计思路等方面给予理论指导，从而指导我们设计出符合学生认知水平发展的实验来。

（一）探索性设计原则

探索性设计原则是指：所设计的实验包含的物理规律往往隐藏在较深的层次，需要学生去挖掘；实验的条件和结果之间往往存在着较大的距离，需要学生去跨越；解决问题的方法与途径往往不太明

[①] 邢红军.中学物理论文写作教程[M].郑州：河南科学技术出版社，1993.

确,需要学生通过尝试错误,提出假设并验证假设来寻找。

提出这一原则基于以下原因:探索性实验作为一种发现学习活动,首先需要学生进行深入仔细的观察,并对外界输入信息和刺激进行过滤,唤起并指引注意作出有选择的记忆检索,并结合输入信息进行评价,从而提出假设,进行试误性尝试,以便检验假设。这样,学生在解决问题的过程中,不仅能学会并形成一定的认知策略和技巧,同时也激发了他们的智慧潜力,并有助于形成内在的学习动机。因此,探索性实验的性质本身要求我们的设计要在条件与目的之间设置"障碍",学生在越障的过程中,实际上是通过思维的中介在条件与目的之间架起一座认知"桥梁"。这种越障过程既包括发散性思维,同时又包括辐合思维。发散性思维不直接加工信息,它主要提供解决问题的方向与方法,它属于执行控制过程,属于影响问题求解过程的认知策略范畴。待问题求解的方向与方法确定后,又需要辐合思维进行逻辑推理,按已确定的方向深入下去直至解决问题,从而在这一探究的过程中培养学生的创造性思维。

从探索性实验的教育目的来看,由于探索性实验是建构学生良好认知结构的手段与方式,其信息刺激是一种新颖、适宜的刺激,因而,决定了实验设计一定要具有探索性。探索性的意义在于它给出的新颖、适宜的刺激能在学生的头脑中引起认知冲突和危机,从而促使学生积极、主动地建构他们的认知结构。特别需要指出的是,学生的探究行为作为一种动作或活动,它不同于演示实验中学生的观察,也不同于学生分组实验中的操作。上述观察和操作虽都包含物质动作和精神动作,但是精神动作的参与少,同时缺少两者的转化。这种情况正是造成目前实验教学不受欢迎的一个重要原因。而学生的探究行为则表现为物质动作与精神动作自始至终的交织与转化。这种交织与转化的前提来自由于探索而引起的认知冲突。这样,学生在探索性实验中进行的抽象思维就不只是来自感觉因素的联结,而是来自感知与动作的相互协调。这事实上就回答了我们经常为之困惑的一个问题:为什么说物理理论的思维训练与运用实验的思维训练其效果大相径庭?进一步,我们也朝着解决探索性实验教育功能的方向迈出一大步,这就是探索性实验探索性的价值之所在,也正是我们制订这一原则的理由与根据。

(二)趣味性设计原则

趣味性设计原则是指:探索性实验的设计要充分考虑学生的心理特点和认知水平,实验设计要求生动、有趣,能使学生在进行实验探索时,自始至终保持很高的兴趣。

在探索性实验设计中强调趣味性原则是因为,探索性实验作为一种学习活动,不能依靠教师的督促使学生完成,而要通过设计良好的实验本身来激发学生的兴趣,使学生从好奇出发,进而产生兴趣,只有这样,才能使其自觉自愿地参与实验探究活动。

探索性实验作为学生探究行为的目标或诱因,它还具有诱发和激励主体的有目标指向行为的作用和功能。生动有趣的实验本身会使学生产生暂时性的兴趣,而解决问题的探究以及成功地解决问题,又会使学生的暂时性兴趣转化为持久兴趣。兴趣作为主体的一种内驱力,它刺激主体并引起反应(活动和动作),反应的结果则导致主体需要的满足。当需要(探索的愿望)和内驱力(兴趣)指向某种特定的目标(探索性实验)时,主体便获得了动机。

(三)理论联系实际设计原则

理论联系实际设计原则是:探索性物理实验的设计不仅有观察、测量的过程,而且需要建立物理模型,对实验的现象和结果用根据物理模型得出的表达式进行解释,从而培养学生运用理论解决实际问题的能力。

在设计中提出这一原则的理由是:多年来我们对物理实验的教学功能缺乏深入的研究,存在着一种普遍的观点,认为实验是附属于理论、服务于理论的手段。实验的目的和作用通常被归纳为正观察、测量、读数和记录数据,根据实验数据验证物理规律。其实,物理实验不仅仅是用作训练技能、验证规律,而且它也是探索物理现象和规律的手段之一。它与物理理论相伴而行,密不可分。

提出理论联系实际原则的理由还在于:物理模型在学生的探究过程中还有三种功能。

(1) 具有相关功能。它以合理的方式把我们研究的物理现象和结论联系在一起。

(2) 具有解释功能。物理模型可用来说明或解释观测现象和得出的结论。

(3) 具有启发功能。它能提出指导进一步研究的新假说、新问题和新实验。

当学生在探究过程中认识到物理模型的上述功能后,就会逐步走出观测资料和实验归纳的局限,接受并学会提出和检验物理模型的方法。

(四) 简易性设计原则

简易性设计原则是指:实验的设计要尽可能采用较少的仪器,所使用的仪器要尽可能简单,设计的选题要尽可能与日常生活实际相联系,实验的原理要尽可能在高中物理范围之内。

提出这个原则的理由基于以下几点。首先,探索性实验作为实验教学的一种形式,它由教师给出实验课题、提供实验器材、提出实验要求,让学生自己设计实验方案,并选取日常生活中的一些物品做实验器材,自制一些简单的仪器或零件。就地取材,用简单的器材做实验的方法还富于教育意义。因为这样做能使学生感到物理就在自己身边,研究物理并不神秘,从而调动学生的学习积极性、主动性,培养创造精神。

采用简单的器材还容易突出实验的物理原理,而不为那复杂的结构所干扰,因而能获得更好的效果。事实上,实验的效果往往与仪器的复杂程度成反比。麦克斯韦在评价简单仪器时曾说过:"这些实验的教育价值,往往与仪器的复杂性成反比,学生用自制的仪器虽然经常出毛病,但他却会比用仔细调整好的仪器学到更多的东西。仔细调整的仪器学生易于依赖,而不敢拆成零件。"[①]这很好地说明了简单仪器特有的教育价值。比如,我们设计的"探索热水瓶的保温性能"实验,所使用的器材仅是一只温度计(100 ℃),而其研究对象却是家家都有的热水瓶。要求学生探索热水瓶内的热水温度(T)与时间(t)的函数关系 $T=f(t)$。这个实验由于器材简单、情境活泼,很容易激发学生的兴趣,并且易于突出其物理本质,又富于探索性。这样的实验设计较好地体现了探索性实验的特点。

(五) 科学性设计原则

科学性设计原则是指:在探索性物理实验的设计中,首先必须保证实验的设计不出现科学性错误,这是最根本的要求;其次,实验设计要具有科学思想和科学方法的教育因素。

为什么要提出这个原则呢? 这是因为,我们对学生进行科学教育的基本要求就是要向学生传授科学知识,同时物理知识本身的科学性也要求我们在实验中尊重科学事实。提出这个原则的另一层含义在于,由于一个较好的探索性实验设计本身就是一项小型科研,在选题及设计过程中对于设计者也是一种探究活动,其结果很难在设计之始加以预测。因此,如果在设计中没有科学的态度和方法,或者没有认真处理实验数据,往往稍有疏忽就会出现科学性错误。比如,"用滑线变阻器作限流器和分压器使用时输出特性的研究"的探索性实验,本身是一个很好的实验设计,但也出现了科学性错误[②],如图 6-3 所示。为什么说图 6-3 是错误的呢? 分析其原因,可能是设计者没有认真对待实验数据,以致出现当 $R \geqslant r$ 时直线与 $R \leqslant r$ 时曲线相交的错误结论。其实,若在实验中对实验数据认真处理,是不难得出正确结论的,如图 6-4 所示。

---

① 见《物理教学》1987 年第 6 期封底。
② 安忠,刘炳昇主编.《中学物理实验教学研究》.北京:高等教育出版社(1985 年版),第 348 页.

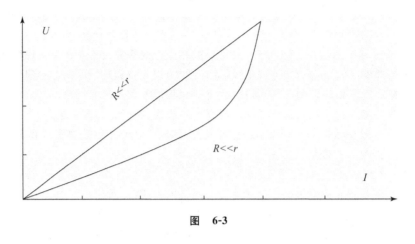

图 6-3

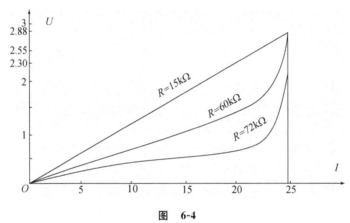

图 6-4

由图 6-4 可知,当负载电阻值不同时,输出调节范围也不一样。如 $E=3\text{V}, r=20\Omega$,使用 $R=200\Omega$ 的滑线变阻器作分压器,则电压的调节范围如表 6-3。

表 6-3 电压调节范围表

调节范围	0～2.30V	0～2.55V	0～2.88V
负　　载	27Ω	60Ω	15kΩ

运用全电路欧姆定律,我们还可以求出输出电压最大值的表达式 $U_{\max}=\dfrac{\varepsilon}{1+\left(\dfrac{1}{R}+\dfrac{1}{R_{\text{滑}}}\right)r}$。因此,由于内电阻 r 的存在,当分压器处于最大值 $R_{\text{滑}}$ 时,输出电压 $U\neq\varepsilon$,且 U 与 R 有关。

不同的 R 对应不同的最大调节范围,R 越大,$U_{\max}$ 越接近 ε 值。

科学性原则在实验设计中的要求还在于,把科学的物理思想和方法渗透到设计之中,使学生在解决探索性实验的过程中,形成科学的物理思想,学会并运用科学的方法解决问题。比如,通过观察、比较、判断、推理提出假设的思想,以及把误差分析应用于实验之中的思想。还有应用图像法处理实验数据的方法,以及由此而产生的"曲线改直",内推、外推的方法,提出物理模型,建立经验公式的方法等等。这些思想与方法都有很好的科学性与思想性,在学生解决问题过程中,起着一种诱导或刺激作用,引导着他们去思考、去发现,从而使探索性实验真正起到培养科学思想与方法的目的。

第五节　高中物理探索性实验的教育目标

物理教学的历史表明,人们重视物理实验教育目标,正是由于它在物理实验教学中具有独特、重要和不可忽视的作用。自从布卢姆的教育目标被引进国内以来,许多物理教育工作者一直把教育目标作为物理实验教学的理论基础加以研究。但是,高中物理探索性实验教育目标的研究工作却很少见到。鉴于此,我们借鉴美国匹兹堡大学克劳佛尔(L. E. Klopfer)的理科教学目标,制定了高中物理探索性实验的教育目标,以期对高中物理探索性实验的研究有所帮助。该目标重点放在学生参与实验探究过程中的行为范畴方面,以顺应当前物理教育强调向探究方向发展的趋势。因此,目标的设计不仅包括了学生在探究过程中的认知行为,同时包括实验操作技能以及学生对待探索的态度等。这个探索的教育目标实际上融布卢姆《教育目标分类学》中的认知领域、动作技能领域以及情感领域的目标于一体。这是因为,在实际的探索活动中,我们很难把学生的活动或者行为单纯地归于某一个领域(例如认知领域),事实是,学生任何一项活动,往往同时包括有几个领域的行为。这种情况布卢姆及其合作者在制订情感领域的目标时也坦率地承认了这一点。因此,我们认为,制订学生探究活动的行为目标较单纯地制订某一个领域的教育目标更切实可行。

一、高中物理探索性实验的教育目标

A. 观察与测量

A.1 对事物和现象的观察;

A.2 选择合适的测量工具;

A.3 对事物及其现象变化进行测量;

A.4 估算和精确度。

B. 发现问题并寻求解决问题的方法

B.1 认清问题;

B.2 提出一个假设;

B.3 选择适当的实验检验假设;

B.4 拟定实验步骤。

C. 解释数据并作出概括

C.1 实验数据的处理;

C.2 以图像的形式表示数据;

C.3 对实验数据和观测资料的解释;

C.4 外推和内推;

C.5 依据实验数据评价一个被检验的假设;

C.6 依据发现的关系通过计算法或比例法作出相应的归纳。

D. 设计、检验和修改一种物理模型

D.1 对物理模型必要性的认识;

D.2 系统地提出一个能够包容已知现象和原理的物理模型;

D.3 依据物理模型说明各种关系;

D.4 从一种物理模型推导出新假设;

D.5 解释并评价物理模型的检验结果；

D.6 修改、完善或扩充物理模型。

E. 兴趣和态度

E.1 把实验探究视为乐趣；

E.2 发展学生对实验和实验探究的兴趣；

E.3 把实验探究作为思想方法；

E.4 采取科学的态度。

以上五个层次是对学生在实验探索中的行为要求。这五个层次的次序不是任意安排的，它代表了学生在探究过程中所必经的而且是日益复杂的步骤。这五个层次提出在实验探究过程中，有关学生行为的一个分类。它虽然不是进行探索的固定程序，但是以上亚层次中的许多行为要求，在探索过程中比比皆是。然而这并不是说在任何一个探索过程中都会出现所有规定的行为，或者说它们一定按照亚层次规定的次序出现。

二、高中物理探索性实验教育目标的阐释

（一）观察与测量

我们把亚层次 A.1"对事物和现象的观察"作为实验探究的起始点并不是出自一种偶然，或者因为观察是一种简单的行为，而是由观察本身的性质所决定的。观察作为一种有目的、有计划、比较持久的知觉，它既是搜集、发掘科学事实、获取研究对象信息的一种手段，同时它本身又与思维密不可分，任何观察行为总存在着思维的渗透与指导。因此，观察是作为一种动作和行为而不是仅仅作为一种单纯的知觉来参与探索活动的。

观察只是实验探究的起点，要进一步深入研究和探索，就必须对要研究的对象及其变化情况进行测量。为了得到所要求的数据，学生必须选择合适的测量工具（亚层次 A.2）。所谓"合适"，是指用这种工具能够测出所需要的数据，并且对测量的整个数据范围都有效。比如，在"探索热水瓶的保温性能"实验中，要求温度计的量程是 100℃。

亚层次 A.3"对事物及其现象变化进行测量"，是指当学生的观察不仅局限于定性的简单记数的时候，当他们使用"合适"的测量工具测察现象的时候，通常是在线索的引导下，根据过去的经验并联系当前的情境进行试误性操作，直至做出适当的反应，消除不确定性。

最后，亚层次 A.4"估算和精确度"是对学生重视测量工具刻度的要求。学生应该知道，测量的精确性取决于测量工具的最小计量单位。当他们使用这种工具测量时，对落于最小刻度之间的点，能在更细分的刻度上作出估计。例如，学生用最小刻度为毫米的直尺测量长度时，要求他们能估读一位数（比如 1.3mm）。亚层次 A.4 还包括对有效数字的规约，这是在记录数据和控制测量精度时要求使用的。

（二）发现问题并寻求解决问题的方法

亚层次 B.1"认清问题"是指，学生必须认清问题所属的领域，这主要涉及线索选择的问题，包括辨认各种线索，并把它们与要完成的任务联系起来。线索的选择包括根据以往的经验和知识，选择出与该情境有关的线索作为行动的指南，忽略或摒弃无关的线索。当学生认清问题所属的领域后，会很快地"提出一个假设"，以便确定研究方向，这属于亚层次 B.2。

例如，在"探索弹簧振子质量对其周期的影响并修正周期公式"的探索性实验中，学生必须认清这是一个振动问题，原周期公式 $T=2\pi\sqrt{M/K}$ 是在没有考虑弹簧本身质量的情况下得出的。当赋予这个问题以新的情境时，就会引起学生的思考并提出一个假设：周期公式中的 M 应该是砝码质量与弹

簧质量之和。

亚层次 B.3"选择适当的实验检验假设",要求学生根据过去的知识与经验选择一种实验方法,检验假设的真伪。这一亚层次只考虑学生提出的实验是否能有效地检验假设,而不考虑实验的操作细节或仪器的组装和用处。例如,学生为了检验上述假设是否正确,可以提出通过振动法求出弹簧的有效质量。亚层次 B.4"拟定实验步骤",它包括仪器的安装、实验操作和实验步骤的制订。这一亚层次的行为在布卢姆的《教育目标分类学(认知领域)》中被归于综合层次。

(三) 解释数据并作出概括

学生在获取了实验数据(观察记录和测量记录)后,一般要做数据处理。亚层次 C.1"实验数据的处理"是有关学生在处置、调整和组织观察资料和测量数据时的行为要求。在前述实验中,要记录的测量数据有加上一定量砝码(m_i)后弹簧振子振动 n 次的时间 T。这里的数据处理是用总时间 T 除以总次数 n,得到弹簧振子的振动周期 T_i。亚层次 C.1 中数据处理的其他方式还有:把数据造表或选择其他易懂的形式,以及误差分析。

亚层次 C.2"以图像的形式表示数据"是关于学生在图像的制备和使用上的要求。在上述实验中,学生在得出砝码的质量(m_i)和与之对应的周期(T_i)后,可以做出 m_i-T_i 图像。但作出的图像是一条曲线,不利于找出各个变量之间的关系。因此,亚层次 C.2 中还包括"曲线改直"的要求,即学生要在坐标纸上作出 m_i-T_i^2 图像,这是一条直线。

亚层次 C.3"对实验数据和观测资料的解释"是学生分析实验结果的第一步。当数据以图像的形式给出后,要求学生说明图中反映出的倾向或函数关系,并用相应的文字或其他符号形式表述出来。仍以上述实验为例。m_i-T_i^2 是一条直线,如何解释这条直线?显然不能认为它是 $T=2\pi\sqrt{M/K}$ 经平方整理后的方程,因为弹簧本身的质量 m 也参与了振动。由图像所反映的倾向可以看出,图像并不通过原点,这一结果正是我们所期望的,说明弹簧本身质量 m 的影响已在实验数据中表现出来了。这个图线函数关系的导出,显然还要依赖于亚层次 C.4 的要求,即根据图形的趋势作"外推和内推"。外推,即推算实验观测值范围之外其他点的函数关系;内推,即推算实验观测范围之内其他点的函数关系。在 m_i-T_i^2 图中,外推是延长这条直线并使之与 m 轴相交(交点在原点 O 之下),截距 m_0 即是弹簧的有效质量。

层次 C.5"依据实验数据评价一个被检验的假设",是学生分析实验结果的第二步。提出假设的目的在于引导探究活动。而假设是否正确,需要通过实验加以检验。在上述实验中,由于假设周期公式中的质量包括弹簧的质量(7.94g),但实际上从图中读出的弹簧有效质量 $m_0=2.6$g,从而假设被否定。需要重新根据实验结果归纳新的结论。这一行为被定义在亚层次 C.6 中。亚层次 C.6"依据发现的关系通过计算法或比例法作出相应的归纳"。由于通过外推得到的弹簧有效质量 m_0 (2.6g)小于弹簧本身的质量 m(7.94g),因此学生就要考虑两者是否有一定的关系。弹簧的有效质量等于其自身质量的 1/3,即 $m_0=m/3$,因而弹簧振子的周期公式在考虑弹簧自身质量的情况下,修正为 $T=2\pi\sqrt{(M+m/3)/K}$。这种归纳就是以实验结果为依据所导出的一个抽象的能说明实验现象的关系。

(四) 设计、检验和修改一种物理模型

通常教学中的验证性实验,实验结果往往事先都可以知道。而在探索性实验过程中,情况却完全不是这样。探究的步骤未知,探究的方法未知,因此,这是一种"动态性探究"。在这类实验中,研究的目的不仅是弄清事实,提出原理,而且还要建立一个能给出事实和原理之间的有机联系,并包容它们于一体的物理模型。这些行为的关键部分被纳入主层次 D 的各个亚层次之中。亚层次 D.1

"对物理模型必要性的认识"是指,学生将建立物理模型当做实验探究的必要步骤。这种行为可用建立原子的核式结构模型为例来说明。20世纪初,由于电子被发现,原子的结构问题立即成了物理学家们关注的一个焦点。电子的发现者汤姆生提出的"西瓜模型"是最有影响的模型,这个模型能够解释一些实验事实。但是没过几年就被卢瑟福的α粒子散射实验所否定,卢瑟福提出了原子核式结构模型,完成了物理学上的一次重大进展。今天,物理模型在科学探究过程中的作用,已愈来愈为人们所重视。

亚层次D.2"系统地提出一个能够包容已知现象和原理的物理模型",这是物理模型建立过程的第一步。学生在这个阶段必须综合自己已有的知识,以发展一种抽象关系。对某一探究领域中的现象,力图使学生系统地提出一种概括和综合的表述。例如覆杯实验,通过分析实验现象,可以进一步提出物理模型:杯中水未满时,当托纸片的手拿开后,纸片由于上面的压强($p_0 + \rho g h_1$,p_0 为大气压强,h_1 为杯内水的高度)大于下面的压强(p_0),而使纸片的中间部分向下凸出。纸片凸出后,杯内空气的体积增大,压强随之减小,气压减小的量只要与杯内水柱产生的压强($\rho g h_1$)相等,两者相互抵消,纸片就能达到新的平衡而不掉下来。因为整个过程温度不变,所以杯内空气的变化符合玻意耳-马略特定律 $p_0 V_0 = (p_0 + \rho g h_1) V_1$,这就是这个实验的物理模型。提出这个物理模型后,就可以进一步得出纸片下降的距离 Δy 随水柱高 x 变化的表达式

$$\Delta y = -\frac{\rho g}{p_0} x^2 + \frac{H \rho g}{p_0} x$$

式中 H 为杯的高度。

亚层次D.3"依据物理模型说明各种关系",要求学生分析物理模型与实验数据或现象之间的关系,以及物理模型与从实验中归纳出来的结果之间的关系。显然,一个物理模型包含的观测资料和实验现象越多,它的相关和解释功能就越完善。如果学生能够利用提出的物理模型解释很多现象,那么,当然就会增加他们对该模型的信心和提高兴趣。

物理模型的启发性功能可从亚层次D.4"从一种物理模型推导出新假设",以指导检验原有模型的观测和实验的要求中举例说明。建立物理模型的这一步,要求学生根据物理模型作出推理,并根据推理得出模型在逻辑上必然存在的结论。一旦学生推演出一个新假设,他就可以提出一个检验假设的实验或观测的计划。应该说明的是:在亚层次D.4中提出的探究方案,不但要检验假设的正确性,而且还要检验派生出假设的物理模型是否充分地合乎要求。

亚层次D.5"解释并评价物理模型的检验结果"。在这个亚层次中,学生要分析实验现象与被检验的假设之间的关系,要分析实验现象与推导出假设的物理模型之间的关系。紧接着,学生还要对物理模型本身是否充分地合乎要求做出判断。这种判断一般建立在两个基础上:一是整个物理模型的相容性和精确性;二是模型在多大程度上满足一个"优化"模型要求的标准。所谓"优化"模型,一是分析的标准,它说明模型完成相关、解释和启发性功能的情况;二是审美的标准,它考虑的是模型的简洁、优美和有说服力。

通过不断积累新的观察资料,解释和重新解释实验结果,争鸣和讨论,物理模型会得到修正,当然也可能被推翻。这时学生的行为符合亚层次D.6"修改、完善或扩充物理模型"的要求。学生根据新的观测资料或解释的性质和范围,对重新提出的物理模型可以进行小修小补或大动手术。在这一过程中,要求学生充分考虑模型建立过程中产生出来的新经验和新思想对建立物理模型的启示。只有如此,才能在物理模型的修正或扩充时既能纠正原有模型的不足,又不会"把小孩和水一起从浴盆里泼出去"。无论提出怎样的模型,都必须确保它具有相关、解释和启发的功能,并且满足物理模型的简洁、优美和有说服力的审美标准。

(五)兴趣和态度

亚层次 E.1"把实验探究视为乐趣"是指,学生在探究活动中有关学习兴趣方面的问题。需要指出的是,这种兴趣属于高层次的,它出现在探究的过程中及探究的终结。学生的探究过程表明:他们对处于自己"最近发展区"的探究课题最感兴趣,因为用力"跳"才够得着的果子不仅使学生体验到需要,而且使学生体验到成功的可能,从而产生跃跃欲试的兴趣,获得果然成功的快乐,使学生对探究活动成功后的喜悦感、自豪感产生稳定的需要,形成稳定的学习兴趣。学生是学习的主体,他们的学习动机是教学过程得以运行的根本原因之一。学习兴趣与学习活动本身相联系,是各种动机中最直接、最活跃、最稳定的动机。一方面,成功的探究过程不断地培养和提升学生的学习兴趣;另一方面,学习兴趣的形成与提升又不断地促进学生的探究活动,形成良性循环。

亚层次 E.2"发展学生对实验和实验探究的兴趣"的要求较之 E.1 又高出一层。这主要表现在对提升学生兴趣的要求已从探究活动本身扩展开来,具体表现在三个方面。

(1)学生在自己所能从事的探究活动中表现出兴趣。这个标志在于他们没有考虑课程的需要而自愿地从事这些活动,例如业余时间组装收音机。

(2)学生不仅对探究活动感兴趣,而且他们自己也能试着提出一些感兴趣的探究课题进行研究。

(3)在前两个方面的基础上,学生把在探究活动中产生的兴趣逐步发展成他们今后从事科学事业和工作的兴趣。应该说,这是物理教育的目的之一。

亚层次 E.3"把实验探究作为思想方法"是有关学生对实验探究态度的要求。当学生把实验探究作为思想方法接受下来时,实际上他们已经形成了一种基本的定向。这种定向使他们能有效地组织探究活动,并在活动中把这种探究的思想方法作为科学思维和探究活动的指导方针。

亚层次 E.4"采取科学的态度"是指学生在实验探究中所应具有的行为要求。所谓科学态度,包括思想解放、审慎从事、尊重事实、勇于探求等品质。这在布卢姆的《教育目标分类学(情感领域)》中属于最高层次。它不仅涉及学生的习惯,而且涉及学生的人生哲学、世界观等等。事实上,只有具备科学态度的人,才会在探索中逐步地发展和完善自己,才能真正成为为科学献身的人。这正是我们物理教育的培养目标。

第六节 高中物理探索性实验的设计范例

为了检验制定的高中物理探索性实验教育目标的合理性与可行性,我们选取参加全国中学生物理竞赛某省赛区二试(实验)的学生(49 名)作为被试,把"探索浮体稳定性"的实验作为竞赛的第一题作了测试。希望通过测试来考察教育目标的合理性与可行性。

(一)高中物理探索性实验教育目标的具体化

在实验设计中,根据教育目标着重考查学生有关知识、技能和能力方面的要求是:① 测量物体重心的方法;② 实验数据的合理选取及读数(包括估读和有效数字);③ 用作图法处理实验数据;④ 浮心的测量方法;⑤ 建立物理模型,求出表达式的能力;⑥ 外推法。

其次,作为一个探索性实验,它还应具有较好的探究性,使学生在探究过程中发生认知冲突,从而在探究活动中使学生的物质动作内化到头脑中成为精神动作,进而建构起良好的认知结构。实验设计中我们力图贯彻这一思想,题目如下:

探索浮体的稳定性

[实验器材]平底试管一只,1000mL 烧杯一个,轻质试管塞一个,细线一根,直尺一把,坐标纸一

张,砝码若干个,铅笔。

[实验目的]探索装有砝码的试管浮在水面时的稳定性。

[实验要求]

(一)从理论上说明装入适量砝码的试管在水中处于稳定平衡的条件(2分)

答案:物体的重心在浮心以下。

(二)探索装有砝码的试管的重心(20分)

1. 先将一个砝码装入试管,用管塞顶住砝码,测出整个试管的重心位置。然后逐渐增加砝码(每次增加的砝码个数可以任意选取),测出管中砝码的高度和与之对应的整个试管的重心位置(以试管下端为零位),把数据写在下面(10分)。

答案:将装有砝码的试管用细线套住,把试管吊起,移动线套的位置,使试管处于水平,分别用直尺量出重心位置到管底的高度和砝码上端到管底的高度,数据如表6-4所示(单位:厘米)。

表6-4 砝码高度与重心高度数据

砝码高度/cm	9.55	8.18	6.74	5.30	4.15	3.43	2.98
重心高度/cm	5.00	4.43	3.85	3.30	3.00	2.80	2.70

砝码高度/cm	2.48	2.00	1.52	1.08	0.60	0.10	
重心高度/cm	2.70	2.80	2.90	3.19	3.90	5.33	

2. 对已有的实验数据加以处理,找出试管重心的最低位置(5分)。

答案:以砝码高度为横坐标,以重心高度为纵坐标,在直角坐标系内作出重心高度随砝码高度变化的曲线。

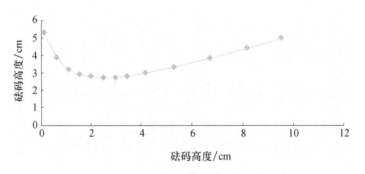

图6-5 重心高度随砝码高度的变化

3. 用数学式表达出物体重心的变化规律(5分)。

答案:设空试管本身的质量为 m,它的重心离管底的距离为 h,砝码的密度为 ρ,横截面积为 S。当砝码的高度为 x 时,合重心的位置为 y,则根据力矩平衡原理,可得

$$mg(h-y) = \rho g S x \left(y - \frac{x}{2} \right)$$

整理,得

$$y = \frac{2mh + S\rho x^2}{2m + 2S\rho x}$$

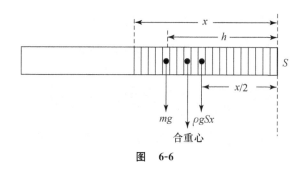

图 6-6

(三)探索试管浮在水面时稳定与不稳定平衡的临界位置(8分)

1. 用实验的方法测出试管的浮力中心随砝码高度变化的数据,把数据写在下面(4分)。

答案:先向试管中装入适量的砝码(6个),待试管处于稳定平衡后,记下试管浸入水面的位置,然后用直尺量出试管浸入水中的高度,算出浮心的高度,测出与之对应的砝码高度。数据如表6-5(单位:厘米)。

表 6-5 砝码高度与浮心高度数据

砝码高度/cm	3.43	3.90	4.35	4.85	5.30
浮心高度/cm	3.30	3.92	4.36	4.97	5.40

2. 通过数据处理找出试管处于稳定平衡与不稳定平衡临界位置的砝码高度(4分)。

答案:以砝码高度为横坐标,以浮心高度为纵坐标,作出浮心随砝码高度变化的直线。在图 6-7 中延长浮心随砝码高度变化的直线并与重心曲线相交,交点所对应的横坐标值即为试管处于临界平衡位置时的砝码高度。

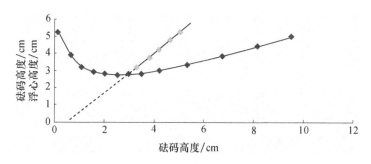

图 6-7 重心高度、浮心高度随砝码高度的变化

求得:$x = 2.9 \text{cm}$

(二)测试结果的统计分析

首先,将被试的分数由高至低排列如下:

28,27,26,25,24,24,23,22,21,21,20,
20,20,19,19,19,18,18,18,18,17,16,
16,16,15,15,14,14,14,14,13,12,12,
11,11,11,10,9,9,8,7,6,6,4,3,2,2,2,1。

其次,计算实验的难度和区分度。

$$X = 14.69 \quad X_{满} = 30$$

$$H = 1 - X/X_{满} = 1 - \frac{14.69}{30} = 0.51$$

一般认为,难度值在 0.3～0.7 范围内为适中,难度值在 0.7～0.9 范围内为较难,难度值在 0.3～0.1 范围内为较易,所以题目难度的平均值应在 0.5 左右为宜。本题难度为 $H \approx 0.51$,说明实验的难度适宜。

为了计算区分度,我们从前述的分数排列中取出 27% 的高分数作为高分组(H),再取出 27% 的低分数作为低分组(L)。这样,高、低分组各取 13 名(见下表)。

高分组(H) 28,27,26,25,24,24,23,22,21,21,20,20,20

低分组(L) 10,9,9,8,7,6,6,4,3,2,2,2,1

根据计算区分度的公式

$$D = \frac{X_H - X_L}{X_{满}}$$

式中 X_H 和 X_L 分别是高分组和低分组某个题目的平均分,$X_{满}$ 是该题的满分

$$X_H = 23.15, X_L = 5.31$$

$$D = \frac{X_H - X_L}{X_{满}} = \frac{23.15 - 5.31}{30} = 0.59$$

美国伊贝尔提出对试题评价的区分度指标(见表 6-6):

表 6-6 区分度指标

区分度 D	试题评价
0.4 以上	优秀
0.30～0.39	良好
0.20～0.29	尚好,但需修改
0.19 以下	劣,应该淘汰

而本实验的区分度为 0.59,属于优秀试题,说明实验具有很好的区分度。

由此可知,我们制定的高中物理探索性实验教育目标不仅是合理的,而且是可行的。

思考与讨论

1. 物理实验在物理学中有什么价值和作用?
2. 物理演示实验教育功能与教育价值有哪些?
3. 什么是"物理表象"?物理实验教学对物理表象的形成有什么作用?
4. 物理探索性实验的内涵与指导思想是什么?
5. 高中物理探索性实验的设计原则有哪些?
6. 高中物理探索性实验的教育目标有哪些?

第七章 物理问题教学研究

本章导读

原始物理问题是我国物理教育领域涌现出来的具有里程碑意义的教学理论。

在我国一个多世纪的物理教学中,我们始终未曾走出物理习题教学的藩篱。由于习题教学"掐头去尾烧中段",不能对学生进行完整的思维训练,这就导致了杨振宁教授所言的结果:"中国过去几十年念物理的养成了念死书的习惯。整个社会环境,家长的态度,报纸的宣传都一贯向这个方向引导。其结果是培养了许多非常努力,训练得很好,知识非常扎实的学生,可是他们的知识是片面的,而且倾向于向死的方向走。这是很有害的。"

基于杨振宁教授"物理学的根源是物理现象"的观点,我们把原始物理问题定义为对物理现象的描述,这就把物理教育的起点置于物理学的根源之上,找到了破除"题海战术"的突破口,同时也成为钱学森之问的解答。

原始物理问题不仅与杨振宁教授"物理学的根源是物理现象"的观点相一致,同时符合爱因斯坦科学思维过程理论,并与心理学的生态学运动相契合,这些观点与理论同原始物理问题的高度一致性,使得原始物理问题具有内在的理论自洽性,并在教学实践中展现出物理教学的本来面貌。

怎样改变传统的物理教育方法?杨振宁教授认为,"这涉及整个社会风气,因而是件困难的事。这件事如果做成功,也是一种革命。这是个比在一门学问里面创造新的学问还要难得多的事。"

原始物理问题教学正是改变传统物理教育方法的新途径。

第一节 原始物理问题的教育价值

一、问题的提出

物理学进入我国已经有一个多世纪的风雨历程。百多年来,物理学在我国已是根深茎茂,枝繁叶盛。我们在物理学的教育与研究中取得了世人瞩目的成就。

但是,另一方面,我们又存在着明显的不足。其中一个重要方面在于,新中国成立以来,我国还未有诺贝尔物理奖获得者,这是一件令人十分遗憾的事情。与此形成鲜明对照的是,在大洋彼岸,华裔物理学家杨振宁、李政道、丁肇中、朱棣文、崔琦、高锟,已五次获得这一奖项,这不能不引起我们的深入思考。

分析产生这种现象的原因,我们认为,除了历史根源与经济基础的差距以外,还有一个非常重要的原因就是物理教育思想和物理教育方法的落后。

怎样改变传统的物理教育方法?杨振宁教授认为,"这涉及整个社会风气,因而是件困难的事。

这件事如果做成功,也是一种革命。这是个比在一门学问里面创造新的学问还要难得多的事。"①他高屋建瓴地指出了物理教育思想和物理教育方法改革的重要价值与意义。

鉴于此,本节从物理学的根源是物理现象的基本观点出发,依据现代认知心理学已有的成果,结合物理教育的特征,提出了以原始物理问题教学作为整个物理教育思想和物理教育方法改革突破口的理论观点,希冀对我国当前物理教育的改革以有益的启示。

二、原始物理问题的理论渊源

我国物理教育的有效性如何?杨振宁教授认为,"中国过去几十年念物理的养成了念死书的习惯。整个社会环境,家长的态度,报纸的宣传都一贯向这个方向引导。其结果是培养了许多非常努力,训练得很好,知识非常扎实的学生,可是他们的知识是片面的,而且倾向于向死的方向走。这是很有害的。"②

为什么中国学物理的学生都养成了念死书的习惯?杨振宁教授分别从教学方法和学习方法两个方面进行了深入分析。

对于我国的物理教学方法,杨振宁教授指出,"中国现在的教学方法,同我在西南联大时仍是一样的,要求学生样样学,而且教的很多、很细,是一种'填鸭式'的教学方法。这种方法教出来的学生,到美国去,考试时一比较,马上就能让美国学生输得一塌糊涂。但是,这种教学方法的最大弊病在于,它把一个年轻人维持在小孩子的状态,老师要他怎么学,他就怎么学。"③

对于我国学生学习物理的方法,杨振宁教授同样提出了尖锐的批评。"美国学物理的方法与中国学物理的方法不一样。中国学物理的方法是演绎法,先有许多定理,然后进行推演;美国对物理的了解是从现象出发,倒过来的,物理定理是从现象归纳出来的,是归纳法。演绎法是学考试的人用的方法,归纳法是做学问用的办法。"④

事实正是如此。众所周知,在没有物理环境的情况下学习物理是困难的。许多学生经过多年苦读,记忆了大量的物理概念、物理规律,做了许多物理习题,却不能有效地提高物理水平。他们在面临物理问题时不能迅速判断,稍一动笔就错误百出。在理解物理问题的机制方面也是除了简单的分析外,不能准确地表达自己的思想和完整地解决物理问题。许多人学习物理的过程实际上如同开了中药铺子,物理概念、物理规律都被分离放置在柜上的小匣子里,不能形成一个有机的整体。而物理学是有'生命'的,把无生命的部件拼凑起来模仿'生命',效果自然可以想象。许多同学靠加倍的努力来摆脱困境,其结果却是在药柜上开了更多的匣子。

出现这种现象的原因何在?杨振宁教授认为,"很多学生在物理学习中形成一种印象,以为物理学就是一些演算。演算是物理学的一部分,但不是最重要的部分,物理学最重要的部分是与现象有关的。绝大部分物理学是从现象中来的,现象是物理学的根源。一个人不与现象接触不一定不能做重要的工作,但是他容易误入形式主义的歧途;他对物理学的了解不会是切中要害的。"⑤可谓单刀直入,切中要害。

杨振宁教授关于"现象是物理学根源"的观点是真正的大师眼光。他以自己深厚的物理学养,作文启人心智,涉笔指点迷津。然而,把这种抽象的物理教育思想转变为可操作的物理教育方式并非是

---

① 杨振宁.杨振宁文集[M].上海:华东师范大学出版社,1998:469,839,467.
② 杨振宁.读书教学再十年[M].台北:时报文化出版企业有限公司,1995:8—9.
③ 杨振宁.杨振宁文集[M].上海:华东师范大学出版社,1998:839.
④ 同上.
⑤ 杨振宁.读书教学再十年[M].台北:时报文化出版企业有限公司,1995:8—9.

一件简单的事情,这需要创造性的工作。

从杨振宁教授的基本思想出发,我们认为:在物理教育中,与演算对应的具有可操作性的物理教育方式是物理习题教学,而与物理现象对应的具有可操作性的物理教育方式则应当是原始物理问题教学。简言之,解决我国物理教育低效能的根本措施就是要在物理教育中打破习题教学一统天下的传统局面,通过引进原始物理问题来逐步取代物理习题,达到提高物理教育效能的目的。

所谓原始物理问题,是指自然界及社会生活、生产中客观存在且未被加工的物理问题。而物理习题则是指从实际问题中经人为加工出来的物理问题。两者的关系如图 7-1 所示。①

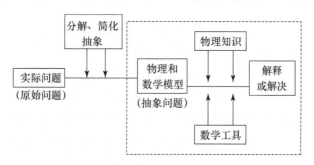

图 7-1 物理问题与物理习题的关系

值得注意的是,长期以来,我国的物理教育基本上局限在图 7-1 所示的虚线框内。因此,传统的物理教学就在原始物理问题与物理习题之间形成了一条鸿沟,致使很多学生只知道根据已知条件去解题,遇到实际问题则常常束手无策。

其实,早在 1983 年,赵凯华先生就已觉察到这个问题。他指出:"在我们的教学中,同一问题,既可以把原始的物理问题提交给学生,也可以由教师把物理问题分解或抽象成一定的数学模型后再提交给学生。习惯于解后一类问题的学生,在遇到前一类问题时,往往会不知所措。"②应当说,明确提出原始物理问题与物理习题之间的区别是有着相当重要的理论意义与现实意义。

遗憾的是,这种物理教育思想并未彻底贯彻下去。对于如何教导学生学好物理学,赵凯华先生认为:"我们反对'题海战术',反对针对某类考试或题库的应试教育。但是做题毕竟是学生学习过程中比较主动的环节,学习物理,不做习题是不行的。但做习题不在于多,而在于精。"③显然,这又回到传统物理教育的道路上了。

我们提出这一观点的背景在于,进入 21 世纪,我国的物理教育改革呈现出前所未有的蓬勃局面,涌现出许多新的物理教育思想和理论。在这些思想和理论的指导下,进行了大规模的课程改革,通过修订或建立新的物理教学大纲或课程标准,编写出了许多风格迥异的物理教材,从而促进了物理教育的发展。

然而,仔细考察这些物理教材后我们发现,许多物理教材的编写虽然在指导思想、编写体系及内容的选择与组织上下了很大工夫,但到最后却仍然沿袭了传统的习题教学模式,依然未能跳出脱离物理现象的窠臼,走上了"新瓶装旧酒"的老路。

物理习题模式不仅影响着物理教材的编写,也根深蒂固地反映在物理高考的命题指导思想上。比如,物理高考命题委员会就认为:"我们主张要做题,但并不赞成搞题海战。因为题海战盲目追求

---

① 于克明.谈"原始问题"与能力培养[J].大学物理,1997(5):44.
② 林纯镇,吴崇试编译.我国赴美物理研究生考试历届试题集解(1980—1984)[M].北京:高等教育出版社,1985.
③ 赵凯华.物理教育与科学素质培养[J].大学物理,1995(8):6.

解题的数量,不重视解题的质量,使学生根本来不及对习题以及习题有关的问题进行思考。"①

由此可见,在我国物理教育飞速发展的今天,检讨和改革我国物理教育理论与实践中存在的问题,似乎为时不早。

三、原始物理问题的理论建构

在物理教育中提升学生的能力,始终是物理教育理论和实践的一个重要问题。如何正确地认识和处理这个问题,越来越引起人们的关注,并把它置于物理教育教学改革的核心地位。

然而,在发展学生的能力问题上,仍然还有一个基本问题至今未能得到很好的解决,这就是知识传授与能力培养之间的矛盾。由于这个问题对于能力的培养具有重要的作用,因此,就在一定程度上影响了教学的发展。

(一)经验组织原则

最早提出这个问题的是美国教育家杜威。杜威一向反对将专家编就的以完整逻辑体系为表现形式的教材作为教育的起点,认为必须以学生个人的直接经验为起点。因此,他主张以"教材心理化"来解决此问题,这就需要把各门学科的教材和知识恢复到原来的经验,恢复到它所被抽象出来的原来经验。这种心理化就是把间接经验转化为直接经验,即直接经验化,这个过程实际上就是杜威反复强调的经验组织原则。

然而事实是,学生对于直接经验的东西有很多是不能理解的,要理解这些东西需要系统知识的介入,需要先前形成的经验(并不仅仅是直接经验)的参与。杜威意在通过直接经验去让学生理解系统知识,却在一定程度上忽视了理解直接经验需要一定的系统知识为条件。②

我们认为,杜威关于"把知识恢复到它所被抽象出来的原来经验"的观点有着重要的理论价值,它启示我们:完全由经过抽象的系统间接经验所构成的传统课程和教材对于学生获取知识是有效的,但对于学生能力的培养却常常不令人满意。然而,完全采用直接经验来进行教学亦会产生新的弊端。也就是说,经验的恢复是必要的,但需要应用于恰当的时机和场合。在这一问题上,皮亚杰的建构主义理论可以给我们新的启示。

(二)双重建构理论

皮亚杰认为,智力发展是一个主体的自我建构过程,皮亚杰所谓的"建构",即结构(图式)建造之意。而这种建造的本质归结为主客体之间的相互作用。按照这一理论,动作是一切知识的源泉与基础。进一步,他把动作分为两种:一种是直接作用于客体的个别动作,如掷、推、触、摸等,相当于动作元素;另一种是个别动作组成的动作协调组织,它们并不直接作用于客体,而是主体动作本身的协调,相当于动作系统。动作系统又可称为运算,所谓运算即系统性动作或结构性动作,即具有整体系统性、转换守衡性与自我调节性的动作系统或动作协调组织。因此,皮亚杰把动作分化的内向发展称为内化建构而把外向发展称为外化建构,两者合称双重建构。③

内化建构是指主体动作协调或主体动作结构从外部层次、外部平面投射到内部层次、内部平面上去,如实物运算内化为概念运算。它通过对主体动作进行分解、归类、排列、组合等各种协调,形成动作结构;或者是对已有动作图式的再协调或再建构,形成更高级、更复杂的图式。按照发展顺序,内化建构首先是对外部感知运动动作的协调,然后是对表象水平的精神动作进行的协调,最后才是对逻辑

---

① 教育部考试中心.高考物理能力考察与题型设计[M].北京:高等教育出版社,1997:258.
② 吴式颖主编.外国教育史教程[M].北京:人民教育出版社,1999:519.
③ 雷永生.皮亚杰发生认识论述评[M].北京:人民出版社,1987:117.

运算水平的精神动作进行的协调。因而,物质动作只能逐步内化为精神动作,物质动作结构只能逐步内化成为认识图式。

外化建构则是指主体内部的图式投射到外部层次、外部平面上去,如将逻辑数学运算结构归属于物理实体形成因果解释,再将根据这种因果解释作出的技术设计外化为实际的技术创造。它通过运用动作图式把客体或客体经验组织起来,建立客体的关系与变化结构。与内化建构次序相反,外化建构首先是在主体头脑中把物理经验组织在图式之中,然后按照这些知识把主体实际动作组织起来以作用于客体,进而使各种客体组织起来,以新的方式发生相互作用,改造转变客体。

从皮亚杰的双重建构理论出发,我们认为,在实际的物理教育中,教师向学生传授大量经过抽象的系统间接经验过程本质上是一个认知的内化建构过程。而我们目前的物理教育,已经在相当程度上对内化建构给予了足够的重视。因此,"我国的教师都习惯于把知识组织得井井有条,对课程内容的每个细节作详尽的解说,对学生可能发生的误解一一予以告诫。把所教内容都'讲深讲透',不给学生课后留下疑难。"[①]学生的听课、做题、考试等环节都是围绕着内化建构而展开的,对于外化建构却基本上被忽视了。

外化建构是学生把在课堂上所学知识用来解决物理问题的过程。应当明确指出的是,学生解答物理习题的过程并不是认识的外化建构过程,而是认识的内化建构过程。对此,杨振宁教授指出:"仅仅读很多的书,从老师那里学到很多知识,做很多习题,只能说是训练独立思考能力的一半。而另一半的方法是复杂的,不是每个学生都能采纳同样的建议或劝告,这个方法要靠自己去摸索。"[②]显然,杨振宁教授所说是前者是指认识的内化建构,而后者指认识的外化建构。

我国教育缺乏对学生认识外化建构的重视是历史上一直有的问题,而尤为严重的是,这样造成的问题,在中小学教育完成后的一段时间内还不能显现出来。到研究生期间,创造性能力问题才明显暴露出来。对此,美国华盛顿大学的饶毅教授从中西方比较教育的角度评价道:"到国外留学的研究生,很多在创新能力方面有明显不足,常常是只能在别人指导下做研究而不能独立工作,或领导一个实验室开创自己的方向和领域。也就是说,由中国中小学教育提倡、培养和选拔出来的'好学生'的心态、思维习惯和行为模式到进入科学研究前沿时,就暴露出很大问题。"[③]因此,在物理教育中加强学生认识的外化建构训练,意义是非常深远的。

(三)生态学运动

在物理教育中提出原始物理问题理论建构的理由还在于,20世纪80年代西方学术界兴起的生态学运动(ecological movement)对物理教育所产生的不可忽视的影响。

生态学是19世纪末在生物科学中成长起来的一门科学,研究对象是生物个体、种群、群落和生态系统。其研究任务是探索有机体与环境之间相互作用的规律及机理,研究生物的生存条件以及生物与其生存环境之间的相互关系。在研究方法上,生态学家一般采用描述性分析方法,即先对现象进行描述,而后再做分析。[④]

在物理教育中强调生态性,是源于物理习题教学模式固有的局限性。我们知道,物理习题教学模式具有许多明显优点。然而,随着物理教育研究的深入,物理习题教学模式固有的缺陷——即人为性日益暴露出来。由于物理习题情景是人为设置且条件控制严格,使物理教育情景的真实性受到破坏,使学生在解决物理习题时的认知心理及行为表现与解决实际物理问题时的认知心理及行为表现相去

[①] 赵凯华.我国高等学校物理教育的现状及改革的思考[J].物理,1995(11):663.
[②] 宁平治,唐贤民,张庆华.杨振宁演讲集[M].天津:南开大学出版社,1988:143.
[③] 饶毅.健全人格与创新精神[N].北京:人民日报,1999(4):17.
[④] 董奇.心理与教育研究方法[M].广州:广东教育出版社,1992:561.

甚远。这样,就削弱了物理教育特有的教育价值并最终导致了物理教育的低效能。

生态学运动对于物理教育的启示是:① 物理教育活动不是孤立的,而是与其他各个方面有机联系在一起的,处于一个复杂的关系之中;② 物理教育活动既受自身内部因素的影响,又受其外部因素的影响;③ 物理教育活动应在自然与社会生态环境中进行,以揭示真实、自然条件下的物理教育规律;④ 物理教育活动应注重研究学生与物理现象的相互作用及过程中学生的主动性。

总之,原始物理问题教学使物理教育从纯粹的知识传授模式中走出来,进入物理知识传授与应用相结合的新阶段,使得物理教育更加符合其培养目标。它拓展了人们的物理教育视野,拓宽了物理教育的范畴,进一步增进了人们对于物理教育本质的理解与认识,有助于真正实现物理教育的目的。

四、原始物理问题的教育价值

在物理教育中运用原始物理问题进行教学,具有以下教育价值。

(一)契合学生的直接经验和间接经验

现代教学论认为,教学过程中必须处理好学生获取直接经验与获取间接经验的关系,防止出现忽视系统知识传授或忽视直接经验积累的倾向。而在传统的物理教学过程中,往往只强调了图 7-1 中所示的虚线部分,这的确促进了学生间接经验的积累,却略去了由实际问题到抽象问题的过程,而该过程对于学生直接经验的获取,恰恰是至关重要的。因为原始物理问题与物理习题的最大区别在于:原始物理问题的呈现形式是对物理情景的描述,没有物理习题中常常有的已知量、未知量,需要学生自己去抽象,自己去设置。因此,从本质上说,物理习题教学是学生运用间接经验知识解决间接经验问题,原始物理问题教学则是学生运用间接经验知识解决直接经验问题。

由于原始物理问题具有客观真实性,学生在运用原始物理问题进行学习的过程中,通过与实际问题亲自'握手',可以获得大量的感性认识。在将实际问题转化为抽象问题的过程中,学生补回了传统教学中缺失的一环。通过对原始物理问题进行梳理和加工,完成知识的外化建构。

原始物理问题与物理习题还有相似之处,这就是原始物理问题经过抽象之后可以成为物理习题。原始物理问题的这一特点,使得它在一定程度上具备使学生能够高效地完成间接经验知识内化的功能。因此,通过运用原始物理问题进行教学,就较好地实现了学生直接经验和间接经验的契合。

(二)促进科学方法教育

近年来物理教育发展的一个重要取向是,强调科学方法在学生学习物理中的作用。比如,全日制义务教育《物理课程标准》就把"过程和方法"作为课程的目标之一,使其和"知识与技能""情感、态度和价值观"并列[1],这进一步体现了人们的物理教育理念有了新的发展。

科学方法与科学知识在本质上是统一的,但严格说来,两者又有不同的特点。科学方法与科学知识不同,它所涉及的不是物质世界本身,而是人类认识物质世界的途径与方式,是高度抽象的。科学方法也不直接由学科的知识内容来表达,而是有自己独特的表达方式,它往往隐藏在知识的背后,支配着知识的获取和应用。正是因为科学方法的这些特点,使得科学方法既不易学习,又不易掌握。而原始物理问题恰好为科学方法教育搭建了一个理想的"平台"。由于原始物理问题贴近现实生活,客观而真实地反映了我们这个日新月异的时代,因此,在原始物理问题教学中,学生就可以在教师的指导下,首先运用分析、综合、抽象、概括等科学方法将原始物理问题转化为物理习题,再运用假设、类

---

[1] 中华人民共和国教育部.全日制义务教育物理课程标准(实验稿)[S].北京:北京师范大学出版社,2001(6).

比、等效模型、近似等科学方法去进一步解决问题。

通过对原始物理问题的不断了解、积累和熟悉,就能使学生形成一种借助于科学方法获取科学知识的心理定势。这样,学生就能够以快捷的速度去获取知识,进而通过在头脑中形成认知结构,深刻地领会和掌握知识,牢固地记住知识。还可以使学生产生一种对问题的敏感性,并能够用科学方法迅速地抓住问题的要害,找出解决问题的途径。上海市在总结近十年物理学科课程教材改革和课堂教学改革经验的基础上所得出的结论是:"能力与方法是密切联系的。一般地说,人们完成某方面任务能力的强弱,是与人们掌握完成任务方法的自觉程度与熟练程度密切相关的。可以认为,方法是能力的'核心',是对能力起决定性作用的因素。"[1]所以,通过原始物理问题来促进科学方法教育,与学生能力的发展直接有关。

(三) 培养学生的创造性思维

传统的物理习题教学,往往与物理现象相脱离,使学生处在模型和模块的包围之中,满脑子的小球、轻杆、木块、斜面……,却往往不问其生活源头,感受不到物理现象真实与鲜活的一面,久而久之便桎梏了创造性思维的发展。

而原始物理问题由于具有生态性和开放性等特点,就决定了原始物理问题的解决过程必然是探索和创造的过程。面对一个信息庞杂、客观真实的原始物理问题,学生找不到可以拿来仿效的原型,也没有既成的经验可以作为指导,只能通过独立思考,不断尝试,对问题进行探索。当学生远离他们熟悉的物理习题后,思维将脱离线性的平衡状态而进入非线性的耗散结构状态。

现代科学的研究认为,人的思维生理基础是人的大脑。人脑有大约140亿个神经元[2],靠其突触相互连接而形成无数条通路。这些通路构成了人类后天学习结果无限多样性的生理基础。因此,人脑不仅是一个生物系统,同时又是一个耗散结构系统。

耗散结构理论是比利时科学家普利高津于1969年提出的。普利高津区分了两种类型的结构,即"平衡结构"和"耗散结构":平衡结构不与外界进行任何能量或物资的交换就能维持,因此,是一种"死"的结构;而耗散结构则是一种"活"的结构,需要与外界不断进行能量和物质的交换,才能维持其有序状态。普利高津指出,对于一个与外界有能量和物质交换的开放系统,在到达远离平衡态的非线性区时,一旦系统的某个参量到达一定的阈值,系统就有可能发生突变,由原来无序的混乱状态转变到一种在空间、时间或功能上有序的新状态。这种在远离平衡态的非线性区形成的新的稳定的有序结构,由于需要不断耗散能量才得以维持,所以称为"耗散结构"。根据"平衡结构"和"耗散结构"的特征,我们认为物理习题是一种"死"的结构,而原始物理问题是一种"活"的结构。

根据"耗散结构"理论,非平衡是有序之源。我们的思维之所以不断深化,是因为在大脑的认知过程中,原来图式结构的平衡状态被外来的刺激所打破,发生了"同化"或更深刻的"顺应"作用,使原来的图式得到充实或改革,达到新的水平和新的平衡。物理习题和原始物理问题的区别就在于,前者很难打破学生思维中的平衡状态,而后者则刺激学生的思维,使之远离平衡状态,达到培养学生创造性思维的目的。

(四) 推进物理高考的改革

我们目前的物理高考,采用的仍然是物理习题考察方式。对于这种考察方式,物理高考命题委员会认为:"由于高考的规模、形式及社会、经济等等因素的影响,目前的高考无法有效地考查学生所应

---

[1] 张民生.中学物理教育学[M].上海:上海教育出版社,1999:140.
[2] 李秉德,李定仁.教学论[M].北京:人民教育出版社,1991:280.

具备的全部能力,其中有些对测定和评价学生的基本素质和未来发展潜质是相当重要的。"[1]为了了解学生在这些方面的能力水平,物理高考命题委员会曾于20世纪90年代在重庆市和山东省的16所生源较好的中学进行过物理高考科研知识与能力水平测试。这些测试包括用文字对物理问题进行论证和解释等形式。考试结果的得分率很低(平均只有0.29)且测试结果与平时成绩的相关几乎为零(−0.06)。由于平时成绩与高考是密切相关的,这也在一定程度上说明,目前的高考确实没有将学生在这些方面的能力更有效地考查出来。[2]

物理高考命题委员会认为:"测试的这一结果恰好揭露了高考命题中的一个矛盾。如果希望将学生的真正能力水平考出来,达到较好的区分学生的目的,应该多用一些考核能力很有效的题目。但用这样的题目考试的结果,会使平均成绩下降,会对中学物理教学的现状造成冲击。影响如何,值得研究。"[3]这在相当程度上反映了物理高考命题委员会投鼠忌器的两难心理。

我们认为,物理高考改革的方向就是要逐渐用原始物理问题来取代物理习题对学生进行考察。这不仅能将学生的真正能力水平考察出来,从而区分不同能力水平的学生,而且真正能发挥高考对中学物理教学的引导作用。

这是因为,物理概念和规律只有在原始物理问题中才有生命力,才能显示出其内涵、色彩、格调,才能显示出其内在的理由、作用和功能,学生学习过的物理概念和规律才能真正活起来,才能提高学生学习的效率。即使学生在进行创造性活动时,也能凭直觉而非经验去探索到正确的解决途径。所以,正是在这个意义上,我们认为原始物理问题教学不仅能使学生学到物理知识、技能和科学方法,而且也能很好地培养学生的能力。

五、启示

我国的现代物理教育大部分是早年从西方直接或间接引进的。在西方,物理教育与物理现象的融合早已成为其优良的教育传统。对于我国物理教育的发展而言,采用跨文化的方式去深入了解西方物理教育发展的思路、特点与研究方法,不仅可以为我国物理教育改革提供借鉴、吸取行之有效的宝贵经验,而且可以激励物理教育领域出现新颖的教育思想,有利于制订符合现代和未来中国社会发展要求的、好的物理教育改革方案。原始物理问题的教育思想正是在这一背景下提出的。因此,有理由相信,物理教育中只有物理习题而缺乏原始物理问题的状况,不久应该结束了。

第二节 从习题到原始问题:物理教育方式的重要变革

我国物理教育缺乏对学生创造能力的培养,是历史上一直存在的问题。虽然多年来我们已经作了很多努力,进行了各种各样的课程和教学方法改革,但效果并不理想。

我们的研究表明:长期以来,我国的物理教育已经形成了一种观念,认为物理教育主要就是演算,反映在教学层面上就是以习题为核心。一言以蔽之,传统的习题教学是导致我国物理教育低效能的重要原因。

有鉴于此,本节拟从原始问题的角度出发,去深入探讨物理教育方式的变革,以期对我国物理教育的改革有所裨益。

---

[1] 教育部考试中心.高考物理能力考察与题型设计[M].北京:高等教育出版社,1997:90.
[2] 教育部考试中心.高考物理能力考察与题型设计[M].北京:高等教育出版社,1997:91.
[3] 同上书,92.

一、习题与原始问题的比较

众所周知,物理教育是一种特殊的教育。特殊性在于,它要求以观察和实验为基础,通过重演科学活动过程从而引导学生进行学习。此外,作为一种简约化的科学活动,它还要求教师向学生传授知识的同时,培养学生的能力,而这两个目的的实现都要求学生进行必要的练习。于是,习题——一种练习形式便应运而生。

其实,即使是重视解题质量的做题也很难有效培养学生的创造能力。这是因为,每一道习题都是从原始问题抽象而来,已经把原始问题的一些次要细节、非本质的联系舍去,没有物理现象与事实作为背景,甚至完全脱离物理现象。也即是说,学生思维的一部分已经被习题编制人员"越俎代庖"地完成了。同时,习题教学还存在着模式化倾向,缺乏物理思想的分析,太重视程序与计算、熟练与技巧。因此,在一定意义上说,我国学生创造能力的匮乏正是习题教学的直接后果。

事实上,物理学最重要的部分是与现象有关的,现象是物理的根源。从这个基本思想出发,我们认为:解决我国物理教育低效能的重要措施就是要打破传统习题教学一统天下的局面,通过引进原始问题来逐步使习题教学与原始问题教学相结合,达到提高物理教育效能的目的。

所谓原始问题,是指自然界及社会生活、生产中客观存在、能够反映物理概念、规律本质且未被加工的典型物理现象和事实。而习题则是把物理现象和事实经过一定程度抽象后加工出来的练习作业。两者的关系如图 7-2 所示。

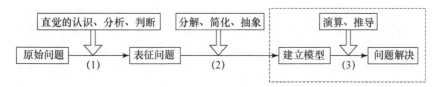

图 7-2　原始问题与习题的关系

由图 7-2 可知,学生解决原始问题需要经历三个相互衔接的过程:第一,问题是针对什么物理现象和事实的,弄清楚原始问题是什么(What),即认识问题;第二,原始问题怎样通过分解、简化、抽象后转化为物理模型(How),即物理建模;第三,怎样定性或定量的通过演算和推导解决问题(How),即解题技巧。

确切地说,原始问题的表述形式是对物理现象的描述,基本上采用文字叙述的方式呈现物理现象,与习题显著不同的是,没有习题中常常给定的已知量、未知量,需要学生根据需要去设置。比如,1995 年 10 月 28 日,加拿大人科克伦手握长杆走钢丝跨越长江三峡。科克伦如何使用手中的长杆?这样的问题就称为原始问题。相反,目前物理教育中广泛采用的习题却很难为学生提供这样的情境。

由于历史的原因,我国传统的习题教学往往侧重图 7-2 的第二个过程(建模)和第三个过程(技巧),特别是注重第三个过程(技巧),而尤其缺少第一个过程(认识),对物理现象和物理事实把握不够。因此,很多学生只知道根据已知条件去解题,遇到实际问题则常常束手无策。

在国内,赵凯华先生觉察到这个问题。他指出:"在我们的教学中,同一问题,既可以把原始的问题提交给学生,也可以由教师把问题分解或抽象成一定的数学模型后再提交给学生。习惯于解后一类问题的学生,在遇到前一类问题时,往往会不知所措。"① 显而易见,在物理教育中明确原始问题与

---

① 林纯镇,吴崇试编译.我国赴美物理研究生考试历届试题集解(1980—1984)[M].北京:高等教育出版社,1985.

习题之间的区别是有着相当重要的理论与现实意义的。

二、原始问题的教育价值

随着教育研究的不断深入,教育领域出现了一门运用生态学方法研究教育的科学——教育生态学。教育生态学强调在真实、自然情境中研究教育规律以及学生的心理活动规律,强调提高教育活动的可应用性和普遍适用性,建立合理的教育生态环境,提高教育的效益,促进人才迅速成长和发展。

在物理教育中强调生态性,乃是源于习题教学固有的局限性。我们知道,习题教学具有许多优点。然而,随着物理教育研究的深入,习题固有的缺陷——人为性也日益暴露出来。由于习题情境是人为设置且条件控制严格,使物理教育情境的真实性受到破坏,使学生解答习题的认知心理及行为表现与解决原始问题的认知心理及行为表现相去甚远。这样,就削弱了物理教育特有的教育价值。

我们知道,在真实的情境中,物理教育活动受到多种因素影响,这些因素又是相互作用、相互影响的,是一个完整的过程,物理教育活动是该系统中各因素相互作用的综合结果。然而,习题教学却将这些因素孤立开来,仅局限于特定情境中某些特定因素对物理教育活动的影响,因而就难以揭示真实、自然条件下的物理教育规律。

在物理教育中,原始问题教学并不局限于教育生态学强调的情境,而是以生态学思想为指导,把物理知识融入物理现象之中并以原始问题的形式呈现,主张把习题固有的严格性移植到自然、真实的物理环境中,并在其中揭示物理教育活动的因果关系。因此,原始问题教学所采用的方法,具有既不同于习题教学强调推导、演算而忽视学生能力培养的特点,又不同于研究性学习为探究而牺牲知识传授效率的特点。它强调给定的情境虽然是原始的,但问题本身必须是严格的。也就是说,它要求提高物理教育的外部效度,而又无须以降低内部效度为代价。因此,原始问题教学就具有以下教育价值。

首先,它有助于解决目前物理教育内部效度和外部效度不能同时得到满足的矛盾。我们知道,习题教学虽然内部效度较高,但缺乏外部效度。一般认为,内部效度是外部效度的必要条件,但不是充分条件。内部效度低的教育结果就谈不上对其他情境的普遍意义;然而内部效度高的教育结果却不一定能够一般化到现实中去。研究性学习虽然具有较高的外部效度,但却难以保证物理教育的内部效度;原始问题由于将习题的严格控制应用于物理现象之中,并且经过抽象之后可以成为习题,就使得它在一定程度上具备高效完成间接经验知识内化的功能,从而将内部效度和外部效度较好地统一起来。

其次,在原始问题教学中,学生的认知心理与行为表现都比较真实,因此,能够较好地揭示物理教育中学生的心理规律和学习规律。为了验证这一观点,我们运用原始物理问题和由其改编而成的习题对高中学生进行了测试,结果表明:原始物理问题卷的平均分为39.5,而习题卷的平均分为70,差异非常显著,且前者得分呈正态分布,后者呈偏态分布。① 这说明,原始问题虽然也有一定程度的控制,但没有像习题那样几乎完全排除环境的影响,从而保证了学生的心理及行为变化仍然是现实中各种因素综合作用的结果。

教育心理学的研究指出,教育与实际情境的相似性,是教育效果的关键因素。这种相似性越高,教育结果的可应用性也越高。甚至教学所采用的方式,也应该尽可能接近教育结果所要应用的实际情况,这样才能在更大程度上提高教育的效能。

最后,可以根据教学的需要选择数量合适的原始问题供学生练习,保证掌握知识和培养能力的需要。事实上,物理概念和规律只有在原始问题中才有生命力,才能显示出其内涵、色彩,格调,才能显

---

① 王静.高中学生解决物理习题与原始物理问题的比较研究[D].北京:首都师范大学,2005:46.

示出其内在的理由、作用和功能,学生学习过的概念和规律才能真正活起来,这样才能提高学习效率。即使学生进行创造性活动,也能凭直觉而非经验去探索正确的解决途径。所以,正是在这个意义上,我们认为原始问题教学不仅可以使学生有效地学习物理知识,而且也能很好地培养学生的能力。

因此,为了克服习题教学的局限性,我们主张,物理教育应当走出单一习题教学的禁锢,在真实的情境中研究学生的学习心理与物理教育活动,重视物理教育活动中学生与物理现象的多向性交互作用,以保证物理教育活动具有较高的生态学效度,具有较高的应用价值。而原始问题教学则使教育生态学的思想转变为现实成为可能。

当然,还应当指出,强调原始问题教学并不是要完全排斥习题教学,否定习题教学的价值,而是主张在保留习题教学优点的同时,克服其不足,并通过两者的相互结合来达到提高物理教育效能的目的。

三、原始问题的教育功能

现代认知心理学的研究认为,人的思维生理基础是人的大脑。人脑有多达150亿个神经元,靠其突触相互连接构成无数条通路。这些通路构成了人类后天学习结果无限多样性的生理基础。因此,人脑不仅是一个生物系统,同时又是一个耗散结构。

耗散结构理论指出,一个开放系统,在远离平衡态的条件下可以由混沌向有序方向转化;有序的组织可能通过一个'自组织'过程从无序和混沌中'自发'地产生出来;自组织的显著特点是它通过突变过程而完成的,这个突变发生在事物由低级到高级阶段之间的'分叉点'上;在发生突变之前,系统通过正反馈与外界交换物质、能量和信息,使有序状态参量不断增强,超过临界值系统便进入高一级阶段,这个高级阶段叫"耗散结构",因为比起平衡结构,它要求消耗更多的能量来维持。

我们的研究表明,在物理教育中进行原始问题教学,可以较好地创设使学生的大脑从混沌向有序方向转化的条件,因此,原始问题教学就具有以下教育功能。

(一) 使学生的大脑充分开放

根据耗散结构理论,一个系统只有开放才能有序。这是因为,有序的结构需要输入物质、能量或信息,并与外界进行交换才能维持,封闭的系统无法进行有效的交换,因而最终变为混沌。传统的习题,往往与物理现象相脱离,充斥着小球、轻杆、木块、斜面……,使学生处于模型和模块的包围之中,却往往不问其生活源头,感受不到物理现象真实与鲜活的一面,久而久之便桎梏了创造性思维的发展。由图7-2可知,习题在一定程度上就是一个封闭系统,其边界为虚线框,它基本上排除了环境因素的影响,因而不能使学生的大脑充分开放。

原始问题则不然,由于具有生态性和开放性等特点,就决定了原始问题的解决必然是探索和发现的过程。面对一个信息庞杂、客观真实的原始问题,学生很难找到可以拿来直接仿效的原型,需要通过独立思考,不断尝试,对问题进行探索。只有摆脱习题的束缚,学生的思维才可能脱离平衡状态。

(二) 使学生的思维远离平衡状态

根据"耗散结构"理论,非平衡是有序之源。我们的思维之所以不断深化,是因为在大脑的认知过程中,原来认知结构的平衡状态被外来的刺激所打破,发生了"同化"或更深刻的"顺应"过程,使原来的认知结构得到充实或变革,达到新的水平和新的平衡。习题和原始问题的区别就在于,前者很难打破学生思维的平衡状态,而后者则刺激学生积极思维。由图7-2可知,原始问题的解决除了推导、演算等过程外,还包括建立模型的分解、简化、抽象等思维过程以及对原始问题加以直觉的认识、分析和判断过程,从而使学生的思维远离平衡状态,并达到培养学生创造性思维的目的。

（三）促进学生思维非线性相互作用的发展

"耗散结构"理论指出，只有在系统内各要素之间存在着非线性相互作用的机制下，才能形成耗散结构。因为非线性相互作用，使各个要素之间产生相干效应和协调作用。

对于原始问题促进思维非线性相互作用的功能，一位物理教师张老师通过教育行动研究进行了实践，取得了较好的效果。依据行动研究是"由社会情境（教育情境）的参与者，为提高对所从事的社会或教育实践的理性认识，为加深对实践活动及其依赖的背景的理解所进行的反思研究"[①]的理念，张老师在课堂上向同学们提出了这样一个原始物理问题："在宇航飞行时人们处于失重状态。失重给宇航员的生活和工作带来很大不便，因此，有必要制造一个'人造重力'装置。'人造重力'能否实现？"[②]显然，这一问题只有在思维的各个要素产生相干效应和协同作用下才有可能解决。

（四）通过随机涨落促进学生思维从无序到有序的转变

"耗散结构"理论提出，处于近平衡区的系统，其内部的涨落将会进一步导致结构的破坏，使系统进入无序状态。但对于远离平衡区的系统，涨落却可能成为促使系统从不稳定状态跃迁到一个新的稳定有序状态的诱因，涨落就可能被放大，导致系统失稳，把系统推到临界点上，进而由随机涨落进行选择，沿多种可能途径中的某一分支进入一个新的状态。

在物理教育中，当学生的思维系统到达临界点时，系统内很多参量如美感、新颖性、解释性、复杂性、包容性、理解性等，其中一些可能会很快衰减，而另一些则可能越来越被放大。这种情况常常是在突然之间发生的。因为系统发生非平衡相变时状态参量是从零越过临界点到达一个非零值的，思维的这种状态就是灵感被激发的状态。如前所述，对于'人造重力'问题，"李辉同学提出了根据角动量守恒定律，设法使航天站和配重所构成的系统不停地做匀速圆周运动，从而使'人造重力'实现的方案；刘娟同学则建议把配重做成另一个航天站同时送上太空，两个航天站绕着它们的中点转动的方案；而罗敏同学进一步提出了把连接两个航天站的支架改成管形通道的方案。这时，李辉突然说：'有了！我把航天站做成密封的圆环状，从地面发射到达预定轨道后，通过动力使环形舱获得一定角速度绕圆环的中心转动，撤去动力，由于角动量守恒，环形舱可以不停地转动下去，宇航员便可以在类似地面重力的情况下生活了。'"[③]于是，通过这个被随机放大的涨落（管形通道），李辉同学完成了思维从无序到有序的突变，这就是涨落导致有序。

总之，原始问题教学使物理教育从纯粹的知识传授模式中走出来，进入到物理知识传授与应用相结合的新阶段，从而使得物理教育更符合其培养目标。在物理教育思想上，它引起了一次革命，打破了传统物理教育中习题教学占据统治地位的格局，提出了解决物理教育外部效度的有效措施，拓展了人们的物理教育视野，拓宽了物理教育的范畴，进一步增进了人们对于物理教育规律的理解与认识，有助于更好地实现物理教育目的。

第三节　原始问题教学：物理教育改革的新视域

一、我国物理教育的思考

前不久，来自台湾的物理学教授程曜，有感于在清华讲授物理课程的体会，发出了"救救这些只会

---

① 林崇德.教育与发展[M].北京：北京师范大学出版社,2002：158.
② 中华人民共和国教育部.普通高中物理课程标准（实验）[S].北京：人民教育出版社,2003：71—72.
③ 同上.

考试的孩子们"的呼吁。他说:"这些清华的大学生像是会考试的文盲,除了考试,他们不会推理,不敢提问题,不愿动手。课本里没有的他们不会,他们不会将上课的知识应用到日常生活上,因为这些知识只是用来考试的。""我必须要说,这不只是清华大学一个学校的责任,应该是全体中国人的责任。我必须呼吁大家来救救这些孩子,把他们的思想紧箍咒拿掉,让他们开始思考。"①

出现这种现象的原因虽然是多方面的,但根本原因却是源于我们的物理教育思想。

在我国,存在着一种被普遍认可的物理教育观点:"学好物理学,关键是勤于思考,悟物穷理。勤于思考,就是对新的概念、定义、公式中的符号和公式本身的含义,用自己的语言陈述出来。对于定理的证明、公式的推导,最好在了解了基本思路之后,自己背着书本把它们演算出来。这样你才能够对它们成立的条件、关键的步骤、推演的技巧等有深刻的理解。悟物穷理,就是多向自己提问:哪些是事实?哪些是推论?推论是怎样得来的?我为什么相信它?"

"勤于思考,悟物穷理,就是要对问题建立自己的物理图像。学习物理,不做习题是不行的。但做习题不在于多,而在于精。习题做完了,不要对一下答案或交给老师批改就了事。自己从物理上应该想一想,答案的数量级是否对头?反映的物理过程是否合理?能否从别的角度判断自己的答案是否正确?我们应该力争能够做到,习题要么做不出来,做出来就有充分的理由相信它是对的,即使它和书上给的答案不一样。"②

这种观点着眼于推演,落脚于习题,"学习物理,不做习题是不行的。但做习题不在于多,而在于精。"是这种观点的核心。

这种观点不仅影响着物理教学,也反映在物理高考的命题指导思想上。比如,物理高考命题委员会就认为:"我们主张要做题,但并不赞成搞题海战。因为题海战盲目追求解题的数量,不重视解题的质量,使学生根本来不及对习题以及习题有关的问题进行思考。"③

然而,同样的问题,杨振宁却认为:"做很多习题,只能说是训练独立思考能力的一半。而另一半的方法是复杂的,不是每个学生都能采纳同样的建议或劝告,这个方法要靠自己去摸索。"④

杨振宁虽然没有给出另一半的方法是什么,但他明确指出了习题只是训练能力的一半而非全部,这具有重要的启示作用。

在此,我们想引用一段费恩曼的故事,来阐述什么是正确的物理教育理念。故事描述费恩曼在日本时遇到的情况:

"在我所到的地方,每位搞物理的人都告诉我他们正在做什么,我也愿意同他们讨论。通常他们先一般地讲一讲问题的所在,然后就开始大串大串地写起公式来。

'等一下',我说:'这个一般性问题有特例吗?'

'怎么会没有?当然有。'

'好吧,请给我举个例子。'这是为了我自己,因为我不能普遍地理解任何事,我心中必须怀着一个特例,注视着它如何发展。起初有些人以为我有点迟钝,以为我不懂,因为我问了许多'愚蠢的'问题,如'阴极是正的还是负的?''阳离子往这边走还是往那边走?'

但是过了一会儿,当这位朋友停在一串方程式中间想说点什么的时候,我却说:'请稍等一下,这儿有个错!那不可能是对的!'

此人检查一下他的公式,过了一会儿,果真发现了错误。他很惊讶,想道:'真见鬼,这家伙怎么

---

① 程曦.除了考试,他们不会推理,不敢提问题,不愿动手[N].新华每日电讯.2005-07-10.
② 赵凯华.新概念物理学(力学)[M].北京:高等教育出版社,2004.7.
③ 教育部考试中心.高等物理能力考察与题型设计[M].北京:高等教育出版社,2001.258.
④ 宁平治,唐贤民,张庆华.杨振宁演讲集[M].天津:南开大学出版社,1989.143.

搞的,开初他简直不懂,现在怎么在这团乱糟糟的公式中找出个错儿?'

他以为我在跟着他一步步地作数学推演,其实不是那么一回事。我心中有了特殊的物理实例,这正是他企图分析的问题。我从直觉和经验知道这件事的性质。所以当公式告诉我们说这件事应如此这般时,我一感到不对头,就跳起来说:'等等,那有个错儿!'

这样,在日本,没有物理实例我就不懂,也不能和任何人讨论问题。但是他们经常给不出实例来。即便给出来,也往往是个弱例,就是说,这问题本可用简单得多的分析方法来解决。

因为我总不问数学方程,而是问他们想搞的问题的物理实例,我的访问被总结到一篇油印的文章里,在科学家中间传阅,文章的标题是'费恩曼的轰炸和我们的回击'"。①

显然,在费恩曼看来,物理学的核心不是推演,而是物理实例、物理现象。

杨振宁也认为,"很多学生在物理学习中形成一种印象,以为物理学就是一些演算。演算是物理学的一部分,但不是最重要的部分,物理学最重要的部分是与现象有关的。绝大部分物理学是从现象中来的,现象是物理学的根源。一个人不与现象接触不一定不能做重要的工作,但是他容易误入形式主义的歧途;他对物理学的了解不会是切中要害的。"②

事实正是如此。许多学生经过多年苦读,学习了大量物理概念、规律,做了许多习题,却不能有效地提高物理水平。他们面临物理问题时不能迅速判断,稍一动笔就错误百出。在理解物理问题的机制方面也是除了简单的分析外,不能准确地表达自己的思想,不能完整地解决问题。比如,程曜在清华大学所出《光学》考试题的第一题是:"如果你的近视眼很严重,不戴眼镜能看清楚显微镜的影像吗?"令他非常吃惊的是,"100 个修课的学生中有一半以上的不会答,还有四分之一答错。"③

二、原始物理问题教学

众所周知,物理学在所有自然科学中属于最难学习的学科之一,其原因主要源于其累积性、逻辑性和经验性。物理知识是近代物理学家智慧的结晶,由于课时的限制,教师不可能把物理知识的产生过程都重复一遍。而物理知识的逻辑性也给物理教育带来了特殊的困难。物理知识体系是建立在严密的逻辑联系之上的,而逻辑是不能用通常的感觉器官去体验的东西,它是一种特殊的心理体验,通过它可以将新旧经验和新旧知识连接起来。物理知识的经验性是对物理教育的又一挑战。物理学习强调亲身体验,在"做中学"。同样是由于课时的限制,物理教育没有足够的时间让学生去进行"探究"。因此,作为一种简约化的科学教育活动,物理教育要求学生进行必要的练习,于是,习题——一种练习形式便应运而生。

习题情境是人为设置且条件控制严格,因而使物理教育情境的真实性受到破坏,使学生解答习题的认知心理及行为表现与解决实际问题的认知心理及行为表现相去甚远。因此,无论做题如何"精"或怎样"重视解题质量",都不能使学生学好物理学。所以,我国物理教育以习题为核心的教育模式,事实上把学习物理的必要条件当成了充分必要条件,这是一个逻辑学的基本常识错误。

从爱因斯坦的科学思维过程理论来考察习题,我们进一步发现了习题的缺陷。

1952 年 5 月,爱因斯坦在给索洛文的信中提出了著名的科学思维过程理论,对逻辑思维和非逻辑思维在科学创造中的作用作了明确的阐述(如图 7-3 所示)。

---

① Feynman R P. *Surely You're Joking, Mr. Feynman!* [M]. New Youk: W. W. Norton & Co. ,1985,223.
② 杨振宁. 杨振宁文集[M]. 上海:华东师范大学出版社,1998,508.
③ 程曜. 除了考试,他们不会推理,不敢提问题,不愿动手[N]. 新华每日电讯. 2005-07-10.

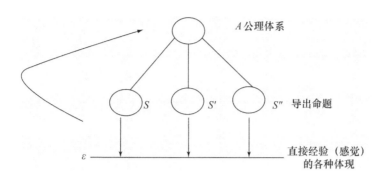

图 7-3　逻辑思维和非逻辑思维在科学创造中的作用

爱因斯坦对上图作了如下说明：

(1) ε(直接经验)是已知的；

(2) A 是假设或者公理。由它们推出一定的结论来。从心理状态方面来说，A 是以 ε 为基础的。但是在 A 同 ε 之间不存在任何必然的逻辑联系，而只有一个不是必然的直觉的(心理的)联系，它不是必然的，是可以改变的；

(3) 由 A 通过逻辑道路推导出各个个别的结论 S, S 可以假定是正确的；

(4) S 然后可以同 ε 联系起来(用实验验证)。这一步骤实际上也属于超逻辑的(直觉的)，因为 S 中出现的概念同直接经验 ε 之间不存在必然的逻辑联系。[①]

因此，在爱因斯坦看来，科学思维的开始和终结都是超逻辑(直觉)思维，只有中间过程是逻辑思维。"纯粹的逻辑思维不能给我们任何关于经验世界的知识；一切关于实在的知识，都是从经验开始又终结于经验。"这一理论对于物理教育改革具有重要的启示。

长期以来，我国物理教育一直存在着把"习题"误为"问题"的倾向。研究表明：许多物理问题教学的研究实质上是习题教学的研究，这种情况到目前为止，可以说基本上没有改变。许多物理教育理论工作者在问题教学的各个方面作了一些工作，然而还应当清楚地认识到，整个问题教学的理论至今未能得到很好的解决。

在国内，数学教育家张奠宙认识到这个问题，他指出："问题不等于考题，尤其不等于目前中国的升学考题。用'问题'来补充、改造和影响考题，以便进一步改革中国的数学教育，这可能是一个有效的突破口。"[②]

基于此，我们认为，必须对问题和习题进行明确区分。为避免歧义，我们把问题称为原始问题，而与问题对应的称为习题。

(一) 原始问题

所谓原始问题，是指自然界及社会生活、生产中未被抽象加工的典型现象。它具有以下特点：

① 是对现象的描述，没有对现象作任何程度的抽象；

② 基本是文字的描述，通常没有任何已知条件，其中隐含的变量、常量等需要学生自己去设置；

③ 没有任何示意图，解决问题所需要的图像需要学生自己来画出；

④ 对学生来说不是常规的，不能靠简单的模仿来解决；

⑤ 来自真实生活情境；

[①] 许良英,李保恒,赵中立,编译.爱因斯坦文集(第一卷)[M].北京:商务印书馆,1983,541.

[②] 张奠宙.数学教育经纬[M].南京:江苏教育出版社,2003,302.

⑥ 具有趣味和魅力,能引起学生的思考和向学生提出智力挑战;

⑦ 不一定有唯一的答案,各种不同水平的学生都可以由浅入深地作出回答;

⑧ 解决它需伴以个人或小组的活动。

典型的原始问题:"一些人认为婴儿由成人抱着坐在汽车里很安全的。现在请你估计一下,在一切发生在很短时间的撞车中,需要多大的力才能抱住婴儿。"

(二) 习题

而习题则是把现象进行抽象、简化、分解,经人为加工出来的练习作业。

它具有以下特点:

① 不是对现象的描述,而是对现象高度的抽象;

② 虽然也是文字的描述,但所有已知条件都已给出,不需要学生自己去设置;

③ 凡是解题所需要的图像都已画出,不需要学生自己来画出;

④ 对学生来说是常规的,靠简单的模仿即可解决;

⑤ 少部分来自真实生活情境,大部分没有真实生活情境;

⑥ 缺乏趣味和魅力,主要用来训练学生掌握知识;

⑦ 有唯一的答案;

⑧ 个人解决,不需要小组活动。

典型的习题:"婴儿由成人抱着坐在汽车里也是很不安全的。请计算:在一切发生在 0.1s 的撞车中,若撞车前车速为 60km/h,那么你需要多大的力才能抱住一个 10kg 的婴儿。"

显然,习题虽然在形式上联系了现象,但却提供了完美而详细的数据,实际上并没有给学生提供真实的问题情境,因此使得在培养学生分析和解决问题的能力上大打折扣。原始问题则是把每个已知量镶嵌在真实的现象中而不是直接给出,需要学生根据面临的情境,通过假设、抽象等手段获得所需的变量及数据,再构造出理想的模型,经过一层层的"剥开"过程,最终使结论"破茧而出"。原始物理问题与习题的关系如图 7-4 所示。

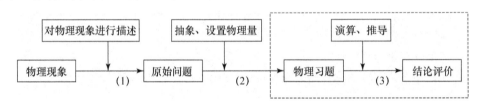

图 7-4 原始物理问题与习题的关系

习题教学"掐头去尾烧中段",只侧重上图中的中间环节(演算、推导),根据爱因斯坦的科学思维过程理论,科学思维的开始和终结都是超逻辑(直觉)思维,由于习题教学恰恰缺少了问题的始末两个环节,致使很多学生只知道根据已知条件去解题,遇到实际问题则常常束手无策。应当清醒地认识到,教学不讲知识的实际来源和应用,还宣称培养学生的逻辑思维能力,这其实是我国物理教育的一种严重缺陷。

当学生面临原始问题的"头"时,由于原始问题只暴露出了现象的某些特征,难以对它作出有效的判断,只能根据某些事实或已知理论,运用相似、类比、外推、猜测、不连续、不完整和非逻辑的方法对原始问题的本质形成适应性、启发性的领悟,这种科学抽象思维就带有大幅度跳跃提取和加工信息的特点,这种跳过个别证明细节,战略式的认识事物本质的方式,是人类认识事物的重要方式。这是因为,直觉能够帮助我们从不认识的新事物中,提炼"物理图像"或"工作简图",这是认识原始问题的关键一步,有了它,才能形成新的概念进行数量分析、建立方程式求解,这一关键的步骤很少能用逻辑思维来完成,它需要直觉。诺贝尔物理奖获得者汤川秀树指出:"抽象由于其本身的性质而不可能独自起作用。人们必须从内容上更为具体和丰富的他物中抽象出某物。换言之,人类必须从直觉或想象入手,然后才能够借助于自己的抽象能力。""在任何有成效的科学思维中,直觉与抽象总是相互影响的,不仅某种东西必须从我们丰富但多少有点模糊的直觉图像中抽象出来,而且被当做人类抽象能力的成果而建立某种概念到最后的确定往往变成了我们直觉图像的一部分。从这种新建立起来的直觉中,人们可以继续作出进一步的抽象。"[①]

当学生面临原始问题的"尾"时,同样需要借助于物理直觉和经验以及费恩曼所提倡的物理实例,来判断结论的正确性和合理性。

1986 年,两位美国物理教师在 *The Physics Teacher* 杂志上提出了一个原始物理问题:在稳恒电路中,是否存在着某一负载电阻,使电源既有较高的输出功率又有较高的效率?通过证明,他们得出结论:当负载电阻等于电源内阻的 3 倍,即 $R=3r$ 时满足条件。[②] 这篇文章被翻译到国内后,有一位物理教师通过推导给出了另外的答案:当 $R=2r$ 时满足条件。[③]

其实,依据物理直觉和经验,通过一个物理实例就能判断结论正确与否。

手电筒就是一个简单的电路,小灯泡的阻值通常为 8Ω,而两节干电池的内阻为 0.2Ω。这说明日常电器根本不工作在 $R=3r$ 或 $R=2r$ 处,而是要求保证能够提供负载一定量的输出功率,从而提高电源的效率。因此,可以得出结论:$R=3r$ 或 $R=2r$ 的答案都是错误的。不仅如此,该问题的命题也是错误的。

我国物理教学的优良传统是教学的内在联系紧密,条理清晰,逻辑严密。然而,在教学实践中,人们总觉得我国的教学中还缺少点什么。我国学生每当遇到问题时,总是一开始便埋头用系统的理论工具按部就班地作详尽的计算,尽管有的问题本可以通过简单的思考就能得出结论。我们认为,我国物理教学中所缺少的正是习题教学之外的"头"和"尾"。由此而带来的问题是:我国学生不是亲自编写"习题"的人,他们不知道"习题"的来龙去脉,不体会解决原始问题的甘苦。他们缺乏通过定性的思考或半定量的试验,先对问题的性质、解的概貌取得一个总体估计的训练。因此,在解决问题时往往会一叶障目,不见泰山。

三、原始问题教学对物理教育改革的启示

怎样在物理教育改革中体现出创新?这一直是我们深入思考的问题。我们认为,物理教育改革的创新主要体现在教育思想、教育方式特别是对学生能力的培养上。我们体会到,创新应当是继承基础上的创新,创新与继承是相辅相成的,不是割裂和对立的。由此,我们提出:物理教育应当"以习题演练为基础,以原始问题解决为升华"。而我们目前的教学,对于前者给予了足够的重视,对于后者,则基本上被忽视了。

我们目前的物理教学,虽然已经在一定程度上注意了基础知识与生活的联系和实际应用,但在认识上仍然存在着很大的偏差。全国物理高考命题委员会认为:"使学生具备应用物理知识解决生产和生活中的实际问题、解释生活中的现象的能力,是中学物理教学的重要目标之一,也是高考所要考察的目标之一。过去在高考中有许多题目都在不同程度上考查学生对物理知识的实际应用的掌握,

---

[①] 汤川秀树.科学中的创造性思维[J].自然科学哲学问题丛刊.1983(2):36—38.
[②] L V Hmurcik, J P micinilio. Compared the biggest Power transmission with the biggest efficiency[J]. *The Physics Teacher*,1986(11):45—47.
[③] 陈崇廉.电源效率与功率传输的权衡[J].物理通报.1988(11):16—18.

有的涉及生产实际中的问题,有的涉及科学研究的实际问题,有的涉及学生生活的实际问题。但这类题目许多都没有要求学生通过分析实际的情境自己把问题找出来,得出解决问题的方法,就导致了学生在理论联系实际的能力方面的缺陷。科研测试题尝试通过对实际情境的描述,让学生自己分析判断问题的所在,找出解决的方法并解决问题。"[1]

例如一网球运动员在离开网的距离为12m处沿水平方向发球,发球高度为2.4m,网的高度为0.9m。

(1)若网球在网上0.1m处越过,求发球时网球的初速度。(2)若按上述初速度发球,求该网球落地点到网的距离。取$g=9.8m/s^2$,不考虑空气阻力。

事实上,上述科研测试题本质上还是习题,只不过是有情境的习题。特别需要指出的是:这样的科研测试题也根本不是对实际情境的描述,而是已经对实际情境进行了抽象。因为描述是文字性的,不应在问题中出现物理量。全国物理高考命题委员会对问题与习题的理解程度尚且如此,由此可知在物理教育中进行原始物理问题研究的必要性和迫切性。

为什么全国物理高考命题委员会不能区分问题与习题?为此,我们进一步研究了《物理高考大纲》。

为了制定我国物理科高考命题依据的《物理高考大纲》,全国高考物理学科委员会征求了有关专家的意见,分析了物理课程在整个中学课程中的地位,比较各学科的特点及其对学生素质和能力发展主要贡献的基础上,根据物理学科的特点和需要,从中学物理教学和高考命题的实践经验出发,提出了五个方面的能力要求:理解能力、推理能力、分析综合能力、应用数学处理物理问题的能力以及实验能力,并通过描述性的说明,解释每一种能力的具体表现,界定该能力的含义。

显然,在思维能力的培养上,考试大纲中缺少了抽象和概括。这是导致全国物理高考命题委员会不能区分问题与习题的根本原因。重温著名心理学家勒温关于"没有任何一个东西比好的理论更加实用"的思想,我们更加体会到理论的力量和价值,体会到好的理论对物理教育实践的指导是多么重要。

抽象在物理思维的形成过程中是极其重要的。因为在现实世界中,任何一个问题都是原始问题,只有通过科学的抽象,才能形成科学的问题并进一步研究下去。

概括同样是非常重要的。心理学家林崇德指出:"思维最显著的特点是概括性。思维之所以能揭示出事物的本质和内在规律性,主要来自抽象的概括过程,即思维是概括的反映。"由于"概括在思维过程中的地位以及概括能力在现实中的作用与重要性,所以,概括性就是思维研究的重要指标,概括水平就成为衡量学生思维发展的等级指标;概括性也就成为思维培养的重要方面,思维水平通过概括能力的提高而获得显现。学生从认识具体事物的感知和表象上升到理性思维的阶段,主要是通过抽象概括。因此,发展学生的概括能力,就是发展思维乃至培养智力与能力的一个重要环节。"[2]

从物理教育创新的角度看,物理教育应当教会学生学习"活"的物理,所谓"活"的物理就是要与物理现象紧密联系,要使学生在学习物理的过程中形成自己的"taste",杨振宁认为:"一个人在刚接触物理学的时候,他所接触的方向及其思考的方法,与他自己过去的训练和他的个性结合在一起,会造成一个英文叫做 taste,这对他将来的工作会有十分重要的影响,也许可以说是有决定性的影响,而这个 taste 的成长基本上是在早年。"

1982年,有一位15岁的少年天才到美国纽约州立大学石溪分校,要求进研究院做研究生。杨振

---

[1] 全国高考物理科命题委员会"九五"科研课题组.高考能力测试与试题设计[M].北京:北京教育出版社,2001.
[2] 林崇德.学习与发展[M].北京:北京师范大学出版社,1999,147.

宁在面试时问了几个量子力学问题,他都能回答。杨振宁进一步问:"这些量子力学问题,哪一个你觉得是妙的?"他却回答不出来。

对此,杨振宁的评价是:"尽管他吸收了很多东西,可是他没有发展成一个 taste。他只是学了很多可以参加考试得很好分数的知识,他没有把问题里面基本的价值掌握住,这不是真正做学问的精神。"

时至今日,我国物理教学中普遍存在的情况仍然是:"大部分学生上课的时候,只留意老师放了什么资讯,可能要考什么,很少理会一堂课内所教内容之间的关联性。这件事非常容易证明,只要上课明白说出的一句话,好像会考,他们就会回答。如果需要综合两句话的推理思考,他们就不知所措。如果不给公式,学生不会算,也不敢推导公式。他们上课,不理会老师推导公式的思路,大都死记最后公式的结果。"

按照杨振宁的物理学习思想——"学习一个东西不只是要学到一些知识,学到一些技术上面的特别方法,而是更要对它的意义有一些了解,有一些欣赏。假如一个人在学了量子力学以后,他不觉得其中有的东西是重要的,有的东西是美妙的,有的东西是值得跟人辩论得面红耳赤而不放手的,那我觉得他对这个东西并没有学进去。"

上海第 51 中学的陈振宣老师曾讲过一个故事。他的一个学生在上海和平饭店当电工,发现连接 20 层楼和地下控制室的三根导线的电阻不同,直接算不可能,于是想到用方程求解:

$$X + Y = a \quad X\cdots\cdots$$
$$Y + Z = b \quad Y\cdots\cdots(20层)$$
$$Z + X = c \quad Z\cdots\cdots$$

解这类方程,对我国中学生简直是"小菜一碟",但面对这一类原始物理问题,能解决的学生就很少了。

为了了解原始问题的教育功能和价值,我们指导研究生运用原始问题进行了高中生物理能力培养的纵向追踪研究,测试结果表明:实验班的总体分数分布如图7-5,对照班的总体分数分布如图7-6,差异显著,且前者得分呈正态分布,后者呈偏态分布。由于学生的能力是正态分布的,这说明,原始问题虽然也有一定程度的控制,但没有像习题那样几乎完全排除环境的影响,保证了学生的心理及行为变化仍然是现实中各种因素综合作用的结果。①

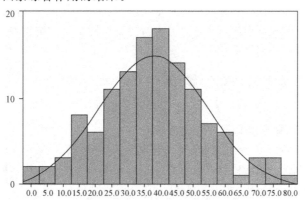

图 7-5 实验班总体分数分布

---

① 刘利.运用原始问题培养中学生物理能力的实践研究[D].北京:首都师范大学,2006,46.

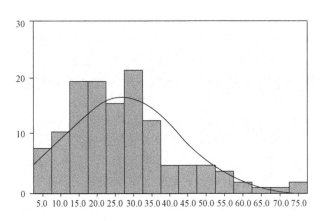

图 7-6　对照班总体分数分布

站在我国物理教育改革的背景之下,我们选择原始问题教学作为研究课题,因为这一课题既符合物理教育改革的生态化取向,同时又符合爱因斯坦科学思维过程理论的基本思想。于是,我们把研究的视野聚焦于这样一个领域。当然,这一研究并不只是局限于原始问题教学本身,在更深一层意义上,原始问题体现了一种新的教育思想。原始问题与习题的区别也并不仅仅体现在给定已知条件程度的不同,它事实上是两种不同物理教育观念的"分野"——是教给学生"活"的知识还是教给学生"死"的知识?是与现象紧密联系还是与演算推导联系?是只教知识还是既教知识又培养能力?因此,我们把这一研究看做是我国物理教育改革中的一个重要问题,并希望这一研究能有助于形成新的物理教育方式——把习题教学与原始问题教学相结合,使教师的教学和学生的学习与现象紧密结合起来,这显然具有重要的理论意义和实践意义。

第四节　原始物理问题测量工具编制与研究

在物理教育中对中学生进行物理能力测量,是物理教育评价的重要组成部分。由于"现象是物理学的根源",因此,物理能力测量就需要与物理现象密切结合起来,测量工具也就不能局限于被抽象的物理情境——习题,而必须上升到物理问题的层面,我们认为这是物理能力测量中非常值得重视的问题。基于此,我们编制了原始物理问题测量工具并进行了抽样测量。结果表明,这一工具不仅具有很好的信度与效度,而且能有效测量中学生解决物理问题的能力。

一、原始物理问题测量工具编制的思想

原始物理问题测量工具的编制主要从以下几个方面展开:

(一)将实际生活中的现象与物理知识有机结合编制

电风扇阴影是日常生活中司空见惯的现象,很多同学都观察过。这个问题与物理学中的交流电、圆周运动等知识巧妙联系在一起,可以有效考查学生解决实际问题的分析与综合能力,是一道很好的原始物理问题。

(二)根据新闻报道中的真实事件加以编制

轮船减摇是把一则新闻报道加以改编而成的。《中国青年报》1990年12月25日报道了我国前往南极的科学考察船"极地号"上发来的专电——"极地号启动减摇装置慢速航行"。报道称:"随着西风带的离去,船体摆动愈发剧烈,躺在床内的队员已可以清楚地感觉到,船体在向前后左右不同

方向地摆动,在启动减摇装置的情况下,船体横摇平均已达15°,最高达27°,……为了减小船体摇动,船上已采取了新的减摇措施,为此航速已减至10节并且改变了航向。"轮船减摇的解决首先需要把轮船抽象为质点,然后运用波长、波速、频率关系公式进行解答。这是一道非常好的原始物理问题。

(三) 根据历史上真实发生的事件改编

"瓦萨"舰翻倒是根据《新概念英语》的真实故事而改编。《新概念英语》写道:"1682年8月10日,瑞典的斯德哥尔摩,有一艘当时最大的主力舰'瓦萨'号,正在举行首航仪式,一阵微风吹来,船身奇怪地晃动了一下,向左倾斜过来,炮长命令把所有的左舷上的大炮移到右舷以抵消船的倾斜,但甲板的倾斜度在增加。灌进船的水决定了船的命运。在辉煌历程的最初时刻,这艘为统治波罗的海而造的强大的'瓦萨'号,飘着舰旗沉入她诞生的海港。""瓦萨"舰翻倒灵活考察了力的三要素、重心和浮心的位置关系、力矩平衡原理等知识,对学生的物理能力提出了很高的要求。

(四) 根据高中物理教材的相关内容编制而成

飞机的感应电动势是根据高中物理教材法拉第电磁感应定律的推导而改编。[①] 它灵活地考察了洛伦兹力公式、场强与电势关系公式、二力平衡等知识,要求学生把飞机抽象成一段导体。高中物理教材中一段导体做切割磁感线运动时感应电动势的表达式是根据磁通量的变化推导的,而飞机的感应电动势原始物理问题则是一段导体切割磁感线产生感应电动势,没有磁通的变化,可以很好地考察中学生的迁移能力。尤其是这个问题远离了学生熟悉的教材,可以有效测量学生的创造性思维能力。

按照上述方法,我们进行了原始物理问题测量工具的编制,经过多次测试,反复修改,最终形成正式原始物理问题测量工具。

二、原始物理问题测量工具

[指导语]:今天,我们将考察你一种重要的能力——解决原始物理问题的能力。本测量工具共有5个题目,每个问题从不同方面考察你解决原始物理问题的能力。本次测量的题目不是通常考试采用的习题,而是原始物理问题。由于它是对物理现象的描述,因此问题中通常不出现物理量,解答问题所需要的物理量由你自己来设置。当然,所设置的物理量要能够测量并且合理。

注意事项:

(1) 在答题之前,请将自己的姓名、性别、年级、学校写在答题纸上;

(2) 请自行做答,不要讨论,保持教室安静;

(3) 如有看不懂的地方,请提出,在场的老师会及时解答;

以上由监考教师在考试开始之前通读。

全卷满分为100分,测试时间为120分钟。

姓名:　　　性别:　　　班级:　　　学校:　　　得分:

(一) "瓦萨"舰翻倒(20分)

1682年8月10日,瑞典的斯德哥尔摩,有一艘当时最大的主力舰"瓦萨"号,正在举行首航仪式,

[①] 人民教育出版社物理室.普通高级中学教科书(物理)第二册[M].北京:人民教育出版社,2000,166.

只因一阵微风吹来,就使它翻倒沉没了！这是为什么呢？几百年来一直是个谜。1961年4月24日,这艘在海底沉睡了几百年的古战舰终于被打捞起来了,沉船之谜被揭开。请你利用所学的物理知识定量地解释"瓦萨"号翻倒之谜。

(二) 篮球落地(20分)

一篮球自某一高度自由下落,撞到地面后又弹起,上升到一高度后又自由下落,以后又弹起,下落,一次又一次直至篮球静止。请画出在整个过程中篮球的加速度随时间的变化图线,并定量地解释每一段图线为什么是这样画的。

(三) 电风扇阴影(20分)

一台双叶电扇顺时针转动,在日光灯的照射下,出现了稳定的4个扇叶互相垂直的阴影,则这时电扇的转速是多少？若出现了双叶片阴影缓慢地逆时针转动,这时电扇的转速略大(小)于多少？

(四) 飞机的感应电动势(20分)

一架飞机由东向西飞行,请根据所学的物理知识导出这架飞机上的感应电动势的表达式。要注明每个字母所代表的物理意义。

(五) 轮船减摇(20分)

轮船航行的时候,会受到周期性的波浪的冲击而向各个方向摆动,如果这个冲击力的频率与船体摆动的固有频率接近,就会使轮船的摆动加剧,一旦达到共振状态就有使轮船倾覆的危险,这时候可以改变轮船的航行方向和航行速率,使波浪冲击的频率远离轮船摇摆的固有频率,避免共振的发生。

请推导出一个表达式,说明改变轮船的航向和航速,就能使波浪冲击的频率远离轮船摇摆的固有频率,最终达到使轮船摇摆减轻的目的。

三、测量工具的认知作业分析与统计分析

我们采用随机抽样方法,选取了高三学生320人,应用原始物理问题测量工具进行了测试。以下为测量工具的认知作业分析与统计分析。

(一) "瓦萨"舰翻倒

"瓦萨"舰翻倒是一个力学的稳定平衡问题。在问题解决中,要求学生能正确忽略"微风吹来"这个因素,分析出轮船只受重力、浮力,每个力各有一个作用点——重心、浮心。两个作用点的位置有三种情况：重心在上浮心在下；重心在下浮心在上；重心与浮心重合。通过分析两个力产生的力矩,得出结论："瓦萨"舰翻倒的原因是重心在浮心之上。试卷分析发现,中学生解决问题中的类型如表7-1所示：

表7-1 "瓦萨"舰翻倒解决问题中的类型

解决问题中的类型	比例
(1) 完全不能解决问题	31%
(2) 因重心升高而导致不稳定平衡	30%
(3) 考虑到了重力,但同时考虑了风力	17.5%
(4) 只考虑了风力	8.5%
(5) 既考虑到重力和浮力,又考虑了风力	10%
(6) 正确解决问题	3%

研究表明,31%的学生不能对问题形成认识,36%的学生不能忽略风力,也就是不能正确地抽象。不能正确进行受力分析的学生占66%。说明中学生解决原始物理问题的能力是非常薄弱的。仅有3%的学生得出正确答案,这在一定程度上说明,培养中学生物理能力的工作任重而道远。

(二)篮球落地

这是一个关于自由落体、篮球与地面碰撞时受力变化的问题。在问题解决中,要求学生忽略"空气阻力",抓住篮球与地面碰撞时受力变化的关键因素。篮球在自由下落过程中,只受重力,与地面碰撞过程中有压缩与恢复两个阶段,除仍受重力外,所受地面向上的支持力先由零变到最大,然后再由最大变到零。接下来篮球又弹起离开地面,如此循环直至最后静止在地面。试卷分析发现,中学生解决问题中的类型如表7-2所示:

表7-2 篮球落地解决问题中的类型

解决问题中的类型	比 例
(1)考虑空气阻力,没有考虑篮球碰撞地面过程中力的变化	37.5%
(2)既考虑空气阻力,又考虑篮球碰撞地面过程中力的变化	18.75%
(3)忽略空气阻力,但没有考虑篮球碰撞地面过程中力的变化	8.75%
(4)完全不能解决问题	3.75%
(5)忽略空气阻力,考虑篮球碰撞地面过程压缩阶段力的变化,但没有考虑篮球碰撞过程恢复阶段力的变化	2.5%
(6)正确解决问题	28.75%

这个问题的解决需要综合考虑篮球碰撞地面过程中力的变化,进而找出篮球的加速度随时间变化的规律。研究发现,超过一半的学生不能正确的抽象,他们把应当忽略的空气阻力考虑进来了,这在相当程度上说明了中学生抽象能力的薄弱。同样,超过一半的学生不能正确地进行受力分析,这显示出中学物理教育中的科学方法教育也存在很大的问题。

(三)电风扇阴影

这是一个日光灯作为频闪光源与电风扇匀速转动相结合的问题。所涉及的物理知识仅仅是日光灯的发光情况与角速度、角位移和时间三者之间的关系以及周期与频率的简单关系。如果日光灯在第一次亮到下一次亮的时间内电扇的叶片正好转过 $\pi/2$,则在日光灯的照射下,就出现了稳定的 4 个扇叶互相垂直的样子。试卷分析发现,中学生解决问题中的类型如表7-3:

表7-3 电风扇阴影解决问题中的类型

解决问题中的类型	比 例
(1)认为这个问题是视觉暂留问题	50%
(2)虽然正确地认识到问题属于频闪光源问题,但对交流电频率与日光灯闪频关系的理解错误	28.75%
(3)虽然正确地认识了频闪光源和日光灯的闪频,但运算错误	10%
(4)完全不能解决问题	8.75%
(5)正确解决问题	2.5%

统计显示,有一半学生不能正确地进行分析,他们认为这个问题是视觉暂留现象,导致了对问题的错误理解。由此可以看出,在原始问题解决中,分析占有很重要的地位,如果不能正确地分析,那么整个问题的解决都走到了错误的道路上了。有28.75%的学生虽然正确地认识了频闪光源问题,但

对于交流电频率与日光灯闪频的关系理解错误。交流电频率为50Hz,日光灯的闪频则为100Hz。这些学生认为两者相等,反映出物理知识的掌握还存在着较大的问题。考虑到有8.75%的学生完全不能解决问题,这三部分学生大约占全体被试的90%,与第一题的情况非常相似。仅有2.5%的学生得出正确答案,说明我们目前的物理能力培养还存在着很大的问题。

(四)飞机的感应电动势

飞机的感应电动势本质上是导体切割磁感应线产生电动势的问题。由于飞机机身在飞行中切割地磁场的磁感应线而造成了在飞机上各点电势的高低不同。因此,这一问题事实上可以应用洛伦兹力的知识加以解决。关键之处在于能否想到产生电动势的微观本质以及与此相关的电子受力的动态平衡。试卷分析发现,中学生解决问题中的类型如表7-4所示:

表7-4 飞机的感应电动势解决问题中的类型

解决问题中的类型	比 例
(1) 采用闭合电路的磁通量改变来求解但得不出结果	21.25%
(2) 直接采用感生电动势的表达式来解释	10%
(3) 完全不能解决问题	30%
(4) 其他错误	10%
(5) 正确解决问题	28.75%

有30%的学生没有任何思路,完全不能解决问题。还有一些同学试图采用闭合电路的磁通量改变求解,但由于不能构造出闭合电路而失败,甚至有10%的学生认为可以直接采用感生电动势的表达式来解释。只有28.75%的同学能正确地解决问题,这说明了原始问题测量中学生物理能力的有效性。

(五)轮船减摇

轮船减摇实际上是一个多普勒效应问题。通过改变轮船的航向和速度,来改变轮船接收到的波浪冲击的频率。当然,这个问题也可以不用多普勒效应,而采用机械波的频率、波长、波速关系公式来解决。由于轮船的速度与波浪的速度有一定夹角,因此,需要把波浪速度向船速投影,再应用$f=v/\lambda$就使问题得到解决。试卷分析发现,中学生解决问题的类型如表7-5所示:

表7-5 轮船减摇解决问题中的类型

解决问题中的类型	比 例
(1) 完全不能解决问题	41.25%
(2) 未能正确使用公式	15%
(3) 不能正确进行速度分解	15%
(4) 其他错误	8.75%
(5) 正确解决问题	20%

统计表明:41.25%的学生不能正确的认识问题,他们认为这是一个共振问题或机械振动问题;15%的学生虽然正确地认识了该问题,但不能正确地运用公式;15%的学生虽然正确地运用了公式,但不能进行速度分解,说明科学方法的运用存在着很大的问题。事实上,分解法是最简单的科学方法,但有相当多的同学却不能有效地加以运用。研究发现,当把学生置于一个生态化物理情境中,他们所学的物理知识和科学方法往往不能有效地加以运用,解决问题的能力就真实地显现出来。因此,

通过原始物理问题这个"窗口",我们才能真正"看"到中学生解决物理问题的实际水平。

(1) 为了考察原始物理问题测量工具的有效性,我们运用 SPSS 10.0 软件,首先计算了原始物理问题测量工具的难度。难度 $H=0.68$。一般认为,难度在 $0.3\sim0.7$ 之间为适中,本测量工具的难度为 0.68,说明题目的难度适度。

(2) 计算原始物理问题测量工具的区分度,区分度 $D=0.52$。美国伊贝尔提出了对试题评价的区分度指标,认为区分度达到 0.4 以上即为优秀。本原始物理问题测量工具的区分度 $D=0.52$,说明是一个优秀的测量工具。

(3) 计算原始物理问题测量工具的信度。克劳伯克 α 系数为 0.882,表明原始物理问题测量工具具有较高的内部一致性。

(4) 计算原始物理问题测量工具的结构效度。我们在学生的物理想象、物理思维、物理运算、物理知识运用和科学方法运用 5 个项目上的得分进行了探索性因素分析,结果仅获得一个因素而且不能旋转,因素负荷从 $0.582\sim0.850$。一般认为,对于一种单一因素能力的测验项目进行因素分析,各测验项目应落在一个因素上,且因素负荷应大于 0.3。由此可见,原始物理问题测量工具具有较好的结构效度。

四、原始物理问题测量工具编制的意义

物理能力测量在一定意义上属于心理测量的范畴,有较强的物理学专业性与心理学专业性。心理学家陈立教授曾经在"我对测验的看法"一文中,论述了心理测验中许多值得重视的问题,提醒人们注意测量的专业性与复杂性,防止误用和滥用心理测量。[①] 正如陈立教授所言,目前有些物理能力测量研究,在理论上把知识与能力相对立,在实践上把现象与抽象相混淆,已经在物理能力测量的理论与实践两方面都产生了复杂的不良影响。因此,在物理能力测量理论上澄清真伪,在测量实践上辨明良莠,不仅对物理教育评价的研究具有重要启示,而且对物理能力测量的发展具有重要意义。

我们认为,物理能力测量的重要取向是生态化取向。其中,最为重要的是,测量工具应当是生态化的。对此,心理学家舍米德特(Schmidt,F. L. 1992)指出:"心理学家潜心于数据的统计与结果分析,而对课题的提出及问卷本身是否有意义以及在现实生活中的作用如何似乎不太关心,那么这些数据究竟想表达什么意思,究竟又能表达什么意思,不免令人生疑。"[②] 这里,舍米德特表达了一个极其重要的思想,那就是:如果测量工具在现实生活中的作用及其意义不大,由此而得到的数据及结论也意义不大。把舍米德特的思想引申到物理能力测量的研究上,我们认为,物理能力测量工具中的问题应当是对现象的描述而不是对现象的抽象。因为只要给出了已知条件,就表明已经对现象进行了抽象,这样的问题就已经不是生态化的问题了。

长期以来,在物理能力测量研究中,人们一直致力寻找一种能够真实测量中学生物理能力的工具,但测量工具往往囿于习题的范畴。比如,全国高考物理命题委员会曾进行过"高考物理能力要求研究测试",题目之一为:

已知长为 L 的直导线通有电流 I 时,在方向垂直于导线的磁场中受到的安培力为 $F=IBL$,其中 B 为磁感应强度,试由此公式导出单个运动电荷在磁场中受到的洛伦兹力 f 的表达式。要注明每个字母所代表的物理量。[③]

---

① 陈立.平话心理科学向何处去[J].心理科学,1997,20(5):385—389.
② Schmidt, F L. What Do Data Really Mean? [J]. *American Psychologist*,1992,vol.47(10):1172—1175.
③ 高考物理科命题委员会"八五"科研课题组.高考物理能力考察与题型设计[M].北京:高等教育出版社,1997,283.

显然,上题虽然在形式上联系了现象,但却提供了完美而详细的数据,实际上并没有给学生提供真实的问题情境,因此使得物理能力测量的效度不高。而我们编制的原始物理问题"飞机的感应电动势"虽然在考察的知识内容上与上题基本一致,但在形式上则是把每个物理量镶嵌在真实的现象中而不直接给出,需要学生根据面临的情境,通过假设、抽象等手段获得,再构造出理想的模型,经过一层层的"剥开"过程,最终使结论"破茧而出"。这就使得原始物理问题测量工具对于中学生的物理能力测量具有较高的生态效度。

尽管如此,全国高考物理命题委员会进行的物理能力测试研究仍然应当肯定。在1994年和1995年的两次"高考物理能力要求研究测试"试题中,就包括了少部分论证题,要求学生对某些物理现象、物理原理的实际应用、某些熟知的结论进行解释或证明,这在一定意义上体现了物理能力测量研究的生态化思想。

在物理能力测量研究中,我们致力于物理能力测量的"生态学"研究,尝试在"生态学"取向的方法论基础上形成对物理能力测量的新认识,以回到"物理现象"、关注"原始问题"、回归"真实世界"的方式重新思考和理解物理能力测量,形成了运用生态学理论与原始物理问题测量中学生物理能力的思想,编制了原始物理问题测量工具,对于物理能力测量进行了生态化研究,希望给物理能力测量研究有益的启示。

本文编制的原始物理问题测量工具只是物理能力测量研究中的"一小步",但在物理能力测量的观念上却是"一大步"。其意义在于,它不仅把物理能力测量工具的编制从习题拓展到原始问题,体现了生态化的研究取向,而且为改变我国基础物理教育领域长期存在的"题海战术"现象,提供了一种新的思路和有益的启示。

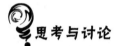
思考与讨论

1. 什么是"原始物理问题"?它有哪些教育价值?
2. 习题与原始问题有什么关系?
3. 原始物理问题有什么教育功能?
4. 如何在教学中引入原始物理问题?

第八章 情感态度与价值观教育

本章导读

在物理教学中进行情感、态度与价值观的教育并不容易。一方面是人们对此缺乏足够的重视,另一方面是不太清楚应该进行哪些方面的教育,甚至不太清楚如何进行这方面的教育。因此,本章从以下几个方面进行解读。

本章第一节论述了在物理教学中进行爱国主义教育的真谛,这是在物理教学中进行情感、态度与价值观教育的基础;其次,论述了物理教学中的审美教育,因为只有当学生认识到物理学的美之所在,才会把物理学习当做是一种享受;而科学与艺术相关联的研究,则超越物理学的学科领域,论述了科学与艺术那种不能割舍的水乳交融关系,这对于物理教育乃至科学教育都有着重要的启示;而创造教育的文化与传统反思,则在上述研究的基础上,透视出我国创造教育存在的三个问题,那就是:只好胜、不好奇;有习题、无问题;只学答、不学问。这是我国创造教育举步维艰的内裹原因。因此,对于创造教育的研究,我们既不能忘记历史而只聚焦现实,亦不能抛弃文化而只论教育,更不应不顾传统去奢谈创新。只有经历了历史、文化、传统三个层面的精神苦旅,我们才有可能找寻到创造教育从哪里来、到哪里去的答案。正在这个意义上,好奇、问题、学问就成为我们通向创造教育的康庄大道。

第一节 物理教学中的爱国主义教育

爱国主义教育是对祖国的忠诚和热爱,是"千百年来巩固起来的对自己祖国的一种最深厚的感情。"爱国主义教育作为物理教育的目的之一,在物理教育中具有举足轻重的地位,物理教育中爱国主义教育的感染与启示、热爱与奉献、执著与追求,连同爱国主义教育独特的教育价值,构成了物理教育中最具魅力的科学内涵。物理教育中爱国主义教育可歌可泣,感人至深的精神力量以及钱学森,邓稼先等人刻骨铭心,催人奋进的生命体验,让人流连忘返。正是这些,才构成了物理教育中爱国主义教育博大的、不可抗拒的人格力量与教育功能。

新中国成立以来,在物理教育中进行爱国主义教育至今已经经历半个多世纪的风风雨雨,坦率地说,爱国主义教育并没有占到应有的地位,也没有能够以合理的方式加以实施,而往往处于一种可有可无的境地,这就在物理教育中留下了一个令人遗憾的缺口。

一旦我们抛弃过去那种对爱国主义教条化、公式化的教育模式,以新的视角面对物理教育中的爱国主义教育,便会产生许多新的感触。物理教育中爱国主义教育的内涵太丰富了,爱国主义教育的熏陶作用太强烈了。进一步来说,深入到爱国主义教育的精神世界中去,走进爱国主义教育具体事实、材料的王国里去,我们发现,那里正是物理教育的"麦加"。

一、中国古代科学技术发展的教育

在物理教育中进行爱国主义教育,首先应当使学生了解我国古代科学技术的灿烂辉煌。这是爱国主义教育的基石。

中华民族在自然科学的各个领域都不乏聪明才智之人,这不仅表现在人类文明处于黎明时期的远古,更突出表现在人类文明走向成熟的中古。中华民族所发明的造纸术、印刷术、指南针和火药这四大发明,为人类文明跃上一个新台阶奠下深厚的基础。

需要指出的是:过去我们进行爱国主义教育,开口闭口"四大发明",而很少进一步思考并向学生提出:"四大发明"对人类历史所起的作用是什么?"四大发明"背后的光荣与忧患是什么?

极力推崇这些重大发明的不是别人,正是欧洲近代科学启蒙时代的哲学家培根(1561—1626),虽然他并不知道这些是源自中国的。

"纵观今日社会,许多发明的作用和影响是显而易见的,尤其是印刷术、火药和磁铁,都是近代的发明,但是来源不详。这三种发明改变了整个世界面貌和一切事物。印刷术使文字改观,火药使战争改观,磁铁使航海术改观。可以说,没有一个王朝,没有一支宗教派别,没有任何伟人曾产生过比这些发明更大的力量和影响。"

还应当向学生指出,中国古代的发明绝不止于"四大发明"。世界著名学者罗伯特·坦普尔在他的著作《中国——发明的国度》中指出:"现代世界赖以建立的基础的发明创造,可能有一半源自中国。"比如:

中国人最早提出牛顿第一定律(墨子);

中国人最早发明避雷针;

中国人最早发明地震仪;

火药是中国人发明,但是到了17世纪,明朝政府为了抵抗清军却要向葡萄牙人占领了的澳门引进火炮技术,这一事实令人扼腕叹息。

科学史家普遍同意,公元1400年以前,科技转让主要是由中国传向欧洲的,可是到1600年中国科技却远逊于欧洲。为什么中国在1400年至1600年两个世纪里如此落伍呢?这一问题被称为"李约瑟难题",至今没有一个完全令人满意的答案,这种现象的原因值得每一个青少年学生思索。

即使是在1600—1900年,中国仍然抗拒引入西方思想。例如,清政府自1872年起,每年送30名男孩去美国康涅狄格州的哈特福德镇上小学和中学。可是在1876年这项措施遭到了抨击,终使全体学生在1881年被召回家。在物理教育中进行爱国主义教育,应当大力弘扬中华民族古代的悠久科学文化与成就,使学生树立民族自豪感与增强民族自信心,从而形成良好的学习动机。同时,又要实事求是反思科学技术在近现代中国史上迟缓发展以及由此而遭受的割地赔款的悲惨历史,进一步激励学生为祖国强盛而学习科学的信念。妄自菲薄和狂妄自大两种倾向都是应当反对的,这也是物理教育中爱国主义教育应该把握的尺度与分寸。

二、新中国成立以来我国科学技术发展教育

新中国成立以来,在党和政府的高度重视下,我国的科学技术事业有了突飞猛进的发展。如表8-1。

表8-1 中外科学技术重大成就对比

第一次制成	年份					
	美国	苏联	英国	法国	日本	中国
反应堆	1942	1946	1947	1948	—	1956
原子弹	1945	1949	1952	1960		1964
氢弹	1952	1953	1957	1968		1967
卫星	1958	1957	—	1965	1970	1970

续表

第一次制成	年 份					
	美国	苏联	英国	法国	日本	中国
喷气机	1942	1945	1941	1946	—	1958
M2飞机	1957	1957	1958	1959	—	1965
试制计算机	1946	1953	1949	—	1957	1958
计算机（商品）	1951	1958	1952		1959	1966
半导体原件	1952	1956	1953		1954	1960
集成电路	1958	1968	1957		1960	1969

表中的数据告诉我们，"文化大革命"以前，我国的重要科技成就已经接近世界发达国家的水平。

改革开放以来，我国的科学技术水平又有了新的发展。葛洲坝水利枢纽工程、长征三号火箭、秦山核电站、银河计算机、北京正负电子对撞机等都标志着我国的科学技术水平的空前提高。

毋庸讳言，我们科学技术的总体水平，虽然有些领域如生物技术、超导技术、高能物理等处于世界先进水平，但基础科学仍与世界先进水平相距甚远。

科学技术就是生产力。比如，1965年日本同我国国民经济生产总值还相等，20年之后，1985年日本的国民生产总值已经是我国的5倍，这充分说明了科学技术对于一个国家强盛与否的重要性。

结合我国现代科学技术的发展对学生进行爱国主义教育，还应当使学生懂得，爱国主义不是空谈，而是要扎扎实实地投入到科学学习与科学活动之中，爱国与科学从来都不是分离的。当前，尤其有必要加强学生的科学观念，培养科学素养，这是爱国主义教育的前提。

在现代社会生活中，有两项大奖是最能牵动人心的，一项是奥林匹克奖，一项是诺贝尔奖。

令人难以理解的是：我国公众对这两种奖，却持有不同的态度，人们对于中国足球没有冲出亚洲，真是牵肠挂肚，痛心疾首；然而对于中国60多年未能获取诺贝尔科学奖却无动于衷，淡而漠之。有一项民意调查表明，20~30岁的公民中知道诺贝尔奖的人，只有21%，有个别领导干部还把诺贝尔奖当成"可有可无的东西"。

这不是偏见就是无知。应该说，在当今世界上，再也没有什么精神力量能像诺贝尔科学精神那样，能通过社会的科学能力和技术能力调动整个世界的科学智慧，正因为如此，一项严肃的诺贝尔奖，往往代表着一个民族的自豪感或一个国家的荣誉感。我们有足够的理由认为，诺贝尔精神同奥林匹克精神一样，既是一种国际主义精神，又是一种伟大的爱国主义精神。

令人遗憾的是，中国社会曾经流行一种反科学思潮。比如，"水变油""某气功师在广州'发功'，因而改变了试管中样品的拉曼光谱实验""千年人形何首乌"等等伪科学，都曾轰动一时。

1978年，全国科学大会召开，举国掀起了一股科学热潮，郭沫若鼓励科技人员在科研上发扬"头悬梁，锥刺骨"的话语仿佛还在我们耳畔，然而四十多年过去了，与飞速发展的科学技术相比，我国国民科学意识明显滞后，全民族的科学观念仍然那样淡漠。

应当看到，目前我们已经把"东亚病夫"的帽子抛掉。但是，新中国成立60多年来，诺贝尔侏儒的帽子仍然扣在我们的头上。这使我们每一个有爱国之心的炎黄子孙，无不在心灵深处投下一块阴影。我们的同胞都应明白，提倡爱国主义，仅仅弘扬奥林匹克精神是不够的，只有繁荣我国的科学事业，把基础科学搞上去，使国民经济和综合国力有一个大的发展，才是爱国主义的真正体现。

三、中国当代科学家的奋斗历程教育

在物理教育中进行爱国主义教育，应当大力宣传中国当代科学家无私奉献的精神，这是物理教育中爱国主义教育的主旋律。

新中国成立后,我们面临着帝国主义的威胁,能不能拥有自己的核武器和运载火箭是关系着国家民族存亡的大事情。为了中国的原子弹和氢弹,一大批科学家隐名埋姓十几年,这对他们来说是一种巨大的牺牲。历史应当铭记。这长长的一串名字:王淦昌、钱三强、彭恒武、赵忠尧、朱光亚、邓稼先、郭永怀、周光召、程开甲、于敏、唐孝威、黄祖洽、王承书、陈能宽等。

"桃李不言,下自成蹊"。尽管这些著名的学者无意向世人炫耀他们的丰功伟绩,但道义昭示我们:应该为他们立言,应当在物理教育中宣传他们的爱国主义事迹。

在物理教育中进行爱国主义教育,还有一个人不能不说,那就是杰出科学家钱学森。

钱学森早年与冯·卡门教授一起从事火箭研究,成就卓著。1955 年他排除种种阻挠回到祖国。几十年来,他亲自领导并参与了我国第一枚近程导弹的制造与飞行试验,第一枚中近程导弹的飞行试验。直接领导了用中近程导弹运载原子弹的"两弹结合"飞行试验,使原子弹在预定的距离和高度实现核爆炸,标志着我国开始有了用于自卫的导弹核武器。

钱学森为我国发明第一颗人造地球卫星也贡献了聪明才智。他长期担任中国火箭和航天计划的技术领导人,对我国航天技术的贡献是巨大的和开拓性的。

遗憾的是,在物理教育中,过去我们没有能够恰当地宣传这些爱国科学家,在青少年学生中造成了一种只知道有原子弹、氢弹,但不知道有王淦昌、钱三强、彭恒武;只知道有人造地球卫星,不知道钱学森的巨大贡献这种奇怪现象。这的确是我国物理教育中爱国主义教育的重大缺陷。

有两种现象的对比更值得我们深思并需要做出深刻的反省。

上世纪 50 年代,在旧中国接受教育的老一辈科学家,在祖国十分困难的情况下,他们排除万难,放弃国外优越的物质生活环境如倦鸟思林般回归祖国,为社会主义建设服务。而今天,从国家恢复向西方国家派遣留学人员以来,国家从有限的经费中拨出可观的费用资助成千上万的青少年学者到国外深造,但攻读博士和硕士学位的留学人员却大多逾期未归。

这一进一出的鲜明对比令人深思。这是国家在经济、科技等方面与西方国家存在较大差距的原因吗?可是老一代科学家为什么会义无反顾地回归祖国?答案是:只有强烈的爱国激情才能帮助人们跨越这种差距,做出有利于自己国家、民族的选择。

印度在讨论人才外流问题时,曾用过一个形象的比喻:"牛用嘴吃食物,人们从牛乳房得到牛奶。可是现在牛的嘴巴在印度,乳房却在英国,喂养他的是印度,而挤牛奶的却是英国。"这深刻地揭示了当代世界人才流动所导致的一个极不合理的结果,同时也说明了印度爱国主义教育的失败。近年来,我国也加入了人才流出国的行列,国家因此而蒙受的损失是十分巨大的。这一事实非常值得我们对物理教育中的爱国主义教育进行认真的反思。

邓小平同志说过:"十年来我们的最大失误是在教育方面,对青少年的政治思想教育抓得不够。"这一针见血地道出了我国物理教育存在问题的根本原因。

四、海外华裔科学家的成就教育

在物理教育中适当介绍海外华裔科学家的成绩及其爱国热情,这是物理教育中爱国主义教育的一个重要组成部分。

海外华裔科学家由于历史的原因加入了外国籍,但他们血管里流淌的还是中华民族的血液,依然对自己的祖国怀有深厚的感情。

杨振宁教授在《关于我入美国籍》一文中谈到了加入美国籍的复杂心情。"决定申请入美国籍并不容易,对一个在中国传统文化里成长的人,做出这样的决定尤其不容易,一方面,传统的中国文化根本就没有长期离开中国移民他国的观念。迁居别国曾一度被认为是彻底的背叛。另一方面,中国有过辉煌灿烂的文化,她近一百多年来所蒙受的屈辱和剥削,在每一个中国人的心灵中都留下了极深的烙印,任何一个中国人都难以忘却这一百多年历史。我父亲直到临终前,对于我的放弃故国,他在心底里的一角始终没有宽恕过我。"

杨振宁教授的一席话不仅表露了他对祖国的感情,同时也反映两代人对于加入美国籍的不同认识。作为一个华裔科学家,杨振宁自1972年以来,几乎每年都要回国讲学和进行学术交流。在这些活动中,他通过自己的经验和对当代科学的深邃洞察,想方设法影响中国的学生和青年科技工作者,使他们树立起科学的价值观念。

应该提及的还有李政道、丁肇中、陈省身等,他们都曾利用不同渠道,以不同方式为祖国的科技发展添砖加瓦。比如李政道倡导并经我国教育部和中国科学院统一组织的一项派遣留学生的计划(CUSPEA)。通过这一计划,为我国高等学校毕业生中的优秀者提供资助,去美国有关大学攻读物理方面的博士学位。

华裔科学家获得诺贝尔奖的意义还在于:它雄辩地向全世界表明,中华民族是一个优秀的民族,它完全可以在世界最高智力角逐中与任何一个优秀的民族相媲美。这不仅消除了由于饱受列强凌辱使中华民族曾经怀疑是否天生不适合做现代科学工作的顾虑,而且也破除了19世纪以来达尔文进化论被用来佐证白种人优越的神话。从这个意义上讲,海外华裔科学家的成就也为祖国增了光,值得我们在物理教育中向学生宣讲介绍。

五、物理教育中爱国主义教育的实施

怎样在物理教育中切实可行地实施爱国主义教育?这是物理教育工作中一个重要课题,非常值得每一个物理教育工作者去深入思考、认真实践。

在物理教育中进行爱国主义教育,首先应当认真贯彻落实中共中央《爱国主义教育实施纲要》,在全社会中努力营造爱国主义教育的氛围,使全社会形成学科学、爱科学、用科学的社会风尚,让公众尤其是青少年学生不仅对他们的科学成就有相当的了解,而且要理解他们,要知道他们的困难,他们急一些什么事情,他们考虑一些什么事情,即要领略他们的价值观念和高尚的爱国主义情操。

邓小平同志说过:"如果60年代以来中国没有原子弹、氢弹,没有发射卫星,中国就不能叫有重要影响的大国,就没有现在这样的国际地位。这些东西反映了一个民族的能力,也是一个民族、一个国家兴旺发达的标志。"

这些话正是对钱学森等一批爱国科学家至高无上的褒扬。作为一名青少年学生,当聆听到这自豪的话语时,怎能不对那些耄耋之年的科学家肃然起敬?怎能体会不出爱国主义事迹的弥足珍贵?

其次,在物理教育中进行爱国主义教育,还应当发挥课堂教学的主渠道作用。毕竟,青少年学生接受科学知识绝大部分在课堂上,这要求教师应当掌握物理教育中爱国主义教育的实例,寓爱国主义教育于知识教学之中,通过经常性的熏陶、喻示、诱发,使学生经过不间断的积淀,在思想上不断迸发出爱国主义的火花。比如,中学物理教材在谈到铀核分裂时只谈"铀核一般分裂成两块,也有分裂成三块、四块的情况,但很少见。"作为教师就要告诉学生,是钱三强、何泽慧夫妇发现了这一重要的现象,它充分说明了中国人的聪明才智,这样适时地对学生进行爱国主义教育,不仅弥补了教材的不足,同时也使爱国主义教育与知识教学水乳交融地结合在一起。

最后,要积极地在课外活动中开展爱国主义教育。课外活动是青少年学生学习科学知识,形成人生观、世界观的大舞台。教师可以引导青少年学生在课外活动中逐步形成爱国主义思想,通过科技讲座、科技活动等形式使学生了解我国科技水平与世界发达国家的差距,培养他们为祖国建设做贡献的责任感、使命感和紧迫感。也可以推荐一批好书、好文章让学生阅读,如《钱学森传略》《中国的原子弹科学家》《杨振宁演讲集》《诺贝尔物理学奖金获得者》等,这对学生爱国主义思想的培养也会起到很好的作用。

总之,在物理教育中进行爱国主义教育,其形式是多样的,意义是非常深远的。爱国主义教育既是精神财富,又是物质财富,物理教育中的爱国主义教育须臾不可放松。要从小抓起,越早越有成效,这对从根本上遏制人才外流,促进国家的发展都具有极其重要的现实主义和深远的历史意义。

第二节 物理教学中的审美教育

对于物理美的认同,早已成为物理学共同体不争的事实。早在两千多年前,毕达哥拉斯学派就提出了"美是和谐与比例"的美学思想。[①] 近代物理学家哥白尼曾这样评价日心说:"我们发现在这种排列的背后是宇宙令人惊叹的对称性,以及天球的运动和大小之间明显的和谐关联。"[②]现代物理学家更是对美情有独钟,爱因斯坦认为:"从那些看来同直接可见的真理十分不同的各种复杂的现象中认识到它们的统一性,那是一种壮丽的感觉。"[③]费恩曼说:"自然界具有简单性,因而是极其美丽的。"[④]可见,物理学家在探索自然过程中都有着深刻的美感体验。

然而,大多数学生学习物理的感受却与物理学家大相径庭。在学生眼中,物理世界是一个严格服从物理规律冰冷的、死寂的世界,不容许个人进行主观创造,物理课本中充满了枯燥的数学推导和冷峻的物理公式,因此,物理学没有丝毫美感可言。鉴于此,本节对物理美育展开深入研究,以期对物理美育有所启示。

一、物理美的追问

要进行物理美育,首先应该明确物理美是什么?这是物理美育的本体论问题。目前,主要有四种观点。

第一种观点由物理学家海森堡所提出,他认为物理美是"部分同部分、部分同整体的固有协调"。[⑤] 部分是指个别的物理规律,整体是指物理原理,通过数学关系把两个原本彼此独立的部分配合成一个整体,这样就产生了美。这一观点从形式美的角度对物理美的本质做了探索,不足之处在于仅仅看到美产生的客观条件,而忽视了美产生的主观因素。

第二种观点把物理美归属于自然美。这种观点看到了物理学的研究对象是自然界,与自然美的研究对象是一致的,认为物理美属于自然美。[⑥] 这种观点存在理论困难,因为我们欣赏自然美借助的是直接感性的判断,不需要动用思想,而体验物理美却需要发挥理智的作用。因此需要将物理美和自然美加以区分,于是便有了第三种观点。

第三种观点源于物理学家彭加勒,他认为物理美"不是打动感官的美,也不是质地美和外观美;这样的美与科学无关,我意指那种比较深奥的美,这种美来自各部分的和谐秩序,并且纯粹的理智能够把握住它。"[⑦]这种观点看到物理学在研究过程中借助了逻辑和数学的理性工具,并用数学形态表现出物理学的定律和理论架构。它诉诸人的理智,由此便认定物理美不是感性的审美意象,而是一种理性美。

[①] 北京大学哲学系美学教研室编.西方美学家论美和美感[M].北京:商务印书馆,1980:13.
[②] 托马斯·库恩.哥白尼革命[M].北京:北京大学出版社,2003:174—175.
[③] 爱因斯坦著,许良英等译.爱因斯坦文集(第一卷)(增补本)[M].北京:商务印书馆,2009:57,115.
[④] 许良.论理查德·费恩曼的科学美学思想[J].自然辩证法通讯,1997(1):49.
[⑤] 海森堡,曹南燕译.精密科学中美的含义[J].自然科学哲学问题,1982(1):40—42.
[⑥] 徐纪敏.略谈科学美学[J].齐鲁学刊,1987(1):97.
[⑦] 彭加勒.科学与方法[M].北京:商务印书馆,2006:12.

在第三种观点的基础上,就产生了第四种观点,认为物理美不是简单的理性美,物理美的产生过程是感性和理性相互交融和统一的过程。① 显然,这种观点明确了理性的作用,体现了物理美的特点,并且强调了感性因素是美的不可或缺的成分,不仅符合事实,而且与美学界对美的普遍认识有共同之处,因而体现出了很好的理论兼容性。

我们认为,所谓物理美就是在物理研究或学习中,通过理性和感性的相互交融在人的头脑中所形成的感性形象(即意象),是人在物理认识活动的基础上,对其中的物理图像再创造所形成的情、景、理相互交融的世界,即审美意象。

在这个意象世界里,学生会感到物我合一,陶醉其中。这种体验既不是聆听物理学家轶事,也不是观察新奇的物理实验,因为这些都还属于认知愉悦感,而审美体验的愉悦感远不止于此。

需要说明的是,在物理学习中学生头脑中会形成物理图像或物理图景,比如物体自由落体、天体圆周运动等等,这些不是审美"意象"。审美意象是渗透了认知发现愉悦感和物理思维的图像,在审美意象中已经很难彻底分清物理图像、认知愉悦和物理思维,意象是主体的感性和理性完美融合的产物。可以说,意象的形成就是美感产生的标志。

不同的认识过程会造成审美意象的差异,进而物理美感也不尽相同。以彩虹为例,没有学过物理的人也能够感受到彩虹的美,这种美仅仅是感性的美。物理学家通过测量发现虹成42°弧,红在外,紫在内;而霓却是50°弧,红在内,紫在外,这就增进了对自然的理解,形成了物理现象美。当物理学家发现42°弧和50°弧是由于太阳光通过小雨滴发生折射和反射形成的,这就构成了理论描述之美。进一步研究发现,折射与反射现象可以通过麦克斯韦方程推导出来,此时的物理美就上升到了理论结构之美。②

事实上,物理教学中并不都是彩虹这样悦耳悦目的美,更多的则是身边寻常事物,实验仪器等等,这在许多外行看来毫无美感可言。但是,由于学生基于物理认识活动发挥想象,在头脑中对这些现象进行再创造,同样可以形成审美意象。正如彭加勒所说:"当我们不习惯在一起的东西意外相遇时,可能会产生出一种出乎意外的雅致感。"③例如,在学习物理之前,地球上物体下落和月球运行之间看似没有任何关联,当万有引力定律的成功发现使学生看到这两者服从同样的定律时,就会激发学生在头脑中形成一幅宇宙万物和谐运动的壮丽图像,产生物理美感。

那么,为什么很多学生缺乏物理美的体验呢?对此,爱因斯坦做出了很好的解释:"科学结论几乎总是以完成的形式出现在读者面前,读者体验不到探索和发现的喜悦,感觉不到思想形成的生动过程,也很难达到清楚地理解全部情况……"④不难看出,科学知识本身不能产生美感,美感产生于知识发现过程之中。在这个过程中,有两个因素对美感的产生起着至关重要的作用:其一,伴随着创造性的解决问题,学生才会体会到发现的乐趣;其二,精密的逻辑推理、精巧的实验设计和隽永的科学思想方法,才能使学生体会到知识的内涵。正是经历了创造性的科学认识活动,体验到了探索发现的乐趣,学生才会对物理现象进行了创造性想象,最终形成审美意象。

二、物理美育的教育价值

在初步认识了物理美的本质之后,我们进一步探讨物理美育的教育价值,主要体现在如下几个方面:

---

① 徐恒醇.科学美的形态特征和范畴界定[J].哲学研究,1998(3):43.
② 杨振宁.杨振宁文集[M].上海:华东师范大学出版社,1998:850.
③ 叶朗.美学原理[M].北京:北京大学出版社,2011:284.
④ 爱因斯坦著,许良英等译.爱因斯坦文集(第一卷)(增补本)[M].北京:商务印书馆,2009:57,115.

(一)物理美育能够促进学生获取物理知识

要实施物理美育,就必须让学生经历科学知识发现的过程,理解其中的科学方法。进而,学生只有深入理解物理知识获得的过程,运用科学方法,才能促使学生对知识深层建构,真正理解物理知识。显然,美育的过程就是促进学生理解知识和掌握方法的过程,在这个意义上,可以说美育与智育是统一的。

进一步,物理美的体验还能够帮助学生学会学习。学生如果对物理知识获得过程中的美具有深刻体会,就不仅仅只会记住物理公式和结论,还会更加注重对知识的理解,并能够对知识获得过程进行揣摩和玩味,体会科学方法的神来之笔,体会实验设计中令人称奇的精妙思路。这样,学生才会懂得哪里是物理学的精妙之处,哪里是需要重点理解的关键之处。正如杨振宁所说:"学习一个东西不只是学到一些知识,学到一些技术上面的特别方法,而是更要对它的意义有一些了解,有一些欣赏。假如一个人在学了量子力学以后,他不觉得其中有东西是重要的,有的东西是美妙的……那我觉得他对这个东西并没有学进去。"[①]

更进一步地说,如果学生体会到知识点之间的联系所形成的统一美,就能在知识积累到一定阶段时,自觉根据简洁和谐原则去总结所学知识,对知识进行比较分类,理清内在联系并形成有序的认知结构;甚至可以总结归纳解题的思路与方法,形成方法体系。懂得欣赏物理美的学生才是真正会学习的学生。

(二)物理美育能够激发学生的学习动机

学习动机分为外部动机和内部动机。内部动机指向学习活动本身,以求知为目标。外部动机以交往、声望或成就等社会学需要为基础,与学习没有直接联系。研究表明,内部动机可以促使学生有效进行学习活动,具有自主性、主动性。具有外部动机的学生的学习具有诱发性、被动性,对学习内容本身的兴趣较低。[②]

在物理教学中,物理美育能够使学生体会到学习物理的乐趣,有助于培养学生的内部动机。例如,用演绎法推演物理规律之前,首先让学生了解演绎法的基本思路,启发学生回忆已有的知识,明确演绎所依据的理论,然后在教师的点拨下,学生自己动手推出结论。这样的教学让学生在学习过程中对知识进行再发现,充分体验物理学的逻辑美,就会对物理学习流连忘返。又如,在应用知识教学中,如果学生用多种思路完成一题多解时,对独特解法会产生和谐奇异的美感;当多题一解找到统一的解题规律时,又能产生多样统一的美感。[③] 正是这些对物理美的体验让学生产生内在学习动机,乐此不疲。

不仅如此,如果学生多次体会到物理美,形成了物理学习的内在动机,就可以洗涤那些外在的功利性学习动机,并在激烈的竞争环境中,对成绩保持一份超脱的心境。当学生对物理美有了体会之后,才会努力克服学习中的困难,更加积极主动地学习,真正感受到更深层次的物理美,形成良性循环。

(三)物理美育能够孕育学生的价值观

在物理美感体验中,学生不仅得到一种认知愉悦和感官需要的满足,而且学生的感知、想象、思维等心理结构进行不同层次相互贯通,这种贯通性使整个意识活动起来,多种心理因素发生自由的相互作用,导致整个身心得到巨大的满足。

---

① 杨振宁.读书教学四十年[M].香港:三联书店香港分店,1985:121.
② 冯忠良等.教育心理学[M].北京:人民教育出版社,2000:224.
③ 李尔智.物理美的追求与物理教学[J].教育研究,1990(1):54—55.

不难发现,这种带有美感体验的学习与人本主义心理学提倡的"有意义学习"具有相通之处。所谓"有意义学习",不仅仅是一种增长知识的学习,而且是一种与人的各部分经验融合在一起的学习,是一种使个体的行为、态度、个性以及未来选择行动时发生重大变化的学习。与此相反,"无意义学习"只涉及心智,不涉及情感和个人意义,是一种"颈部以上发生的学习"。[①]

这样看来,通过物理美育,学生在学习中不仅仅收获了物理知识,还多了一种美的价值体验,并在这种审美体验中发现自我,肯定自我。此时,物理学习就不再是外在于学生的东西,而成为学生自身价值的一部分。正如彭加勒所言:"科学家研究自然,并非因为它有用处;他研究它,是因为他喜欢它,他之所以喜欢它,是因为它是美的。如果自然不美,它就不值得了解;如果自然不值得了解,人生也就不值得活着。"[②]

综上所述,物理美育对于促进学生获取知识、发展情感和价值观都具有重要作用。如果说知识教育的目的在于求真,价值教育的目的在于求善,而物理美育则体现了真与善的统一。因此,我们不难得出这样的结论,物理美育并不是物理教学的附属物,而是物理教学的内在要求。

三、实施物理美育的途径

实施物理美育,有必要明确物理美感产生的心理过程:首先要使学生经历知识发现的过程,正是这个过程对美感的产生起着至关重要的作用。在知识发现之后,发现愉悦、物理图像将与科学思想相互融合,形成审美意象,使学生获得美感体验。最后,学生对审美体验做出理智的解释,进行审美判断。

因此,物理美育最关键的步骤是合理组织教学过程,引导学生对知识进行再发现。基于此,我们从物理知识教学、物理实验教学和物理问题教学三个方面探讨物理美育的实施。

(一)物理知识教学

通常的教材编写,由于考虑到行文简洁,往往对物理知识的发现过程呈现并不完整;另一方面,由于教师闻道在先,往往容易剥夺学生对知识的再发现机会。正是这两方面的原因,阻碍了学生对物理知识发现过程的真切体会,让学生难以体会到物理美之所在。

比如楞次定律一节,现行教材从条形磁铁相对螺线管运动的实验出发,引导学生将"感应电流的磁场"作为"中介",通过填表比较,归纳出楞次定律。这样的教学安排涉及原磁场方向、感应电流方向、线圈绕向、感应电流的磁场方向、磁场的变化方向等众多因素,造成学生难以理解实验设计思路,更不用说参与知识发现的过程,自然也难以体验到物理美。而选用"楞次环"实验,先用条形磁铁的两极分别插入和拔出铝环,判断出感生电流的磁场方向;之后,再根据安培定则判断感生电流的方向。[③] 物理教学的这种设计则与现行教材的设计完全不同。

这样的教学过程,不仅符合物理教学的逻辑,而且符合物理美的要求。这样使学生经历一步步可以理解的步骤,透彻明白知识的来龙去脉。不仅如此,学生在学习过程中也容易发挥创造力,一步步地主动猜想,做出推理判断,真正参与到知识的发现过程中,体验发现的乐趣,品味发现过程的逻辑力量和思想方法之巧妙。当最后通过实验总结出楞次定律的时候,学生会感受到一种物理规律的简单美。

(二)物理实验教学

目前,很多课堂实验仅仅停留在演示实验阶段,只起到了直观教学的作用,学生实验则多是已经

[①] 施良方.学习论[M].北京:人民教育出版社,1994:383—386.
[②] 李醒民.论科学审美的功能[J].自然辩证法通讯,2006(1):8.
[③] 邢红军,宁成,胡杨洋.楞次定律教学的高端备课[J].中学物理教学参考,2013(4):18—20.

提供了实验器材和步骤,让学生去"照方抓药"操作一番。这看似简捷省时,实则让学生感觉是在复制前人的工作而索然无味,自然也就无从欣赏实验中的物理美。因此,实验教学就需要合理安排方案,尽可能为学生提供探索的情境,让学生亲历实验的设计和操作过程。

比如验证动量守恒定律,首先应让学生体验如何根据实验目的去确定研究对象。这是因为,找出一些符合动量守恒的事例并不困难,但重要的是要权衡研究对象是否有利于物理量的测定。经过教师的启发,学生可以通过分析筛选,确定"一球静止,对心碰撞"实验模型;接着,再引导学生研究如何转移测量对象,把较难测量的速度,通过"等高平抛"的方法巧妙地转化为较易测量的位移,形成了实验设计的基本构想;最后,学生根据自己亲自设计的实验方案去进行实验操作、处理数据得出结果。①

不难看出,在这个过程中学生不仅发挥了聪明才智,进行了创造性思维活动,而且弄清了实验设计的思路,领会了实验思想的精髓。当经历了这样一个复杂的过程,最后根据实验数据精确地验证了定律时,学生才能体验到实验成功的愉悦。进一步,这种愉悦感融合了实验过程中的两物体碰撞的物理图景和精妙的设计思路,在学生头脑中生成意象,使他们感受到实验结果的精密美。

(三)物理问题教学

教学经验告诉我们,物理习题的美育效果往往差强人意。这是因为,习题虽然貌似给出了真实的问题情境,却提供了完美而详细的数据。正是那些已知数据或条件,还有抽象过的模型,在提示学生用哪些物理知识解决问题。学生在解题中明显感觉到出题者已经设定好一个个路标,暗示他们走入预先安排好的路径,中间几乎没有任何悬念,也无须过多思考,只需把已知数据带入公式就可以了。这样,学生做出习题之后就会感觉味同嚼蜡,更遑论产生美感。

原始物理问题则具有习题所不具备的美育功能。原始物理问题是对物理现象的描述,保持着物理现象的"原汁原味"。与习题相比较,原始问题只有现象,没有"抽象";只有描述,没有"数据"。由于原始问题把"数据"和"条件"隐藏在真实的物理现象中而不直接给出,就需要学生借助物理事实和已知理论,运用类比、猜测等非逻辑方法对原始问题的本质形成启发性的思考,经过顿悟之后学生才能明白应该使用哪些物理知识解决问题。进一步,还需要借助理想化方法对原始问题情境进行简化、纯化,使其升华为一种理想化状态,最后进行解答。② 在这个过程中,学生不知道要使用什么知识、使用什么数据、使用什么模型,这些都需要自己去探索、去发现,这样才能深切体会到问题解决过程中思维的乐趣,体会到探索发现的乐趣,更容易产生美感体验。

例如有这样一道原始物理问题:有一只兔子,一只猎狗,兔子位于猎狗的正西方向一定距离处,假设兔子与猎狗同时发现对方并一起起跑,兔子往正北方向一定距离处的巢穴跑,猎狗的追击方向时刻朝向兔子,问兔子能否安全逃回巢穴?这个问题只有对现象的描述,没有数据和条件,学生要通过理解题意,独立建立理想模型,设置相关物理量,才能运用物理知识和科学方法解答。这个问题的解决过程不仅充分展现了学生的创造性,更为重要的是,在正确解答之后,从未"学习"过物理学的猎狗运动的美妙轨迹能使学生沉浸在无尽的审美愉悦之中。

第三节 科学与艺术相关联

科学与艺术被称作是"一个硬币的两面",它们有很大的差异,又有深刻的关联,以致人们很难在两者之间找出一条截然分明的界限。

---

① 浙江省教育学会中学物理教学分会.高中物理方法教育研究[M].杭州:浙江教育出版社,1995:195.
② 邢红军.从数据驱动到概念驱动:物理问题解决方式的重要转变[J].课程·教材·教法,2010(3):50—54.

人以具体、统一的方式而存在,科学与艺术则从不同向度展示人的存在方式。科学与艺术相分离导致人的存在方式的分离,它们的整合必将实现人的存在方式的再度统一。科学与艺术在经历了漫长的疏离与对峙之后,如何扬弃分离、重新整合,已经成为新时代无法回避的课题。

鉴于此,1993年,由著名科学家李政道和著名艺术家黄胄共同发起举办的"科学与艺术"研讨会,开启了我国科学与艺术讨论的新篇章。

2001年,由清华大学主办的"科学与艺术"国际学术研讨会,更是一次国际性的科学与艺术盛会,产生了极其强烈的社会影响。

深入探讨科学与艺术的关联,不仅有助于加深对科学与艺术本质的认识,促进科学与艺术两种文化的交融,更为重要的是,它代表了科学教育新的价值取向。

一、科学与艺术

科学是人类整个实践经验的概括和总结,是关于自然、社会和思维知识的理论体系。从整体来说,科学包括自然科学、社会科学和思维科学等。艺术则是"通过塑造形象具体地反映社会生活、表现作者思想感情的一种社会意识形态。艺术起源于人类的社会劳动实践,是一定社会生活在人们头脑中反映的产物。"[①]由于表现手段和方式的不同,艺术通常分为表演艺术(音乐、舞蹈),造型艺术(绘画、雕塑),语言艺术(文学)和综合艺术(戏剧、电影)。

关于科学的特征,李政道认为:"科学,例如天文学、物理学、化学、生物学等,对自然界的现象进行新的准确的抽象。科学家抽象的阐述越简单、应用越广泛,科学的创造就越深刻。尽管自然现象本身并不依赖于科学家而存在,但对自然现象的抽象和总结乃属人类智慧的结晶,这和艺术家的创造是一样的。"[②]

而对于艺术的特征,李政道认为:"艺术,例如诗歌、绘画、雕塑、音乐等,用创新的手法去唤起每个人的意识或潜意识中深藏着的已经存在的情感。情感越珍贵、唤起越强烈、反映越普遍、艺术越优秀。"[③]

事实上,科学和艺术的共同基础是人类的创造力。它们追求的目标都是真理的普遍性。

科学家追求的普遍性是不同自然现象的普遍性,它的真理性植根于外部世界,科学家和整个人类只是这个外部世界的一个组成部分。艺术家追求的普遍真理性也是外在的,它植根于整个人类,没有时间和空间的界限。尽管科学的普遍性和艺术的普遍性在这一点上不同,它们仍然有着很强的关联。

例如,在音乐领域,自19世纪中期德国物理学家赫姆霍兹提出乐音谐和理论后,声乐理论研究取得重大进展,大大促进了乐器制造的革新,有力地推动了音乐艺术的发展。尤其是随着电子技术的发展并成功运用到器乐,使电子音乐在音乐艺术中异军突起。电子音乐利用传统乐器的发音体,通过电磁感应由扬声器将电信号放大,显著地增强了乐器的表达力。那种"余音绕梁,三日不绝"的赞誉,当今的电子音乐确实是当之无愧。

科学境界的合理性表现于艺术中,就在于和谐性。和为善,善是被人类的道德原则和趋利避害的经验所证明的理想状态。善作为一种境界,是科学服务于人类的终极目标。如果没有善的引导,科学就会出现更多的失误,成为反人类的有力手段。善的境界就是艺术的境界。

一切理想的基本因素都在于想象,而合理至善的想象才能称之为理想,只有为理想而从事的科

[①] 辞海编辑委员会.辞海[M].上海:上海辞书出版社,1980.
[②] 李政道.李政道文录[M].杭州:浙江文艺出版社,1999.
[③] 同上.

学,才是符合善的科学,才能进入与人类共处的境界。在终极目标上,科学的境界不可避免地要成为一种艺术的境界。

因此,李政道教授认为,科学与艺术是不能分割的。它们的关系是与智慧和情感的二元性密切关联的。艺术的美学鉴赏和科学观念的理解都需要智慧。然而,随后的感受升华和情感又是分不开的。没有情感的因素,我们的智慧就不能开辟创新的道路;没有智慧,情感也就很难达到完美的成果。所以,科学与艺术事实上就是一个硬币的两面。它们源于人类活动最高尚的部分,都追求着深刻性、普遍性、永恒和富有意义。

二、科学与艺术的交汇——审美教育

过去,人们往往以求真与求美来分别界定科学与艺术活动。然而,这种界定却是相对的而不是绝对的。

毫无疑问,追求真理是科学活动最重要的目的之一,但科学家在追求真理的同时也在追求美,在科学活动中,求真与求美往往是紧密联系在一起的。

科学美在科学发展的初期就被人们所认识,早在2500年前,毕达哥拉斯学派就提出了"美是和谐与比例"的科学美学思想。在此后的科学发展进程中,人类对科学美的追求越来越执著,科学的实践证明,科学越进步,真理越真,科学美的光辉也越灿烂,科学美的作用越不容忽视。

通常,人们在判断科学的真理时,有两条标准:一是指逻辑上无矛盾,二是指要经受实践的检验。现在越来越多的人认为,除了这两条标准之外,还应当加上美学标准。库恩曾论述了科学革命中审美价值的重要性。他说:"我们都力图强调,艺术家与科学家一样,也会碰到棘手的技术问题,必须通过探索自己的业务去加以解决。我们更强调,科学家像艺术家一样,遵循着美学考虑,并为已确立的感觉方式所支配。这种类比还有待于进一步阐明和发展,我们只是开始发现善于看到科学与艺术共同点的好处。"[①]举例来说,四色定理的证明,虽然在1976年6月被美国伊利诺斯州立大学的阿沛尔和哈肯在三台不同的计算机上花了1200小时,经过200亿个逻辑判定终于证明出来,但从"科学美"的角度来检验,大多数科学家认为这种证明还不完美。定理的证明应当简洁而又具有高度的理论性:理论越有力,证明越优美。应该如同麦克斯韦方程组或像爱因斯坦质能方程那样直观而富有明白的意义。

显然,科学与艺术相交汇所体现出的美是如此的灿烂辉煌,不能只让其停留在科学家与艺术家的理论殿堂之中,应当让其走出神圣的殿堂,进入到科学教育的课堂之中,让科学美与艺术美的光芒普照学生的心田,使他们汲取到特殊的"营养",感受到科学与艺术的辉映之奥妙,激发学生的创造灵感。

(一) 美能引起学生学习科学的兴趣,提高学习效率

现代教学论告诉我们,能否激发学生的学习主动性是教学成败的关键。科学史和教育史都证明,审美感作为构成意志行动的主要因素之一,能够转化为学生探索未知世界的巨大动力。曾为牛顿和贝多芬作传的丁·沙利文评价道:"因为科学理论的主要宗旨是发现自然中的和谐,所以我们能够立即看到这些理论必定具有美学价值。一个科学理论成就的大小,事实上就是它的美学价值的大小。""科学家的动力归根结底是美学冲动的表示,……科学在艺术上不足的程度就是它不完善的程度。"[②]由此可见,艺术美对科学思维已产生了多么大的影响。

比如,喜欢音乐的同学都知道,有些音一起演奏听起来悦耳,另一些音则不然;前者叫谐和音,后

---

① 华大明.论科学和艺术的发展规律[J].上海大学学报(社科版),1989(5).
② 同上.

者叫不谐和音。著名的大三和弦 dou,mi,sou 的频率比是 4∶5∶6;而小三和弦的 ruai,fa,la 的频率比则是 10∶12∶15。因为大三和弦三个音的频率比是更小的整数之比,所以听起来更为和谐。而这种艺术背后的科学道理就是物理学中有关机械振动的知识。显然,音乐的美具有激发学生学习兴趣的功能。

(二) 美能加深学生对科学知识的理解与掌握

比如,虹与霓,都是非常漂亮的圆弧,宛如一幅艺术作品。教学中我们引导学生去观察,发现红在外,紫在内。如果去测量,会发现虹是一个 42°弧,如果还有霓在外侧,则霓却是紫在外而红在内并且它是一个 50°弧。怎样来解释这样一个美丽的物理现象?

原来,空气中有许多水珠。当太阳照过来时,光在水珠里经过折射和反射,最后反射到人的眼睛里,通过光的折射和反射定律可以计算得出,第一次反射回到人眼睛里的是虹,第二次反射到人眼睛里的就是霓,这代表了唯象理论美。为什么水会有折射和反射现象呢?这却是唯象理论所不能解释的。通过麦克斯韦方程,就能进一步作出精确的解释,这体现了更深一层的美。

(三) 美能促进学生进行创造性的学习

比如,过去我们在进行物理教学时,常常认为物理学的知识,都涉及实验、物理思想和数学三个基本因素。然而,从美与物理学相关联的思想出发,还可以把物理学分成三个领域:① 实验,② 唯象理论,③ 理论架构。在上述三个领域中,理论架构是物理学的精华。对于理论架构像诗一样的深刻含义,用布莱克(W. Blake,1757—1827)的不朽名句来描述最为恰当:

一粒沙里有一个世界,一朵花里有一个天堂;
把无穷无尽握于手掌,永恒宁非是刹那时光。[①]

这不仅深刻地体现了物理美的诗意盎然,而且也从物理美的角度区分出了物理学的结构。对于唯象理论,在教学中我们常常要用归纳法来探讨,而对于理论架构,我们则要通过数学语言用演绎法加以描述,这对促进学生的创造性学习具有重要的导向价值。

三、科学与艺术的交流——形成科学风格

毫无疑问,艺术非常讲求风格,比任何其他文化都具有更强烈的风格色彩。可以说,没有风格就没有真正意义上的艺术,而这正是艺术创造性的一面。然而,科学同样具有风格。我们从许多科学发明和发现中可以体察到不同科学家的不同风格。

奥地利著名科学家波尔兹曼曾论述说:"既然一位音乐家能从一首乐曲的头几个音符辨认出莫扎特、贝多芬和舒伯特,那么,一位数学家也可以从一本数学著作的头几页辨认出柯西、高斯、雅可比、亥姆霍兹或克尔基霍夫的工作。法国作者表现出了非凡的优雅风度,可是英国人,特别是麦克斯韦,却表现出了引人注目的判断力。比如说,谁不知道麦克斯韦在气体动力学理论方面的论文呢?速度的变量像前奏曲,一开始就严格地展开,后来出现了两重旋律:从一边杀出状态方程,从另一边杀出了中心场的运动方程。公式的混乱有增无减。突然,我们仿佛听到了定音鼓的声音:'令 $n=5$'。那不祥的魔鬼 v(两个分子的相对速度)隐去了;同时,低音部的一个原先还是主要的装饰音,忽然沉寂了,似乎不可克服的那些东西都被排除掉了,好像有一根魔杖一样。……这时,不用问为什么是这样的,或者是不是别样的。如果你不按照这种发展走下去,那就把文章放在一边吧。麦克斯韦没有用注释的音符写标题音乐。……一个个结果接踵而来,直到最后是意外的高潮——热平衡条件和输运系

[①] 杨振宁.美与物理学[J].浙江大学学报(社科版),1998(3).

数的解释同时得到,幕布也就随着落下了!"① 这段话十分精彩地道出了科学研究具有风格的特点。

由于种种原因,科学研究风格一直被人们所忽视,正如著名学者鲁齐安·布拉加所指出的那样:"这个迄今为止完全被人忽视的现象具有重大意义,因此才应从理论上对它进行深入的探讨。其他思想家从未想象到风格这一现象在人类存在,甚至在'宇宙'中所占据的关键性地位,也从未想象到从中可以推出特殊的结论。"②

然而,杨振宁先生却独具慧眼地看出了科学研究风格的重要价值。他指出:"事实上,每一个科学家的工作,确实有他自己的风格。风格在科学家工作里的重要性,并不亚于艺术家、文学家、音乐家工作里风格的重要性。"③ "一个初出茅庐的科学工作者,经验不够,工作方向往往还未成形,所以风格常常不大明显。到经验多了以后,往往能发展出独特的风格。这跟艺术家其实是一样的:一个初出茅庐的画家,画出来的画往往还没有自成一格,等他达到炉火纯青的地步,他画的画,就有了独特的风格。"④

比如,在绘画领域,自牛顿发现白光由红橙黄绿青蓝紫七色光构成,开创光学研究的新纪元以后,也引起了艺术家的兴趣。现代西方绘画印象派的代表人物之一乔治·修拉,通过接受现代科学研究的成果,创立了独特的点彩派画法。其根据就来自牛顿的光色分解原理和法国化学家谢弗雷的色彩对比论。他把各种单纯的色彩一点点地分布在画面上,然后通过观众的视觉作用,在视网膜上重新组成一个"光学的混合物",从而使获得的画面有阳光闪烁的感觉。

在科学发展史上,具有鲜明对立风格的人是 20 世纪两位杰出的物理学家狄拉克和海森堡。

狄拉克一生最大的贡献是在 1928 年写出了狄拉克方程,奠定了今天原子、分子精细结构的基础。物理学家们佩服之极,称狄拉克的工作是"神来之笔",读他的文章就是一种享受。如果用一句诗来描述狄拉克的风格,我们认为最好的表述就是"性灵出万象,风骨超常伦"。

海森堡则是另外一种风格的物理学家。他于 1925 年夏天写出一篇文章,引出了量子力学的发展。38 年以后,库恩访问他,谈到构思那个工作时的情景,海森堡说:"爬山的时候,你想爬某个山峰,但往往到处是雾……你有地图或别的索引之类的东西,知道你的目的地,但是仍坠入雾中。然后……忽然你模糊地,只在数秒钟的工夫,自雾中看到一些形象,你说:'哦,这就是我要找的大石。'整个情形自此而发生了突变,因为虽然你仍不知道你能不能爬到那块大石,但是那一瞬间你说:'我现在知道我在什么地方了。我必须爬近那块大石,然后就知道该如何前进了。"⑤ 这段话生动地描述了海森堡 1925 年夏摸索前进的情形。

海森堡所有的文章都有一个共同特点:朦胧,不清楚,有渣滓。即使是杨振宁,也想不出用什么诗句可以描述其特点。

总的来说,科学研究中存在风格的原因在于:第一,与艺术创造一样,科学研究的领域是十分广阔的,不同领域的研究或同一领域不同层面的研究,就会显示不同的特点,形成不同的风格。以狄拉克和海森堡为例,为什么他们的风格如此不同呢?主要原因是两人喜好的、注意的方向不同,他们的工作领域也不一样。像海森堡,他从实验和唯象理论出发,由于这两者是五光十色,错综复杂的,所以他要摸索、要犹豫,要尝试了再尝试,因此文章也就给读者不清楚、有渣滓的感觉。狄拉克则从数学出发,因为数学的最高境界是简洁的逻辑美,因此他的文章就呈现出"秋水文章不染尘"的特点。其次,

---

① 周昌忠编译.创造心理学[M].北京:中国青年出版社,1986.
② 周昌忠编译.创造心理学[M].北京:中国青年出版社,1986.
③ 杨振宁.杨振宁文集(上)[M].上海:华东师范大学出版社,1998.
④ 同上.
⑤ 杨振宁.杨振宁文集(下)[M].上海:华东师范大学出版社,1998.

与艺术活动一样,科学也是人类历史的创造性活动,因而科学成果不仅留下时代的印记,而且也不可避免地留下创造者个人的风格。事实上,即使解决同一个问题,科学家们的灵感、思路和智慧也是完全不同的。所以,科学存在风格等因素,在某种意义上正是体现了科学创造性的一面,而创造既是艺术的灵魂,也是科学的灵魂。

那么,科学教育如何使学生形成自己的风格呢?对此,杨振宁以物理学的学习为例,提出了发人深省的观点。

杨振宁认为:"一个人在刚接触物理学的时候,他所接触的方向及其思考的方法,与他自己过去的训练和他的个性结合在一起,会造成一个英文叫做 taste,这对他将来的工作会有十分重要的影响,也许可以说是有决定性的影响,而这个 taste 的成长基本上是在早年,这个很有意思的问题,至今我还没有看见心理学家或生理学家对它进行过分析。taste 的形成比 style 要稍微早一点,一个人的 taste 肯定要影响到他后来的工作。"①

杨振宁的评价虽然是对少年天才而言的,但这何尝不是我国科学教育状况的折射。比如,对于中国的物理教学,杨振宁评价道:"中国过去几十年念物理的养成了念死书的习惯。整个社会、家长的态度、报纸的宣传都一贯向这个方向引导。其结果是培养了许多非常努力、训练得很好、知识非常扎实的学生,可是他们的知识是片面的,而且倾向于向死的方向走。这是很有害的。"②

然而,杨振宁学习物理却完全不是这样的。他说:"我对物理学的爱憎基本上是1938—1944年在昆明当学生时形成的。正是在那些年月,我学会了欣赏爱因斯坦、狄拉克和费米的工作。当然,他们各有迥然不同的风格。但是,他们都具有把一个物理概念、一种理论结构或一个物理现象的本质提炼出来的能力,并且都能够准确地把握住其精髓。后来我结识了费米和狄拉克,体会到他们讨论和分析物理的方式确实和我从他们的文章中猜想到的很一致。"③

从科学与艺术相关联的思想出发,杨振宁以物理学的研究为例,进一步阐述了他的思想。他说:"研究物理好像看一幅很大的画,整个自然界的结构好比这幅画。看一幅画可以有几种看法,适当的时候应当把几种看法结合起来。一是必须在近距离仔细研究,因为这幅画画得很仔细,每一部分都不一样,因此必须用放大镜仔细研究它的细部。二是应当从远距离去看。可以看到近距离看不到的 Pattern——一种大范围的规律。当然还有中距离的看法,物理学需要近、中、远三种看法。总之,知识的流向是由近到中、到远的,而不是反过来的。"④

在科学教育中,科学风格不仅影响学生的学习,也会影响教师的教学效果。我们知道,教学过程是一个知识传授过程,又是一个情感活动过程。因为教学必须符合教学规律,同时要适应学生个性发展,是一个艺术创造的过程。所以在教学过程中,教师的风格因素是很重要的。这种风格一方面来自教师对职业的真正认识,另一方面来自对所教学科美的感受。一个缺乏风格的教师,其教学必定是对知识的机械重复,使学生感到单调乏味,产生厌学情绪。相反,一个具有风格的教师,必定会努力挖掘教材中所包含的科学美和艺术美,恰当选择教学方法,精心设计教学过程,教学犹如表演艺术家对艺术美的追求一样,永无止境。当学生在学习中被教师教学所展现的风格所感染时,教学才会产生最佳效果。

---

① 杨振宁.杨振宁文集(上)[M].上海:华东师范大学出版社,1998.
② 杨振宁.杨振宁文集(下)[M].上海:华东师范大学出版社,1998.
③ 杨振宁.杨振宁文集(上)[M].上海:华东师范大学出版社,1998.
④ 同上.

四、科学与艺术的交融——健全学生人格

个性亦称人格,指个人稳定的心理特征,具有整体性与独特性。个性又是人共同性与差别性在每个个体身上的具体统一。发展个性,就是要在人的共同性的基础上,充分把人的差别性表现出来,从而使每个人都具有自主性和独特性,实现生命的个体价值与社会价值。

然而,在科学与艺术领域,有一种普遍为人们接受的观点:科学追求共同的见解,力图排除一切个人的成分,艺术追求鲜明的个性,必然具有艺术家个人的印记。其实,这是对科学的误解。

毋庸置疑,科学创造与艺术创造的过程与途径不尽相同,但科学与艺术都是创造的结晶,是人类睿智的物化状态和表现形式。所谓创造性就是独特而新颖的探索活动,其本身就意味着个性。在科学创造中,有些人注重获得结果,有些人则醉心于研究方法,在这方面科学家的个性起着十分重要的作用。比如,爱因斯坦承认,如果没有他,别人也会发现狭义相对论,但广义相对论则不然。这其中就有科学家个人特有的因素在起作用。

爱因斯坦提出的关于"宇宙宗教感情"的思想,更深刻地揭示了科学与艺术之间的关系。在他那里,"宇宙宗教感情"是科学家和艺术家共同享有的一种独特的心灵体验,"宇宙宗教感情是科学研究中最强有力、最高尚的动机。在能够接受这种感情的人中间,把这种感情激发起来,并且使它保持蓬勃的生气,这正是艺术和科学最重要的功能。"[①]

由此可见,科学家的心灵体验不仅常常伴随着科学活动步步走向深入乃至达到光辉的顶点,而且使科学家和艺术家形成健全的个性。

在西方,著名学者戈特弗里德·海纳特在他的《创造力》一书中指出:"创造个性的个人思维模式是创造特性和创造过程两者的扩展。""创造力的个性心理学部分是创造力研究的中心。"创造个性的积极发挥,能够"把动机动力完全集中在思维的对象上,以至于个人为了它而不惜一切的工作,将它与自我视为同一。"[②]显然,离开了创造个性,就无法揭示创造的整个过程和具体环节,创造个性是把握创造特征和创造规律的关键性问题之一。

在国内,心理学家林崇德教授提出了创造性人才表现的公式:创造性人才=创造性思维+创造性人格。经过20余年的研究,林先生将创造性人格概括为五个方面的特点及其表现,即:① 健康的情感,包括情感的程度、性质及其理智感;② 坚强的意志,即意志的目的性、坚持性、果断性和自制力;③ 积极的个性意识倾向,特别是兴趣、动机和理想;④ 刚毅的性格,特别是性格的态度特征,例如勤奋,以及动力特征;⑤ 良好的习惯。[③] 这为我们在科学教育中培养学生的创造性人格奠定了理论基础。

科学与艺术相交融在艺术家身上所表现出来的是他们的独立个性。比如,苏联领导人赫鲁晓夫曾与艺术家有过一次对话。在对话中,他把抽象派雕塑家涅伊兹韦斯内的作品说得一钱不值,认为"一头毛驴用尾巴也能比这画得好。"涅伊兹韦斯内完全不能接受这样的评价,马上直言相问:"您不是艺术家也不是评论家,您有什么根据说这样的话?"[④]可谓"宁鸣而死,不默而生"。

科学与艺术相交融在科学家身上所表现出来的个性则体现为他们的社会责任感,主要表现为善良、坚毅和勇敢等诸多方面。比如,美国的原子弹之父奥本海默,既是一位科学家,又是一位诗人。在原子弹试爆成功以后,就一直为核军备竞赛的后果感到不安。他反对美国继续研制氢弹,1952 年 7

---

① 爱因斯坦.爱因斯坦文集[M].北京:商务印书馆,1976.
② 周慧超.科学的风格与创造个性[J].东岳论坛,1990(3).
③ 林崇德.教育与发展[M].北京:北京师范大学出版社,2002.
④ 闻一.黑白墓碑上的赫鲁晓夫[J].俄罗斯文艺,2000(3).

月,他拒绝出任美国原子能委员会总咨讯委员会主席职务。他的行为使其失去了美国政府的信任并受到审讯。但他始终坚持自己的信念,为人类和平作出了自己的贡献。

从科学与艺术相交融健全个性的特点出发,需要进一步反思我们的教育目的。

长期以来,我国教育在指导思想上把全面发展和独立个性对立起来,排斥受教育者独立个性的培养,也损害了受教育者的全面发展。我们的教育不能没有统一要求,不能不促进受教育者的社会化,这应当说是正确的、合理的,但问题在于对统一性、社会化怎样理解。教育目的作为社会对其成员的质量规格需求的反映无疑要有统一标准;但统一性不等于一律化、模式化,排斥个性的自由发展。我们的教育无疑要促进受教育者的社会化,可社会化并不排斥个性化。由于我们的教育以统一性排斥个性自由发展,把社会化看做驯服工具化,所以,我们不承认受教育者的主体地位,不尊重受教育者的独立人格,不珍惜受教育者的个人价值,把受教育者只是当做工具,而不是主要当做目的。在这种指导思想下,受教育者就不能生动活泼地得到发展。[①]

目前我国科学教育中对于学生个性培养的有效性如何?我们认为,从中西方比较教育的角度去审视,似乎较为妥帖。由是,美国华盛顿大学饶毅教授的理性思考可以作为殷鉴。

饶毅教授认为,科学教育既要培养学生的创造才能,同时要塑造学生健全的人格,"而中国现行教育对此也很难说是全面重视的,教育系统对学生片面灌输竞争成功感,给多代学生走上社会后带来困惑和问题。教师对学生的注视过分依赖于学生在校成绩和'听话'程度,实际上鼓励了学生片面发展,而且不重视、甚至阻碍有其他特长的不'听话'学生的正常发展。学生'听话'也许一时方便了老师和家长,可是对国家和社会造成的结果呢?在旧中国封闭的社会里,培养很多驯服的人,也许对行政管理较方便;但在现在和将来全球经济竞争日趋激烈的形势下,强调单一才能、阻碍其它才能的教育方式岂不是制造长期落后的基础?"[②]这段话可谓单刀直入,切中要害。

怎样在科学教育中培养学生健全的人格?我们认为,根据班杜拉的社会学习理论,一个非常重要的途径是通过模仿学习并通过强化加以巩固。社会心理学认为,模仿作为一种相符行为,是由非控制的社会刺激所引起的,而不是通过学校或群体的命令发生的。模仿者与榜样的行为往往一致,不仅能再现他们的外部特征和行为方式,而且会形成新的精神价值——心理、兴趣、个性倾向以及行为风格等。[③]

模仿学习的基本前提是要有真实、可信和感染力的事例,正是在这个意义上,马寅初的行为典范教育价值与意义便凸现出来。

众所周知,1957年马寅初先生因新人口论而遭到批判,举国围剿。这时,一位举足轻重的老朋友出来圆场,劝他写一份深刻的检查过关。然而,马寅初却表示:绝不检讨。

马寅初的决绝,令我们想起亚里士多德的名言:"吾爱吾师,吾犹爱真理。"他说:"我对我的理论有相当的把握,不能不坚持,学术的尊严不能不维护,只得拒绝检讨。"[④]可谓"惟此独立之精神,自由之思想,历千万祀与天壤而日久,共三光而永光。"概而言之,马寅初的人生价值,一半在于他发掘的人口理论,另一半就在于他独立苍茫的健康人格。他的行为正是孟子"富贵不能淫,贫贱不能移,威武不能屈"理想人格的真实写照。半个多世纪过去了,直至今天,仍能给我们的科学教育以有益的启示。

[①] 王道俊,王汉澜.教育学[M].北京:人民教育出版社,1989.
[②] 饶毅.健全人格和创新精神[N].北京:人民日报,1999-4-17(6).
[③] 林崇德.教育与发展[M].北京:北京师范大学出版社,2002.
[④] 卞毓方.思想者的第三种造型[J].十月,2000(1).

第四节　创造教育的文化与传统反思

我国教育缺乏对学生创造能力的培养,是历史上一直存在的问题。而尤为严重的是,"这样造成的问题,在中国中小学教育完成后的一段时间内还不能显现出来;而到研究生期间,创造性能力问题才明显暴露出来。也就是说,由中国中小学教育提倡、培养和选拔出来的'好学生'的心态、思维习惯和行为模式到进入科学研究前沿时,就暴露出很大问题。"①

如何解决创造教育乏善可陈的问题?传统研究往往忽视历史、文化、传统与创造教育的渊源,其"现实关照"的研究观禁锢了人们的研究视野。为了突破"现实关照"的藩篱,创造教育研究需要从"现实"向"历史"回溯,从"教育"向"文化"扫描,从"现代"向"传统"延伸,从而真正发掘出影响创造教育的内禀原因。这既是创造教育理论的发展要求,也是创造教育实践的迫切需要。

一、从"好胜"向"好奇"转变

我国创造教育存在问题的根本原因在哪里?一言以蔽之,青少年缺少对科学的真正兴趣。对此,我们以一个有趣的三扇门游戏为例,比较中美两国青少年好奇心的差异。

历史上这个问题刚被提出的时候曾引起相当大的争议。这个问题源自美国电视娱乐节目 Let's Make a Deal,游戏的玩法是:参赛者会看见三扇关闭了的门,其中一扇门的后面有一辆汽车,选中后面有车的那扇门就可以赢得汽车,而另外两扇门后面则各藏有一只山羊。当参赛者选定了一扇门,但未去开启它的时候,节目主持人会开启剩下两扇门的其中一扇,露出其中一只山羊。主持人其后会问参赛者要不要换另一扇仍然关上的门。

作为吉尼斯世界纪录中智商最高的人,Savant 在《大观杂志》(Parade Magazine)对这一问题的解答是:应该换,因为换了之后有 2/3 的概率赢得车,不换的话概率只有 1/3。她的这一解答引来了大量读者信件,认为这个答案太荒唐了。因为直觉告诉人们:如果被打开的门后没有汽车,这个信息会改变剩余的两种选择的概率,哪一种都只能是 1/2。持有这种观点的大约有 1/10 是来自数学或科学研究机构,有的人甚至有博士学位。还有大批报纸专栏作家也加入了声讨 Savant 的行列。在这种情况下,Savant 向全国的读者求救,有数万名学生进行了模拟试验。一个星期后,实验结果从全国各地飞来,是 2/3 和 1/3。随后,MIT 的数学家和阿拉莫斯国家实验室的程序员都宣布,他们用计算机进行模拟实验的结果,支持了 Savant 的答案。②

美国《纽约时报》也曾刊登"三扇门"问题,共收到 4 万封读者来信。有感于"三扇门"问题的巨大魅力,华东师范大学的张奠宙先生将这一题目在《文汇报》介绍出来,却没有收到任何一封读者来信。张先生颇为沮丧地感慨道:"中国公众和学生对考试以外的题目丧失了兴趣,缺乏好奇心,真是一种教育的悲哀。"③

中国家长希冀自己的孩子成为科学家、航天员,却无端剥夺了孩子们的好奇心与思考力,以至于太多的孩子口中念叨着"考上名牌大学!"的口号,却不知考上名牌大学之后做什么。事实证明,如果没有一种追求超脱精神的好奇心指引,即使拥有再高的学位,终究还会产生精神失落。

回溯历史,早在 20 世纪,爱因斯坦就高屋建瓴地提出了"好胜心"与"好奇心"是创造教育分水岭

---

① 饶毅.健全人格和创新精神[N].人民日报,1999-4-17(06).
② 佚名.车与羊的选择[EB/OL]. http://movie.douban.com/review/1381617/,2008-5-17.
③ 张奠宙.数学教育经纬[M].南京:江苏教育出版社.2003:205,213,204.

的观点,读来令我们感叹不已。

1936年10月15日,爱因斯坦在纽约州立大学举行的"美国高等教育300周年纪念会"上讲话中谈道:"每项成绩背后都有一种推动力,它是成绩的基础,而反过来,计划的实现也使它增长和加强。这里有极大的差异,对学校的教育价值关系极大。同样工作的动力,可以是恐怖和强制,追求威信荣誉的好胜心,也可以是对于对象的诚挚兴趣和追求真理与理解的愿望,因而也可以是每个健康儿童都具有的天赋和好奇心,只是这种好奇心很早就衰退了。"

"第二项动机是好胜心,或者说得婉转些,是期望得到表扬和尊重,它根深蒂固地存在于人的本性之中。没有这种精神刺激,人类合作就完全不可能;一个人希望得到他同类赞许的愿望,肯定是社会对他的最大约束力之一。但在这种复杂感情中,建设性同破坏性的力量密切地交织在一起。要求得到表扬和赞许的愿望,本来是一种健康的动机;但如果要求别人承认自己比同学、伙伴们更高明、更强有力或更有才智,那就容易产生极端自私的心理状态,而这对个人和社会都有害。因此,学校和教师必须注意防止为了引导学生努力工作而使用那种会造成个人好胜心的简单化的方法。"

对于创造教育,爱因斯坦给出的建议是:"要启发这种创造性的心理才能,当然不像使用强力或者唤起个人好胜心那样容易,但也正因为如此,所以才更有价值。关键在发展于孩子们对游戏的天真爱好和获得他人赞许的天真愿望,引导他们为了社会的需要参与到重要的领域中去。"①

正如爱因斯坦所言,科学研究事实上距离我们每个人并不遥远,尽管实验和计算的过程是冗长而复杂的,但实验和计算过程中所用到的方式方法可能是最简单的,就好比用透明胶带也能撕裂出0.34nm的石墨烯一样。

2010年,英国曼彻斯特大学科学家安德烈·海姆和康斯坦丁·诺沃肖洛夫,以石墨烯研究获得诺贝尔物理学奖。诺贝尔物理学奖评审委员会说,之所以授予这两位俄罗斯裔科学家物理学奖,是为了奖励他们"研究二维材料石墨烯的开创性实验"。评审委员会介绍,把研究工作视为"游戏"是海姆和康斯坦丁团队的特点之一,"在过程中学习,谁知道或许有一天会中大奖。"②

现阶段,创造教育真正缺少的既不是先进的设备和必要的投入,也不是教师没有享受到必要的经济待遇,而是对待创造教育的态度有待匡正。创造教育固然需要严谨的态度,但切不可拿创造教育的严谨去吓唬人,因为创造教育是需要那么一点游戏精神的——像游戏一样专注,在游戏中体会快乐。或许到那个时候,我们距离伟大学术成果的诞生就不遥远了。这正是海姆和康斯坦丁把研究视为游戏却得诺奖给创造教育的最大启示。

"好胜"与"好奇",一字之差,却体现了完全不同的境界与追求。胜,只能胜在一时;而奇,则惠及终身。目前,我国在优秀学生的培养中落后于世界,培养各行各业领袖式人才的体系尚未形成,课堂教育中对优秀生的特殊培养没有研究,好学生同样缺乏对大自然的"好奇心",而这恰恰是21世纪国家的命运所系。我们常以考取北大、清华为最高目标,学生只和同龄人比赛考试成绩,人生抱负不过是一种"好胜心"。因此,缺乏远大抱负的一代,是我国未来发展的隐忧。③

二、从"习题"向"问题"转变

教育传统既是创造教育无法回避的问题,又是创造教育赖以破茧的基石。但这种传统形成的渊源究竟是什么?却鲜有人深入思考。

---

① 爱因斯坦.培养独立工作和独立思考的人[J].文苑,2011(6).
② 徐光木.把研究视为游戏却得诺奖的启示[N].京华时报,2010-10-3(002).
③ 张奠宙.数学教育经纬[M].南京:江苏教育出版社,2003:205,213,204.

为了正确认识我国创造教育的现状和展望未来,需要认真考察我国的文化传统。由于儒家文化中有一种"考试文化","状元"都是身经百战"考"出来的,所以传统上相信"一张考卷定终身",学生和家长都认可考试,适应考试,善于考试,当然也就能普遍地从限时限量的笔试中取得好成绩。这种"科举"意识,实际上是长期以来所形成的"题海战术"的社会文化基础。[①]

另一方面,1840年鸦片战争之后,国门大开,近代科学随着列强的坚船利炮涌入了古老的东方大国,国人学习科学自此肇始。由于近代科学并非从我国文化中生长出来,加之科学本身的深刻内涵与文化背景,因此,我们对科学的理解难免从机械与片面开始。直至今日,这种片面的理解在教育中仍然广泛存在,突出表现为习题一统天下,将应试教育引向高潮。

长期以来,我国教育已经形成了一种传统,认为教育归根结底就是需要训练,而习题作为训练的重要方式,人们对其推崇备至、顶礼膜拜。当前,"题海战术"业已成为我国创造教育低效能的重要原因,并在事实上形成了一种难以触动的教育传统。

比如,苏联的优秀中学生教材里,有一道题是:四维空间中的单位4-立方体有几个顶点,几条棱,几个二维面,三维体和四维体?美国学者认为这是个难得的好题。中国优秀学生不得不沉湎在高考试题之中,很难接触到这样具有挑战性的问题。[②]

"题海战术"的效果如何?近年来,我们用习题训练出了一批在国际奥林匹克竞赛中获得金奖的学生,这似乎更加印证了习题的重要价值。然而,丘成桐教授却对此提出了尖锐的批评。他指出:"习题教学培养出来的学生只会考试,但不会做研究工作。有几位曾获国际奥林匹克数学竞赛金奖的中国学生在哈佛做我的研究生,学习都非常困难,有人甚至读不下去。"[③]可谓发人震聩。由此可见,习题教学远非教育的全部,更未触及创造教育的本质。

有人可能会说,让学生学会提出问题不就行了吗?遗憾的是,我们至今还处在"习题"与"问题"不分的阶段。比如,普通高中《物理课程标准》就提出:"一个好的习题就是一个科学的问题"。[④] 而事实上,"习题"是习题,"问题"是问题,两者具有原则性的区别。从习题解答,到问题解答,再到提出问题,这是创造教育逐步发展的三个层次。怎样实现这三个层次的过渡?近年来兴起的"原始问题"则可看做是学科教育界对"题海战术"的反思。这种观点主张通过引入原始问题,实现从"习题"向"问题"的转变,有可能为我国创造教育的发展开辟出一条新的路径。

所谓原始问题,是指对自然界及社会生活、生产中客观存在且未被加工的现象的描述;而习题则是经过人为加工的练习作业。两者的关系如图8-1所示。

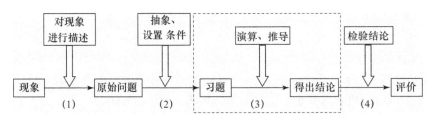

图8-1 原始问题和习题的关系

显然,习题教学"掐头去尾烧中段",只侧重上图中的虚线部分。根据爱因斯坦的科学思维过程理

---

① 同上.
② 张奠宙.数学教育经纬[M].南京:江苏教育出版社.2003:205,213,204.
③ 丘成桐.如何培养中国学生对数学的兴趣[N].科学时报,2004-6-23(04).
④ 中华人民共和国教育部.普通高中物理课程标准(实验)[S].北京:人民教育出版社.2003:71.

论,科学思维的开始和终结都是超逻辑的。由于习题教学恰恰缺少了这两个环节,致使很多学生只知道根据已知条件去解题,遇到实际问题则常常束手无策。对此,我们应当清醒地认识到,这其实是我国创造教育的严重缺陷。

当学生面临原始问题的"头"时,由于原始问题只暴露了现象的某些特征,他们难以对它作出有效的判断,只能根据现象事实或已知理论,运用猜测、不连续、不完整和非逻辑的方法对其形成适应性、启发性的领悟,这是认识原始问题的关键一步。由此,才能形成新的观念,进行数量分析、建立方程求解,这一关键的步骤很少能用逻辑思维来完成,它需要直觉、灵感等创造性思维。同样,当学生面临原始问题的"尾"时,也需要借助于直觉和经验,来判断结论的正确性和合理性。[1]

因此,我国创造教育所缺少的正是习题教学之外的"头"和"尾"。由于我国学生不是亲自编写"习题"的人,他们不知道"习题"的来龙去脉,不能体会解决问题的甘苦。所以,在解决问题时往往会一叶障目,不见泰山,更遑论提出有价值的问题了。

更为重要的是,在创造教育中让学生学会提出问题,意味着学生不仅需要有完整性和融通性的知识结构,而且需要敏锐的洞察力和灵活的思维力。比如,一位中学生曾发现乘坐火车行驶在空旷的田野时,看到远处的树林、山脉好像不是向后退,而是也向前走了。这位高中生对这个问题非常感兴趣,于是提出了"远处静止物体为什么跟着火车向前走"的问题。这样的问题就是原始问题。经过深入思考,这位高中生终于找到答案并给出了定量解释。[2]

像这类原始问题的提出与解决,就需要超越习题并运用非逻辑思维作大幅度跳跃式地提取信息,再运用逻辑思维处理信息,才有可能创造性地解决问题。显然,这样的思维训练就比习题演算更加契合创造教育的本质。因此,在教育生态化的趋势下,我们不能再固守"习题"教学传统而裹足不前,应当以原始问题破"创造教育"之"题",这才是当下创造教育应当思考的重要议题。

三、从"学答"向"学问"转变

事实上,对于国人而言,如何"学问"本是一个历史的质问。

早在1883年,美国物理学会第一任会长亨利·奥古斯特·罗兰在其著名演讲《为纯科学呼吁》中曾说:"我时常被问及这样的问题:纯科学和应用科学究竟哪个对世界更重要。为了应用,科学本身必须存在。假如我们停止科学的进步而只留意科学的应用,我们很快就会退化成中国人那样,多少代人以来,他们(在科学上)都没有什么进步,因为他们只满足于科学的应用,却从来没有追问过他们所做事情中的原理。这些原理就构成了纯科学。中国人知道火药的应用已经若干世纪,如果他们用正确的方法探索其特殊的原理,他们就会在获得众多应用的同时发展出化学,甚至物理学。因为只满足于火药能爆炸的事实,而没有寻根问底,中国人已经远远落后于世界的进步。我们现在只能将这个所有民族中最古老、人口最多的民族当成野蛮人。"[3]

我们当然不能完全认可罗兰的观点。然而,时隔百年,重读这位"美国友人"的话语,我们是否能理直气壮地回答:我们已经学会了去"寻根问底"、"追问过所做事情中的原理"呢?恐怕还不能说完全做到了,还需要继续努力。

同样的问题,李政道先生在复旦大学的一次演讲中,再一次提了出来,他说:"学问,大家都知道这是什么意思,但是和各位分析一下,学问这两个字,第一个字是学,第二个字是问,什么意思呢?就

---

[1] 邢红军.原始问题教学:物理教育改革的新视域[J].课程·教材·教法,2007,27(5).
[2] 邢威加,田健.奇妙的视运动现象及其定量解释[J].中学物理,2012,30(5).
[3] 亨利·奥古斯特·罗兰.为纯科学呼吁[J].科学新闻,2005(5).

是你要学怎么样去问问题，这才是真正的学问。学，就是学习问问题，学怎么样问问题，这才是学问。普遍来说一般是学答，而不是学问。普遍的情况是在学校里学习，只学习怎么回答问题，是不是？你们大部分是学问问题呢，还是回答问题？学回答问题比较多一点是不是？我认为，学答，并不是学问。当然，学答也是重要的，能够回答问题，也是教育中很重要的一部分；可是，学会怎么样问问题，可能是更重要的一点。"①

诚如李政道先生所言，我国历来研究"做学问"，可为什么现在学校只是做"学答"呢？如许叩问，切中要害。虽然我们的课堂上也有提问，然而我们忽视的是，这些问题很少，或很少是由学生提出的。因此，只有那些源于学生自己好奇心并促进好奇心的提问才能改变"学答"甚于"学问"的现状。

对现实中我国"学答"教育的现象，需要从"教育"向"文化"扫描。由于中国文化更倾向于培养那种"听话出活"的孩子，而对提问、宣讲、辩论乃至求教都倾向于回避，这种传统被韩愈形象地描述为"士大夫之族，曰师曰弟子云者，则群聚而笑之。"原因正如韩愈所言："位卑则足羞，官盛则近谀"，这正是传统文化腐朽落后的一面。

因此，我们认为，科学创造并不需要这种"死要面子""自我封闭"的取向，而是需要孩童般纯粹的乐趣，亦即古人所谓"赤子之心"的情怀。近来一则关于"猫喝牛奶"的报道引起我们的深思。

美国普林斯顿大学、麻省理工、弗吉尼亚州理工学院，合作一项计划，研究了三年半。研究什么？研究猫俯身伸舌头喝碟子上的牛奶时，为什么从来不会弄湿下巴的毛？科学家把猫喝奶的纪录片每格细看，看了三年半，终于算出了猫舌出击的速度，和每次猫卷舌头的频率之间的一条方程式——一个叫"佛罗德函数"的新东西。

为什么有此发现？全因为一个叫史托克的流体力学家，在家里的厨房喂他的宠物猫吃奶，一面抚摸着它、欣赏它的美态，忽然兴起研究猫喝奶的学问，像牛顿头上掉下了一个苹果，无意中发现了一项神迹。

这样的研究，中国人觉得无聊——猫喝牛奶，有什么好看？许多父母叫小孩立志做航天员，当总统，不爱在小事上钻研下工夫。猫喝牛奶，西方的学者研究出大学问来，后面有一股动力——最好的教育，是培养一颗仁心。②

从"猫喝牛奶"这一习以为常的现象中发现问题，竟然如亚马逊丛林里的蝴蝶一般，正是好奇心引领科学家发掘到了拥有如此魅力的宝藏。我们认为，面对科学创造，今天的中国人是抹去心理的包袱、放下文化的"面子"的时候，应该让一颗赤子之心直接同充满美丽的自然对话。

文化还童诚然宝贵，然而文化还必须在扬弃中发展。杨振宁教授曾谓，中国学生应多学一点美国学生的学习方式。他说："美国学生常常是在乱七八糟之中把知识学了进去，你只要稍微与他们交谈一下就会发现，许多很优秀的学生，其知识体系中的漏洞是非常多的，而且正确和谬误常常纠缠在一起。但是这并不影响他们的成才。因为美国的教师鼓励学生提问，鼓励学生向最了不起的权威提出怀疑。"③

中国学生自孩提时代就穿梭于各个考场、埋头于"无涯"的题海，以及各种笔试、口试、面试……繁忙地应对各种或精心设计、或漫不经心地提问。学校和家长也将解题、答题能力的获取和提高作为闯过层层考试之关的"秘密武器"。然而，当创造教育的叩问愈发紧迫之时，我们才猛然发现，不仅学生的答题能力遇到了难以突破的瓶颈，并且学生对答题也越来越"疲沓"了，课堂上老师的提问也唤不起

---

① 李政道，在复旦校训墙揭幕仪式上的讲话[EB/OL]. http://www.sdust.edu.cn/content__5C64C2FF16C2B6CE513E02E9F245218E.htm,2005-9-8.
② 陶杰.猫、牛奶和流体力学[J].跨世纪,2011,(2).
③ 杨振宁.杨振宁文集(下)[M].上海：华东师范大学出版社.1998：1009.

学生的兴趣。这一情景被形象地描述为:"课堂讨论气氛不够热烈,就是点名回答问题,有的也不愿张口,与教师交往逐渐产生隔阂感,即使学生之间朝夕相处,也不太愿意公开自己的心事。""许多教师埋怨学生的课堂上启而不发、呼而不应,于是只好满堂讲。"[①]对这种情境,恐怕每个人都不会陌生。其中,正是一种文化的心理力量在默默起作用。

反思做题、应考只能教学生学会作别人问题,殊不知提出一个问题比解决一个问题更重要。学生们疲于应付精心命制的题目,实际上是成为了一个科学"打杂者"——将思想"外包"给了别人。我们很难想象,只学"答"、不学"问"的人能够伸出创新思维的触角。事实上,提问对科学创新才至关重要,爱因斯坦有一句名言:"我并没有什么特殊的才能,我只不过是喜欢寻根问底的追究问题罢了。"更有人用"提出一个问题就是解决问题的一半"来强调"学问"较之"学答"的重要。

由此可见,"自我窒息""死要面子"等奔忙于答题的教育传统必须改变了。教育改革需要将学生"外包"给各色"命题人"的思想还原回来,将提出问题作为创造教育的要素。值得注意的是,许多国家早就这样做了。同属亚洲文化圈的日本,数学课最后一个环节往往就是"编题和提问"。[②]这牵涉到教育思想和教育体系的整体变革,需要呼唤创造教育的人们共同努力。

张奠宙先生曾经举过一个数学的例子。在日本筑波大学举行的国际数学心理学第17届会议上,有一堂数学公开课的题目是:在一块长方形场地上,要筑一花坛,使其场地面积是原来的一半。这是一个有无数个答案的开放型数学题,要学生发挥艺术想象力和面积的计算方法。日本学者介绍说,日本曾被别人说成是只会模仿的民族,这虽然不全面,但是为了未来,日本今天的教育必须着重强调培养学生的创造性意识。反观我们的数学教育,学生每天做大量的题目,所有题目的答案都是唯一的。我曾经问过一些教研员,这样的日本题目能不能在中国上公开课,他们都摇头说不行。仅此一端,我们在学科教育上的认识差距在哪里,也就很清楚了。[③]

其实,我国历史上并不缺乏"好奇"与"学问"的传统学习理论。《中庸》中的"博学之,审问之,慎思之,明辨之,笃行之。"就体现了先贤博大精深的教育思想。遗憾的是,对于我国传统教育中的宝贵遗产,我们今天的创造教育却没有能很好地加以继承并发扬光大,殊为可惜。

"博学"意谓为学首要广泛地猎取,培养充沛而旺盛的好奇心。好奇心丧失了,为学的欲望随之而消亡,博学遂为不可能之事。因此博学乃能成为为学的第一阶段。"审问"为第二阶段,有所不明就要追问到底,要对所学加以怀疑。问过以后还要通过自己的思想活动来仔细考察、分析,否则所学不能为自己所用,是为"慎思"。"明辨"为第四阶段。学是越辨越明的,不辨,则所谓"博学"就会鱼龙混杂,真伪难辨,良莠不分。"笃行"是为学的最后阶段,就是既然学有所得,就要努力践履所学,使所学最终有所落实,做到"知行合一"。显然,如果我们在教育教学中让学生真正做到了"博学,审问,慎思,明辨,笃行",那么,创造性人才的培养何尝不会有一个大的突破呢?

只好胜、不好奇;有习题、无问题;只学答、不学问,这是我国创造教育举步维艰的内禀原因。因此,对于创造教育的研究,我们既不能忘记历史而只聚焦现实,亦不能抛弃文化而只论教育,更不应不顾传统去奢谈创新。只有经历了历史、文化、传统三个层面的精神苦旅,我们才有可能找寻到创造教育从哪里来、到哪里去的答案。正是在这个意义上,好奇、问题、学问就成为我们通向创造教育的"康庄大道"。

---

① 文波.高中学生心理特征与物理启发式教学[J].科学咨询,2004(5).
② 张奠宙.数学教育经纬[M].南京:江苏教育出版社,2003:204,205,213.
③ 同上.

思考与讨论

1. 为什么要在物理教育中进行爱国主义教育？
2. 如何在物理教学中实施爱国主义教育？
3. 什么是"审美意象"？
4. 物理美育有什么教育价值？
5. 如何在物理问题教学中实施物理美育？
6. 科学与艺术之间存在怎样的关系？
7. 科学家的"科学风格"是怎样形成的？
8. 科学教育与艺术教育相交融有什么教育意义？
9. "好奇"与"好胜"之间有什么区别？
10. "习题"与"问题"之间有何差异？
11. 为什么要实现从"学答"到"学问"的转变？

第九章　物理教师专业发展

本章导读

教师专业发展是近年来的一个热门话题,但在理论上与实践上并没有真正有效的进展。本章教师教育金字塔模型的建立,从宏观上提出了中学学科知识、学科教学知识和教学技能是教学学术的观点,厘清了教师专业发展的理论问题。这个问题具有重要的理论意义,因为长期以来,人们通常并不认为中学学科知识、学科教学知识和教学技能是教学学术,因而常常以轻视的眼光看待,这是学科教学论不被重视的深层原因;在中观层面,教师专业发展态的提出,则从"术""法""道"三个层面,解读了教师专业发展的不同境界,并运用可操作的方式对其加以鉴别,从而使教师专业发展态成为有效的理论模型;在微观层面,通过两项物理教师专业发展行动研究的介绍,展现了物理教师专业发展的历程。

需要强调的是,教师专业发展其实是一件非常困难的事情,要做大量非常扎实的工作。所谓"扎实的工作"就是指导者不仅要有指导的意愿,而且要有指导的能力。具体而言,需要指导者愿意并有能力对教师的研究进行认真的指导,其实质是与教师进行深度互动,这不仅耗费精力、亦颇见功力。在这个过程中,教师不仅取得了研究成果,而且收获到了"衣带渐宽终不悔,为伊消得人憔悴"的发展体验。显然,只有这种触及灵魂深处的扎实工作,才能实现教师专业发展的"真指导"和"真发展"。

第一节　教学学术的视野:我国教师教育的发展路向

我国新一轮的基础教育课程改革,使得教师教育得到了前所未有的重视。国际上基础教育改革遭遇众多"滑铁卢",也促使在世界范围内达成共识:基础教育改革的成败系于教师质量。有鉴于此,我们从教师教育的困惑出发,深入研究我国教师教育的理论渊源与实践路向,以期为教师教育的发展提供有益启示。

一、教师教育发展的历史困惑——师范性与学术性之争

我国教师教育的发展已逾百年,然而教师教育发展中"师范性"与"学术性"之争却始终悬而未决。这一问题自我国教师教育开办伊始便一直存续,并成为争论的焦点。

(一)"师范性"与"学术性"之争的本质——教师教育的伪命题

强调"学术性"的观点认为:教师教育的"学术性"不强,师范大学应减少"师范性"科目及课时,以"学术性"科目取而代之。而强调"师范性"的观点则主张:一些师范院校重"学术性"轻"师范性",丢失了师范特色,师范大学应强化"师范性",重视"如何教",突出"师范性"特色。[①]

在严格意义上,"师范性"与"学术性"之争实际上是一个伪命题。这是因为,"学术性"往往指师范

---

① 董英楠.从"师范性"与"学术性"争论看美国师范教育机构转型[D].沈阳:沈阳师范大学,2011:7—8.

院校学生所习得的、可与综合性大学相比拟的学科知识,它们是解决教师"教什么"的基础;"师范性"则是指师范院校学生学习的教育学、心理学等公共课程,它们试图解决教师"如何教"的问题。

对于"学术性",人们长期以来逐渐形成一种看法,认为只要学会大学知识就一定能胜任中小学教学。因此历史上曾有"教育只常识耳"之言①,现在还有"师范不'师'又如何"之论②,可见"学术性"观念根深蒂固。而事实上,大学知识只是胜任中小学教学的"必要条件"而非"充分条件"。

关于"师范性",目前高等师范院校开设的教育学与心理学长期存在内容泛化、针对性较差的问题。③ 因为缺乏与学科知识结合,导致教育学和心理学并不能很好地指导中学教学实践,因而并不能有效解决"如何教"的问题。由于"学术性"被认为是大学知识而非中学知识,"师范性"被认为是教育学和心理学而非学科教育学与学科心理学,这就使得师范生的教育学知识与学科知识形成"两张皮"的局面。其根源就在于未能明确教师教育发展的正确方向,最终导致我国教师教育长期在低水平徘徊。

(二)"师范性"与"学术性"之争的实践——"4+2"模式的低效

研究"学术性"与"师范性"之争,意在促进我国教师教育的发展。借鉴国外教师教育的经验,则是促进我国教师教育发展的一种选择。研究发现,国外教师教育也经历了这样的争论,并"整合"出一种有代表性的"4+2"教师教育模式。④ 这种模式的课程由三部分构成:普通教育课程、学科专业课程和教育专业课程。美国教师教育中三类课程所占学时的比重与学分分配大致情况如表9-1所示。⑤

表 9-1

课程类型	学科领域	课程科目	学时比重	学分比重
普通教育课程	社会科学、人文科学和自然科学	哲学、历史、经济学、社会学、伦理学、人类学、英语与语言艺术、外语、古典语文、演说、音乐、戏剧、数学、物理、化学等	1/3	1/2
学科专业课程	中小学各科	学生毕业后所授专门课	1/3	1/3
教育科学课程	教育基本理论	教育理论(包括教育基础、教育导论、教育哲学、教育史等);教育方法与技能(包括教育心理学、发展心理学、教育评价与测量、教材教法等);教育实践(包括见习与实习等)	1/3	1/6

可以看出,美国教师教育对通识课程较为重视,其学分比重占总学分的二分之一,另外两类课程则与我国师范大学相仿。在师范生培养方面,由于美国大学众多,且各州采用的教育政策有所不同,因此,教师培养模式也呈现出多样化态势。但总结起来主要是学生先在大学的学科院系接受3~4年的学科教育,然后进入教育学院接受1~2年的教师专业教育。⑥ 也即美国师范生的培养由学科院系和教育学院共同承担,目的在于试图解决"师范性"与"学术性"的矛盾。

与之相似,我国一些师范大学也进行了"4+2"模式的尝试(四年本科在学科院系,两年硕士在教育学院),然而随着"4+2"毕业生走上中学教学岗位,培养成效却颇受质疑。这主要缘于毕业生的学

---

① 刘捷.栅栏内外:中国高等师范教育百年省思[M].北京:北京师范大学出版社,2002:95—104.
② 王东杰.师范不"师"又如何?[N].南方周末,2009.(7.23).
③ 徐魁鸿.美国教师培养模式的演变及其启示[J].现代教育论丛,2006(5).
④ 檀传宝,朱旭东,辛涛.关于北京师范大学师范教育体制改革的若干思考[J].北京师范大学学报(人文社会科学版),2000(4).
⑤ 饶武.美国教师教育课程演进及其对我国的启示[D].南昌:江西师范大学,2006:11.
⑥ 徐魁鸿.美国教师培养模式的演变及其启示[J].现代教育论丛,2006(5).

科知识与教育知识"两张皮"状况,并未得到有效改善。

综上所述,无论是传统的学科院系培养方式,抑或是近年来"学科院系+教育学院"的"4+2"培养模式,依然未能解决"师范性"与"学术性"不睦的痼疾。这就需要在汲取改革经验的基础上进行创新,以找寻到教师教育改革的真正方向。

二、教师教育的本质探寻——教学的学术

一直以来,教师教育聚焦于"师范性"与"学术性"之争,却忽视了最终鹄的——中学学科教学。事实上,一味追求大学知识的"修葺加固"而置培养目的于不顾,势必造成本末倒置。这是由于大学学科知识和教育学、心理学知识虽为教师教育所必备,但与中学教学之间仍存有无法逾越的鸿沟。因此,教师教育的关键既不在于目前的"学术性",也不在于目前的"师范性",而在于对中学学科教学的重视,着力解决当前师范生"学非所教"的问题。这是对教师教育本质的真正认识与真正落实,唯有如此,才能"激发"教师教育的活力,推动教师教育的真正发展。

我们认为,教师教育应当实现"师范性"与"学术性"的真正融合与合理汇交。就学术性而言,中学教学不仅要具备大学学科知识,还要具备中学学科知识,后者应当被纳入教师教育的内涵之中。就教育性而言,"学科教学知识"(PCK)应当成为教师教育的重要内涵。

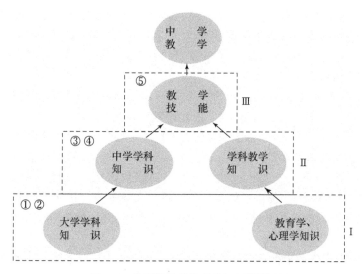

图 9-1　教师教育结构的"金字塔"模型

基于上述认识,我们建构了教师教育结构的"金字塔"模型,如图 9-1 所示。"大学学科知识"与"教育学、心理学知识"构成金字塔的底层(Ⅰ,①、②);二者分别向上延伸出"中学学科知识"与"学科教学知识"(③、④),构成金字塔的中层(Ⅱ);再加以"教学技能"(⑤),就构成了金字塔的顶层(Ⅲ),最终形成教师教育的整体结构。

教师教育结构图的厘清为"学术性"与"师范性"之争及其引发的实践问题找到了答案。在长期争论中,人们将大学学科知识(①)等同于"学术性",而将一般性的教育学、心理学知识(②)等同于"师范性",并没有意识到中学学科知识(③)、学科教学知识(④)和教学技能(⑤)的重要性。

回顾我国教师教育的百年历程,归根结底,教师教育的根本问题还在于办学的观念——是否把教学看作是一种学术?由此而引发出的问题就是,教师教育课程结构中的"中学学科知识""学科教育知

识"与"教学技能"是否在教师教育中具有学术性？这才是我国教师教育的核心问题。对此，欧内斯特·博耶的"教学学术"理论可以为我们提供有益的启示。

1990 年，博耶在《学术反思》著作中将教学视为更广泛意义上大学学术活动的一部分。他所阐释的教学学术不但包括学科知识，还包括与各学科知识之间的联系以及学科知识的传授。据此，我们认为，在教师教育中，中学学科知识、学科教育知识和教学技能就是教学的学术，这些体现教学学术的课程应该被作为教师教育课程的主体之一。[①]

由于传统争论一直在金字塔底层进行非此即彼的争论，始终未曾将视角向上延展，进而认识到"中学学科知识""学科教育知识"及"教学技能"在教师教育中所扮演的重要角色，导致我国教师教育的理论迷失与实践乏力。应当指出的是，"教师教育课程结构"要素之间的关系并非相互对立，而是互相依存。只有当这些要素融为一体，才能构筑完善的体系，使教师教育焕发活力。

（一）教学学术——中学学科知识

虽然我国现行高等师范院校的学科知识课程设置已然超过中学教学内容的两个层次，但并不代表大学本科甚至硕士博士的学科知识结构足以适应中学教学。事实上，目前硕士、博士进入中学从教已不乏其例，仍然会在学科知识上遇到特殊的困难，甚至捉襟见肘。我们认为，所缺乏的正是一种学术性的中学学科知识。

例如初中物理密度教学，长期以来教师只知道用质量与体积相比来定义密度，却不知道"为什么要比"。师范生虽然经历了大学课程的学习，但是对中学学科知识只能说明"是什么"而无法解释"为什么？"，由此造成的机械灌输就无可避免。总而言之，"中学学科知识"是中学教师需具备的特殊的学术知识。

因此，在教师教育中，师范大学开设"中学学科知识"课程就应当包括"中学教材分析"、"学科教学设计"、"学科习题教学"和"学科实验教学"等。这些课程不仅是中学教学的学术内容，而且是培养学生能力的重要途径。教师教育不重视以上课程就会造成教师教学的困难与低效。

（二）教学学术——学科教学知识

"学科教学知识"（Pedagogical Content Knowledge，简称 PCK）作为对学科教师专业发展的理论反思，最早由舒尔曼（L. S. Shulman）提出。他认为学科教学知识是包含在学科知识中的一种属于教学的知识，是一种最适于"可教性"的学科知识，"是教师个人教学经验、教师学科内容知识和教育学的特殊整合。"[②]

学科教育家乔际平先生最早提出并构思了学科教学知识的"法""论""学"三个层次，他指出："学科教学法：它是以学科教学过程中教师的工作方式、方法为研究对象，是建立在教学经验总结的基础上，是以对'怎样教'的研究为核心。""学科教学论：它是以研究学科的教学过程为对象，要对教学过程中的各种问题做出为什么的回答，深刻揭示出学科教学过程的基本规律、基本特点。因而它着重从理论上研究问题，需要有一个比较完整的学科理论体系。""学科教育学：它的研究对象是整个学科教育过程。即在学科范围内研究人的全面发展，提高人的素质，研究全面体现学科教育功能和规律的任务。"[③]

因此，在教师教育中，师范大学需要开设的课程就应当包括"学科教学法""学科教学论""学科教育学""学科教学心理学"等学科教育课程。这是因为"学科教学类课程是致力于促进学科知识与教育

[①] 侯定凯.博耶报告 20 年：教学学术的制度化进程[J].复旦教育论坛,2010(6)：31—37.
[②] 唐泽静,陈旭远."学科教学知识"研究的发展及其对职前教师教育的启示[J].外国教育研究.2010,37(10).
[③] 乔际平.对学科教育学几个理论问题的认识[J].北京师范学院学报(社会科学版),1989(2).

知识融合、培养未来教师专业核心能力的课程。这类课程运用普通教育知识于具体学科知识的教学之中,让已经分别掌握了这两种知识的学生跨越二者的界限和壁垒,让两种知识从一般走向具体、从分离走向融合,形成未来教师的专业核心能力。很显然,培养专业化教师,提高教师教育质量,需要大幅度提高学科教学类课程的比重,高度重视这类课程的教学和师资队伍建设。"[1]

(三)教学学术——教学技能

在中学学科知识和学科教育知识之外,师范生亦要掌握基本的教学技能,这是教学学术得以实现的逻辑路线。

一般而言,教学技能分为教学语言技能和教学动作技能。前者包括语言技能、讲解技能、提问技能、导入技能和结束技能,后者包括演示技能、板书技能、变化技能、强化技能和探究技能。每一项技能都包含若干要素与要求,这要求教师不仅需要掌握教学技能的理论知识,而且需要进行必要的规范训练。而这些,恰恰是许多师范生所严重缺失的。

众所周知,相声讲究"说、学、逗、唱",戏曲讲究"唱、念、做、打",中医讲究"望、闻、问、切",中药讲究"君、臣、佐、使",那么教学讲究什么?这个问题恐怕基本上就没有人能说得清楚,它恰恰正是当前教师教育所忽视的重要问题。令人欣喜的是,教育部出台的《关于深化中小学教师培训模式改革全面提升培训质量的指导意见》已明确提出:"各地要将提高教师教育教学技能作为培训的主要内容。"[2]

在教学技能训练的视角下,讲授训练是具有丰富内涵的。因此,教学技能非常有必要被纳入教师教育课程的体系,并进行系统性的研究与训练。教学是教师职业的本质所在,培养熟练掌握教学技能的毕业生应是我国教师教育的目标之一。

三、教师教育的改革实践——建制化的学科教育体系

教师教育教学学术观点的提出及其结构的厘清,为我国教师教育改革与发展展现了新的视角。除此之外,教师教育改革实践还需要给"教学学术"以建制化的保障,包括以下几个方面。

(一)教师教育的体制创新——教师教育学院

一直以来,我国教师教育踟蹰不前的原因不仅在于观念落后,还在于教师教育培养平台的落后,并因培养平台的落后制约培养质量。研究发现,无论是美国的教师教育制度还是我国的教师教育制度,均未能为"中学学科知识""学科教育知识"和"教学技能"的课程设置与实施提供发展空间。因此,一种新的教师教育制度就破茧而出。

引领教师教育改革潮头的是南京师范大学。2005年,南京师范大学在国内率先成立了教师教育学院,从而开启了我国教师教育的新篇章。与学科院系不同,教师教育学院为学科教育课程的开设提供了平台;与教育学院不同,教师教育学院含纳了学科课程的教学体系。因此,教师教育学院是能够真正实现教师教育所需课程的一种具有创新性的教师教育制度。[3]

1998年起,我国对教师教育体系进行了大规模重建,教师培养从教师教育时代进入到一个多种话语和体系并存,并不断进行体系变革的后教师教育时代。[4] 这样的转型却只表现在了培养形式上

---

[1] 刘小强. 教师教育亟须学科教学类课程与师资建设[N]. 中国教育报,2009-12-15.
[2] 教育部. 教育部关于深化中小学教师培训模式改革全面提升培训质量的指导意见[EB/OL]. http://www.moe.gov.cn/publicfiles/business/htmlfiles/moe/s7034/201305/xxgk_151910.html,2013-5-8.
[3] 邢红军,陈清梅,胡扬洋. 教师教育学院:学科教学知识中国化的实践范本[J]. 现代大学教育,2013(5).
[4] 赵明仁,朱旭东. 新时期我国教师培养体系变革研究[J]. 中国高教研究,2010(1).

的变化,而非实质上师资水平的提高,这与国家提倡开放性培养师资的政策初衷背道而驰。[①] 在教师教育体系急剧变革的时期,在面临制度转型的紧要当头,我国师范大学的发展变化对于未来教育师资水平的发展变化起着直接的决定性作用。教师教育学院正是在这样的历史性时期应运而生。它不仅展现了一种新的教师教育制度,也为我国教育教师教育的蓬勃发展带来了新的希望。

(二) 教师教育的师资创新——学科教学论教师

在教师教育发展中,学科教学论教师具有举足轻重的作用。任何一门学科的发展离不开相应的实施者与研究者,没有学科教学论教师,教师教育的定位便失去了意义,教师教育的发展更无从谈起。

学科教学类师资质量的优劣及教学效果的好坏,直接关系到未来教师专业化水平的高低和教师教育改革的成败。但是,在我国目前的学科专业目录中,学科教学(或者是教师教育)还没有成为专门的学科专业,由于学科专业目录是我国高校进行学科专业设置、院系设置、资源分配等方面的重要指导文件,所以在学科专业目录中的缺位,导致了学科教学类课程及师资队伍缺少学科身份、组织归属、资源供给和发展空间,造成这类课程及师资队伍发展中的严重困境。鉴于学科教学类课程及师资在教师教育中的重要地位和作用,一方面,我们要在新一轮的学科专业目录修订中,努力推动学科教学或教师教育在学科专业目录中得到正常设置,为这类课程及师资的发展发展赢得有力支持。另一方面,在目前的情况下,教师教育改革要充分重视学科教学类课程及师资队伍的建设,改变过去改革中仅仅重视管理体制和运行机制等外在宏观改革的趋势,一定要同时重视教师教育的内涵发展。要把学科教学类课程看做是培养专业化教师的根本途径,把学科教学类师资看做是教师教育的最主要力量,努力增加学科教学类课程的分量,提高课程的教学质量。[②]

教师教育学院的建立为学科教学论教师的成长与发展提供了广阔的平台,为学科教育学提供了良好的生长空间,并使"教师教育课程"体系的真正落实成为可能。

(三) 教师教育的学科创新——教师教育学科体系

充分彰显"教学学术"的本质,需要建立教师教育学科体系。目前,教师教育学科的建立已受到诸多学者的关注。主要体现在两个方面:一方面是学科性质的问题,即教师教育是一门理论学科还是一门实践学科;另一方面是学科构建框架和界限的问题,很多学者认为可将教师教育放在"教育学"一级学科框架下,构建成一个侧重研究教师教育实践问题、探索教师专业成长规律、兼顾实践导向的二级学科,有的学者则认为教师教育应直接为实践服务,故学科建设也"必须随实践的进展而呈现开放的态势"。[③] 对于这两个问题,我们的回答是,教师教育的学科体系必须建设为学科教育学为内核和主体的兼具学科教学理论与实践的学科,将教师教育独立设置为教育学下的二级学科则是保障师范教育与教师教育健康发展的必备举措。

教师教育学科体系建设应积极开拓学术空间,清除阻碍发展的封闭、落后观念与体制机制障碍,并制定学科课程与教学论学术力量整合与发展的长期规划。尤其是学科教学论博士、硕士、学士三级培养的纵向衔接与贯通,以及各个学科课程与教学论学术力量的整合发展,应该列入教师教育的发展规划并加快发展。这将极大拓展我国教师教育的学术纵深,增强专业性,彰显教师教育的特色。

[①] 顾明远.我国教师教育改革的反思[J].教师教育研究,2006(6).
[②] 刘小强.教师教育亟须学科教学类课程与师资建设[N].中国教育报,2009-12-15.
[③] 朱旭东,陈兰枝.构建教师教育学科体系推动教师教育事业发展——访北京师范大学教师教育研究中心主任朱旭东教授[J].教师教育论坛,2014;27(2).

第二节 教师专业发展演化模式

一个世纪以来,教师专业发展日益成为国内外教师教育研究的焦点,特别是在当前我国基础教育课程改革的大背景下,就更加凸显了这一议题的重要价值。因此,如何立足于我国教师专业发展的历史与现实,在理论与实践张力之间把握这一问题的本质,并找寻出切实可行的发展路径,就成为教师专业发展深化的重要内容。

一、教师专业发展的理论回顾与模型建立

认真梳理教师专业发展的研究不难发现,有关教师专业发展内涵、阶段、途径等构成了研究的主要内容。其中,教师专业发展的"阶段论"则成为这些问题的核心。

(一)阶段论

20世纪60年代末,美国学者富勒(Fuller,F.)最早基于"关注内容"框架,提出了教师专业发展的四阶段理论。其后,我国学者也基于不同的理论框架,提出了两阶段、三阶段、四阶段甚至五阶段的理论。[1]

总体而言,虽然教师专业发展在舶来理论译介与本土经验总结两种源头的协同下显示了别样繁荣的状况,但并不足以掩盖繁荣背后的困境。由于"大多数研究基于群体规范与社会外界标准,偏向于教师实际所经历或表现出来的发展情形描述,缺乏教师成长阶段的个案研究和实证考察,对个体主动发展变化的内在机制阐释的不多,对影响教师成长的因素以及如何针对不同个体促进其成长的有效策略缺乏系统研究。"[2]因而使得"国内教师专业发展问题研究还比较多地停留在经验总结与概念澄清阶段"[3],并导致"阶段论"研究停留于经验的描摹,仅仅满足于舶来理论的演绎外推。由此,导致教师专业发展研究由于缺失内在机制探寻而徘徊不进。尤其需要指出的是,由于自富勒肇始的各种阶段论都有意无意地采用了生涯发展或时间序列的研究思路,即以年龄为主要参数和常模对教师职业发展过程划分阶段[4],这就很容易将教师专业发展视为一个自然发生的成熟过程,从而使教师专业发展被认为是必然事件,这就从根本上消解了教师专业发展干预的合法性与合理性。究其原因在于:"阶段论"只描述了发展的行为和现象,并未触及发展的内涵和机制。

阶段论的局限还在于无法刻画教师专业发展的个体差异。因为在这一视角下,教师专业发展的水平只决定于入职时间长短。而实际情况却是,新入职教师不一定专业水平低,教龄长的教师也未必表现出更高的专业水平。甚至有些教师一生都可能停留于某一层次而踯躅不前。因此,教师专业发展"阶段论"与教师专业发展现实之间还存在着较大的距离。

就理论本身而言,从舶来理论演绎而来的各种"理论",无法构成体现"专业"内涵的真正依据,使得"新手型教师""专家型教师"等衍生概念模糊不清,联合起来有使"教师专业发展"概念被架空之虞。在研究层面,阶段论指导下的教师专业发展实践往往缺乏实效性,上述种种问题就使得"阶段论"模型在很大程度上缺乏信度与效度。

追根溯源,"阶段论"之所以未能触及教师专业发展的本质,根本原因还在于缺乏真实的理论基础。哥德尔定理证明,一种足够丰富和前后一贯的理论,是不能由它本身,或者比它本身更不完善或

---

[1] 李宝峰,谭贞.教师专业发展导论[M].哈尔滨:黑龙江教育出版社,2009:58—62.
[2] 李瑛.我国教师专业发展研究综述[J].巢湖学院学报,2006.5(8):151—155.
[3] 季诚钧,陈于清.我国教师专业发展研究综述[J].课程·教材·教法,2004.24(12):68—71.
[4] 肖丽萍.国内外教师专业发展述评[J].中国教育学刊,2002.(5):57—60.

更"弱"的手段来证明自身的无矛盾性;一个理论体系如果仅仅以自身的手段为工具去证明自己,就必定会导出一些不能决定其真伪的命题来。因此,任何一个理论体系就其自身来说总是不完备的。一个理论体系要证明自身的无矛盾性,就必须借助另一个比它更完善或者说更"强"的理论。[①] 因此,缺乏真实理论基础的教师专业发展理论,必定会流于经验与形式而呈现出"公说公有理,婆说婆有理"的状况。所以,如何在汲取已有研究成果的基础上,构筑具有实践力并真正体现教师专业发展内涵的理论,就显得尤为紧迫。

(二)发展态模型

鉴于此,我们基于协同学理论,提出采用"发展态"模型来界定教师专业发展的层次和水平,并力图将其植根于我国学科教育研究的深厚土壤。

所谓"发展态",指教师专业发展的状态,是教师对教育教学工作的专业认知状态。进一步说,是教师认知系统中不同因素相互关联、相互协同的结果。"协同"的含义在于:子系统之间的关联引起的协同作用使得整个系统(大脑)从无序变为有序——出现了序参量,序参量之间的合作与竞争最终导致只有少数序参量支配系统——这是在更高程度上的协同。[②]

因此,"发展态"及其变化的实质就被描述为教师对教育教学工作的认知状态与认知状态的变化。这一模型基于协同学对脑科学与行为的认知研究,较之"阶段论"更好地描绘了教师专业发展的动态性、发展性以及不同状态的差异。由于这一理论置于协同学这一坚实的基础之上,不仅具有较高的内部效度,而且具有较高的外部效度。

教师专业发展作为一个系统,可以是被组织的,又可以是自组织的。所谓被组织,是指该组织只有在外界干预下才能进行演化。它的组织化,不是自身的自发、自主的过程,而是在外部驱动力下的组织过程或结果。自组织是指"如果一个体系在获得空间的、时间的或功能的结构过程中,没有外界的特定干涉,我们便说该体系是自组织的"。[③] 这样,教师专业发展的过程,就成为一个教师与专家相互协同的过程,即教师在专家引导下完成其认知状态从被组织向自组织转变的过程。

二、教师专业发展态及其理论内涵

以往的教师专业发展研究局限于经验描摹,就问题论问题、就经验谈经验,忽视理论思维的重要作用,往往会导致庸俗、盲目的实践。而基于协同学理论,就可以将教师专业发展表征为学科发展态、学科教学发展态和教育发展态三种状态。每个发展态都有具体的内涵、特殊的表现以及发展的要求,这将为教师专业发展的真正实现奠定坚实的理论基础。

(一)学科发展态

"学科发展态"指教师具备教材分析、学科解题等能力,对执教学科持有一种融会贯通的学科知识结构,并能够分析学科教学疑难问题。达到这一状态的教师,在教学层面达到了"术"的层次,从而形成了"就事论事"[④]的研究能力。

教师专业发展态从"学科"肇始,是因为发展只有立足学科才能真正触及发展的内核。我们注意到,历史上教师专业发展与学科教学研究始终是紧密联系的,作为从课堂教学中生长出来的学科教育研究成果,多年来积淀了学科教育研究者充满实践的智慧,这才是我国教师专业发展的真正源泉。正

[①] 雷永生.皮亚杰发生认识论述评[M].北京:人民教育出版社,1987:2.
[②] H.哈肯.郭治安,吕翎,译.大脑工作原理——脑活动、行为和认知的协同学研究[M].上海:上海科技教育出版社,2000.
[③] Haken H. Information and Self-organization: A Marcroscopic Approach to Cpmplex systems[M]. Berlin & New York: Oxford University Press Inc.,1988.6,11.
[④] 朱铭雄.物理教育展望[M].上海:华东师范大学出版社,2002,252—254.

是在这个意义上,学科发展就成为教师专业发展态的重要起点。

在学科发展态中,教师以学科教学过程中的方式、方法为理解对象,是建立在教学经验总结的基础上,以对"怎样教"的认知为核心。[1] 包括如何对教学内容做出符合教学规律的处理？如何改进一个实验？如何分析一份试卷？然而,囿于专业发展水平的限制,其路径只能是从实际中来到实际中去,讲究实用性和操作性,只能解决"做什么""如何做",而对"为什么要这样做"以及"为什么这样做是有效的"却不能加以很好地说明。从这个意义上讲,学科发展态就是学科教学的一种"就事论事"能力。

事实上,一线教师在学科教学中经常面临大量亟待解决的实际问题。以初中物理的浮力为例：浮心、浮体稳定性、浮力势能等问题,就不是教师掌握教材"知识点"所能明晰的,它需要教师对知识广撷众采才有可能掌握。但这类知识往往关乎教师对课堂教学的驾驭能力,并直接影响课堂教学质量。所以,学科发展态要求教师在具有基础性知识的前提下,还需要对教学过程中的学科知识进行全方位和融贯性的掌握,也即我们通常所说,教师要给学生"一碗水",自己要有"一桶水"。因此,基于学科知识,能够分析学科教学疑难问题并以合理的形式呈现出来,就是教师学科发展态的具体表现。

基础教育阶段各学科期刊长期以来贴近一线教学并保持专业化的审稿标准。因此,能够在此类期刊上发表系列论文就不失为一种学科发展态的良好标志。以物理学科为例,有许多教师都曾在中学物理教学"六大期刊"上发表文章,这在一定程度上表明这部分教师处于学科发展态。如果进一步对文章内容加以研究,就可以对专业发展的差异性做出更加精确的评判。

(二) 学科教学发展态

当教师专业发展超越对学科知识的剖析,开始不满足于学科问题的解决,而是能够对教学问题做出理论分析,为从根本上解决教学问题找到正确的方向和途径的时候[2],此时,教师专业发展就超越了"术"的层面而进入到"法"的境界。这种境界就是教师专业发展的学科教学发展态。

教师只有能够运用专业概念、专业术语来思考,才能够真正进入专业领域来表达、探讨问题。值得强调的是,学科教学发展态的概念并非来自没有学科基础的演绎外推或直接搬用,而是有着直接、真实的教学实践支撑,并且要接受学科教学实践的检验。从这个角度看,如果说前一状态的研究水平是"就事论事",那么这一阶段就是"就事论理"[3]。

进一步来说,学科教学发展态要求教师能够驾驭学科教学规律。这是因为,学科教学规律不是关于学科知识的简单总结,也不是习题解答的杂凑,甚至其中看不到一个学科知识,但其反映的却是学科教学的真谛。例如物理教学领域近年来发展出的原始问题教学理论等一批有影响的学科教学理论,便是其中的典型代表。[4]~[7]

显而易见,这类研究集中反映了对学科教学理论与学科教学实践的反思与超越。在这个层面上,教师的工作就不再是"从学科到学科",而是实现了"从学科到教学"的升华,成为学科与教学之间的生长点。它集中体现了教学的专业智慧,展现了教师的专业品质。

学科教学发展态以更高水平的系列论文发表为特征。如果教师的学科教学论文能够在《课程·教材·教法》《教育科学研究》等期刊发表,说明其专业水平已经达到了学科教学发展态。以物理学科为例,虽然相当一部分教师能够发表许多"就事论事"的教学论文,然而鲜有如吴加澍老师那样的中学

---

[1] 乔际平.对学科教育学几个理论问题的认识[J].北京师范学院学报(社会科学版),1989.(2)：4—51,74.
[2] 朱铉雄.物理教育展望[M].上海：华东师范大学出版社,2002,252—254.
[3] 同上.
[4] 邢红军,陈清梅.论原始物理问题的教育价值及其启示[J].课程·教材·教法,2005,25(1)：56—61.
[5] 邢红军,陈清梅.原始物理问题测量工具：编制与研究[J].课程·教材·教法,2008,28(11)：59—63.
[6] 邢红军.自组织表征理论：一种物理问题解决的新理论[J].课程·教材·教法,2009,29(4)：60—64.
[7] 邢红军,罗良,林崇德.物理问题解决的影响因素研究[J].课程·教材·教法,2012,32(6)：91—96.

物理教师能够将论文发表在《课程·教材·教法》上[①]，这反映了教师专业发展之间的差异。

（三）教育发展态

当教师专业发展不再局限于学科，而是对整个教育工作拥有一种深刻且系统的认知，持有自己明晰的教育信念时，这样的教师才能真正成为专家型教师，才有可能踏上从普通教师通往教育家的道路。

之所以要在学科教学发展态之上建立"教育发展态"的层次，首先是因为"就事论理"的发展态仍然存在局限。因此，教师需要以此为基础，构建自己更加普适化、公理化的教学发展态，这将使教师对教育教学的把握臻于更高的境界。实践表明，不拥有理论的人一般不能很好利用理论指导实践，这实际上是由于不能把握理论与实践的关系。在教学中，机械的、教条的使用理论固然有害，但缺乏理论指引的教学无异于"盲人摸象"。要避免这种情况，还需要一种对学科教学理论的"理论"，只有拥有这种"理论"，才能指导教师正确地使用理论、指导实践，这正是教育发展态存在的根本原因。只有达到这种发展态，教师才能对各种理论拥有一种透彻的认识，把理论学活，进而建构新的理论。如此，教师才能突破"术"与"法"的局限，达到"道"的境界。这样，教师才能高屋建瓴地把握教育教学规律，并在教学中得到美的享受与真的体验。

教育发展态将使教师明确自身所从事教育教学工作的时空坐标，洞悉教育与人的发展规律，并因为自身理解水平的提升获得一种精神上的和谐与人格上的完善，在更高层面上体验到一种物我同一所带来的愉悦。自此，也就实现了教师专业化的真正发展。

以客观化的标准来衡量，教育发展态仍然需要高水平的系列论文来表现。如《教育研究》《教育学报》等学术期刊，可以代表教育学术研究的最高专业水准。教师的文章能够在此类刊物发表，无疑代表了教育发展态的水平。

上述三种专业发展水平虽然是相互联系、层层递进的关系，但是并没有必然的逻辑通道。因此，教师专业发展的终极状态就是实现三种状态的贯通。然而大多数教师无论从教时间长短，都有可能终生停留在某一状态而无法达到更高的状态。还需指出的是，三种发展态的演化有着确定的顺序性，试图跳跃、颠倒或逆向而行，都只能导致发展的异化。

三、教师专业发展的演化路径

基于协同学的教师专业发展理论模型，教师专业发展被描绘为一个由教师与教育教学中的诸多因素构成的结构。在此基础上，专家的有效干预、教师的发展动机以及扎实的训练就构成了促进教师专业发展演化的路径。

（一）专家的有效干预：控制参量

我们认为，作为教师专业发展引领者的"专家"，必须是实现了学科发展、学科教学发展与教育发展三个教师专业发展态的贯通者。因为只有贯通教师专业三种发展态的专家，才足以保证教师的专业发展踏上正确的道路。具体而言，这样的专家才能真正洞悉教师所处的发展状态，解决教师发展中遇到的问题，在指导中做到既高屋建瓴，又贴切到位，这集中体现了专家的水准和智慧。舍此，教师专业发展的引领难免会流于空洞说教、浮光掠影。

专家介入合理性与必然性的原因在于，许多教师经过多年教学，掌握了大量的知识，获取了很多经验，却不能有效提升自己的专业水平。依据协同学理论，干预作为系统的控制参量，对系统能否发生状态改变起决定性作用，如果系统没有到达临界区域，就根本没有出现状态改变的可能性。因此，在教师专业发展的被组织阶段，只有通过专家的干预，才能使教师的认知系统向临界区域过渡，才有

---

① 吴加澍.对物理教学的哲学思考[J].课程·教材·教法，2005(7).

可能促使各个子系统完成量变并最终达到质变。

一般而言,教师在专业发展过程中通常都存在"高原现象",即在工作七八年后,由于继续教育机会少,导致知识结构定型、思维定势及经验主义倾向,易于凭借已有的经验进行机械重复性劳动,从而产生倦怠感、挫折感甚至无力感,处于"做一天和尚撞一天钟"的消极状态,教育教学研究能力发展缓慢,甚至出现停滞现象,如果得不到及时有效的指导,这种状态将会持续很长时间,甚至于持续整个职业生涯。[①] 一项对物理教师的调查表明,70%的教师希望有人对物理教育论文的写作进行指导,显示了处于高原期的教师对专家引领的热切需求。[②] 由上可见,专家对教师专业发展的适时介入和有效干预是不可或缺的。

(二) 教师的发展动机:序参量

教师作为专业发展的主体,如果缺失内部发展动机,则任何外界的干预都将于事无补。依据协同学理论,实现教师专业发展态的转变,需要找出系统演化过程中的序参量。一般来说,系统内的子系统自我排列,自我组织,似乎有一只"无形手"在操纵着这些成千上万的子系统;另一方面,正是通过这些子系统的协同作用才导致了这只"无形手"的产生,这只"无形手"就是序参量。

怎样正确确定教师专业发展的序参量?这需要理论思维。事实上,协同学中的序参量可以被赋予不同的意义,用来描述各种非平衡态系统。如果它表示速度和密度,就可以描述流体力学中的各种有序现象;如果它表示不同种类的分子浓度,就可以描述化学中的各种震荡反应;如果它表示生物学中的物种数目,便可以描述生物进化中的自然选择与生存竞争。基于协同学理论和教师专业发展的实践,我们认为教师专业发展的序参量就是教师的发展动机。

当前,虽然教师在工作中能够做到各司其职,但若以专业发展标准衡量,则有很多教师还未真正实现教师专业发展,甚至有相当一部分教师还处于"前发展态"。造成这种现象的原因是,我国师范大学的课程设置几乎是综合大学课程设置的摹本,就使得教师缺乏必要的专业训练,导致他们对教学问题缺乏敏感性,敏感性的缺失又制约了专业发展的提升。比如有教师就认为一些教学疑难问题"太深,不考",却热衷于去揣摩"命题人的意图"。足见,如何激发教师的发展动机无疑是教师专业发展不可或缺的因素。

实践表明,教师一旦激发了对专业发展浓厚、持久的心理动机,将会对他们的专业发展产生根本性的推动作用。以物理学科为例,围绕"中学物理教学六大期刊",存在着一个以中学物理教师为主的"读者-作者"群,一直以来都通过网络平台发表看法、讨论交流。[③] 这个群体普遍思想活跃,乐于交流,并且功底不浅,与一般教师群体相比有很大不同。其中所贯穿的正是一种健康、持久的教师专业发展的心理动机。

由此可见,作为教师专业发展的序参量,教师发展动机的持续、强弱反映了教师个人的精神面貌,折射出教师专业发展的源泉。发展动机这一序参量从无到有、由弱变强、由变化到稳定的产生和放大过程,就是教师专业发展历程的真正展现。

(三) 扎实的训练工作:涨落

在确定了教师专业发展的主体和专家的作用之后,二者能否发生相互作用,以及如何发生相互作用就成为发展的关键。对此,我们认为,只有进行扎实的专业训练,才能真正促进教师专业发展。

从协同学的视角看,专业训练就是教师专业发展过程中的涨落。所谓涨落,是指系统的某个变量

---

① 王瑞毡.中学物理教师教育教学研究能力形成的个案研究[D].北京:首都师范大学,2004.
② 同上.
③ 中学物理教学参考博客[EB/OL].http://blog.sina.com.cn/zhxwljxck,2013,65.

对系统状态统计平均值的偏离。在远离平衡态的非线性区,系统中一个随机的微小扰动或涨落,通过非线性相干和连锁效应被迅速放大,形成整体的宏观巨涨落,导致系统发生突变,使教师的大脑越过临界区域,形成新的有序结构,从而完成发展态之间的转变。"涨落导致有序"。因此,专家应当创造自由民主的氛围,鼓励教师大胆提出见解,引导教师深化各种想法,通过专家与教师进行对话、争论乃至辩论,在思维的交流与碰撞中闪现出教师专业发展的智慧"火花"。

现实中,之所以有大量教师难以突破"前发展态""高原现象"等瓶颈,是由于长期处于封闭状态而无法突破。专家指引下的训练工作,就是要使教师的大脑远离平衡态,向临界区域过渡,最终实现在高一级发展态上的自我组织。

然而,并非专家与教师相互交流就一定能促进专业发展。那种寒暄客气、泛泛而谈、"表扬与自我表扬"等做法都只能设置隔膜。只有专家与教师之间直言不讳、坦诚相待,真正的思想交流才能发生。尤其需要强调的是,教师专业发展其实是一件非常困难的事情,需要做大量非常扎实的工作。所谓"扎实的工作"就是专家不仅要有指导的意愿,而且要有指导的能力。具体而言,需要专家愿意并有能力对教师的研究进行字斟句酌的修改,其实质是与教师进行深度互动,这不仅耗费精力、亦颇见功力。

教师专业发展不能脱离载体而言发展,在众多载体中,专家指导下的学科教学论文写作训练尤其有效。语言学研究认为,写作由于文字的参与,使得语言与思维之间的关系出现了新的局面。由于书面语比独白语言更少外部支持,并且与读者存在时空隔离,所以更需要逻辑的严密、句法结构的完整以及意义的连贯、精确。客观上,也给了作者和读者反复地酝酿、思考、修改的机会,并使用口语难以承载的复杂句式。[①] 同时,思维只有经过书面语的训练,才能发展到高度抽象、严密连贯的状态。所以,教学论文训练可以实现思维形式与思维内容的良好统一。

基于上述理论模型,我们曾指导研究生开展教师专业发展研究,以检验理论模型的有效性。一项研究选择6名物理师范生,进行为期一年的教育教学研究能力发展研究后,研究对象和研究者共发表了10篇物理教育研究论文。[②] 另一项为期两年的研究涉及两位处于"高原"状态的中学物理教师,研究结束时研究者和被研究者共发表9篇论文(如表9-2所示,其中J、L是教师,"I"是研究者)。[③] 这在一定程度上说明了发展模型的可检验性。

表9-2 研究者与被研究者发表论文的情况

	发表论文名称	期刊名称
J	《运用"改错卡"提高学习效率》	《中学物理》,2003年第8期
	《一道物理题引起的争论》	《物理教学探讨》,2004年第5期
L	《汽车转弯最高限速的讨论》	《中学物理》,2003年第7期
	《伊拉克战事报道中的对话声音为何出现间隔——一堂探究性学习活动课》	《物理教师》,2004年第3期
	《"一百年前"应改为"两百年前"》	《中学物理教学参考》,2004年第1—2期
	《殊途同归理变清》	《中学生学习报》,2004年5月10日
I	《由一道物理试题引发的认知心理分析》	《中学物理》,2003年第6期
	《对自行车刹车时稳定性问题的讨论》	《物理教学探讨》,2003年第9期
	《高中生物理归纳能力水平的差异研究》	《物理通报》,2003年第11期

---

① 刘伶,黄智显,陈秀珠. 语言学概要[M]. 北京:北京师范大学出版社,1984:315—321.
② 李正福. 高师物理师范生教育教学研究能力发展的个案研究[D]. 北京:首都师范大学,2008.
③ 王瑞毡. 中学物理教师教育教学研究能力形成的个案研究[D]. 北京:首都师范大学,2004.

两项"前发展态"向"学科发展态"发展的教师专业发展个案研究表明,采用专家干预方式可以实现教师专业水平的有效提升。这些研究既是对教师专业发展的实践探索,也是对教师专业发展理论模型的验证。它较好地体现了理论的完备性与实践的可行性,也为我国教师专业发展提供了重要的理论支撑与实践启示。

第三节　中学物理教师教学研究能力培养研究

一、问题提出

20世纪90年代以来,"教师即研究者"的观点越来越引起人们的关注。研究显示,当前中学教师的教学研究水平不容乐观,大多处于"高原"阶段而停滞不前。许多老师反应,当积累了比较丰富的教育教学经验后,开始出现教学水平的高原现象。突出表现为不能将教学经验上升到理论高度,学术性文献看不懂,即使看懂了也不会用于实践。因此,中学教师的教学研究能力怎样才能突破高原阶段?影响中学教师教学研究能力的因素是什么?以上这些亟待解决的问题就成为本节研究的主旨。

二、研究方案

(一)研究方法选择

教育行动研究强调教育实践者能够积极地参与自己的实践研究,这有助于解决教育理论和教育实践脱节的问题。然而当前鲜见对教师开展行动研究的研究,而且研究者大多置身于实际情景之外,这种以旁观者身份所进行的研究不易于反映问题的全貌和探查问题的原因。鉴于此,本研究采用质的研究方法,并深入到物理教学领域,对两位中学物理教师教学研究能力形成过程及研究者"我"的研究能力形成过程进行了详细的研究,让老师自己内心真实的声音"说话",用他们的语言将行动研究过程中切身的感受、体会及转变的历程表述出来,同时研究者"我"也对自己能力转变的过程进行描述。

(二)研究对象选取

本研究采取"目的抽样",即抽取能够为研究提供最大信息量的样本。具体抽样方式采取强度抽样,即抽取具有较高信息密度和强度的个案进行研究,如表9-3所示。两位研究对象都具有一定的教学经验,认为自己教学能力较强,但感到教学研究能力处于"高原"阶段,都具有很强的研究愿望。需要说明的是,研究者"我"也是研究对象之一。

表9-3　研究对象选取

代　号	性　别	年　龄	教　龄	所教对象
J	女	30岁	7年	初二年级
L	男	34岁	12年	高二年级

(三)资料收集方法

(1)访谈。本研究中主要是对研究对象的单独访谈,此外也有对学校相关领导的访谈,以及对学生的焦点团体访谈。研究者在每次访谈前均制定访谈提纲,并且在访谈中用录音笔记录整个过程,然后将其逐字逐句地转录为文字。

(2)观察。课堂观察;对访谈对象表情、行为的观察。

(3)实物收集。对被研究者的教学日志、教案、发表及未发表的论文进行分析研究。

(四）资料处理方法

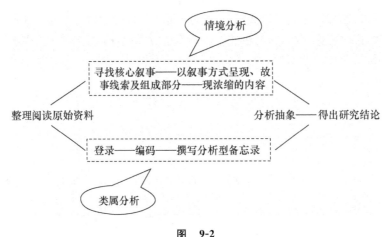

图 9-2

如图9-2所示，整理阅读原始资料后，用两种方法对资料进行处理分析。而后将两种方法分析抽象的结果相结合，得出研究结论。

(五）研究路线

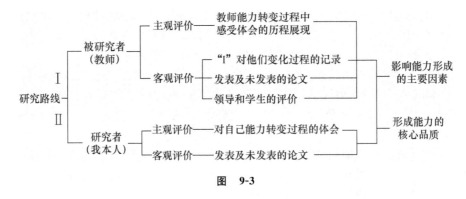

图 9-3

如图9-3，依据两条研究路线进行：一条是对被研究者能力转变过程的描述和分析，另一条是对研究者研究能力转变过程的描述和分析。

三、研究过程与分析

(一）高原现象的形成

1."都是在×××中给耽误了！"——J的无奈

J于1995年毕业于宁夏大学物理系，之后在北京市大兴×××中任教，曾获得"区十佳青年教师"称号，所教班级连续两年中考成绩居区首位，一直辅导物理竞赛班，获"优秀辅导员"称号；2000－2001年调到崇文区天坛中学，教初三物理兼做班主任，2001年所带班级物理中考成绩总分全校第一；2001年8月调入目前所在校—— X中教初中二年级，所教班级中有两个是实验班。

她中等个儿，很瘦，第一次见她时，我感觉她精神不够饱满，有些忧郁，也不太善于言谈，属于性格比较内向的人。

第三次访谈,J 就向我诉了一大堆苦,她说"结婚几年了也没有买上房子,连个家都没有,有种漂着的感觉。都三十多的人啦,也没条件要个孩子。""唉!我都不知道想干什么。不教学的话干什么呢?想考研,但是都多大了啊,关键是考上了还得读三年,孩子也没法要。"我感到她对目前的工作有种强烈的挫败感,好像对教育事业已经失去了热情。为什么会这样呢?从她的资料看,她在以前的学校干得还是比较有成绩的,而且她说过,刚开始工作那两年觉得工作"挺惬意的"。这与我见面之前对她的印象截然不同,因为她曾经寄过四篇小论文让我们指导、修改,因此我觉得她还是比较积极进取的,而且她也很乐意与我们合作。是什么时候、什么原因导致她对教学没有了热情呢?

在访谈中,J 一直带有强烈埋怨情绪地重复着一句话,"唉!都是在×××中那几年给耽误了!"当我就这句话的原因进行追问时,J 一改我对她不善于表达的印象,有条有理地说了起来:

——由于×××中是县里的重点,大部分老师都是当地人,有的与领导是亲戚,外地老师有些受排斥,区里有什么课题或者进修、讲公开课的机会,都是秘密进行的,好多老师根本就不知晓,领导就私底下安排人了。所以,你干得再好也没用,时间长了大家就不求上进了。而且领导对科研也不管不问的。

——学校与外界交流合作很少,也没有图书馆,老师内部的交流更少,所以很难接触到新的教育理念、了解到新的教育发展动态。短期的进修培训也没什么用,都是些老掉牙的东西,要么就是高深的理论,根本不实用。

研究的前一段时间我每周都听她一节课,课堂上她很注重提问、启发,与学生的互动很好,也能调动学生的积极性,但感觉缺少激情,有些地方逻辑性不够好,重难点也不够突出。J 似乎也意识到了这些。她对自己的课堂教学水平一向很满意,现在又说"几年下来很难改变了",对自己的评价也有些矛盾。她似乎早已对自己的讲课风格比较了解,知道存在的问题和缺陷,但是由于领导夸奖,自己应付学生也足够了,所以一直并未加以改进。她好像不善于对自己的教学进行认真的反思和改进,对自己要求不高,不够积极进取,而这又受到所在客观环境的强烈影响。

后来和她谈及文章的问题时,她说"一直没发表过文章,评职称啊什么的也许用得着,所以想试着写几篇投一投,看能不能发表。"可见,她写文章也带有某种程度的功利性。

2. "如果我能早 5 年来 Y 中,肯定要比现在强得多!"——L 的遗憾

1990 年 L 毕业于首都师范大学来广营分部物理系,之后在××中学工作将近 10 年,一直教高中物理课。1999 年调入 Y 中,并迅速成长为学校青年骨干教师。

L 中等身材,稍瘦,看起来很精神、很干练,也很健谈。

"不说一毕业就来这儿,如果我能早 5 年来 Y 中,肯定要比现在强得多。在××中学时,上课、管理都比较松散,研究的东西也都比较简单,或者根本谈不上什么研究,领导们也不怎么重视科研。"而且"那里的一些老师的进取心不是那么强,我在教学上也没什么更高的要求,因为别的老师谁也超不过我""学生质量也不太好,课你弄的再深了、再透彻了学生也听不懂。"而且学校的老师都是"以前的老师和同学",在那个环境里面"比较舒服,没什么压力"。

当我问及他对短期培训的看法时,L 说:"短期培训用处不是太大,选择的内容、方式不适合水平、年龄、经验、进取动机不同的老师群体。内容有的太陈旧,有的理论性太强,听完了没体会,几天就忘了,没什么大作用"。L 与 J 两位老师对目前的教师培训模式似乎都存在强烈不满。

可见,无论是从领导、同事,还是学生身上,他们都感受不到压力,进修培训也没有带来新鲜的刺激,并且某种程度上都对研究存在着功利性目的,仅仅将研究看成是职评的需要。虽然就自己所在的学校而言,他们在教学上都算上是佼佼者,但是却没有太大的成就感。

（二）对自身高原现象的认识

1."再不总结，再不下工夫我就完了"——J 的危机感

"实在不想在×××中呆了，在那儿一辈子也出不了头，就想法跳了出来。"J 最初调动工作的目的好像是因为怕"一辈子出不了头"。那么跳出来之后是否就如愿以偿了呢？"来到 X 中后，感觉自己观念转变很大，压力也很大。在×××中时，基本上不怎么备课的，现在不同了，实验班的学生素质都很不错，只讲课本上的东西，他们会觉得太简单、吃不饱，我现在在备一节课要查好多相关资料。"而且她强烈意识到自己的知识结构亟待调整，并且她很渴望能有人请教、得到指导。

J 虽然很忙，压力也很大，但是感觉她的精神面貌好多了，不再埋怨和唉声叹气。"最近好忙，要期末考了，我得编考卷，以前从来没编过，编不出来，正犯愁呢！领导又这么看重我，把两个实验班和竞赛班都交给我带，所以得加把劲儿啊！这个学校是民办公助性质的，干得不好很可能就被淘汰了。"

在新的环境里面对自己的不足，J 思想上产生了很大的转变："来 X 中对我来说算是一个新的起点，打算认认真真地干，趁现在还没有孩子拖累！一星期都住在学校也好，有足够的时间整理点东西。目前我手里的素材很多，有教育理论方面的，有教案、习题，还有一些感想体会，只是太零散了，一直没时间整理。哎呀，再不总结，再不下工夫我就完了！"我记得 J 第一次谈到"没有房子和孩子"时很是伤感，然而现在这些对她而言似乎都成了优势：没孩子一身轻，住在学校有时间整理东西。同样的客观条件，J 对它的理解的前后态度竟然完全不同，我认为这种看问题视角的变化，正是她思想变化的体现。

J 开始实现自己的打算，她开始看教育理论方面的书，第一次见面时我就发现她桌子上有几本教育理论的书，而且里面有很多折页，显然是读过的。但是正如她自己所说："虽然努力地看，但是有点儿看不进去，看完了就忘了，没什么印象。"

2."周围的人一个一个都这么强大，很有压力"——L 的压力

L 说，调到 Y 中后一下子就结束了在××中学时的轻松日子，"觉得周围的人一个一个都这么强大，很有压力。"L 曾经说过，在××中学时自己的讲课水平是无人可以超越的，而来到 Y 中之后，"首先感到业务上不行，物理专业上就肯定没有其他老师好。讲课也就比不上其他老师。"这种改变使他产生强烈的压力感："心理一下子失去了平衡，触动很大。"

而且 L 深刻地感到目前的学生水平与以前的学生相比有很大差异。领导的观念、管理也大有不同，校长"挺有水平的，很重视科研"。L 说："如果自己不够积极进取的话，很可能就跟不上了。"

产生压力之后 L 有什么反应呢？"自己得想办法啊。之后就把精力都放在业务上了"，L 说，经过将近一年的努力业务上没什么问题了，然后就开始"往高了追求，写一些随笔、感想啊，把自己教育教学中的经验总结提升一下，有时候试着投一些文章。"当我对他就写文章的感觉进行追问时，L 说："我确实在努力地写文章，但是发出去之后也没有回音。……平常很少看大理论方面的东西，太深奥，看不懂，老觉得实践不起来，理论与实践糅合不到一块儿。"

（三）高原现象的突破

1."我觉得这一两年几乎从头开始，进步很多"——J 的艰辛和收获

（1）关于论文《一道物理题引起的争论》

在我们合作之前，J 的文章都是经验总结性质的，读教育理论方面的书也起不到应有的作用。所以合作开始，她"觉得最需要得到帮助的是怎样写论文"。我发现 J 读的书理论性都很强，基本上没有与物理知识相结合的。于是我给她复印了几篇物理知识与理论相结合的小文章，告诉她"精读一下，体会别人是怎么选题的，怎么写的。"她看后说："人家怎么就能把理论与具体知识联系起来呢？我就不知道该写什么，怎么写。"

我认为,J 最大问题是问题的敏感性不够强。鉴于此,我将《中学物理》上一篇存在争议、需要进一步解答的文章复印给她看,并与她一起讨论确定了题目,然后建议她自己先写。一周之后,我看到了她写的文章,写得不够理想:格式不正确,逻辑性不够好,推理不太严密,重点不够突出,要讨论的问题有些含混不清、观点不集中,而且在原来的问题上原地踏步,没有提出自己的新观点。她似乎没用心去写。当我把自己的看法反馈给她时,J 说:"感觉写不出来,不知道从何下手,理不清思路。……你能不能帮我修改一下,顺便让你的导师给点建议?"

她没有谈自己的任何看法,我感到她不是太积极主动,依赖性较强,老想让我帮她。当我就修改后的论文与她交换意见时,J 说:"我觉得经过你修改,明朗多了。我怎么就想不起来呢?"我建议她自己再修改一下,然后投稿出去。最终成稿时我发现,这篇文章帮助她的太多了,然而只有经历了艰辛的过程,她才能有自己的感受和体会,才会从中受益。

(2) 两篇论文中的收获和进步

之后,J 一篇关于"错题卡"的文章被《中学物理》第八期录用。收到寄来的稿费和样刊时,J 特别激动,她说:"哎呀,真是没想到啊!太好了,一定要请你吃饭庆祝一下!"

一天,J 拿一道关于指甲剪的中考题目与我讨论,我建议她可以就指甲剪中的杠杆问题来让学生进行研究。经过讨论我们决定,活动以研究性学习的形式展开。上完这节课后,我建议她把教案整理一下,写篇文章投稿出去。"行,我先写写,然后你帮我修改一下。"

两周之后我见到 J,她还没把文章整理出来,她说"最近很忙,大块的时间没有,零碎的时间又抓不住,一直静不下心来整理。""真是有一筹莫展的感觉,脑袋里一团糟。""上课我会上,但是感觉写成文章就不是那么容易。你说题目怎么定呢?结构框架怎么安排?"她自己独立完成这篇文章好像还是相当困难,老是征求我的意见,我决定只给她建议性的启发。

又过了两三周,J 说论文整理出来了,想与我一起讨论。她把题目定为"指甲剪中的杠杆原理——一堂研究性活动课对杠杆的深化",文章的大体框架还好,较以前进步很大。虽然也是征求我的建议,但是与以前相比,她先谈出了自己的看法,并提出自己的观点,这是很大的进步。

2. "合作期间感觉各方面都上了一个新的台阶"——L 的感触

(1) 三篇文章的修改与投稿

初次读 L 的文章,感觉写得挺不错,虽然经验性强些,但表达很到位,逻辑性也强,很有自己的思想和见解。但是他觉得"自己写的文章理论性不够强,又不是物理知识方面的,水平不行。"

L 将寒假里写的三篇文章给我看。我觉得他问题的敏感性也很强,然而他说:"现在觉得题目找起来也不是特别费劲儿,可能以前方法不对吧。感觉真是越具体的事例啊、案例啊,有自己的想法和体会,从这些方面写起来才有机会,写理论肚子里没有,写不深入。"他请我给他的文章提一些修改建议。修改后 L 把论文投了出去,其中的两篇分别发表于《中学物理》和《中学物理教学参考》。

L 的反思能力很强,正如他自己说的"已经养成了反思的习惯""比较能琢磨事儿,好像已经养成这个习惯了",但是他说"觉得有的时候所思考东西的深度不够,而且有时总觉得一些事儿想得不够透彻明白,处理起来上不了很高的台阶。"

修改过程中,我觉得他进取心很强,对自己要求很高,主观上也已很努力,但仍然存在着理论与实践"两张皮"的问题。"到底原因出在哪里呢?"一个原因很可能是对研究性学习的理论理解得不够深刻,应该多从理论与实践的结合上反思。我把自己的想法与 L 交流,他很赞同,并且根据我们讨论的结果对论文进行了修改。他颇有感触地说"我真的非常愿意与你们打交道,能从中学到不少东西。我觉得跟你们交流起来感觉特别好,谈起话来容易蹦出一些新的念头和想法。平时学校老师之间的交流更多的只是停留在口头或者总结上,没有深度。"

（2）一节研究性学习活动课

L说，他6月份要上一节晋升职称的公开课，问我是否看了伊拉克战事报道："不知你注意到没有，主持人白岩松与战地记者陶冶的对话有较大的时间间断，我想就这个现象上一节研究性学习活动课……题目初步定为'伊拉克战事报道中的对话为何出现间断'，你觉得怎么样？"经过共同备课与讨论，最终，L把教案整理成一篇文章——《伊拉克战事报道中的对话声音为何出现间隔——一堂探究性学习活动课》，我们一起讨论后他把稿投了出去。这篇文章发表于《物理教师》。

我以为这个研究性学习活动课已经告一段落，但是L却又带着几个学生和老师成立了一个研究小组开始了继续研究，他说："总觉得有些处理不是太恰当，一些疑问还需要进一步探究。"他指导学生写出了研究报告，将研究过程以报告形式制成了网页，小组学生成员就这个研究课题参加了全国青少年科技创新大赛，并在竞赛中荣获市级二等奖。

L颇有成就感地说："咱们合作期间感觉各方面都上了一个新的台阶。虽然以前也搞了不少研究性学习，但是都没这次对研究性学习理解得透彻，好像一下子上了一台阶，找到感觉了，感想很多，可能以前没有进行过专题研究的缘故，没有经历过整个研究过程，都是在课堂中对研究性学习的渗透，难度不够。"

四、研究的信度与效度

在研究过程中，J、L和I均在教学期刊上发表论文多篇（如表9-4），发表论文的数量和质量可以说是教师教学研究能力的体现，因此成为教师教学研究能力提高的很好证明，也证实了研究的信度和效度。

表9-4 J、L和I发表的论文

	发表论文名称	期刊名称
J	《运用"改错卡"提高学习效率》	《中学物理》
	《一道物理题引起的争论》	《物理教学探讨》
L	《汽车转弯最高限速的讨论》	《中学物理》
	《伊拉克战事报道中的对话声音为何出现间隔——一堂探究性学习活动课》	《物理教师》
	《"一百年前"应改为"两百年前"》	《中学物理教学参考》
	《殊途同归理变清》	《中学生学习报》
I	《由一道物理试题引发的认知心理分析》	《中学物理》
	《对自行车刹车时稳定性问题的讨论》	《物理教学探讨》
	《高中生物理归纳能力水平的差异研究》	《物理通报》

五、研究结论与建议

（一）教师教学研究能力的构成因素

1. 中学教师自身的素质

首先，教师必须具备扎实、深厚的专业知识。只有具备了深厚的专业知识，才能深刻地理解教学内容，灵活地选择教学方法，从而有效地进行课堂教学。其次，教师必须掌握研究所需要的教学理论，尤其是学科教学理论。通过对理论的理解，教师才能更好地审视教学中存在的问题，发现研究的课题。最后，教师必须掌握适合自己的研究方法。只有掌握了研究方法，教师才能将专业知识和教学理论在实践中加以运用。

2. 有效的指导和帮助

中学教师由于教育理论和研究方法的缺陷,往往阻碍了教学研究能力的发展。特别是,教师仅靠自我努力往往并不能有效解决这一问题,久而久之就会形成"力不从心"的感觉和较强的挫败感,这将严重打击他们研究的积极性。因此,中学教师在研究中能否得到及时有效的指导和帮助是非常关键的。通过有效的指导和帮助,教师才能够有效地进行研究,才有可能突破教学研究的高原现象,并最终成长为一名真正的研究者。

3. 创新进取的个性

研究发现,但凡进取心强的教师,都会严格要求自己,不满足于已有的成绩。这样的教师会不断提出新的追求目标,而非满足于现状、不愿改变自己。进取心强的教师不会养成凡事"等、靠、要"的不良习惯,而是会积极主动地对自己的实践进行反思和评价。英国著名课程论专家斯腾豪斯说:"教书本质上是一门艺术,而艺术的本质在于创新。"由于教育教学活动的动态性需要教师创造性地去解决实践中遇到的问题,因此,一个研究型教师必须具有勇于创新的精神。只有不断进行新的尝试和研究,才能使自己的教育教学更生动、更精彩,并使自己在创新中不断得到发展。

(二)教师专业发展的建议

1. 教师培训制度和内容需要调整和改善

目前的教师培训制度和模式存在着诸多弊端,表现为培训大多存在形式化、只重数量而忽略质量的痼疾,并且培训内容与教学实践脱节严重,不能满足教师的切实需要,从而挫伤了教师的积极性。因此,亟须对教师培训制度与内容做出调整和改善。培训内容的确定要遵从"自下而上"的路径,注重理论联系实际。培训专家要集深厚的教育理论和学科实践经验于一身,并且充分了解学科教学的规律,能够在理论和实践上给中学教师以有效的指导。最后,一定要使教师真正参与到培训中来。惟其如此,才能使教师培训工作落到实处。

2. 中学需要与师范大学合作研究

大学教师与一线教师有必要开展经常性的合作交流。一方面,大学教师通过深入了解中学教育教学的实际情况,可以更有针对性地进行师范生职前培养;另一方面,中学教师能从大学教师那里得到理论帮助和指导。事实上,大多数中学教师教学研究能力上不去的一个重要原因是"先天不足",即师范大学缺乏对师范生进行教学研究的训练,导致培养出来的师范生大都是只会传授知识的"教书匠"。因此,师范大学要采取有效措施让"准教师"学会研究,要让师范生参与到教学研究中来,从中受到教学研究的熏陶。

3. 中学要对教师专业发展给予支持

中学要从观念上切实支持教师进行教学研究,创造良好的研究条件和氛围,建立起激励教学研究的机制,改变中学教育评价体制。由于许多中学领导的教学研究意识不强,只将学生的分数和升学率作为教师评价的唯一标准,不能对教师的研究给以恰当的激励和评价,这就严重打击了教师研究的积极性。因此,中学将教学研究作为教师评价的一项重要指标,给予教师以物质奖励和精神鼓励,才能建立起中学教师专业发展的长效机制。

第四节　物理师范生教学研究能力培养研究

在新一轮基础教育课程改革背景下,"教师即研究者"已经成为共识。高师院校是教师专业发展的起点,担负着培养合格师范生的重任。然而,高师物理师范生的教育教学研究能力水平如何?他们需要怎样的教育才能得到提高?经历怎样的过程才能形成教育教学研究能力?显然,这些问题还有待于深入探讨。鉴于此,本节对高师物理师范生教育教学研究能力发展进行个案研究,希望为师范生教育教学研究能力的发展提供一些启示。

一、研究对象和方法

本节中的研究对象有三种:一种是被指导的师范生;另一种是已经发表过论文、接受访谈的师范生;第三种是"局内人"的"I",既是研究工具又是研究对象,如表9-5所示。作为一名研究生,"I"在合作中既要在导师的指导下发展自己的教育教学研究能力,还要指导第一种样本做研究写论文,这样既可以比较自然、容易地获得相对可靠的第一手资料,又可以比较透彻地理解师范生的行为意义。① 同时,能够通过自己的亲身体验来了解被研究者的心理感受,对物理师范生教育教学研究能力发展的理解可以更加全面、深刻。

表9-5 研究对象背景介绍

研究对象	S同学	C同学	L同学	A同学	Z同学	T同学	"I"
成为样本的原因	中教法实验课上,听到老师宣布招募合作伙伴,愿意搞教育教学研究,写论文		选修研究性学习课,经老师介绍后参加,想写论文发表			本科期间发表两篇论文	既是研究工具又是研究对象

本研究以质性研究为主,主要运用行动观察、开放式访谈与深度访谈、实物收集、问卷调查等方法。在整个研究过程中,"I"坚持写研究日志,详细记录获得的资料,随时记下自己的灵感和偶发事件;不断对研究方法和自身进行反思,以求改进;分析、反省每天的研究结果,并在分析的过程中撰写备忘录。整理阅读原始资料后,对资料进行类属分析和情境分析,将两种分析相结合,得出研究结论。

研究路线如图9-4所示。依据研究路线,将参与合作同学的研究经历、被访谈同学的研究体验和研究者的意义解释结合起来,一起构成研究过程。

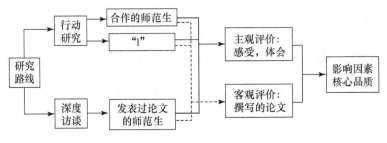

图9-4 研究路线

二、研究过程和成果

教育教学研究能力是一种特殊能力,是在教育教学研究专业活动中表现出来的能力,是顺利完成教育教学研究的心理条件,也是在教育教学研究活动中形成起来的。② 据此,在引导师范生从事教育教学研究的过程中,对他们施加干预,促使其教育教学研究能力的发展,观察其发展特点和影响因素。在本节中,我们以论文的发表作为教育教学研究能力形成的判断标准。这是因为:① 教育科学研究

---

① 陈向明. 质的研究方法与社会科学研究[M]. 北京:教育科学出版社,2000:134—135.
② 彭聃龄. 普通心理学(修订版)[M]. 北京:北京师范大学出版社,2002:392—393.

论文是教育科研工作全过程的缩影,是研究结果的文字表现形式。② 完成一项研究需要经过一定的程序,论文撰写是教育科研项目的最后一个环节,论文的水平反映出其他环节的完成情况。③ 师范生所处的阶段和环境,也只能选择物力和财力投入较少、研究周期较短的论文形式。

(一)物理师范生教育教学研究能力现状的调查

我们以首都师范大学物理系某年级师范生为调查对象,主要针对教育教学研究意识、教育教学活动参与情况、教育教学研究能力自评和论文撰写发表情况进行调查。结果显示,没有对教育教学问题开展过研究的占76.7%,没有发表过教育教学研究论文的占97.7%,41.9%的师范生认为论文写作中难度最大的是选题。这表明,师范生较少参与教育教学研究活动,多数师范生不能选择合适的论题展开研究,他们的教育教学研究能力普遍较低。

(二)物理师范生教育教学研究意识的唤醒

问卷调查和个案访谈都表明,师范生对研究的认识存在着很大的问题,严重阻碍了他们从事教育教学研究。以下是部分访谈内容。

C同学:自己想做研究,也想写论文发表,但听其他人说,论文要求高,不是谁都能发表的,自己又不知道怎么写,就把这事儿放到一边了。

A同学:论文应该是科学家们做了好多年的成果,本科生离那里好遥远,自己想都没想过,感觉做研究在自己的能力范围之外。

S同学:脑子里出现的与搞科研有关的说法有,要有毅力,要能吃苦,只有不畏艰险才能攀上高峰,要耐得住寂寞,板凳须坐十年冷,等等。

从几位同学对"有没有"和"为什么"的回答中,可以发现师范生"科研神秘化、论文崇拜化"的错误观念,认为自己达不到研究水平,更不用说发表论文了。针对这种情况,我们做了三个方面的前导教育。第一,进行科研观教育,树立正确的科研观,有"想去做研究"的冲动。第二,提供师范生发表的论文,以此作为榜样,详尽剖析榜样的行为和结果,通过观察学习,增强他们的自我效能感,树立"能够去做研究"的信心。第三,给师范生提供更多参与科研的机会,开辟从事科研的渠道,引导他们走上科研的道路,充分发挥前导教育的导向作用,使他们"有机会做研究"。

(三)物理师范生教育教学研究能力的发展

下面通过对物理师范生教育教学研究能力发展的描述,来展示能力形成的过程。

1. L同学的教育教学研究能力发展之路

L同学参与研究的热情很高,很主动,平时经常到实验室里帮忙,暑假里也和大家一起在实验室做实验。大学四年级时,他在杂志上发表了两篇教育教学研究论文,参加工作后的第一学期又发表一篇论文,表明其教育教学研究能力已经形成。

① "大学期间搞一下科研,才算真正上过了大学。"

L同学当时愿意参加合作的想法是"大三下,课程基本上都修完了,时间也相对比较宽松","感觉是一个挺好的机会",这表明他并没有认识到大学期间从事教育教学研究的意义,只是充实时间的一种手段。如果前导教育缺失,学校不仅丧失了引导大学生参与做研究的机遇,还会给未来教师的专业发展留下教育教学研究能力"先天不足"的隐患。工作半年后,他对大学生参与研究的意义有了新的感受:"因为觉得只有在大学期间搞一下科研,才算真正上过了大学。大学可以说是个科研比较浓厚的地方,有科研气氛。"

② "资料都看懂了,可是还是写不出来。"

调查显示,大四学生普遍感觉选题难度大。所以在跟L同学合作的初始阶段,我们共同选择了一个题目,L同学主要完成两件事情,一是搜索相关杂志上类似主题的论文,多读多看,认真体会文章的思路、结构和表达方式等,二是把实验做出来。对于论文的初稿,L同学后来的自评是"惨不忍睹""没法读"。初稿经过几次修改后,还是不能让人满意,L同学困惑了:"论文看了不少,资料都看懂了,可是还是写不出来。感觉自己说清楚的地方,再被你一问,就感到有问题了,还得继续改。"

③"还是实验方面的论文好写。"

第一篇论文录用后,L同学又开始做第二篇论文,是关于压强公式中科学方法教学的问题。然而在写作时,L同学却感到举步维艰:"奇怪了,自己的意思居然表达不清楚,套别人的话也说的不是自己要表达的那个意思。把自己的想法摆明后,就没有再可写的了,老在原地打转儿,感觉不像一篇论文。"这篇论文最终由我们共同完成。后来,他自己选题,对高中教材中的一个实验提出质疑,做了改进,论文修改两三次后,被杂志录用。他说:"还是实验方面的论文好写,做实验不怕,写实验也不怕,有内容写,还有好多论文可以套用、借鉴。不像上次写的那个,有想法却说不清楚,说不透彻,老师指导后也很难写下去。"

2. T同学教育教学研究能力的发展之路

作为个案样本的T同学,大学期间发表两篇教育教学论文,对他的教育教学研究能力发展过程的揭示,会比其他人更有借鉴意义。

①"有机会,有压力,就要写。"

T同学两篇文章的写作缘由,都是出于要完成某项任务,第一篇是参加了科研立项,需要成果,第二篇是选了课程要交作业。"科研立项有专门的经费,是要有成果的,老师要求要有论文发表。这样一来,有机会,有压力,就要写。""中学物理论文写作课上,上X老师的课,读那些指定的文章,知道了好多规则,后边写文章时,好多都用上了。……再不好好写就对不起老师,说不过去的。"学校制定褒奖学生参与科研的制度,提供多种参与科研的方式和途径,大力营造科研的氛围,并且通过具体的课程教授一些基本的研究方法和论文写作规范,这些前导教育的有力措施极大地促进了大学生教育教学研究能力的发展。

②"教育实习中的确是有些问题,可以去做。"

相当一部分师范生认为选题难度最大,T同学却没有出现这种情况,他选题比较顺利。第一篇论文的选题是,"资料室有 Physics teacher 杂志,英文的,有篇论文,找来读了一下",理解透彻后,自己动手来做那几个实验,受到了启发,再结合实际情况思考后,就确定了一个选题。"实习期间也遇到一些问题,有些想法和感受,刚好这门课来教怎样写论文,那个问题刚好就可以再做做。教育实习中的确是有些问题,可以去做。查阅资料后,知道问题在哪儿,就去做了。"第二篇论文的选题就是为了解决教育实习中的一个问题。

③"脑子里边没有那么多说法,那么做就行了。"

做论文有多个步骤,涉及许多知识、方法和技能,还要有合乎逻辑的思路,清晰准确的表述,需要对各个方面的内容进行相互关联的操作。T同学在教育实习期间构思了第二篇论文的选题,要去解释教学中的一个知识点,他查阅资料(操作技能),理解各种观点(认知结构),比较、梳理各种观点(智力),然后决定从公式出发,推导出结果(心智技能),明确其物理意义,最后撰写成文。对这一复杂过程,他"凭经验来做的","脑子里边也没那么多说法,那么做就行了",说明他的智力、技能和认知结构都参与运动,相互影响,相互协调,成为一个自组织系统,自动朝着问题解决的方向进行关联运动。

通过个案研究,完整呈现了物理师范生教育教学研究能力的发展过程,详细描述了他们的切身感受,深入追问了他们的自我反思,这些都为揭示师范生教育教学研究能力的发展规律、促进教师专业发展提供了很好的素材和借鉴。

（四）物理师范生教育教学研究能力的形成

"I"与师范生们进行了长达两年的合作，发表了多篇教育教学论文，如表9-6所示，表明他们的教育教学研究能力已经形成。我们把一些培养想法和做法，应用到其他没有参与合作的同学身上，也得到了促进其教育教学研究能力发展的效果，如表9-6中后三篇论文，是我们辅导其他同学写的论文。

表9-6 合作期间师范生和"I"发表论文的情况

作者顺序			论文名称	杂志名称
第一	第二	第三		
"I"	L同学	C同学	$P=F/S$：控制变量法还是比值定义法	物理教师
"I"			摩擦力实验研究及启示	中学物理教学参考
"I"			原始物理问题研究的回顾与前瞻	大学物理教育专刊
"I"	A同学	Z同学	拉离平板实验的创新与探索	物理实验
L同学	"I"		自制"气体压强微观意义的模拟"演示实验	实验教学与仪器
L同学	Z同学	A同学	分子力小实验的改进	中学物理教学参考
	T同学		钕铁硼磁铁在演示实验中的应用	物理教师
T同学			对增透膜增透原理的进一步解释	中学物理教学参考
	"I"		一个有趣的电学小实验	物理教学
		"I"	用力传感器研究碰撞过程中的相互作用力	物理通报
	"I"		绳端速度关系实验研究	中学物理(高中版)
	"I"		自制法拉第电磁感应定律演示仪	中学物理(高中版)

三种样本的成长经历，提供了观察教育教学研究能力发展的不同视角；长达两年的跟踪培养，展示了能力发展的翔实过程；多篇论文的发表，说明了培养策略的有效性。从而为得出研究结论奠定了坚实的基础。

三、研究结论和启示

通过对物理师范生教育教学研究能力的个案培养研究，我们得到以下结论。

（一）物理师范生教育教学研究能力的发展过程

物理师范生教育教学研究能力的发展，是一个充满着量变与质变的过程，先后经历了被组织状态—临界点—自组织状态，从没有写过论文到独立撰写论文发表论文的转变过程。被组织状态是指师范生在参与科研之初，按照老师的明确要求，被动地开始动脑加工指定的知识，完成指定的计算和操作，自己的知识、技能和方法被充分调动起来的状态。临界点是被组织状态向自组织状态的转变过程中发生质变的特殊位置，需要外界的有效干预才能促使状态改变。自组织状态是指师范生在掌握一定的方法后，能够独立地做科研撰写论文去发表的状态。处于自组织状态的师范生，比如T同学，在学习和工作中能够发现一些问题，有意识地思考一些问题，围绕着某一问题灵活开展研究工作，使知识、技能和方法等子系统相互协调、相互之间发生关联运动，融会贯通物理学和教育学、教学法的知识，不仅从物理学的角度看待物理实验和公式推导，还要从物理教育教学的角度来发掘物理实验和公式推导的意义,最终独立撰写出物理教育教学研究论文,形成教育教学研究能力。[1]

（二）物理师范生教育教学研究能力发展的影响因素

影响物理师范生教育教学研究能力形成的因素是复杂的,基于培养实践,归纳出以下影响因素。

1. 教育教学研究意识

教育教学研究意识就是对教育活动的有意识地追求和探索,是对所从事的教育活动的一种清晰而完整的认识,是运用教育科学理论指导教育活动的自觉行为。它对教育教学研究实践起着激发、定向和维持的作用,是研究活动得以开展和有效进行的保证。师范生缺少正确的教育教学研究意识,影响了他们参与教育教学研究的积极性,束缚了发挥个人聪明才智的可能性,降低了开展研究的效能。激发和树立正确的教育教学研究意识,是师范生教育教学研究能力形成的首要任务。

2. 合理的认知结构

合理的认知结构,是师范生进行教育教学研究的必要条件。师范生必须具备扎实、深厚的物理专业知识,掌握研究所需要的基本教育教学理论和研究方法。只有掌握教育教学理论,师范生才能更好地审视、理解物理教育教学,更好地进行教育教学研究。这些知识不仅是教育教学研究的有力支撑,也是物理教育教学研究与物理学研究的区别之所在。[2] 研究方法在某种程度上更是制约师范生教育教学研究能力的因素,只有掌握了研究方法,才能顺利地开展研究工作,将自己的专业知识和教育教学理论在实践中进行结合。

3. 有效的指导和帮助

研究表明,物理师范生普遍存在教育教学研究认识不正确、认知结构不完善等问题,这阻碍了他们教育教学研究能力的发展。因此,能否得到及时有效的指导和帮助决定了他们能否向教育教学研究能力自组织状态转变。高校要为师范生提供更多的科研机会,让他们接近科研,了解科研,引导他们形成正确的教育教学研究观念;还要开设相关学科教育教学研究类课程,介绍教育教学研究的基本知识;并引导师范生通过观察学习,模仿学习,强化练习,最终达到教育教学研究能力发展的目的。

（三）物理师范生教育教学研究能力形成的核心品质

在培养研究中,我们发现:

(1) 影响能力转变的重要品质是批判性反思。我们认为这是物理师范生教育教学研究能力形成的核心品质。因为只有对自己周边的现象进行自觉的反思,并带着批判的眼光审视它、分析它,才会发现问题所在。物理师范生要具备批判反思性,首先必须具有批判性反思的意识。

(2) 要具有较强的反思能力和技巧。

(3) 养成反思的习惯。对物理师范生来说,通过批判性反思,要逐渐形成对问题的敏感性,也即具备问题意识。只有善于发现学习和生活中存在的问题,才能有针对性地开展研究。一个不善于对教育教学活动反思的师范生,对教育教学活动中存在的问题就会视若无睹。因此,只有当反思行为习惯化时,物理师范生才能形成教育教学研究能力,真正成长为一名"研究者"。

思考与讨论

1. 教师专业发展的"阶段论"内涵是什么？存在哪些缺陷？

---

[1] 邢红军,林崇德. 论教学过程的自组织转变理论[J]. 课程·教材·教法,2006(11):27—33.
[2] 李春密,徐月. 新课程下物理教师的知识结构[J]. 教师教育研究,2005(5):35—38.

2. 教师专业发展存在哪些"发展态"？各自的内涵是什么？
3. 教师专业发展演化的控制参量是什么？
4. 教师专业发展演化的序参量是什么？
5. 教师专业发展演化中"扎实的训练工作"指的是什么？
6. 为什么要以学科教学论文为标志衡量教师专业发展水平？
7. 物理师范生教育教学研究能力发展的影响因素有哪些？

第十章 物理教育研究展望

本章导读

物理教育研究作为物理教学论的一个重要组成部分,是毋庸置疑的。但如何卓有成效地进行物理教育研究,迄今为止,无论在理论层面,还是在实践层面,都存在着许多尚需深入探讨的问题。本章在回顾我国改革开放30多年来物理教育研究历程的基础上,从"就事论事"(术)、"就事论理"(法)、"就理论理"(道)三个层面,阐述了物理教育研究的层次、特点与方式,希冀对我国的物理教育研究以有益的启示。

我国老一辈杰出的物理教育工作者,没有一个不是在物理教育实践的沃土中成长出来的。他们几乎都经历过一段很艰苦的过程,但却做出了不平凡的成绩。如今,开创物理教育更加美好未来的重任,已经历史地落在了年轻一代物理教学论工作者的肩上。我们衷心期望,我国年轻一代的物理教学论工作者,一定能够"青出于蓝而胜于蓝",把我国物理教学论的教学与研究不断引向深入。

第一节 我国物理教育研究的回顾与前瞻

改革开放30年来,我国物理教育研究经历了恢复和奠基、继承和发展、繁荣和开拓三个主要阶段的演变,逐渐发展成为相对独立、有自身特点和不断完善的物理教育研究体系。尤其近十年来,研究成果不仅在数量上有了较大的增长,而且在研究内容、视角、思路和方法上均有所突破,学术水平不断提高。为了使物理课程与教学的研究成果能够真正为基础教育的物理课程改革服务,与国际科学教育的同行交流和共享,对30年来的成果进行梳理和总结、反思和前瞻,无疑具有独特的价值与意义。

一、恢复与奠基阶段(1978—1985年)

(一)恢复符合国情的物理教学

改革开放初期的上世纪70年代末,基础教育百废待兴,物理教学急需正本清源。如何看待当时中学物理教学存在的问题和产生的原因,如何继承和发扬建国以来(1949—1977年)中学物理教学的传统,就成为当时人们需要思考和解决的问题。

雷树人总结了我国中学物理教学的传统:重视基本概念和规律的教学,加强演示和学生实验,强调理论联系实际,重视培养学生的能力。[1] 汪世清针对"十年动乱"给物理教学造成的破坏,提出了恢复和振兴的三点看法。树立对学生全面训练的观点,这里的"全面"包含着科学知识的传授、科学态度的培养、科学方法的锻炼和科学思维的发展。从思想上重视物理教学中的实验。利用现代化教学手段改进中学物理教学的方法。[2] 倪汉彬和束炳如对物理教学中的各种矛盾和关系,提出了六条教学

---

[1] 雷树人.试论我国中学物理教学的传统[J].物理教学,1982(6):8—12.
[2] 汪世清.关于提高中学物理教学的一些想法[J].物理教师,1980(Z1):8—12,24.

的基本原则。① 阎金铎论述了物理课程的启发式教学,指出:启发式教学不仅仅是一个教学方法的问题,而是一个教学思想的问题。贯彻启发式教学还必须结合物理学的特点,抓住关键:一是观察、实验,二是思维,三是运用。②

上述分析和总结,对"文化大革命"后物理课堂恢复正常的教学秩序具有重要和积极的作用,使当时的物理教学有了"主心骨",也为物理教学走上正轨指明了方向。同时,这些观点对今后我国物理教学的发展奠定了基础。迄今,物理教学在许多方面仍然贯彻和落实着这些观点和看法。

(二)建立在经验基础上的物理教材教法

由于这个时期的中学物理教师队伍无论在数量上还是在质量上都存在很大的问题,因此,总结和借鉴优秀物理教师多年来行之有效的课堂教学经验是非常必要的,可以使广大一线教师尽快胜任物理课堂教学,从而提高物理教学的质量。

为此,胡百良总结了提高物理课堂教学质量的四点教学法:充分的事实依据,严密的逻辑推理,生动的语言表述,科学的组织工作。③ 奕玉洁对如何调动学生的物理学习积极性问题,提出了相应的教学策略。

首先,采用讨论法教学,把学习主动权交给学生;其次,培养观察兴趣,不断激发学生的求知欲望;最后,加强思维训练,充分发掘学生的学习潜力。④ 张善贤在谈到怎样突出重点的教学时指出:概念教学必须明确为什么这是重点,注意画龙点睛,分清主次抓住关键,举一反三比较鉴别和注意初高中的衔接等教学法。⑤ 袁哲诚在谈到如何发挥习题课的作用时指出:习题课应该加深理解概念,开拓学生思维,习题课应以学生活动为主,应注重能力的培养。⑥

1978年秋,中学物理新教材出版并开始使用。当时教师在教材使用的过程中遇到了不少困难,很难吃透和把握新教材。所以这个时期以教师掌握新教材为主要内容的教研活动十分活跃。关于教材分析的文章大量涌现,例如:平均速度教学刍议,关于静摩擦力问题的一个常见错误,电源电动势之我见,磁感应强度的矢量性与计算,关于安培力的微观本质,等等。

物理教学方法的改革成了这一时期教改的中心和基本内容。其中影响较大的有:许国梁提出并试验的启发式综合教学法,辛培之提出的有序启发式教学法,安徽马鞍山二中进行的实验综合探索式教学法,辽宁鞍山一中开展的讨论式教学法,等等。⑦

显然,这个时期物理教材教法的研究主要是建立在优秀物理教师多年课堂教学经验的基础之上。因此,对物理课程的实施来说,无论是当时还是现在,都具有指导作用。经验型的教材教法为物理教学奠定了一定的基础。但是,这个时期的研究成果缺乏理论指导,研究方法不具有科学性,研究内容主要局限在课堂上的教,而没有深入到学生学习物理的认知领域,主题比较单一,涉及的范围比较狭窄。

(三)强调和重视物理实验教学

粉碎"四人帮"之后,学校的物理仪器设备非常匮乏。为了解决物理实验教学中存在的突出问题,在教育部召开的中学物理教学仪器研究会上,朱正元作了关于自制教具的专题报告和表演,并提出实验教学首先要从实际情况出发,自己动手,就地取材,因陋就简,土法上马,开展群众性的自制教具活

---

① 倪汉彬,束炳如.教学原则及其在物理教学中的运用初探[J].物理教师,1980(Z1):25—28.55.
② 阎金铎.试论物理课程的启发式教学[J].物理通报,1982(1):12—15.
③ 胡百良.决定课堂教学质量的几个基本因素[J].物理教师,1980(Z1):67—68.74.
④ 奕玉洁.我是怎样调动初二学生学习物理积极性的[J].教学月刊,1983(7):31—35.
⑤ 张善贤.以功的原理为例谈谈怎样突出重点[J].物理教师,1982(2):15—16.
⑥ 袁哲诚.如何发挥习题课的作用[J].物理教师,1983(2):18—21.
⑦ 骆炳贤.中国物理学史大系:物理教育史[M].长沙:湖南教育出版社.2001:402—416.

动。其次,利用"坛坛罐罐"当仪器,拼拼凑凑做实验。最后,自制仪器能否做到"省工省料"这一要求,就要看我们能否充分掌握实验本身的关键、特点。① 安忠和刘炳昇对实验教学的地位和作用、分类和要求等进行了详尽的阐述,指出:中学物理教学必须以实验为基础,中学物理实验能激发学生学习物理的兴趣和求知欲望;能为学生创设生动的物理学习情境;能发展学生的能力,使学生掌握科学方法;实验还有利于培养学生的科学态度和科学精神。② 刘炳昇还就如何培养学生的观察能力提出了自己的看法。③ 林桐绰对如何培养初、高中学生的实验能力分别提出了自己的见解。④ 张宪魁对物理实验的方法论思想进行了初探,尤其对物理实验中的数学方法和思维方法进行了相关论述。⑤

关于物理实验教学的地位与作用、分类与要求、学生观察与实验能力的培养、实验的方法论等内容在这一时期的文献中都有精辟的阐述。可见当时的专家、学者和一线教师都非常关注和重视实验教学。一系列关于物理实验教学的研究对人们认识、理解和有效地开展中学物理实验起到积极的作用,为实验教学的发展奠定了重要的基础。

二、继承与发展阶段(1986—1999 年)

为深化我国基础教育改革,培养社会主义现代化建设的人才,1986 年 4 月 12 日六届全国人大四次会议审议通过了《中华人民共和国义务教育法》。它以法律的形式确立了 20 世纪 90 年代在全国普及九年义务教育的目标。在此背景下,我国物理课程与教学的研究进入一个新的阶段。

(一)出现具有一定理论指导的物理教材教法

物理教学是中学教学实践中遇到困难最多,教师参与研讨最活跃的内容,如何进行物理教材教法的改革,促进教学质量的提高是各个时期人们思考的问题。在这一时期,教育心理学及认知科学对物理教学提供了一定的理论指导。一些研究者和一线教师在相关理论的启发下,进行了各种各样的思考和实践,取得了一定的成果。

以认知心理学理论和美国 G.波利亚的"怎样解题"理论为依据,郑青岳对物理问题与解题的成功与受阻原因、一般过程和解题途径的基本模式等进行了分析与探讨。⑥ 20 世纪 70 年代,西方学者通过大量的调查发现儿童在学习科学前头脑中就具有"相异构想",如何针对学生的"相异构想"进行物理教学,促成学生认知结构的同化和顺应,范丰会提出了自己的看法。⑦ 视觉规律是心理学中关于人的感知的一个规律。如何利用视觉的判断、干扰、方向、平衡和识别等特点进行物理教学,梁旭提出了自己的观点:重视视觉感知的特点和规律,突破视觉的负效应⑧,并将自己的观点付诸实践。

"遵循学生认知规律改革物理教学""元认知在中学物理教学中的作用及其培养"等文献反映了作者试图运用一定的理论指导物理教学。从物理学自身出发,深入剖析概念的历史、结构与特征,寻找其内涵和外延等,以此指导物理概念教学,成为研究的另一个重要方面。此外,物理教学如何渗透物理方法,剖析物理教学中课堂提问的目的、意义、类型、策略等,探讨物理教学软件结构的制约因素与建构原则等文献都具有一定的理论意义。说明在这个时期,物理教学的研究逐渐由经验型向理论指导型变化,物理教材教法的研究在不断深入。

---

① 朱正元.加强物理实验.提倡自制教具[J].人民教育,1978(1):40—43.
② 安忠,刘炳昇.中学物理实验教学研究[M].北京:高等教育出版社.1986:1—10.
③ 刘炳昇.谈谈观察能力的培养[J].物理教师,1982(2):12—14.
④ 林桐绰.如何培养中学生物理实验的能力[J].物理教学,1982(3):23—25.
⑤ 张宪魁.物理实验的方法论思想初探[J].物理教师,1985(1):17—19.
⑥ 郑青岳.关于物理解题理论若干问题的探讨[J].课程.教材.教法.1995(3):38—43.
⑦ 范丰会.中学生的相异构想与物理教学中的概念转变[J].中学物理教学参考.1996(1):1—3.
⑧ 梁旭.视觉规律与物理教学[J].物理教师,1995(1):1—3.

(二)实证研究初见端倪

多年来在中学物理教学中,判定学生的思维水平,一直存在着以经验代替科学的倾向。[①] 但是,这种现象在第二阶段发生了一定的改变,各种定量研究开始运用到教学研究之中。

郭玉英等对物理思维能力的因子分析模型及主因素进行了研究,其成果在研究方法上具有引领作用。作者在文献中阐明了物理思维能力的概念,对物理思维能力结构采用了因子分析模型进行模拟,以中学生为样本进行测试,通过统计分析找出了构成物理思维能力的3个主要因素,即建立和运用物理映像的能力,物理概括能力,联想和发散思维能力。[②] 乔际平等人采用知识等价排除法,用开底型试题对269名学生进行了能力测试,得到了学生能力级别分布。[③] 段金梅等人则利用教材对学生思维水平的要求与学生成绩相比较,以教材对学生的要求当做评价的标准,把教材的要求用五个思维等级表示,结果发现我国中学生的物理思维水平与教材要求相比普遍偏低。[④] 男女生学习物理的成绩存在差异的问题,很多教师在实践中都有感受。但是,这种差异的程度多大,具有什么特点,影响因素又是什么,人们并不清楚。1991年,袁海男运用教育统计的方法对这些问题进行了较深入地研究。[⑤] 胡令用调查和观察的方法对物理学科尖子学生的元认知优势进行了分析,指出具有元认知能力优势的学生,学习的主动性、自觉性、自主性都较强。[⑥] 这些研究为培养学生的元认知技能和能力提供了依据。

教育科学研究方法在物理教学研究中的运用,使研究过程更加准确、深入,研究结论更具有科学性和说服力,从而推动本领域的研究水平不断提高和发展。

(三)初步建构具有中国特色的物理教育理论体系

为了反映国内当时的研究水平,建构具有中国特色的物理教育理论,在参阅、借鉴国内、外学者研究成果的基础上,这个时期由国内几名有一定成就的物理教育教学专家、教授编著了一套"物理教育理论丛书",包括《物理课程论》《物理教学论》《物理实验论》《物理思维论》《物理学习论》《物理能力测量与培养》。

该系列丛书六个分册分别从课程、教学、实验、思维、学习和能力评价的角度对物理教育的理论进行了系统分析,在当时具有一定的科学性、新颖性、实用性。丛书在介绍有关理论和研究成果的同时,结合实例,给出了解决问题的思路与方法。[⑦] 丛书的出版标志着物理课程与教学的研究承上启下,继往开来,理论水平达到了一个新的高度,也标志着具有中国特色的物理教育理论体系初步构建。

三、繁荣与开拓阶段(2000—2009年)

1999年6月《中共中央国务院关于深化教育改革全面推进素质教育的决定》提出,要"调整和改革课程体系、结构、内容,建立新的基础教育课程体系"。2001年6月,《国务院关于基础教育改革与发展的决定》进一步明确了"加快建设符合素质教育要求的基础教育课程体系"的任务。于是,我国新一轮基础教育课程改革在世纪之交启动。物理课程与教学的研究也进入了第三阶段。

[①] 邢红军.中学生物理认知水平的模糊判别及其教育价值[J].课程.教材.教法.1997(1):43—47.
[②] 郭玉英,阎金铎.物理思维能力的因子分析模型及主因素研究[J].北京师范大学学报(自然科学版).1988(4):107—111.
[③] 乔际平.物理学习心理学[M].北京:高等教育出版社.1991:66.
[④] 段金梅,武建时.物理教学心理学[M].北京:北京师范大学出版社.1988:146—148.
[⑤] 袁海男.高中男女生物理学习成绩差异的研究[J].物理教师,1991(4):3—5.
[⑥] 胡令.物理学科尖子学生的元认知优势分析[J].中国教育学刊,1998(1):52—54.
[⑦] 阎金铎.构建有中国特色的物理教育理论[J].学科教育,1997(4):36.

(一)基础教育物理课程改革的内容成为热点

21世纪初开始的基础教育课程改革,促进和繁荣了物理课程与教学的研究。教育部颁布的初、高中物理课程标准明确提出,物理课程的目的是提高全体学生的科学素养。围绕"科学素养与物理教学",本领域展开了一系列的讨论。如果将科学素养比拟为一座金字塔,那么科学知识犹如塔基,科学方法就是塔身,科学精神则是塔尖。物理教学的最高宗旨,就是为了构建这座宏伟的科学素养之塔而添砖加瓦。[①] 由于新课程强调用科学探究的思想改革初、高中物理教学,关于"科学探究的教学以及探究式科学教学的本质特征及问题探讨"成为这一时期的热点话题。人们逐渐认识到科学探究体现了物理学的本质特征,是物理教学的重要组成部分,科学探究与物理知识的建构是统一的过程,科学探究能激发学生学习物理的内在动机,使学生有效地学习物理。[②] 在试验区实施初、高中课程改革后,关于"高中物理新课程改革的实践与探索""初中物理新课程实施情况的调查报告"和"新课程物理课堂探究教学实施中的问题解决"等一系列课程实施方面的研究成果不断涌现。另外,"新课程理念下物理实验创新的问题""高中物理新课程取向与物理教师教育""新课程下中学物理教师的知识结构"以及"新课程物理高考考试大纲与课程标准的匹配性研究"等研究都反映出基础教育物理课程的改革是这一时期的热点。

(二)物理实验教学的研究更加全面和深入

新课程改革倡导科学探究的教学思想,重在培养学生的创新意识和实践能力。物理实验作为物理教学中的重要组成部分,也是物理科学探究的重要思想和方法,对培养学生的科学素养具有重要的意义。新课程要求重视物理实验,还强调物理实验的创新。[③] 由验证性实验教学向探究性实验教学的转变是一个重点,科学探究的若干要素如何渗透到实验教学中,关于这方面的研讨比较活跃。现代信息技术和现代实验技术的应用,例如,传感器技术、计算机技术、摄影摄像技术、多媒体技术、网络技术等推动了实验教学的发展。对学生实验操作能力及品质的发展研究、物理实验教学的评价策略的研究、国外中学物理实验教学的主要特点及发展趋势等也得到学者的关注和重视。张伟等针对常规实验,提出了"非常规实验"的概念,并研究了非常规实验的特点、教育价值以及如何开发等问题。

由此可以发现,关于实验的指导思想、目标、内容、手段、技术,学生的实验能力以及教学评价等在这个阶段都得到重视,物理实验教学的研究更加全面和深入。

(三)关于学生学习的实证研究得到重视和发展

对学生来说,物理是一门难学的课程,其中的一部分原因来自传统的教学法,另一部分原因则是来自物理学科的特点。此外,学生本身的因素也对物理学习有重要影响。因此,关注学生的物理学习并采用各种定量方法进行研究,在这个阶段得到重视和发展。

例如,廖伯琴用口语报告分析法,研究学生解决力学问题时,其表征体系的动态特征,结果表明:问题解决者在解决力学问题过程中一般将建立4个不同层次的表征,并且在物理和数学表征层次所占时间显著多于在文字和朴素表征层次的时间。从而解释了来自学习者的因素对物理学习的影响。[④] 张军朋采用问卷调查的方式,对理科学生的物理学科学习认识的差异进行研究。结果表明:大多数学生关于物理学科学习的认识处于较低的感性层次上;一些学生虽然认识到物理学是研究物质世界的,却不采用"寻求对物质世界的理解"这样的学习方法;不少学生将在物理学习上的成功归因于

---

① 吴加澍.对物理教学的哲学思考[J].课程.教材.教法,2005(7):64—69.
② 郭玉英.用科学探究思想指导高中物理教学改革[J].中国基础教育,2003(4):6—9.
③ 刘炳昇,陈杰.新课程理念下物理实验创新的问题(一)——继承传统,开拓创新[J].教学仪器与实验,2006(1):4—7.
④ 廖伯琴.中学力学问题表征体系的动态特征[J].心理学报,2001(3):251—254.

"兴趣";许多学生只知机械学习而不知主动探求;学生学习效果差却不知反思学习方法。[①] 母小勇通过成人与中学生的4个对比实验,研究了中学生概念形成的特点。结果发现:成人与中学生科学概念形成过程分为三个部分,即振荡渐进期、高原期和突变期。每个部分的特点各不相同。[②] 李春密根据实验操作能力的结构模型和各品质的外显表现,以智力品质为主线,就有关物理实验操作能力的主要指标对高中学生进行了调查,得出相关结论。[③] 王春凤等运用集中度分析法,以 FCI 作为测量工具检测学生对力学概念的掌握,揭示了中学生学习力学概念时的认知模式。[④]

学生物理学习的实证研究成果对在特定教学情境中,为完成教学目标和适应学生认知需要而制定有效的教学策略提供了依据。研究质量有所提高,研究方法呈现多样化的趋势。

(四) 研究内容和范围不断丰富与扩大

关于物理课程与教学评价、物理教师专业发展和物理教育的比较研究等内容在这一时期受到研究者的青睐,得到了繁荣和发展。

物理课程与教学评价的功能不仅仅是甄别与选拔。在新课程评价理念的指导下,注重过程与结果评价结合,构建多元化、发展性的评价体系,以促进学生科学素养的全面提高和教师的不断进步。例如,中学生物理课堂学习自我评价体系的建构,中学生科学假设质量评价量表的制定,物理新课程模块终结性测验中的若干问题的分析,中考命题的误区及思考,物理高考考试大纲与课程标准的匹配性研究,试题的命制原则研究,科学探究的表现性评价及其有效性研究述评,非正式评价在物理教学中的应用,国外高中物理课程中档案袋评价的研究等一系列研究成果层出不穷。

随着改革开放程度的不断扩大,对外交流的不断增多,数字化图书馆查阅功能的不断强大,物理教育的比较研究明显增多。对港、澳、台地区和西方若干国家物理课程标准、改革后编写的物理教材等的分析,对国外物理教育研究的热点问题如概念转变的综述,从研究的视角探索美国物理教学的发展变化及启示等都是这个时期出现的成果。

物理教师在物理课程与教学的设计、组织、建构和生成过程中的重要性毋庸置疑。进入21世纪,物理教师面临着自身发展的挑战。比起过去任何时候,物理教师更是一个需要终身学习和自我发展的职业。[⑤] 对物理教师的成长经历、专业素养、知识结构、课程设计能力、课堂教学的技能培养、实验能力的培养等方面的探讨相对于第一和第二阶段在数量上明显增多,质量上有较大提高。一些研究运用定量方法或在一定理论指导下探究问题,呈现出物理教师教育的成果具有较高水平。

值得推崇的是一些学者对物理课程或教学中的某个主题进行了多年的研究,形成了系列化的成果,反映出研究的不断深化。例如,郭玉英等在对国外物理教学中的概念转变进行综述的基础上,对我国学生物理学习中的概念转变进行了系列的实证研究;邢红军等对原始物理问题的教育价值、教育功能和测量工具的编制等进行了多年的研究;胡象岭等对中学生的物理兴趣、自我效能感、自我监控能力的影响因素等进行了实证研究;于海波等对物理教师的专业发展进行了系列研究。

四、反思与前瞻

回顾改革开放30年来的研究历程不难发现:我国物理课程与教学的研究成果丰硕,可喜可贺。尤其是进入21世纪,在基础教育的课程改革中更是显示出蓬勃向上的景象。但是,与国际科学教育

---

① 张军朋.理科学生对物理学科学习认识的差异研究[J].课程.教材.教法.2002(1):48—51.
② 母小勇.成人与中学生科学概念形成过程的四个对比实验[J].心理科学,2002(5):569—572.
③ 李春密.高中生物理实验操作能力及品质的发展研究[J].物理实验,2002(10):25—29.
④ 王春凤,郭玉英.集中度分析:定量分析中学生学习力学概念时的认知模式[J].物理教师,2004(7):1—3.
⑤ 朱铉雄.物理教育展望[M].上海:华东师范大学出版社.2002:284.

的研究水平相比,我们的研究还存在很大缺陷,归纳起来主要有:研究主题比较单一,研究方法不够科学,研究成果重复前人的多,真正原创性的少。展望未来,要使物理课程与教学的研究逐步深入,不断促进基础教育物理课程的改革,提出如下建议。

(一) 丰富和开拓新的研究课题

从30年的物理教育研究主题看,针对物理教学的偏多,而关注物理课程、学生学习、实践活动、多元评价和物理教师专业发展的少。因此,不断丰富和拓宽研究范围是今后本领域的一个发展方向。

(二) 注重科学研究方法的运用

将我国涉及物理课程与教学的杂志与国际上同类杂志中刊登的文章进行比较(例如:Physics Teacher, American Journal of Physics, Journal of Research in Science Teaching, Science Education, Journal of Curriculum Studies, International Journal of Science Education),可以发现:多年来国外杂志上发表的文章几乎全部运用教育科学研究方法,且具有严格的学术规范。另外,国际科学教育会议如美国科学教育联合会举办的会议(NARST)或国际物理教育会议(IPEC)等录用会议代表的文章也都是如此。而我国的物理课程与教学研究采用实证方法的还是少数。多数文章不是经验基础上的总结,就是一定理论指导下的思考与分析。汪世清在30年前就提出,"要开展物理教学的科学研究可以考虑试用物理学的方法。只有大量取得数据后加以分析处理才能做出科学的结论。"[1]所以,注重科学研究方法的运用也是今后努力的方向。

(三) 加强国际间以及大学与中学之间的交流合作

国际上关于科学教育领域的各种研究成果值得关注、借鉴和学习。通过阅读各类文献,出国访学、博士生联合培养,合作完成研究项目,参加国际学术会议,邀请外国专家来华讲学等各种形式,促进和加强本领域的研究,开阔眼界并提升我们的研究实力。

由于研究领域的差异,高校和中学物理教师在研究内容、范围和视角上存在差异,加强两者之间的密切合作,有利于理论和实践相结合,有利于本领域的研究全面发展。多种方式和途径的加强都能增强彼此之间的交流与合作。例如,项目合作、研究生与教育硕士的培养、教研讲座、集体备课以及课堂观摩与讨论等。

(四) 突出研究成果的创新

在30年的物理教育研究中,原创成果的数量是非常有限的。希望在今后的研究中,在严谨的学术规范和科学的研究方法基础上,能够涌现出更多的创新见解、创新观点和创新理论。

研究物理教育的真正目标是:培养广大青少年具备一定的科学素养,成为具有一定的创新精神和实践能力的社会公民。愿广大研究者和实践者以信仰、坚持和执著去不懈努力,为我国的物理教育事业创造更加灿烂的未来。[2]

第二节 物理教育"就事论事"研究

案例 轮船摇摆的固有频率及减摇的方法

高中《物理》第一册(必修)"共振"一节中有这样一部分内容:"轮船航行的时候,会受到周期性的波浪的冲击而摇摆。如果波浪冲击力的频率跟轮船摇摆的固有频率相同,就会发生共振,能使轮船倾

---

[1] 汪世清. 关于提高中学物理教学的一些想法[J]. 物理教师, 1980(Z1): 8—12.24.
[2] 陈娴, 何善亮. 物理课程与教学研究30年: 回顾、反思与展望[J]. 课程·教材·教法. 2011(7): 70—75.

覆。这时可以改变轮船的航向和速率,使波浪冲击的频率远离轮船的固有频率。"

上述内容是共振现象在生活实际中具体运用一个事例,可以激发学生学习物理的兴趣,扩大学生的知识面,特别是有助于培养学生理论联系实际的能力。

然而我们发现不少人对上述内容所涉及的物理知识不甚清楚,对诸如"轮船摇摆的固有频率与哪些因素有关?改变轮船的航向和速率,为什么可以使波浪冲击的频率远离轮船的固有频率"等问题不能给学生以满意的回答。因此本文拟就上述问题作一初步的研讨。

首先,讨论轮船摇摆的固有频率与哪些因素有关。我们采用能量法来求算轮船摇摆的固有频率。大家知道,无论完全浸没在水中的物体还是部分露出水面的物体,所受的浮力都具有保守力的性质,因而可以引入浮力势能。根据势能的定义,浮力势能应等于浮力所作功的负值。而浮力的作用点,总是在物体所排开那部分水的重心上,我们把这点叫浮力中心或浮心。因此,浸入水中的物体所受的浮力的功等于它所受到的浮力与浮力中心位移的乘积。为方便起见,计算浮力势能时,我们取水面为势能零点,此时,浮力势能为正。

轮船在设计时,无论是空载还是满载,它浮在水面上必须处于稳定平衡状态。因此,要求在任何时候,整个船的重心都必须在浮心之下。下面应用浮力势能加以证明。

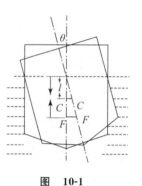

图 10-1

如图 10-1,设船的质量为 m,G 为船的重心,F 为浮心,l 为浮心到水面的距离,L 为重心到水面的距离。假设船在风浪的作用下倾斜 θ 角,取船静止时重心 G 所在处为重力势能零点,水面处为浮力势能零点,则

$U_0(\theta) = mg(L - L\cos\theta), U_1(\theta) = mgl\cos\theta,$

$U(\theta) = U_0(\theta) + U_1(\theta) = mg(L - L\cos\theta) + mgl\cos\theta,$

$\dfrac{dU(\theta)}{d\theta} = mgL\sin\theta - mgl\sin\theta,$ 船平衡时有:$\dfrac{dU(\theta)}{d\theta} = 0,$ 从而

$\sin\theta = 0, \theta = 0$ 或 π,因为 $\theta < \dfrac{\pi}{2}$,故舍去 $\theta = \pi$.

为了确定船在平衡位置的稳定性,我们必须考察势能的二阶导数,因此有

$$\dfrac{d^2 U(\theta)}{d\theta^2} = mg\cos\theta(L - l),$$

在平衡位置

$$\left. \dfrac{d^2 U(\theta)}{d\theta^2} \right|_{\theta=0} = mg(L - l)$$

为使二阶导数大于零,我们要求 $L > l$,即当船处于稳定平衡时,重心应在浮心之下。

从前面的讨论中已知轮船的势能为

$$U(\theta) = mg(L - L\cos\theta) + mgl\cos\theta,$$

因为 $\cos\theta \approx 1 - \dfrac{\theta^2}{2} + \cdots,$ 于是

$$U(\theta) = mgL + mg(l - L)\left(1 - \dfrac{\theta^2}{2}\right) = mgl + mg(L - l)\dfrac{\theta^2}{2}$$

设轮船摇摆的角速度为 $\dfrac{d\theta}{dt}$,则轮船的转动动能为 $K = \dfrac{1}{2} mL^2 \left(\dfrac{d\theta}{dt}\right)^2$,轮船的总能量为

$$E = K + U + \dfrac{1}{2} mL^2 \left(\dfrac{d\theta}{dt}\right)^2 + mgl + mg(L - l)\dfrac{\theta^2}{2}$$

因为系统是保守的,故 E 为恒量,令 $\dfrac{dE}{dt}=0$,即得

$$\dfrac{dE}{dt}=mgL^2\dfrac{d\theta}{dt}\dfrac{d^2\theta}{dt^2}+mg(L-l)\theta\dfrac{d\theta}{dt}=0.\ L^2\dfrac{d^2\theta}{dt^2}+g(L-l)\theta=0$$

则 $\omega=\sqrt{\dfrac{(L-l)g}{L}}$

因此轮船左右摇摆的固有频率

$$f_0=\dfrac{\omega}{2\pi}=\dfrac{1}{2\pi}\sqrt{\dfrac{(L-l)g}{L^2}} \quad ①$$

由此可知:f_0 与轮船的重心和浮心距水面的高度有关。其次讨论改变轮船的航向和速率,为什么可以使波浪冲击的频率远离轮船的固有频率,从而起到减摇的作用。

如图10-2,设轮船的速度为 u,波浪的速度为 v。u 与 v 的夹角为 θ。将 u 往 v 方向投影。则波浪相对于船的速度为 $v'=v-u\cos\theta$。考虑到波长相对于运动着的轮船不变,故 $\lambda=\lambda'$。则波浪相对船的频率为

$$f'=\dfrac{v'}{\lambda'}=\dfrac{v-u\cos\theta}{\lambda}=\dfrac{v}{\lambda}-\dfrac{u\cos\theta}{\lambda}=f-\dfrac{u\cos\theta}{\lambda}\ (0\leqslant\theta\leqslant 2\pi), \quad ②$$

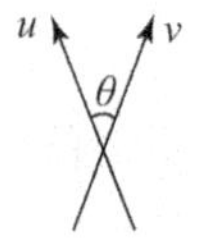

图 10-2

由①②两式可知,轮船在海里航行时,要尽量避免 f_0 与 f' 接近,以免发生共振,在一般情况下,f 往往大于 f_0,但如果航速 u 较大,就有可能使 f' 与 f_0 接近,故轮船往往通过降低航速来减摇。改变航向的作用也是如此。

现实生活中不乏这样的例子。1990年12月24日,我国前往南极的科学考察船"极地号"在海上遭遇到6~7级大风,船体左右摆动平均达15°,最高达27°。在此情况下,为了减小船体摇动,"极地号"采取了降低航速的减摇措施。

第三节 物理教育"就事论理"研究

案例 我国首次太空授课的物理教学问题研究

2013年6月20日,我国首次太空授课在天宫一号成功举行。太空授课不仅是孩子们的精神盛宴,更是一次重大科学教育与传播事件,具有多重重要的研究价值。对于物理课程与教学研究而言,更具有"解剖麻雀"的方法论意义。其四十多分钟的课程编制、教学设计、教学技能等都有待仔细梳理。虽然太空授课已经尘埃落定,但对其进行的物理教学专业研究才刚刚开始。

一、太空授课的教学目的

本次太空授课充分体现了国家对科学教育与传播事业的重视,并成功展示了我国的科技实力,使广大青少年在享受"视觉盛宴"的同时,体验到了一份弥足珍贵的民族自豪感和责任感。作为物理教

学论工作者,我们为太空授课精彩的实验所震撼,为科学教育受到重视而欣喜。然而,当太空授课的下课铃声远去之后,我们发现,太空授课也折射出了我国物理教学中存在的一些问题,需要引起我们的高度重视与认真反思。

太空授课成功的背后,是中国科协与中国航天人大量精心的准备工作。据报道,从2012年11月起,中国科协组织航天、科学教育、科普活动等三方面专家,进行了近4个月的讨论、论证,最终确定"神舟十号"航天员太空授课教案脚本。2013年春节后,航天员按照教案脚本,接受相关物理知识以及教学方法培训,进行上百次训练,三次地面模拟演练,一次天地协同演练。中国科协青少年科技中心主任李晓亮说:"我们在教案脚本设计时,突出了探究式教学、核心概念获取和科普语言,也十分重视融入中国特色,尊重科学同时,也希望授课更加易懂。一切都是希望能够激发青少年对航天事业的兴趣,为中国培养未来航天家。"[①]

太空授课的教学目的是什么?一言以蔽之,激发青少年学生对科学的热爱。由于太空授课的特殊场合,通过演示太空失重条件下的物理现象,从而激发中小学生对科学的好奇心。

当前我国社会生活与教育思潮的浮躁与功利人人都感同身受,普遍地表现为功利心态,这使得畸形的好胜心已大有彻底吞噬青少年好奇心的势头。数学教育家张奠宙先生的跨文化研究显示,我国公众的好奇心几乎丧失殆尽:1991年1月21日,美国《纽约时报》刊登了一个"三扇门问题":有三扇门,一扇门的后面是一辆轿车,另外两扇门的后面是山羊。猜对哪扇门后面是轿车的人,可以把轿车开走。规则是:① 任选一门(比如一号门);② 主持人打开无车的门(比如是三号门);③ 现在问你是否要换二号门? 此举吸引了美国大学生、中学生、小学生的兴趣。《纽约时报》共收到了4万封读者来信。虽然当时正值海湾战争,但是作战参谋们在喝咖啡时也在讨论这个问题。然而,当张先生将这一题目在国内《文汇报》介绍出来的时候,却没有收到任何一封读者来信。张先生不无感慨地说:"中国公众和学生对考试以外的题目丧失了兴趣,缺乏好奇心,真是一种教育的悲哀。"[②]

我们认为,由于地面物体受到重力作用,而天宫一号处于完全失重状态,因此,同一实验在地面与天宫一号演示时,就会呈现出完全不同的现象,这正是太空授课的神奇之所在。因此,"对比"的科学方法,应当是此次太空授课的主要设计思路——每个实验先在地面上演示,用大屏幕播放,向学生展示实验现象。而后在"天宫一号"上由宇航员做相同实验,以资对比两者的不同,从而彰显太空授课的神奇魅力。

由于太空授课教学目的与教学条件的特殊性,太空授课不担负传授知识的任务,而是更多地承载激发学生学习兴趣、激发民族自豪感的使命。因此,太空授课实际上是一堂物理演示实验课。

显然,根据上述要求,本次太空授课缺乏这种"比较"的设计思路,仅在单摆实验中进行了对比演示,从而使本次太空授课的效果没有能够更为充分地显现出来。

进一步,从物理教学的专业视角看,太空授课的启始性问题是教学内容的选取和组织,并非一开始就去思考"怎么教",而是首先思考"教什么"。也可以说,"太空授课"首先是一个物理课程编制问题。而实验的选取就需要进行物理教学的理论思考。

关于实验的选取,太空授课教案组专家介绍说:教案脚本中原本设计了七个实验,"但考虑到孩子们听课的注意力,以及直播信号可持续的时间",最终决定实际教学中选取了包括质量测量、单摆运

---

① 李正穹,张炎良. 走近"太空授课":百次训练 四次演练 七个实验选五个[EB/OL]. http://news.youth.cn/gn/201306/t20130622_3405391.htm 2013-6-22.
② 张奠宙. 数学教育经纬[M]. 南京:江苏教育出版社,2003:204.

动、陀螺仪运动、制作水膜、制作水球五个实验。①"实验的选择主要考虑到科普性、可视性、教育性和可实施性四个方面。"②总体而论,宇航员对五个实验的演示直观、规范,也取得了较好的效果。而若立足教育性目的,我们认为,实验的选取还应该有更加可取的方案。

对第一个质量测量实验,有专家在解读时说:"这个实验生动地说明了牛顿第二定律的基本原理",③而事实上,在该实验演示中,学生看到的只是宇航员固定自己,杆拉出来、收回,屏幕上显示"74千克",并未显出"生动",而且该实验装置的结构都未能显示出来。对于这种复杂的仪器,学生无法观察其内部构造,并且演示时动态现象不彰,因此无法达到良好的效果。这种做法也反映了当前物理教学思想一些偏向:认为"高科技""多媒体"绝对优于"粉笔黑板""坛坛罐罐",进而将课堂教学作为各种高端仪器的"秀场",使物理教学的教育意蕴有所丧失。

第二个陀螺仪运动实验同样未能较好体现趣味性原则,陀螺的定向作用在地面同样可以呈现,其背后的知识背景也过于复杂。

第三个单摆实验较好地体现了"比较"的设计思想,通过比较"天""地"不同情况下单摆的运动情况,把完全失重条件下的单摆运动演示出来,给中学生留下了极为深刻的印象。

水膜和水球实验可以看作是太空实验的完美之作。通过演示太空完全失重条件下的实验现象,使广大青少年学生真正体会到了物理学的美妙。现场的中学生如醉如痴,完全沉浸在"不可思议"的科学现象之中,充分领略了科学超乎想象的神奇,从而激发了热爱科学的学习动机。

二、太空授课的教学设计

基于物理教学理论的思考,我们认为,在符合科学性的前提下,趣味性、简易性、经济性、生活性是太空实验选取的四条基本原则。

(一) 趣味性原则

趣味性原则是指:太空实验的设计要充分考虑学生的心理特点和认知水平,实验设计要求生动、有趣,能使学生在观看实验演示时,自始至终保持很高的兴趣。

兴趣,是人们力求认识某种事物或爱好某种活动的倾向。在实验选取中强调趣味性是因为,太空实验并非是学生必须观看的学习任务,不能依靠老师的督促促使学生观察,而要通过设计良好的实验本身来激发学生的兴趣,使学生从好奇出发,进而发生兴趣。只有这样,才能使学生自觉自愿地参与到太空实验中来。

(二) 简易性原则

简易性即仪器简单、易于操作、过程简约、现象直观。在诸种原则中,该原则尤其体现了物理教学的专业性。正如麦克斯韦所说:"这些实验的教育价值,往往与仪器的复杂性成反比,学生用自制的仪器,虽然经常出毛病,但他却会比用仔细调整好的仪器学到更多的东西。仔细调整好的仪器学生易于依赖,而不敢拆成零件。"④这是对简易性原则的精辟解读。

(三) 经济性原则

据报道,1000g物质从地面发射到近地轨道的空间站约需2万美元。带上天宫一号的"教具"总

---

① 李正荜,张炎良. 走近"太空授课":百次训练 四次演练 七个实验选五个[EB/OL]. http://news.youth.cn/gn/201306/t20130622_3405391.htm2013-6-22.
② 李莉. 太空授课教具重达2.9公斤[N]. 北京晚报. 2013-6-20(07).
③ 白瑞雪、赵薇、任珂. 航天专家解读我国首次太空授课物理原理[EB/OL]. http://news.xinhuanet.com/tech/2013-06/21/c_124889348.htm2013-6-21.
④ 邢红军. 高中物理探索性实验的设计理论[J]. 课程·教材·教法,1999,(9):32—35.

重量是 2.9 公斤,以此计算,这些教具飞天成本达到 5.8 万美元,即 35 万元人民币左右。[①] 因此,遵循并坚持经济性原则既是传承我国物理教学的优良传统,亦是我国科技工作者艰苦奋斗精神的赓续。

(四)生活性原则

联系生活、注重从学生的日常经验出发也是一条重要的选取原则。演示实验并非是对抽象的物理理论做注脚,而须充分关注学生大量的日常经验、朴素认识。太空中迥异于地面的失重环境貌似无法联系学生的日常经验,其实不然。太空实验需要做到与学生生活中习以为常的现象形成鲜明、震撼的对比,并在对比中将学生的生活经验由地面扩展至太空,由重力环境扩展至失重环境。

基于以上思考,我们认为太空授课的主要目的不在于"核心概念获取",而在于充分利用"天地差异"的特征,在有限的时间内最大程度上通过比较,激发学生对科学的热爱,并体验到科学的趣味。这是因为,可供验证的知识在有限时间内是有限的,而激发的科学兴趣则是无穷的。因此,我们删除原实验中质量测量、陀螺仪运动,增加燃烧实验和猫旋实验,仍然组成五组实验,如表 10-1 所示。

表 10-1 太空实验方案

实验序号	实验内容
1	燃烧实验
2	单摆运动
3	制作水膜
4	制作水球
5	猫旋实验

蜡烛燃烧实验起始于这样一个问题:"蜡烛在太空中能否燃烧?如果能,会如何燃烧?"在地面上,火苗要受到重力的吸引,由于燃烧的气体热而轻,因此会上升。随着火苗的上升,空气会被吸引到火苗的底部,给火苗提供氧气,使之燃烧得更猛烈。在太空完全失重环境中,没有什么能够使火苗上升,因此与地面相比火苗不太容易获得氧气。出乎意料的是,蜡烛在失重环境下仍然会保持燃烧,火焰呈半球形,这一现象一直以来引起了众多科学家持续的关注与研究。[②] 如果能在太空授课中通过引导学生预测并演示这一实验,一定能达到很好的效果。

最为经典的是"猫旋"实验。用双手托起一只猫,使它四脚朝天,然后突然撒手。猫在下落过程中竟然能在空中翻身,四脚朝地安全落下。这种现象在力学上不容易解释,由于猫下落的初始时刻对质心的动量矩为零,下落过程中重力对质心力矩也为零,由质心动量矩定理,猫对其质心的动量矩,尤其是纵轴(头尾连线)的动量矩应该守恒。所以当猫的前半身转体时,后半身要向相反方向转体,而不可能整个身子向一个方向转动。而事实上,猫不仅能向一个方向转动,而且能在很短时间内转过身来。对此,科学家曾有"四肢开合""转尾巴""绕双轴"等多种解释,并且发展出了人体的多种模仿方式。

航天员在航天飞行中对这种转体的模仿有着特殊的需要,例如宇航员若要在静止漂浮状态下实现绕纵轴的 180°转体,采用地面上向后转的方法将无法完成,因为动量矩为零,身体任一部分的转动必将伴随另一部分的反向转动。而航天员进行"猫旋"的模仿,不需要任何仪器,只需要做出一定的动作就能在"漂浮"状态实现转体。例如"弯脊柱"方案,像体操中腰部运动那样让上半身做圆周运动一周,全身就会向相反方向转体。再如利用手臂动作,双臂斜向平伸、上身向右转动、双臂放下、身体恢

[①] 李莉.太空授课教具重达 2.9 公斤[N].北京晚报.2013-6-20(07).
[②] 魏锐,黄婷,杨晶晶.一个有趣的驱动性问题——蜡烛在太空中能否燃烧[J].化学教育,2012,(9):115—118.

复非扭转状态,这时人体就向左转过了一个小角度,这是猫翻身"四肢开合"论的再现。第三种方案更简单,只要举起手臂使手在头上做圆周运动,躯干就会向相反方向慢慢转动;手臂动作停止,躯干的转动亦停止,因而可以实现绕纵轴转过任意角度。这是猫旋"转尾巴"论的再现,只是以手代替尾巴而已。这些方案还有很多,实验中,可以先在地面课堂呈现"猫旋"的慢动作录像(因为猫完成转体动作仅需1/8秒,肉眼不能看清),并进行必要的讲解,再由航天员演示太空中模仿"猫旋"的各种转体。[①]

我国传统物理教学强调在教学中正确处理重点、非重点的关系,反映在太空授课中,就意味着需要选取数量恰当并能引起足够心理震撼的实验。我们将"测量质量""陀螺仪运动"换为"蜡烛燃烧"与"猫旋",使整个太空授课有了"亮点"。事实上,物理教师都能认识到,物理演示实验的现象不应满足于"明显",而应达到"震撼"的效果。对于主要目的在于激发学生兴趣的太空授课,对这种"震撼"的要求无疑也就更为强烈。

三、太空授课的教学技能

虽然"太空授课"主要身负科学普及与传播的任务,但"授课"本身又要求它必须符合"教学"的规范。更为重要的是,教育部作为太空授课的主办方之一通知全国中小学师生收看,其影响可见一斑,这是以专业标准要求太空授课的另一原因。

太空授课后,面对媒体,专家组相关培训人员对太空教师做出了"有做老师的潜力""100分"的评价。[②] 然而,以物理教学论的视角看,"太空授课"还存在着一定的提升空间。

当然,非教师出身的"太空教师"王亚平不应受到责备。作为一名非专业教师,她已经很好地完成了太空授课的任务。本文仅就太空授课教学技能存在的一些问题,提出若干建设性意见。

(一)教学规范

教学的规范体现着教师的专业性。某种程度上,教学规范是教师教学的"底色",体现着教师的教学专业水平和对教学的理解程度。这是因为,教师面对每节课程不同的教学目标的时候,需要在教师个性与教学目标之间维持适度的张力。

对于彰显理性精神与科学态度的物理课程,教师要使教学规范的魅力充分彰显从而感染学生。基于此,我们认为,本次太空授课对教学规范培训的偏差在于教师的个性特征收束不足。教学中,教师的笑容美丽有余而端庄不足,语言温柔有加而感染不够。包括教师授课的语调,都未能很好地展现"变换型"特征而略显平淡。

已有研究表明:教师用高亢型语调讲课的班级,学生容易表现出烦躁、厌倦的情绪,作业正确率平均为68%;教师用抑制型语调讲课的班级,学生很快表现出神情冷漠、注意力不集中的情绪,作业正确率平均为59.4%;而教师用平缓型语调讲课的班级,学生表情平淡迟缓,作业正确率平均为81.8%;教师用变换型语调讲课的班级,学生情绪兴奋,注意力集中,反应灵敏,作业正确率平均为98%。[③] 研究表明,太空教师授课基本属于"平缓型"语调,如果能够运用变换型语调来吸引学生、感染学生,则教学效果会更加突出。

(二)讲解结构

太空授课之所以称得上是一节完整的"课"而不是几个孤立的实验,是因为其背后讲解结构的要求。这是因为,物理教学需要深刻洞察学科内涵与学生心理机制的联系与相互作用。所以,物理教学

[①] 邢红军.物理·技术·社会[M].成都:成都科技大学出版社,1996:38—52.
[②] 郭媛丹,王贺健.地面教师 也有"太空经历"[N].法制晚报.2013-6-20(A05).
[③] 孙立仁.中学物理微格教学教程[M].北京:科学出版社,1999.

必须对一节课内容的结构做出通盘把握。具体而言,太空授课中的几个实验何者在前?何者在后?相互之间如何联系?如何以整体的形式发挥教育功能?诸如此类问题都需要在对讲解结构有明晰认识的基础上进行合理处理。

所谓讲解的结构,是指教师在分析学生的情况和教学内容的基础上,对讲解过程的安排。它是将讲解的总任务分解为若干个部分,每一部分都有一个明确的阶段性目标,并根据各部分讲解内容之间的逻辑意义和学生认识过程的规律,将各部分讲解内容安排成一个序列,并在讲解实施中正确清晰地表现这一序列。[1]

对此,太空授课中理应首先用一张表格或教学逻辑图向学生简要介绍教学内容的安排,目的是使学生知道"我们从哪里来,要到哪里去",否则便出现了太空授课中王亚平频繁使用"我们来看下一个实验"等口语来过渡的现象。

讲解的结构在微观上体现为教学的逻辑。教师在导入、结束阶段以及每个教学环节的处理,包括实验中操作与讲解的配合等都是教学的逻辑。其目的是使学生在心理层面体验到一种微妙的逻辑感,从而达到对学生思维的训练。针对这一问题,或许有太空中失重条件的影响,但仍需引起广大"地面教师"的重视。

(三) 语言节奏

语言的节奏指的是在一个相对完整的表述中,其语速的快慢、语音的强弱变化而形成的语流态势。换句话说,这些由语音的长短和停顿的长短所构成的快慢变化,伴随相应的语音强弱的大小变化就是节奏。

教学过程的节奏流程可概括为抑扬顿挫 4 个意境:抑表示和风细雨、娓娓动听;扬表示铿锵有力;顿表示戛然而止,造成悬念;挫表示转折、转化,从而达到新的意境。

具体而言,声音清晰,而不着重用力,语势跳跃是轻快的节奏,这是表现欢快、诙谐的情境。语速较慢,音强而有力是沉稳的节奏,这是表现庄重、肃穆、悲痛、沉重等情感;语速较缓慢,声轻而不着重用力,有意将语势拖沓一些是舒缓的节奏,这是表述幽静的场面、舒展的心情;语速加快,语音加重,语势加猛是强疾的节奏,这是表现紧张、急迫的心情;语音不高不低,语速不快不慢,语势自然是平缓的节奏,这是表现一般内容和心情。在一节课里,应该多种节奏交错使用。总体而言,太空授课中,教师对语言节奏变化的处理存在欠缺。统计表明,太空教师的语速约为每分钟 190 字,语速偏慢。而根据教学技能的要求,课堂口语以每分钟 200～250 字左右为宜,过快或过慢都会影响听课效果。[2]

(四) 教学板书

板书技能是教师运用黑板或投影片上的文字、符号和图像的方式,向学生呈现教学内容、认识过程,使知识概括化、系统化,帮助学生正确理解,增强记忆,提高教学效率的一类教学行为。其目的在于揭示教学内容,体现教材结构和教学程序;增强语言效果,加深学生理解;激发学生的学习兴趣;突出重点,强化记忆。主要功能在于有助于学生学习和掌握教学内容、引导和调节学生的思路、引起学生的注意和兴趣。此外,板书不仅有长时间,多次地向学生传递信息的特性,而且具有与实物直观不同的直观特性。其书面语言系统具有抽象、概括的特性,与其它直观教学媒体相比更加灵活。并且还具有示范和审美的特性。

在太空授课中,板书完全可以借助太空课堂或地面课堂的 PPT、电子白板有序展现,增强太空课的专业性、条理性。然而我们发现,这一重要的教学技能在整个太空授课中遗憾地缺失了。

---

[1] 孙立仁. 中学物理微格教学教程[M]. 北京:科学出版社,1999.

[2] 同上.

四、结束语

回眸我国首次太空授课的四十五分钟,令人感叹的是,这次太空授课的确是一次非常重要的科学教育活动,当然,也是一次非常成功的科学教育活动。它不仅有着重要的现实意义,而且有着深远的历史意义。正因为如此,才有必要对此次科学教育活动进行梳理,从而将太空授课的意义发扬光大。

众所周知,相声讲究"说、学、逗、唱",戏曲讲究"唱、念、做、打",中医讲究"望、闻、问、切",中药讲究"君、臣、佐、使",那么教学讲究什么?这个问题恐怕基本上就没有人能说清楚,而它恰恰正是当前基础教育所忽视的重要问题。令人欣喜的是,2013年教育部出台的《关于深化中小学教师培训模式改革全面提升培训质量的指导意见》明确提出:"各地要将提高教师教育教学技能作为培训的主要内容。"[①]我们期望,通过对太空授课"吹毛求疵"的解读,以此警醒人们对教学的专业认识,从而为从根本上提高我国中小学教师教学的专业性提供有益的启示。

第四节　物理教育"就理论理"研究

案例　北京市中学教师专业发展水平的实证研究及其启示:基于CNKI检索的京、苏两省(市)比较视角

一、研究问题与提出

建国以来,首都基础教育在全国长期发挥表率作用并居于引领地位,对国家基础教育做出了很大贡献。近年来,随着江苏、浙江等省基础教育水平的迅猛发展,使得首都基础教育面临新的挑战。特别是在当前基础教育课程改革的形势下,首都中学教师的专业发展水平如何?怎样客观评价专业发展水平?这些问题已经成为首都基础教育发展的重大问题。因为只有在准确回答这些问题的基础上,才能为首都基础教育决策与改革发展提供证据,才能使国家教育投入最大限度发挥效益,才能为促进中学生的全面发展提供保障。因此,对北京市中学教师专业发展水平准确定位,无疑成为具有重要研究价值的课题。

二、研究思路与设计

教师专业发展,是指教师在整个专业生涯中,通过终身专业训练,习得专业知识技能,实施专业自主,表现专业道德,并逐步提高从教素质,成为一个良好的教育专业工作者的专业成长过程。[②]因此,如何量度北京市中学教师的专业发展水平,就非常有必要进行研究方法的深入思考。由于一般教育研究缺乏学科教学专业考量,往往使得中学教师专业发展的研究过于笼统。那么如何解决这一问题呢?

我们认为,对北京市中学教师专业发展水平的研究,在微观层面需要采用定量、实证的方法,否则不足以得出客观、准确的结果;在中观层面需要体现教师专业发展的专业性,也即需要基于学科知识背景;在宏观层面则需要选择规范的研究范式,以保证研究结果的信度与效度。

---

① 教育部.教育部关于深化中小学教师培训模式改革全面提升培训质量的指导意见[EB/OL]. http://www.moe.gov.cn/publicfiles/business/htmlfiles/moe/s7034/201305/xxgk_151910.html2013-5-8.

② 靳玉乐.现代教育学[M].成都:四川教育出版社,2006:145.

事实上,中学教师的专业领域就是学科教学工作。作为从基础教育一线成长起来的教学领域,其自身具有专业性和实践性的特点,体现了教师对教育的理解深度以及学科教学知识(PCK)的水准。几十年来,学科教育为我国教师专业发展做出了历史性贡献,凝聚了几代学科教师的专业智慧,并在此基础上形成了学术共同体,确立了专业标准与专业认同,其中尤为突出的是建立了各学科教学期刊。这些期刊长期以来贴近一线教学并保持专业化的审稿标准,从而成为衡量中学教师专业发展的重要尺度。著名教育学者斯腾豪斯最早提出"教师即研究者"的教师专业发展命题,[1]旗帜鲜明地指出,教师专业发展要求教师不仅要会"讲授",而且还要会"研究",即进行教学研究,而研究结果的最佳呈现方式无疑就是公开发表的教学论文。需要指出的是,公开发表的教学论文与评奖论文在教师专业发展中具有完全不同的意蕴。对此,斯腾豪斯曾多次指出"公开发表"的意义,他甚至认为"私下地研究在我们看来简直称不上研究。部分原因在于未公开发表的研究得不到公众批评的滋养,部分原因在于我们将研究视为一种共同体活动,而未发表的研究对他人几乎没有用处。"[2]因此,中学教师在学科教学期刊上发表论文,就不失为一种衡量教师专业发展水平的良好标志。

基于此,我们采取比较研究的方法,遵从教育研究的实践取向,将研究超越思辨层次,采用实证研究方法,从而为本研究提供了研究方法的导引与支撑。

关于比较对象的选定,我们采取典型抽样方法,选取江苏省作为比较对象。江苏地处东部沿海地区,基础教育在全国处于先进水平,这是我们抽取江苏的主要原因。通过京、苏两地中学教师专业发展水平的比较,有助于对北京市中学教师专业发展水平进行准确衡量,从而明晰北京市中学教师专业发展在全国的地位,进而把握北京市中学教师专业发展的真实水平。

综合以上考量,我们首先采用"特尔菲法",选定基础教育各学科具有足够专业性和认可度的教学期刊;然后选取十年时间区间,统计北京、江苏两省市普通中学教师发表于各刊物的论文篇数,最后加权统计分析,以探明两地中学教师专业发展水平及其差异。需要说明的是,尽管以上研究方案存在某种局限,但其客观、定量、可重复的特点,仍然可以认为是目前衡量教师专业发展水平的最佳方式。

三、研究数据与结论

经CNKI(中国知网)中国期刊全文数据库检索,我们查阅了2003—2012十年期间全国中学教师发表论文的中学学科教学期刊,包括语文、数学、英语、物理、化学、生物、政治、历史和地理九个学科共39种,总计181719篇文献。其中北京中学教师发表2333篇,江苏中学教师发表24783篇。

相关统计参数确定依据《2011—2012学年度北京教育事业发展统计概况》以及《2011年江苏省教育事业发展统计公报》。查得2011年,北京市共有16个区县,常住人口2018.6万人,普通中等学校在校学生人数711130人,普通中学专职教师56039人;江苏省共有13个省辖市,下辖100个县(市、区),2011年人口绝对量7898.80万人,普通中学在校学生403.41万人,普通中学专职教师282259人。

基于以上方法和参数得出的统计结果和计算数据如下表及下图所示。其中"苏、京两地教师发表论文数量的比值"与"苏、京两地教师人均发表论文数量的比值",采取了"江苏数量/北京数量"的计算方式。由于苏、京两地普通中学教师人数不同,因此,必须统一教师人数标准。我们选取两省(市)教师发表论文篇数除以该省(市)普通中学专职教师数量进行比较,分别计算了苏、京两地教师发表论文占总数的比例,苏、京两地教师发表论文的比值,苏、京两地教师人均发表论文数量的比值以及苏、京

---

[1] Stenhouse, L. (1981) What Counts as Research? [J]. British Journal of Educational Studies 29, 2, June.
[2] 同上.

两地教师人均发表论文数量所占总数比例并作出图像。表 10-2～10-11 及图 10-3 为统计结果。

表 10-2　京、苏两地中学化学教师发表论文统计

期刊＼项目	北京/篇	江苏/篇	总数/篇	北京所占总数比例/(%)	江苏所占总数比例/(%)	苏、京两地教师发表论文数量的比值	苏、京两地教师人均发表论文数量的比值
化学教育	150	357	3423	4.38	10.43	2.38	0.47
化学教学	70	591	3801	1.84	15.55	8.44	1.68
中学化学教学参考	53	553	3856	1.37	14.34	10.43	2.07
化学汇总	273	1501	11080	2.46	13.55	5.50	1.09

表 10-3　京、苏两地中学生物教师发表论文统计

期刊＼项目	北京/篇	江苏/篇	总数/篇	北京所占总数比例/(%)	江苏所占总数比例/(%)	苏、京两地教师发表论文数量的比值	苏、京两地教师人均发表论文数量的比值
中学生物教学	22	586	2972	0.74	19.72	26.64	5.29
生物学教学	79	832	5968	1.32	13.94	10.53	2.09
中学生物学	19	999	3658	0.52	27.31	52.58	10.44
生物学通报	261	215	4033	6.47	5.33	0.82	0.16
生物汇总	381	2632	16631	4.89	15.83	6.91	1.37

表 10-4　京、苏两地中学历史教师发表论文统计

期刊＼项目	北京/篇	江苏/篇	总数/篇	北京所占总数比例/(%)	江苏所占总数比例/(%)	苏、京两地教师发表论文数量的比值	苏、京两地教师人均发表论文数量的比值
中学历史教学参考	84	260	3010	2.79	8.64	3.10	0.61
中学历史教学	22	312	2884	0.76	10.82	14.18	2.82
历史教学	36	192	4280	0.84	4.49	5.33	1.06
中学历史教学研究	2	554	789	0.25	70.22	277.00	54.99
历史汇总	144	1318	10963	1.31	12.02	9.15	1.82

表 10-5　京、苏两地中学数学教师发表论文统计

期刊＼项目	北京/篇	江苏/篇	总数/篇	北京所占总数比例/(%)	江苏所占总数比例/(%)	苏、京两地教师发表论文数量的比值	苏、京两地教师人均发表论文数量的比值
数学教学	27	315	2561	1.05	12.30	11.67	2.32
数学教育学报	22	38	1478	1.49	2.57	1.73	0.34
数学通报	148	423	2600	5.69	16.27	2.86	0.57
中学数学教学参考	34	227	1736	1.96	13.08	6.68	1.33
中学数学教学	17	1298	2942	0.58	44.12	76.35	15.16
数学汇总	248	2301	11317	2.19	20.33	9.28	1.84

表 10-6　京、苏两地中学政治教师发表论文统计

期刊 \ 项目	北京/篇	江苏/篇	总数/篇	北京所占总数比例/(%)	江苏所占总数比例/(%)	苏、京两地教师发表论文数量的比值	苏、京两地教师人均发表论文数量的比值
中学政治教学参考	46	1192	5155	0.89	23.12	25.91	5.14
思想政治课教学	154	810	4746	3.24	17.07	5.26	1.04
政治汇总	200	2002	9901	2.02	20.22	10.01	1.99

表 10-7　京、苏两地中学语文教师发表论文统计

期刊 \ 项目	北京/篇	江苏/篇	总数/篇	北京所占总数比例/(%)	江苏所占总数比例/(%)	苏、京两地教师发表论文数量的比值	苏、京两地教师人均发表论文数量的比值
中学语文教学	177	663	4615	3.84	14.37	3.75	0.74
语文教学与研究	24	798	25315	0.09	3.15	33.25	6.60
语文建设	68	213	4238	1.60	5.03	3.13	0.62
语文学习	15	377	4309	0.35	8.75	25.13	4.99
语文教学通讯	88	1135	10805	0.81	10.50	12.90	2.56
中学语文教学参考	33	573	3995	0.83	14.34	17.36	3.45
语文月刊	12	376	5283	0.23	7.12	31.33	6.22
中学语文	22	1560	11911	0.18	13.10	70.91	14.08
语文汇总	439	5695	70471	0.62	8.08	12.97	2.58

表 10-8　京、苏两地中学地理教师发表论文统计

期刊 \ 项目	北京/篇	江苏/篇	总数/篇	北京所占总数比例/(%)	江苏所占总数比例/(%)	苏、京两地教师发表论文数量的比值	苏、京两地教师人均发表论文数量的比值
地理教学	32	649	3175	1.01	20.44	20.28	4.03
中学地理教学参考	62	615	4007	1.55	15.35	9.92	1.97
地理汇总	94	1264	7182	1.31	17.60	13.45	2.67

表 10-9　京、苏两地中学物理教师发表论文统计

期刊 \ 项目	北京/篇	江苏/篇	总数/篇	北京所占总数比例/(%)	江苏所占总数比例/(%)	苏、京两地教师发表论文数量的比值	苏、京两地教师人均发表论文数量的比值
物理教师	107	1418	4606	2.32	30.78	13.27	2.64
物理通报	200	684	3361	5.94	20.34	3.43	0.68
物理教学探讨	58	1491	7251	0.80	20.56	25.71	5.10
中学物理教学参考	24	544	3566	0.67	15.26	22.67	4.50
物理教学	14	463	3921	0.36	11.81	33.07	6.57
中学物理	65	1753	3270	1.99	53.61	26.97	5.36
物理汇总	467	6352	25975	1.80	24.46	13.59	2.70

表 10-10　京、苏两地中学英语教师发表论文统计

期刊＼项目	北京/篇	江苏/篇	总数/篇	北京所占总数比例/(%)	江苏所占总数比例/(%)	苏、京两地教师发表论文数量的比值	苏、京两地教师人均发表论文数量的比值
中小学外语教学	32	109	1128	2.84	9.66	3.41	0.68
中学生英语	11	1381	12032	0.09	11.48	125.55	24.93
基础英语教育	39	162	1553	2.51	10.43	4.15	0.82
英语辅导教师版	0	33	1925	0.00	1.71	#	#
基础教育外语教学研究	5	33	1561	0.32	2.11	6.60	1.31
英语汇总	87	1718	18199	0.48	9.44	19.75	3.92

表 10-11　京、苏两地中学教师论文发表统计

学科＼项目	北京/篇	江苏/篇	总数/篇	苏、京两地教师发表论文数量的比值	北京教师人均发表论文数量所占总数比例/(10^{-7})	江苏教师人均发表论文数量所占总数比例/(10^{-7})	苏、京两地教师人均发表论文数量的比值
化学	273	1501	11080	5.50	4.40	4.80	1.09
生物	381	2632	16631	6.91	4.09	5.61	1.37
历史	144	1318	10963	9.15	2.34	4.26	1.82
数学	248	2301	11317	9.28	3.91	7.20	1.84
政治	200	2002	9901	10.01	3.60	7.16	1.99
语文	439	5695	70471	12.97	1.11	2.86	2.58
地理	94	1264	7182	13.45	2.34	6.24	2.67
物理	467	6352	25975	13.59	3.21	8.66	2.70
英语	87	1718	18199	19.75	0.85	3.34	3.92
总　数	2333	24783	181719	11.18	2.29	4.83	2.22

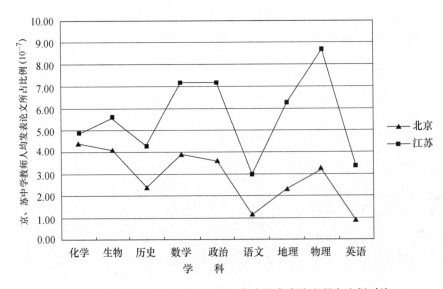

图 10-3　京、苏两地九个学科中学教师人均发表论文所占比例对比

数据显示,包括基础教育的九个主要学科,苏、京两地教师人均发表论文数量的比值平均为2.22,即江苏中学教师是北京中学教师人均发表论文的一倍以上。其中差距最大的为英语学科,比值为3.92;其次为物理、地理、语文三个学科,比值分别为 2.70、2.67 和 2.58;再次为政治、数学、生物三个学科,比值分别为 1.99、1.84 和 1.37;最好的为化学学科,比值为 1.09。

由此可以得出结论:北京中学教师专业发展水平较江苏中学教师呈全面落后态势,且差异极其显著。鉴于北京市长期以来不断从外省市引进大量特级与高级教师,因此,如果扣除这部分教师对统计数据的贡献,则北京本土中学教师专业发展水平更为落后。

四、研究分析与讨论

北京作为国际大都市,是全国政治、经济、文化与教育中心,区县比例与城市化程度远远高于江苏,由于诸多政策优势与地缘优势,理应比江苏中学教师专业发展水平领先,然而统计结果却是全面落后且相差一倍以上。面对统计结果,在震惊之余,我们试图对形成这一状况的原因进行深入探讨。综合分析,有如下四点原因。

(一)师范生培养体制的落后

师范教育作为基础教育的"母机",对基础教育师资质量具有基础、保障作用。然而,目前京、苏两省(市)的师范教育却呈现出不同的发展态势。当南京师范大学、江苏师范大学、南京晓庄学院等一批江苏师范院校早在 2005 年就开始师范生培养体制改革——成立教师教育学院,并释放教师教育发展活力之时,北京市的教师教育却仍然因循守旧,首都师范大学至今仍然没有成立教师教育学院,便是京苏两省(市)师范教育差距的明证,以至于在师范生的培养模式、课程设置等核心问题上始终不能取得实质性突破,这是造成北京市中学教师专业发展落后的根本原因。由于北京市中学教师绝大多数出自首都师范大学,因此,对于北京市中学教师专业发展水平全面落后江苏的状况,首都师范大学难辞其咎,需要认真反思教育观念与办学思想严重滞后与迟钝的原因。

(二)教研制度指导的局限

建国至今,我国基础教育形成了颇具特色的三级教研制度,省、市、县教研室与教研员在实际上扮演着基础教育教师的辅导者和领导者角色。甚至有教师直言:"我们不用看课标,听教研员的就行。"[①]这足以反映教研制度对中小学教师的影响力。而教研制度也确实为基础教育质量的提升,为教师专业发展做出了重要贡献。

然而,在当前基础教育改革中,三级教研制度已然凸显了亟待改进的问题,突出表现为体制的封闭性对教学研究质量提升的制约,使其成为阻滞教师专业发展的一大体制性原因。北京市教研室主导下的教学研究多以"公开课""观摩课""研究课"及不曾发表的"获奖论文"等形式开展与呈现,虽然也具有一定的促进作用,然而其缺乏与学术标准的"对接"、缺乏外界的干预与交流,使得北京基础教育教研仍然是一个相对封闭的体系。在基础教育课程改革的十余年里,这一封闭格局仍然未被根本触动,这就使得大量一线教师的专业发展由于缺乏高水平学科教学论专家的引领,而日益趋于闭锁与局限,这是造成北京市中学教师专业发展水平全面落后江苏的另一原因。

(三)教师专业发展的漠视

中学作为教师教学工作的场所,是教师的职业家园与专业成长的依托,理应为教师的专业成长创造条件并扮演促进者的角色。然而,北京市中学在教师专业发展工作中"务实"与"务虚"的错位与失衡,严重异化了中学教师专业成长的作用。浏览北京市各中学网站不难发现,在"集体教研""赛课评

---

① 林静.中国教研系列访谈一:学者的视角[J].中国教师,2013,(14):3.

课"等热闹活动的背后,整体呈现出务虚多于务实的状态。学校建设的面子工程、政绩工程热烈非凡,而唯独教师个人专业发展没有被纳入学校领导的视野,诸如教师攻读学位、脱产进修、职称晋升等关乎教师切身利益与专业成长的问题并未被学校领导所重视,甚至教师发表论文的版面费都不能报销。中学领导更多地将学生的考分作为政绩看待,而非真正关注教师的专业发展。因此,北京市中学在教师专业成长中作用的弱化是造成北京中学教师专业发展水平落后的现实原因,唯有整体改革才能根本触动。

(四)专业评定标准的差异

中学教师的专业晋升对教师专业发展兼有激励、引导以及规范、评价作用。教师作为一门专业,其专业性的达成与呈现,专业评定是最基本的手段。研究发现,北京市中学教师职称评定对于公开发表的论文并不看重,而是对获奖论文、观摩课、公开课、教材编写等青睐有加,殊不知只有公开发表的教学论文才能真正体现中学教师的专业发展水平。而江苏省在全国个别地区取消论文要求的情况下,却对论文评审维持了较高的标准,在职称评审时对一些低水平与非正式刊物列表声明不予承认,甚至还对论文内容质量拟定了评分细则,规定有"习题集按不合格论文看待,给 0 分"这样严格的条目。这一差异对中学教师专业发展起到的规范、激励作用不可同日而语,由此使得专业评定标准成为京苏两地中学教师专业水平差异的政策原因。

五、研究建议与对策

针对北京市中学教师专业发展水平全面落后于江苏省的现状及其成因,我们提出如下建议与对策。

(一)提升首都师范生培养质量

如前所述,江苏省以南京师范大学为代表的一批省属师范大学在国内率先实行了教师教育体制的改革与创新。以 2005 年南京师范大学教师教育学院成立为标志,表明中国教师教育翻开了新的一页。南京师范大学教师教育学院的建院目标是:有效地整合、拓展教师教育资源,建立符合开放灵活现代教师教育制度要求的教师教育机构,创新教师教育专业人才培养模式,高质量地开展专业化的教师教育活动和科研活动,建立在全国有重要影响、在全省起主导作用的教师教育基地,为国家推进教师教育改革起示范作用,从而彰显教师教育特色。[①]

教师教育学院的建立,为分散于各学科院系的学科教学论教师提供了良好的学术平台,使师范生培养得以按照教师教育规律进行课程设置。它不仅有利于提高师范生的培养质量,而且解决了建国 60 余年来师范大学的制度性难题,从而彰显了教师教育制度创新的智慧和勇气。反观首都师范大学,尽管在教师教育改革中已落后于南京师范大学十年,却依旧浑然不觉,至今仍然在纠葛中踟蹰不前。江苏省各师范院校的教师教育改革亟待首都师范大学积极借鉴并尽快成立教师教育学院,为从根本上提高师范生的培养质量,为北京市基础教育输送更多的优秀师资而奋起直追。

(二)改革教研制度的运行体系

如前所述,北京市封闭的教研制度亟需打破,这需要真正专业干预力量的介入,并进行扎扎实实的工作,而那种寒暄客气、泛泛而谈、"表扬与自我表扬"等做法都只能设置隔膜。我们认为,对封闭教研体制的打破,在宏观层面需要确立 U-S(university-school)合作的平台与机制,在微观层面则要以"高端备课"这一体现学科教学专业性形式为载体。

---

① 中共南京师范大学委员会,南京师范大学. 南京师范大学教师教育学院组建方案[Z]. 南京:中共南京师范大学委员会,南京师范大学,2005.

"高端备课"作为联系教学理论与教学实践的枢纽环节，能够为一节课的具体设计构筑理论与实践双重答辩的良好平台，成为理论与实践的双重生长点。这种方式构筑了专业沟通与学术批判的桥梁，可以促进北京市中学教师专业发展以及北京市基础教育研究水平跃升。

它不仅为教研专家、研究者与基础教育一线教师之间的交流构建了平台，也为教师专业发展在大学学科教学专家与中学教师之间的交流构筑起了联系的桥梁，使之成为 U-S 合作发展的新方式。综上所述，高端备课兼具理论与实践双重意蕴的特点，使其可以成为突破当前北京教研系统的封闭性，实现北京市基础教育理论与实践的真正结合以及中学教师专业发展的重要途径。

（三）优化教师专业发展体制

为促进中学教师专业发展，北京市各中学需要将构筑平台、提供保障、创造条件等促进教师专业发展的举措纳入考量。这不仅包括购买数据库、建设专业资料室、设立论文奖励基金等物质保障，还需积极参与交流，与真正高水平的学科教学专家开展深入合作。

尤其需要强调的是，中学对教师专业发展的促进应告别行政主体、政绩主体、口号主体的思路，真正做到以教师为发展主体。江苏、浙江等省市的诸多务实举措非常值得学习。比如，宁波中学曾以校为单位，选派近百名教师进京，与北京高水平的学科教育专家拜师结对进行长期培养。在中学积极为教师创造攻读学位条件方面，江苏也较北京更为开放务实。以物理学科为例，苏州大学、南京师大等江苏师范院校的物理教育硕士每年招生数量通常为近百人，而首都师范大学每年仅有的几个名额也常常不能招满，有些中学甚至阻碍教师攻读教育硕士。凡此种种，都反映出两省市天壤之别的教师专业发展理念。

（四）提升教师专业评定标准

当前中学教师职称评定标准正处于新一轮改革期，个别省市已经取消了发表论文的硬性指标，北京市则有继续淡化论文的思路。虽然这一思路平衡了旧评审制度下的不满，但是从长远来看，是不符合教师专业发展规律的，也必将降低北京市中学教师的专业水准。近来，江苏省一项面对基础教育 20 位特级教师的调查显示，教育写作在影响教师专业发展的众多因素中"居于非常重要的位置，它是教师专业发展的重要支点和独特路径。"教师们普遍认为，教育写作对于教师专业成长的作用是综合性的，它不仅是校本研究和教育反思的成果体现，同时，更是进行教育反思的平台和工具。运用好这一平台和工具，可以促进自身走向专业发展的快车道。如前所述，教学论文不仅是一纸文字，更是教学研究成果的承载方式，代表着教学共同体的衡量标准。北京市中学教师专业评定应与此积极对接，从而促进北京市中学教师与全国教师共同体的互动，告别封闭落后的职称评审观念与政策。

六、研究启示与展望

基于以上研究，我们给出了如下研究启示与展望。

（一）高度重视北京市中学教师专业发展的积累效应

回顾北京市中学教师专业发展水平实证研究的历程，我们发现，"优质均衡""引领表率"的背后是北京市中学教师专业水平较基础教育发达省份的全面落后。应当强调指出的是，这种落后程度并不能等闲视之。由于我们的研究覆盖了中学教育九个主要学科，时间跨度长达十年，因此，这一庞大数据取样就不仅反映了京苏两地中学教师专业发展差异的现实状况，而且反映了两地中学教师专业发展差异的积累效应。"冰冻三尺非一日之寒"，鉴于江苏省中学教师专业发展水平较北京市的领先地位已经形成，北京市中学教师专业发展水平的追赶就绝非一日之功。唯有痛下决心、采取措施，才有可能在一个相当长的时期内逐步赶上。

研究启示我们，随着国家经济社会的诸多变化，首都基础教育不能再一味指靠先天政治优势与地缘优势而夜郎自大、固步自封,而应展现更加开放务实的谦虚姿态,寻找与基础教育先进省份的差距,承认不足、奋起直追。唯有如此,才能使北京市中学教师专业发展水平向前迈进。针对这一研究结果,我们诚恳地建议,包括北京市委、北京市政府在内的各级教育主管部门,都应当认真反思研究结果背后的深层原因,找到切实可行的应对方案,努力提高北京市中学教师专业发展水平,以不辜负首都人民和广大家长的殷切希望。

(二)充分认识教学论文在教师专业发展中的重要价值

在本研究中,我们采用教学论文衡量中学教师专业发展水平,这种研究方法不仅具有创新性,而且具有合理性。研究显示,写作对教师专业发展具有多方面的影响,主要包括:影响教师的专业态度;影响教师的专业习性;提升教师的专业技能和专业智慧;拓展教师的专业知识,改善教师的知识结构。其原因在于:教育写作不仅提供了一种反思的平台和工具,而且促使教师完成教育学意义上的反思过程;教育写作也是专题化学习的过程;教育写作的过程也是研究的过程。[①] 语言学研究认为:写作由于文字的参与,使得语言与思维之间的关系出现了新的局面。由于书面语比独白语言更少外部支持,并且与读者存在时空隔离,所以更需要逻辑的严密、句法结构的完整以及意义的连贯、精确。客观上,也给了作者和读者反覆地酝酿、思考、修改的机会,并使用口语难以承载的复杂句式。因此,思维只有经过书面语的训练,才能发展到高度抽象、严密连贯的状态。[②] 可以说,不会撰写教学研究论文的教师,只能是"教书匠",而不是"研究者"。由此可见,教师的教学研究论文不仅反映了教师对教学的理解,并且还是教师授课水平的一种投射。很难想象写作逻辑混乱、篇章繁复、结构失当的教师能够具有真正优秀的授课水准。基于上述理由,教学论文就成为衡量中学教师专业发展水平最为标准、最具说服力的科学标度。

(三)科学运用教学研究论文评价教师专业发展水平

当前,学术数据库等数字网络科研资源使得定量评价中学教师专业水平成为可能,CNKI(中国知网)如同一面镜子,对京苏两地中学教师教学论文的统计比较使得北京中学教师专业发展水平现出"原形"。教育部《2011年全国教育事业发展统计公报》显示,2011年全国普通中学教师共508.13万人,2003—2012十年间共发表论文181719篇,平均每人发表0.03576篇。显然,这一统计数据具有"常模"价值。与之对比,北京市普通中学教师共50639人,十年间共发表论文2333篇,人均发表0.0416篇,为全国平均水平的1.14倍。可见,北京市中学教师专业发展水平基本处于全国平均水平。

长期以来,中学教师专业水平如何衡量、如何评价一直处于模糊不清的状态。而中国知网的论文检索方法以及"常模"的建立,使得中学教师专业发展评价告别了"盲人摸象"的传统状况,从而实现了客观、可靠的真实评价。鉴于这种研究方法的客观性与可行性,因此,这种方法对全国其他省市中学教师专业发展水平的评价亦具有推广和应用价值,并对全国中学教师专业发展的途径、模式与评价的探索提供有益的启示。我们建议,北京市应充分利用CNKI数据库功能,全面查清北京市每位中学教师的教学论文发表情况。我们认为,这一举措有利于查明北京市中学教师专业发展水平,并在此基础上有针对性地制定教师专业发展规划,从而使北京市中学教师专业发展真正能够落到实处。

(四)合理借鉴并推广先进的教师专业发展培养模式

当前,北京市中学教师专业发展的真正出路在于如何在实践中做到"真"发展。所谓"真"发展,是指摈弃目前教师专业发展的虚假繁荣模式,运用公开发表的教学研究论文作为衡量标志,在真正高水平专家的引领下开展扎实训练,使北京市中学教师真正形成教育教学研究能力。我们的职前教师专

[①] 丁昌桂.教育写作与教师专业发展——基于20位特级教师的问卷调查[J].教育研究与评论·中学教育教学,2013(5):26—32.
[②] 刘伶,黄智显,陈秀珠.语言学概要[M].北京:北京师范大学出版社,1984,315—321.

业发展培养实践表明,只要指导者与教师都肯放下身段、开展脚踏实地的工作,教师教育教学研究能力完全能够很好地发展,甚至实现迅速的、跨越式的发展。2011年以来,邢红军教授共指导物理教学论研究生8人(研究生三年级和研究生二年级各4名),经过严格与规范的训练,截止到目前,8名研究生共发表第一作者的物理教学研究论文40篇,平均每人5篇,其中一位的论文甚至发表在包括《课程·教材·教法》这样的权威核心期刊上。这些"准教师"经过两年多训练所形成的教学研究水平,为什么北京市的许多中学高级教师都难以达到? 显然,这就从实践的层面再次印证了北京市目前中学教师专业发展模式中存在的诸多深层问题。因此,合理借鉴并推广先进的教师专业发展培养模式,就成为北京市中学教师专业发展的必由之路。

思考与讨论

1. 我国30年来物理教育研究的优良传统是什么?
2. 我国30年来物理教育研究存在的问题有哪些?
3. "就事论事"的研究有什么特点?
4. "就事论理"的研究有什么特点?
5. "就理论理"的研究有什么特点?